AF357503

RECHERCHES

HISTORIQUES

SUR LE ROLE ET L'INFLUENCE

DE LA FORTIFICATION.

RECHERCHES

HISTORIQUES

SUR LE ROLE ET L'INFLUENCE

DE

LA FORTIFICATION

PAR

L.-H.-C. VAUVILLIERS

Colonel du Génie en retraite.

La fortification qui se ferme au besoin à tout
faut-il s'exposer à quelque danger.

Vauban.

PARIS

DUMAINE, LIBRAIRE

Rue et passage Dauphine, n° 36

1845

AVANT-PROPOS.

Au commencement de 1843 nous avons publié un volume sous le titre de *Essais sur de Nouvelles Considérations militaires.* C'était l'histoire du rôle de la fortification durant les 24 années des guerres de la révolution française.

Voici un autre volume, auquel nous pourrions donner un titre analogue, puisque le sujet est aussi l'examen du même rôle, mais bien plus étendu; car c'est l'histoire des remparts pendant cinq siècles qui se sont écoulés (1) depuis le règne malheureux de Charles VI, vers 1380, jusqu'à l'époque actuelle : en sorte que notre premier ouvrage n'est, pour ainsi dire, qu'un épisode dans l'immense drame dont l'Europe entière fut le théâtre pendant 500 ans.

Les tableaux statistiques de notre premier ouvrage ne rapportaient que les noms de quelques forteresses modernes; dans ceux qui vont suivre, ce ne sont plus les noms de quelques centaines de villes que nous allons faire passer sous les yeux du lecteur ; ils vont, devant lui, se presser par milliers ; ce n'est plus une seule contrée que nous allons explorer, ce sera l'univers civilisé ; il ne s'agira plus de quelques campagnes, mais des guerres de cinq siècles si fertiles en catastrophes.

La publication de nos premiers *Essais* excita bien des colères : nous craignons que celle-ci ne cause pas moins de ressentiments, car c'est là le sort de la vérité. Les doctrinaires ne nous épargnèrent ni les dénégations ni la fine raillerie qui leur sied si bien (2). Nous

---

(1) Nous avons cru devoir ajouter à nos études, un résumé de l'histoire de la conquête de l'Angleterre par Guillaume le Bâtard. Cette histoire présente un exemple frappant du triste rôle d'une capitale fortifiée.

(2) *Spectateur militaire,* n°ˢ des 15 octobre, 15 novembre et 15 décembre 1843.

avons victorieusement repoussé leurs insinuations, et la bienveillance du public militaire a rendu justice à nos efforts et applaudi à nos intentions.

En 1843 comme aujourd'hui, notre but a été de prémunir le pays contre l'emploi inconsidéré de la fortification, en demandant à l'histoire ce qu'elle apprend de plus rationnel sur son véritable rôle. Quelques militaires, dont la fonction est de faire valoir les remparts, se sont exagéré leurs qualités et ont entraîné les armées dans de mauvaises voies, d'où est résulté une longue suite d'infortunes. Parmi eux, nous avons cru reconnaître que Cormontaigne et surtout Darçon s'étaient créé de fausses théories et avaient ouvert une école dangereuse, contre laquelle il était de notre devoir de mettre en garde les jeunes officiers.

Selon ces auteurs, les armées devraient faire la guerre sur un terrain préparé par l'art et ameublé de plusieurs lignes de places fortes, formant une espèce d'échiquier dans les cases duquel les troupes, perdant une grande partie de leur mobilité, devraient se tenir et recevoir les attaques. Nous avons déjà comparé cette espèce *de jeu des places fortes au jeu des quatre coins.* Nous ne nous sommes pas contenté de simples allégations pour attaquer ce système *que nous avons nommé DOCTRINAIRE.* Nous avons rassemblé avec fidélité tous les faits historiques, et démontré l'erreur de cette doctrine : tel est le sujet du présent ouvrage.

C'est cet ensemble de faits coordonnés en tableaux statistiques que nous offrons aujourd'hui aux lecteurs consciencieux, qui sont en défiance de préoccupations et de préjugés qui ne peuvent manquer de découler de ce que l'on appelle esprit de corps, qui pourtant a aussi quelquefois son bon côté.

Puisque MM. les doctrinaires ne trouvent pas suffisantes les preuves accumulées et logiquement déduites dans nos *Essais sur de Nouvelles Considérations militaires* de 1843, nous allons de nouveau, en suivant la méthode de Bacon, mettre en ligne une masse si considérable de faits, qu'il ne sera plus possible d'y opposer une fin de non recevoir, ni d'alléguer que les guerres de la révolution sont exceptionnelles, puisque Gustave, Turenne, Marlborough, Frédéric, seront les garants des vérités que nous établirons, et que nos preuves seront si nombreuses, que nous aurons le droit de dire à *la doctrine* ou à l'école que nous désignons sous ce nom :

Je t'en avais comblé, je veux t'en accabler.

Il était inévitable qu'un ouvrage de la nature de celui-ci ne portât pas quelques traces de critique, son objet étant de montrer combien, depuis un ou deux siècles, on a altéré les principes que prirent pour guides les généraux qui dans la rectitude de leur jugement leur durent leurs titres de héros. Il était impossible de ne pas mettre le doigt sur les erreurs, sur les fausses doctrines sans froisser leurs adeptes. Nonobstant cette teinte obligée de blâme et la répugnance naturelle à remplir le rôle de fâcheux, il fallait opter entre la crainte de déplaire et l'intérêt du pays qui était en jeu ; cette considération l'a emporté dans notre pensée, et au ressouvenir d'une série de catastrophes déplorables, nous n'avons plus hésité ; nous nous sommes dit : On nous lancera l'anathème, on nous prodiguera des noms de mécontent, de faux frère ; on nous demandera qui nous a chargé de prendre les intérêts du sang et du budget de la France ; on nous demandera si nous sommes plus savant que nos maîtres. Nous répondrons : Que nous n'avons de maîtres que le pays et notre conscience, et que c'est à eux seuls que nous obéissons, en répétant :

Fais ce que dois, advienne que pourra !

Nous espérons que le lecteur impartial ne verra pas sans intérêt l'histoire militaire des remparts depuis l'époque de 1380. Cette réunion d'événements lui paraîtra un tableau curieux qui, donnant naissance à une idée philosophique, ne peut manquer de lui faire comprendre bien des bouleversements politiques que les historiens ont tenté d'expliquer en allant souvent chercher très-loin des causes qui se trouvaient dans l'application de fausses théories. Sans remonter au delà de notre époque, on peut dire que ce n'est, ni la faiblesse de l'administration, ni la pénurie des finances, ni tant d'autres motifs allégués qui ont produit la chute de Napoléon, mais bien la dissémination de 400 mille hommes bloqués en 1813, 1814 et 1815 dans 200 forteresses (1).

Il était également impossible, dans un ouvrage parlant de remparts, que Paris, place forte nouvelle, échappât à l'observation, et ne fût pas compris dans l'exploration des faits ; mais Paris fortifié est *la marotte* de bien des gens, qui se sont fâchés qu'on osât dévoiler la vérité.

Afin d'en atténuer l'effet, ils se sont efforcés de donner à notre

____

(1) *Essais sur de Nouvelles Considérations militaires*, tableau n° 12. pages 145 et 153.

travail un caractère différent de celui qui lui est propre ; ils l'ont peint comme l'œuvre d'un mécontent et d'un frondeur, espérant que le gouvernement prendrait *fait et cause pour eux*. Peut-être y a-t-il quelque adresse à détourner ainsi une attaque beaucoup plus profonde qu'ils ne se l'imaginent ; eh bien, que nous importe ? nous écrivons non pour flatter les passions, mais pour montrer à notre pays les dangers qu'on lui fait courir ; nous écrivons non pour aujourd'hui, mais seulement pour un avenir mieux éclairé, et nous espérons que l'on reconnaîtra combien nos preuves sont lumineuses : puisse-t-elles devenir profitables !

Nos antagonistes nous ont dit : Un ouvrage qui a pour conclusion de proscrire la fortification *partout et toujours*, ne peut être dans le vrai : ainsi vous êtes, avec vos *Nouvelles Considérations militaires*, convaincu de pleine erreur. Sans doute ces messieurs, que nous nommons *doctrinaires*, auraient raison si *partout et toujours* n'était pas une pure invention de leur part et qu'aucune de nos expressions n'autorise. Il est bien vrai que nous signalons l'abus des remparts ; mais très-certainement nous apprécions l'emploi judicieux de cet auxiliaire, et repousser l'abus n'est pas proscrire la chose. C'est contre la superfétation seule que nous nous élevons, en nous étayant des fastes et de l'histoire des nations.

Nos convictions ne se sont pas uniquement formées sur les guerres de la révolution française, elles se sont corroborées par une longue suite de preuves tirées des expériences faites dans les siècles antérieurs en France, en Italie, en Allemagne, en Espagne, en Belgique, en Amérique et dans toutes les contrées de l'univers. Jamais science humaine n'a été, plus que nos principes, appuyée d'une série plus étendue de faits authentiques, qui, par leur similitude, leur concordance et leur identité, élèvent ces principes au rang d'axiomes militaires et scientifiques.

M. Allent a fait l'histoire des fortifications, en se bornant toutefois au règne de Louis XIV. Le temps lui a-t-il manqué, ou s'est-il arrêté par prudence ? Comment, en effet, eût-il parlé de Cormontaigne, qui a travesti Vauban, ou de Darçon, qui a gâté Cormontaigne lui-même ? et, s'il eût poussé ses recherches encore plus loin, comment se fût-il expliqué sur ces fauteurs des profusions fortifiées de 1813 et de 1814, qui firent prendre tant de vieux soldats au trébuchet des forteresses de la Vistule, de l'Oder, de l'Elbe et du Rhin, et qui causèrent la chute de Napoléon ?

Quant à nous, nous avons ébauché l'histoire des bastions, au risque de froisser quelques préjugés. Nous n'avons pas craint d'aborder les temps modernes, nous l'avons fait avec une loyale

indépendance, en laissant de côté des noms qui, aujourd'hui triom-
phants, seront peut-être bientôt oubliés. Nous nous sommes
exclusivement attaché aux choses. Avec elles, on reste plus libre
dans ses allures. Les usages sociaux ne réclament point en leur
faveur cette prétendue urbanité, cette politesse affectée qui amoin-
drissent la vérité, et quelquefois même la dénaturent entièrement.
L'exposé des faits est dégagé de ces précautions oratoires qui vous
circonviennent quand il s'agit de parler d'un traître, d'un intrigant
ou d'un flatteur. L'histoire peut se permettre de signaler la trahison
de Dresde, l'impéritie de Willelmstadt ou la faute de Gertruydemberg : quant aux individus, il est, dit-on, de bon goût de les laisser
en gants jaunes perdre les empires.

Ils ont invoqué le bon sens, et pourtant c'est ce qui, peut-être,
manque le plus dans le pays doctrinaire ; car ce qu'ils appellent le
bon sens est le complet renversement des lois primordiales de la
nature et des instincts de l'homme : ainsi, en 1841, M. de R**,
voulant, quoique légiste, traiter un des plus grands problèmes de la
guerre, disait à la tribune : *une ville fortifiée est moins facilement
prise qu'une ville qui ne l'est pas : c'est là,* ajoutait-il, *une question de bon sens et non une question de tactique: donc il faut
fortifier Paris* (1), concluait-il: comme si, en 1805 et 1809, Vienne,
place fortifiée, avait été plus difficile à prendre que Berlin ou Gonesse, villes ouvertes. A ce compte, il faudrait donc aussi cuirasser
nos grenadiers ; car un homme fortifié d'une armure est plus difficile à tuer qu'un homme qui ne l'est pas. Et on appelle cela *une
question de bon sens!* Abuserons-nous ainsi, toujours, et des mots
et des phrases ? Voilà comme on surprend les assemblées, comme
on trompe les nations, en se trompant probablement soi-même.
M. P. disait aussi aux députés : *La fortification, c'est du temps.*
Ici l'on n'a pas invoqué le bon sens, l'on a dit *routinement* ce que
démentent Turenne, Gustave et Marlborough ; car pour eux la
fortification était le plus ordinairement du moins du *temps perdu*
et de l'argent *gaspillé.*

Un militaire loyal nous disait un jour : « Mais pourtant le maréchal S***, qui a gagné la bataille de T......., n'a pu obtenir un
tel succès que parce qu'il avait retranché les hauteurs qui commandent cette ville : vous voyez donc que la fortification lui a valu
trois jours et la victoire ! » Sans vouloir atténuer la gloire d'un
beau fait d'armes, nous dirons cependant que c'est une étrange
victoire, que celle dans laquelle les vainqueurs ont payé l'amende ;

(1) Discours prononcé à la chambre des députés en 1841.

mais l'objection est sans valeur ; car, admettons que ce général ait triomphé. Si au lieu de s'arrêter *à un objet sans avenir*, il eût marché vers le maréchal Suchet , et entraîné Wellington loin de sa ligne d'opérations et loin de Bordeaux, en 5 jours il eût pu rallier 30,000 hommes de vieilles troupes qui étaient aux Pyrénées orientales : oh ! alors il eût fructueusement utilisé le temps employé à retrancher et à défendre inutilement T....... : ce fut bien du temps perdu que celui-là, tandis que la manœuvre que nous indiquons eût probablement apporté de grandes modifications au honteux traité de 1814.

On dira peut-être ensuite : Vos budgets sont des *non-sens*, vos totaux ne signifient rien : ne voyez-vous pas qu'il peut arriver tel cas où, une coalition nouvelle après avoir enlevé nos 182 places fortes vienne se briser devant la 183ᵉ, devant Paris, par exemple ; alors vous auriez le rapport 182 : 1 , et la fortification aurait pourtant sauvé la France.

Présentée sous cette forme, l'objection vous paraît importante, et cependant elle ne l'est point. Vous nous parlez d'événements possibles, tels que seraient un tremblement de terre ou une irruption de la mer. Sans doute, une circonstance phénoménale, un miracle, peut-être, ne sont pas en dehors des choses possibles ! On a vu Vienne sauvée par Sobieski, on ne le nie pas ; mais quand on prépare pour le salut d'une grande nation une organisation qui, dans un temps futur et éloigné, ne peut servir qu'à l'aide d'une sorte de prodige, est-on bien sensé, est-il sage de s'aventurer devant les expériences répétées par l'histoire ? Ninive, Babylone, Palmyre, Jérusalem , Alise, Rome, Paris, Londres, Moscou et tant d'autres, dont nous avons enregistré les désastres, ne sont-elles pas là qui vous disent que le salut des empires, malgré le secours de leurs remparts, *est hors des probabilités ?* Est-ce que cinq siècles, que nous vous faisons connaître, ne démontrent pas que toutes les chances connues s'élèvent contre l'espoir d'un succès exceptionnel de la fortification régulière ? Un *homme* peut se présenter, ajoutet-on ; *il manqua un homme à ma patrie !* s'écrie un auteur, s'adressant à la chambre des pairs (1). Un héros saurait enflammer les cœurs et donner à nos remparts une valeur immense. Cet auteur doit pourtant savoir mieux que personne combien l'attaque d'une grande cité, bien que non fortifiée, peut être dangereuse et présenter de difficultés ; est-ce qu'il aurait oublié qu'en 1831, malgré la bravoure de tant de régiments bien organisés , il a été obligé de

____

(1) Opinion présentée à la chambre des pairs le 30 mars 1841.

concourir à l'ordre donné pour l'évacuation de Lyon, lorsque cette grande ville révoltée voyait ses rues attaquées par une armée de 8,000 hommes devant 800 ouvriers sur la défensive, presque sans armes, et qui étaient, à coup sûr, sans organisation militaire (1)? Ce seul fait viendrait, s'il en était besoin, à l'appui de notre pensée sur l'inutilité de fortifier les capitales, puisqu'elles sont si fortes dans leurs simples rues, et qu'une armée décuple et bien pourvue d'artillerie reçoit pourtant un ordre d'évacuation après plusieurs jours de sanglants combats (2).

Nous ne savons pas si l'homme qui manquait à Paris en 1814 et 1815 se trouvait à Lyon en 1831 ; mais ce qui est certain, c'est qu'aux deux premières époques, Paris, quoi qu'on en ait dit, avait tous les moyens de repousser l'ennemi. En 1815, le grand homme était là avec 80,000 hommes de troupes de ligne et 500 bouches à feu bien munies, et cependant Paris *ne voulut pas se défendre : tel est l'esprit du siècle et de la civilisation ;* jamais on ne le fera rétrograder. ***Les capitales attendent la victoire pour se décider !***

Le lecteur va assister à un grand spectacle ; nos tableaux statistiques dérouleront sous ses yeux des scènes multipliées et tragiques d'un grand intérêt. De quel étonnement ne devra-t-il pas être frappé, quand il verra clairement, par l'histoire de cinq siècles, qu'il a été abusé de la manière la plus cruelle ; quand il reconnaîtra, nous osons l'espérer, que l'on a enveloppé les vérités militaires de voiles et de nuages, quoiqu'il fût bien simple et bien facile de faire disparaître l'obscurité : car pour cela, il suffisait de lire l'histoire et de s'abandonner aux seules inspirations de notre nature, qui nous disent que, pour arriver aux succès, il faut mettre en jeu la masse et la vitesse, et que c'est bien mal débuter, en fait d'opérations militaires, que de commencer *par se constituer soi-même prisonnier.* Est-ce que tous les militaires qui ont fait la guerre, comme nous, n'ont pas observé la répugnance constante éprouvée par ceux qui étaient désignés pour faire partie des garnisons ? est-ce que la *nature des choses* ne leur faisait pas pressentir que le rôle inerte contrarie la nature humaine dans ses développements ?

(1) *Louis Blanc, Histoire de dix ans;* volume 3, page 74. On n'a pas élevé de réclamation contre l'assertion de cet auteur. On peut donc la considérer comme véridique.

(2) Si les fortifications d'une grande ville comme Lyon, n'ajoutent rien à sa force réelle contre une armée extérieure, on ne peut nier qu'elles ne donnent à ceux qui les occupent, de grands moyens d'action, contre la population même ; mais il s'agit alors de la guerre civile, ou d'une occupation par une armée ennemie.

Ce n'est pas que nous espérions persuader ceux qui pensent avoir intérêt à ne pas céder à leurs propres convictions ; mais les vérités, une fois mises en lumière et démontrées, finissent, avec le temps, par triompher des passions et de *l'obscurantisme* : déjà elles pénètrent, à l'insu même de leurs antagonistes, à travers les rangs de la jeunesse militaire où se trouve tant de franchise. Trois et quatre revers fortifiés contre un seul succès, et cela pendant cinq cents ans, voilà ce qui ne peut échapper au sens droit des esprits généreux qui toujours ont présent l'amour de la patrie.

Nous n'avons pas eu la prétention de nous ériger en historien des guerres que nous avons étudiées ; mais, ayant pour but de dresser des tableaux statistiques qui présentassent les noms de toutes les principales places fortes en jeu pendant les luttes guerrières, nous avons pensé qu'il fallait au moins lier entre elles les opérations militaires qui conduisirent les armées devant ces fortifications, afin de montrer quel rang elles occupèrent, quelles influences elles exercèrent, et quels résultats généraux elles produisirent.

De ces résultats devaient naturellement découler des principes et même des axiomes sur l'emploi judicieux de l'art de l'ingénieur ; mais il n'était plus besoin de les formuler, notre ouvrage précédent les déduisant tous. Nous nous sommes donc contenté de les rappeler, et, afin d'éviter d'inutiles répétitions, nous avons *souligné* tous ces principes comme extraits de nos *Essais sur de Nouvelles Considérations militaires* de 1843.

Les doctrinaires ont prétendu que ces *Essais* étaient un ouvrage improvisé et publié par suite de mécontentement et de déceptions (1). Que nous importe cette opinion ! qu'importe, en définitive, au lecteur, que cette œuvre soit ancienne ou nouvelle, s'il s'y trouve de bonnes choses ! le fait est que, dès 1824, toutes nos notes étaient prises, nos analyses recueillies, et que nous pourrions les montrer réunies en volumineux manuscrits portant des traces irrécusables de cette date. Si nous avons laissé *dormir* ces mémoires, c'est pour divers motifs que l'on concevra aisément, la main de la doctrine se serait appesantie ; il fallait atteindre avant tout une position qui pût permettre à la vérité de se faire jour (2).

Mais, se disent les doctrinaires, quel est donc le but de cet auteur ? prétend-il nous instruire, nous régenter ? voyons, qu'il parle, qu'il s'explique catégoriquement ! Entend-il que nous ren-

____

(1) *Spectateur militaire*, 15 octobre 1843.

(2) Cette position indépendante, la doctrine a eu la maladresse de la créer elle-même.

versions nos forteresses et que nous nous privions de nos solides boulevards, ces colonnes sur lesquelles repose l'État, ces ancres qui le retiennent au rivage pendant la tourmente? etc., etc. Eh bien ! messieurs, trêve d'éloquence. Avant de répondre oui ou non à ces exclamations, nous vous prierons de jeter un regard en arrière ! Que sont devenues les armées anglaises, jadis victorieuses de la France, avec leur mille forteresses? que sont devenues celles de Charles VIII, de Louis XII, de François 1er, de Henri II, de Louis XIV, de Napoléon, ces vainqueurs de l'Italie qui possédaient tant de forteresses dans cette contrée? Pendant les cinq siècles sur lesquels se sont portées nos investigations, les Français ont gaspillé peut-être un milliard d'hommes, l'élite de leur population, dans des entreprises dont le principe militaire est essentiellement *caractérisé* par un *emploi* abusif et immodéré *de la fortification*, sous toutes les formes et sous tous les noms. On les a constamment vus s'établir par paquets dans un nombre inouï de forteresses, où bientôt leurs armées disparaissaient sans combats. Ils sont courageux, intelligents, actifs, bouillants même, à tel point que Tacite déclarait les Gaulois *le peuple le plus habile à la guerre.* D'où viennent donc tant de revers? il faut bien qu'il se soit mêlé à leurs qualités guerrières *quelque élément délétère* qui ait corrompu leurs remarquables vertus, et dont le résultat fatal ait été le renversement complet de toutes leurs entreprises ; car jamais ils n'ont pu faire nulle part un établissement stable (1).

En pesant philosophiquement leur histoire, en recherchant avec soin en quels points la méthode de guerre des Français différait de celle des autres nations, on n'en peut discerner qu'un seul : c'est le plus grand emploi qu'ils ont constamment fait d'un nombre considérable de forteresses. Eux, si énergiques, ils ont eu recours aux moyens des faibles et des pusillanimes, et ont agi en sens inverse de leur nature ; et puisque tous les autres peuples sont demeurés conquérants et colonisateurs, il faut bien que cette seule différence dans le système d'action ait été pour eux l'élément de revers inconnus aux Anglais, aux Portugais et aux Espagnols, et la cause de tant de catastrophes en annihilant nos bonnes qualités et nos victoires ! Personne que nous sachions ne saurait rien opposer de rationnel à cette déduction logique.

(1) La Galatie, la Macédoine, la Grèce, Antioche, le Canada, Saint-Domingue, Naples, Milan, Gênes, la Savoie, Pondichéry, l'Egypte, Malte, les Iles Ioniennes, la Louisianne, la Nouvelle Orléans, etc. : serons-nous plus heureux en Algérie !

Et en effet quelle autre cause aurait pu les amener, ces malheurs d'un peuple qui habite la contrée de toute l'Europe, peut-être, la plus fortement constituée par la nature, couverte par l'Océan, les Pyrénées, la Méditerranée et les Alpes, par le Rhin et les marais de la Hollande ; où trouver une situation topographique plus favorable sous le rapport défensif, et nonobstant cet heureux concours, l'histoire est là pour prouver que ce peuple n'a jamais su arriver même à ces barrières naturelles. Cependant aucun autre n'a le droit de se dire supérieur à lui en un point quelconque. On a prétendu que nous étions légers et peu persévérants ; mais c'est un compliment indirect que s'adressent les nations rivales, qui confondent d'ailleurs le plomb *avec l'aplomb ;* nous le répétons, la seule différence que nous puissions reconnaître dans la méthode de guerre des divers peuples, c'est l'exagération que nous portons dans l'emploi des fortifications ; en un mot, *nous ne sommes pas légers, mais nous sommes doctrinaires.* Corrigeons-nous donc de ce défaut, et si nous voulons laisser à nos qualités militaires tout leur développement, sachons renier un système fatal qui, depuis tant de siècles, écrase notre pays, et qui affaiblit le type national en enlevant des provinces les sujets les plus vigoureux et n'y laissant pour renouveler les générations que les hommes repoussés des armées à cause de leur débilité.

Certainement, si l'on résume les guerres soutenues par les Français dans les diverses contrées, on se convaincra que c'est moins sur les champs de batailles qu'ils ont éprouvé leurs plus grandes pertes, que dans les places fortes. Après Marignan ou Pavie, tous leurs autres revers, si sanglants, ont eu lieu dans Milan, Novare, Rimini, Naples, etc., etc. Les combats en rase campagne ne leur ont jamais coûté la dixième partie des pertes faites dans les forteresses, sous Charles VIII, Louis XII, François Ier, Henri II, et sous tous leurs autres rois. Il en arriva de même à Louis XIV et à Napoléon. Et qu'on ne dise pas que beaucoup d'hommes des garnisons de ce dernier furent délivrés par Louis XVIII ; sans doute qu'à la paix il revint un grand nombre de prisonniers en France ; mais ce ne fut pas la moitié de ceux tombés aux mains de l'ennemi. Les Autrichiens en ont beaucoup laissé périr de faim pour obliger le reste à s'engager et à aller sur les frontières turques. Les Cosaques, d'une autre part, les tuaient en les escortant vers la Sibérie : les Anglais les parquaient ou les asphyxiaient dans des pontons : autant en firent les Espagnols. Ainsi les troupes disparurent dans une proportion plus considérable qu'elles n'eussent fait en batailles rangées. Oui, les plus cruels désastres éprouvés par notre nation, ont leur origine dans son système doctrinaire : et cela non-seulement depuis 500 ans, mais même pendant les siècles antérieurs. Que l'on relise dans nos *Essais* de 1843 le récit des calamités qu'elle a essuyées dès les temps de César, de Clovis ou de Charlemagne !

Un fait d'une telle importance nationale méritait bien d'être vérifié ; mais cette entreprise ne laissait pas que de présenter de sérieuses difficultés : il fallait se livrer à d'immenses recherches, les coordonner et en faire un ensemble. Il fallait en produire les résultats au milieu des oppositions qu'ils ne manqueraient pas de soulever de la part de personnes, ou qui ont intérêt à s'abuser, ou même qui sont devenues doctrinaires par l'enseignement des écoles. C'était une lutte à soutenir, et malgré ses dangers nous l'avons acceptée. Il fallait peut-être un certain courage pour ne pas faiblir devant de tels obstacles ; et si nous avons médiocrement rempli notre tâche, ce n'est pas qu'elle ne fût belle, mais c'est que nous avons entrepris un travail d'une grande difficulté.

Et à present nous répondrons à la doctrine : Vous nous demandez ce que nous voulons, le voici : vous avez 200 forteresses ? Eh bien ! abattez-en *moitié* ; démolissez les bicoques, et nous serons plus en état de résister à nos ennemis ; ayez moins de forteresses, et nous serons plus forts et plus riches (1).

Mais elle appelle cela *écrire contre le génie* ; retracer à la France ce que l'histoire publie c'est conspirer contre le génie, c'est renverser les autels sur lesquels on a sacrifié pendant quarante ans : c'est, et l'on va même jusque-là, écrire contre le gouvernement. Quoi ! c'est l'attaquer que de montrer ce qu'enseigne l'histoire sur le danger des fortifications des capitales et sur les vices du système de zone et de casiers à la Darçon ! En se posant ainsi en défenseurs de ce système et détournant le sens de nos critiques, nos antagonistes espèrent-ils que le gouvernement leur en saura gré (2) ?

Ils ajoutent que c'est montrer à l'étranger le secret de nos forces et de nos faiblesses, que c'est se faire son *cicerone* que de lui dire que les fortifications sont souvent dangereuses ; ils accusent ainsi volontiers notre patriotisme : en sorte que nous sommes coupables de lèse-nation !

Mais de deux choses l'une : ou nos opinions sont bonnes, ou

____

(1) Cette diminution dans le nombre des places fortes est un des conseils de Vauban signé par lui le 2 février 1706. Vauban a-t-il pour cela été déclaré ennemi de Louis XIV ?

(2) *Spectateur militaire*, 15 novembre 1843, page 209.

elles sont mauvaises : dans le premier cas, est-ce une preuve de non-patriotisme, que de les exposer au pays? Si elles sont mauvaises, si l'histoire en ceci est trompeuse : alors ou l'ennemi s'en apercevra, ou il ne s'en apercevra pas. Dans la première hypothèse, il se gardera bien de les prendre pour guide, et alors notre ouvrage ira s'engloutir, avec tant d'autres, dans la nuit des temps ; ou ne s'apercevant pas de notre erreur, l'ennemi adoptera nos idées, et ne faisant plus ni siéges ni places, il s'enfoncera à la légère au milieu des forteresses de notre frontière, ce qui nous sera avantageux. D'un autre côté il n'aura plus recours à aucune espèce de fortification, et alors, en entrant chez lui, nous ne trouverons plus ni forts ni redoutes ; or ceci, selon les doctrinaires, sera une heureuse circonstance pour nous, et nous aurons encore ainsi rendu un immense service à la France. Vous ne sauriez échapper à ce dilemme. Peut-être auriez-vous mieux aimé que ces vérités partissent d'une autre main, parce que l'on pourrait toujours repousser la critique en disant que, l'auteur n'étant pas du métier, ne peut parler en suffisante connaissance de cause et n'a pas l'instruction spéciale nécessaire. Ce serait sans doute un moyen de polémique très-commode ; mais ici il est sans portée, parce qu'il faut répondre à un homme qui pendant 40 ans a vu et manié l'instrument des ingénieurs, qui a profondément réfléchi sur sa contexture, en s'appuyant sur les faits historiques les plus authentiques pour en décrire les effets, et qui peut dire à la doctrine : « Maintenant je suis libre... à nous deux ! »

Certes nous rendons justice aux intentions de bien des doctrinaires. Il y aurait absence d'équité à ne pas faire la part des temps, de l'éducation et de légitimes intérêts : on peut être de bonne foi même dans l'erreur. Mais qui donc peut avoir à se plaindre? Qui a perdu quelque chose à la lutte contre la doctrine?

L'éducation, même celle littéraire, prédispose la jeunesse à tomber dans la doctrine, et tend à lui inculquer, par des récits pompeux et souvent romanesques, une idée exagérée de l'importance des villes fortifiées, ou au moins une idée qui est devenue exagérée, en raison de la différence des temps. Qu'on lui remette les poëmes d'Homère, la durée du siége de Troie lui fait attribuer une grande valeur aux murs d'Ilion, quoique les Grecs ne les aient réellement jamais attaqués. Qu'on lui fasse lire l'histoire romaine ; rien ne la frappe davantage que les siéges de Véies, de Sagonte, de Numance ou de Carthage. Son admiration se porte sur les héroïques défenses de ces cités fameuses, sans qu'aucun professeur se soit avisé de lui faire apprécier les savantes manœuvres d'Annibal ou de

Scipion, et de lui donner à comprendre que si dans dans ces temps il y eût eu du canon, nous n'aurions point d'Iliade.

Les auteurs qui ont écrit les histoires des peuples se sont occupés à expliquer l'enchaînement des événements qui se sont produits ; ils ont essayé d'en pénétrer les causes, et ont entrepris de peindre philosophiquement et les hommes et les nations avec leurs passions. Ils se sont attachés aux résultats généraux, et peu se sont arrêtés sur l'histoire particulière des moyens divers d'action. Dans la vie d'un peuple, il y a à distinguer le rôle de ses lois, de ses arts, de son agriculture, enfin de ses institutions si multipliées. L'étude de ces divers éléments est cependant nécessaire pour comprendre son histoire générale.

Beaucoup d'auteurs ont négligé de faire comprendre une telle division, qui fait découvrir les causes de bien des changements survenus au milieu des nations : ainsi par exemple, de quatre écrivains que nous avons consultés sur l'histoire de l'indépendance de l'Amérique, nul, qui le croirait, n'a fait la moindre réflexion sur l'emploi de l'art des ingénieurs. Ils ont cherché à peindre les caractères de Washington, de Francklin ou d'Howe, mais ils ne se sont pas occupés un seul instant du caractère de la guerre soutenue contre les Anglais par les Américains, bien qu'il ait complétement décidé de la liberté des colons. L'on ne peut nier, d'après cet exemple, qu'une méthode de guerre, plutôt qu'une autre, ne doive modifier bien des résultats, et que son influence ne puisse devenir telle, qu'elle détruise complétement les plus justes espérances en empêchant d'atteindre le but auquel on aspirait.

Nous avons choisi les remparts pour sujet spécial d'investigations, et si démêler l'influence d'une espèce d'armes n'a pas été une chose difficile et n'a pas demandé le génie de l'invention, nous pensons que cette recherche peut avoir au moins le mérite de la patience.

Ayant entendu des militaires très-capables émettre des opinions très-opposées sur cette matière, nos pensées, depuis bien des années, se fixaient constamment sur les faits relatifs à l'une ou à l'autre de ces opinions. Chaque événement était marqué, dans les nombreux auteurs qui passaient sous nos yeux, avec des signes différents selon le succès ou la défaite, sans qu'il fût possible de prévoir vingt-cinq ans d'avance quel serait le résultat définitif, et ce n'est que postérieurement que le relevé de ces événements, ainsi annotés, a pu nous montrer ce que valait numériquement ce moyen de guerre. Telle a été la source de nos tableaux statistiques, dont la balance ne nous a été révélée, pour ainsi dire, *qu'en fin de compte.*

Si cette balance a été défavorable aux fortificateurs, qu'y pouvons-nous faire ? Nous leur avons dit : *C'est de l'histoire*, ils n'en ont tenu compte : il faut bien s'en consoler; mais si le pays peut être éclairé sur des dangers très-réels, n'était-ce pas un devoir de les lui signaler ?

Et au fond, que voulons-nous, qu'avons-nous voulu, en **1843**, comme aujourd'hui? Rien autre chose que ceci : dire à la France que confier sa défensive et son salut à une organisation de places militarisées est une imprudence considérable ; qu'un système darçonnien de forteresses n'est pas une arme, mais une chaîne qui gêne les armées dans leurs mouvements; que livrer bataille sous un rempart, c'est commencer l'opération par une chose contraire à la définition et même à la nature d'une bataille, c'est-à-dire, que c'est tendre à un but en employant précisément des moyens qui en éloignent, ce qui est anti-logique et ce qui doit amener des chances malheureuses. Nous avons voulu de nouveau poser à la France toutes les questions écrites dans la page **27** de nos *Considérations militaires* de **1843**, en priant le lecteur de se reporter à leurs solutions indiquées à la page **388**; avec cette seule différence, que ces solutions, données par l'examen des campagnes de **1790** à **1815**, sont ici renouvelées par l'analyse des guerres de **1380** à **1790**.

Pour former nos tableaux statistiques, il nous a fallu compulser une infinité d'historiens; mais nous avons toujours préféré les auteurs primitifs à ceux de seconde main. Ce sont principalement les mémoires des généraux qui ont conduit les guerres qu'ils ont décrites, que nous avons consultés. Turenne, le duc d'York, le maréchal de Saxe, Berwick, Frédéric II, Feuquière, Villars, qui ont écrit des relations de leurs campagnes, nous ont servi de guides. Si Eugène et Marlborough n'ont pas tenu la plume, il y avait, sous leurs propres tentes, des aides-de-camp, des secrétaires, des historiographes, auxquels ils dictaient des rapports adressés à leurs gouvernements, ou des notes qu'ils destinaient à la rédaction de relations futures. François 1er, Louis XII, Henri IV, ont eu des chroniqueurs estimés. Les divers peuples ont imprimé des rapports contradictoires, soit sous forme de bulletins, soit sous celle d'histoire, ou de panégyriques plus ou moins flatteurs. Ce sont ces matériaux que nous avons comparés, ainsi que les histoires anglaises, allemandes, hollandaises et autres; indépendamment des ouvrages de Jomini, Bulow, Quinson, etc.

Nous avons eu aussi communication de manuscrits précieux, entre autres, d'un long mémoire présenté au duc d'Angoulême, *dans le but, disait-on, de l'instruire;* nous avons vu encore un ouvrage dicté par Napoléon en conseil du génie pendant plusieurs années, intitulé : *Notes, ordres du jour, sur les diverses places de l'Empire.* Toutefois, qu'avions-nous besoin de tous ces documents ? nous ne demandions à l'histoire que des noms, et ils se trouvent partout ! Notre fonction a été de ranger ces noms en deux colonnes, la première sous le titre de *malheureux*, la seconde sous celui d'*heureux*, et de mettre les deux résultats dans la forme de rapports comparatifs. C'est avec cette nomenclature que nous avons composé cet ouvrage. S'il est devenu plus étendu que nous ne le pensions, c'est parce que ces deux sommes sont devenues les sources de vérités nombreuses et pleines d'intérêt pour les militaires, et que l'abondance du sujet nous a entraîné comme malgré nous.

Malgré des difficultés que l'on conçoit aisément, nous avons évité de mêler notre sujet à la politique, qui furtivement s'introduit partout. Et nous le déclarons encore ici, nous n'avons eu en vue aucun système de gouvernement quelconque ; nous avons laissé de côté en toutes circonstances les individus, pour ne nous attacher qu'aux événements dont, poussé pour ainsi dire par une cause inconnue, nous avons fait comme une sorte de collection.

Chaque nation a, ici-bas, sa mission providentielle : à l'une est attribué l'empire des mers, pour qu'elle porte la vérité aux extrémités du monde ; à cette autre, la puissance des idées, de la philosophie et des arts, afin qu'elle les répande de proche en proche, et souvent, sans qu'elle s'en doute, ses armées ne sont que des missionnaires le casque en tête. Chaque homme a aussi sa destination particulière, et si le trouble des passions vient à obscurcir sa vocation, ce trouble est également dans les décrets suprêmes.

Quelque minime, en apparence, que semble une vérité, Dieu a toujours son homme tout prêt à la signaler : dût le mensonge s'efforcer de l'étouffer et même y réussir ; mais le genre humain, alors, ne conserve plus le droit de prétendre, pour excuse, cause d'ignorance, ni de se plaindre de n'avoir pas été éclairé sur la cause de ses maux.

Quels fléaux sont venus ravager la terre avec plus de constance, que le système doctrinaire ? Sa permanence a fait plus de victimes que la fièvre jaune, le mal ardent, ou le choléra : serait-ce donc une petite mission que celle de l'en avertir ?

Dans ce qui va suivre, nous n'avons pas eu la prétention de nous ériger en historien, ou en littérateur. Notre mémoire, car notre livre n'est que cela, ne présente qu'un vaste tableau statistique rapportant la plupart des événements qui se sont passés sous les remparts et avec leur concours. Cela ne comportait guère ni l'élégance, ni l'abondance du style. Il ne s'agissait pas d'un travail littéraire, mais d'une espèce *de table de matières, portant avec elle toute la sécheresse et toute l'aridité de ce genre de résumé :* et puis, peut-être que, si nous eussions tenté de polir les phrases et d'arrondir les périodes, nous eussions singulièrement allongé un ouvrage déjà bien étendu, malgré un laconisme que nous nous sommes imposé, dans une analyse de plus de cinq siècles de guerres ; contentons-nous donc d'être resté vrai et dévoué !

Et à présent, remercions les lecteurs indulgents qui ont bien voulu en 1843 accueillir nos *Essais*. Espérons que notre nouveau travail obtiendra la même faveur. S'il n'est pas aussi attrayant que nous le désirerions, l'on peut penser, cependant, qu'il ne sera pas sans utilité pour les personnes sérieuses qui s'occupent de la science de la guerre, sans laquelle évidemment il y a peu de sûreté pour les nations. A force d'avoir sacrifié à la paix, *partout et toujours*, il vient une époque où les peuples sont entraînés à la guerre, et alors il est heureux que quelques personnes n'en aient point perdu de vue les vrais principes.

RECHERCHES

HISTORIQUES

SUR LE ROLE ET L'INFLUENCE

DE LA FORTIFICATION.

CHAPITRE PREMIER.

Invasion de l'Angleterre par les Normands, sous Guillaume le Conquérant.

DE 1066 A 1072.

Résultats heureux de l'emploi des remparts.	DESCRIPTION SOMMAIRE ET HISTORIQUE DES OPÉRATIONS MILITAIRES Dans lesquelles ont fonctionné les fortifications, places, camps retranchés, lignes et remparts quelconques.	Résultats heureux de l'emploi des remparts.
NOMS et époques.	**TABLEAU N° 28 (1).**	NOMS.

Ne pouvant persuader les barons normands de lui donner une suffisante assistance pour réaliser ses projets de conquête sur l'Angleterre, Guillaume le Bâtard fait un appel dans toutes les Gaules. Tout ce que ces vastes contrées renferment d'aventuriers accourent à ses promesses et se rangent sous ses drapeaux. L'habile duc de Normandie a même su se préparer une sorte de parti en Angleterre, et se coaliser avec Herdre, wiking ou roi de Danemarck ; 1500 vaisseaux sont achetés de tous côtés depuis le Zuyderzée jusqu'à Cadix, et plus loin encore, jusqu'au fond de la Méditerranée.

Herdre débarque le premier avec sa nombreuse armée de Scandinaves et prend terre à l'embouchure de l'Humber. Harold, qui

(1) On commence cet ouvrage par le tableau n° 28 comme faisant suite aux 27 tableaux de nos *Essais sur de nouvelles considérations militaires*, imprimés en 1843, dont le présent volume est la continuation.

2

s'est déclaré héritier de la couronne d'Édouard le Confesseur, court avec l'armée saxonne au-devant de ce premier ennemi, qui déjà a fait capituler la place d'Yorck, et dans laquelle il doit entrer le lendemain du traité. Harold attaque le camp retranché des Danois, l'emporte de vive force et est blessé dans le combat; mais la place est sauvée, l'ennemi regagne ses vaisseaux.

Pendant que ceci se passait, Guillaume avait embarqué son armée: poussé par les vents, il avait été rejeté au loin vers le nord, jusque sur les côtes de Saint-Valery, où, obligé de prendre terre, il avait formé un camp d'instruction, comme notre camp de Boulogne. Les vents devenus favorables, il rembarque ses troupes et vient aborder au sud-ouest de l'Angleterre, vers le petit port de Hastings, ancien point d'arrivée des Romains; des forts en bois dont les pièces sont numérotées, des palissades et des poutres servent à établir sur-le-champ un camp retranché apporté par les vaisseaux.

Le jour de sa victoire sur les Danois, Harold part pour s'opposer à Guillaume; il traverse la capitale, et, poursuivant sa marche rapide, il arrive avec son armée sur une chaîne de collines à sept lieues de l'ennemi.

Là il élève des retranchements; des abattis et des fossés couvrent la position de ses troupes déjà victorieuses, quand au bout de quelques jours le duc de Normandie se présente et attaque le camp ennemi. D'abord ses légions sont repoussées; il manœuvre alors autour des remparts, et, remarquant que les flèches sont arrêtées par la hauteur des ouvrages, il fait tirer ses archers à l'instar de ce que nous appelons *feux courbes* ou plongeants; sa cavalerie simule une fuite. Les Saxons se défendent avec valeur, ils se lancent à la poursuite de cette cavalerie. Guillaume, avec ses chevaliers, leur coupe la retraite; les défenseurs du camp sont couverts de blessures; Harold, déjà percé de traits et aveuglé, reçoit la mort en combattant; les portes du retranchement sont forcées, un horrible carnage épouvante toute l'armée nationale, qui fuit éperdue; et Guillaume victorieux fait construire sur ce *champ de la bataille* une église qui fut nommée l'Abbaye de la Victoire, dédiée à la Trinité.

Guillaume avait fait détruire une partie de sa flotte; il avait, comme on le dit, brûlé ses vaisseaux: toutefois ses 400 bâtiments de guerre avaient prudemment été mis en sûreté. Au lieu de marcher droit sur la capitale fortifiée, il contourne le pays de Kent, escorté par ses navires. Il s'empare de la province, se rend maître de toutes les forteresses. Douvres, place très-forte, capitule nonobstant sa nouvelle citadelle : puis il y met garnison, comme offrant un port plus sûr. Sa flotte pénètre dans la Tamise ; alors, remontant la rive droite du fleuve, il attaque l'armée saxonne retranchée dans un bois non loin de Richmon ; elle est défaite et forcée de se retirer sur Londres, où elle se réfugie à l'abri des remparts de cette capitale.

A cette époque, Londres était une ville beaucoup plus puissante que l'on ne se le figure aujourd'hui : encore couverte des murailles d'Alfred, elle était décorée de beaux monuments bâtis par les Romains. Sa population, déjà commerçante et riche, s'élevait à plus de 120,000 âmes ; toute l'armée nationale s'y était concentrée. Les provinces y envoyaient incessamment des renforts, et ses défenseurs surpassaient en nombre les troupes de Guillaume : une telle proportion se représente souvent. Le prince normand, avec sa prudence accoutumée, se tient loin des remparts de la rive droite ; il se contente d'occuper les routes principales et d'établir deux camps retranchés au delà de la portée du trait. Son infanterie, remontant ensuite la Tamise au-dessus de la place, va franchir le fleuve au gué, peu éloigné de Wallingsfort, et de là il vient cerner la ville sur la rive gauche, où il construit deux autres camps retranchés semblables à ceux de la rive droite. Entre les deux fortifications, il y eut de fréquents combats ; l'armée bretonne se portait avec valeur à l'attaque des camps ; mais toujours elle était repoussée, et ses corps étaient souvent coupés de la place.

Cependant Guillaume semblait respecter les murailles, et ne les attaquait pas. La famine et la discorde signalèrent bientôt leur puissance ; une partie de l'armée sous les beaux-frères d'Harold se fait jour, une autre se défend encore, quoique toute la campagne soit ravagée par les assiégeants. Après cinq jours, fatiguée des troubles intérieurs, la corporation de la cité, la *Hansward*, d'accord avec les magistrats, traite avec l'armée normande. Ils remirent la ville à Guillaume avec tant d'empressement, qu'ils ne demandèrent même aucune garantie au vainqueur, ainsi que le remarque le célèbre historien Augustin Thierry. Que diront à présent les partisans des capitales fortifiées ? Mais ils repousseraient l'application à Paris, sous prétexte que nous ne sommes pas au onzième siècle, bien que l'invention du canon rende aujourd'hui la défense des remparts encore plus difficile que jadis.

Guillaume fait entrer une partie de ses troupes dans Londres; il les loge dans les tours qui flanquent les murailles, il en fait une chaîne de postes qui maintient les habitants, aussitôt désarmés; après quoi il leur impose de rudes contributions. Trois châteaux sont de suite bâtis à trois angles de la ville; et l'une *de ces bastilles*, celle royale, subsiste encore aujourd'hui sous le nom de *Tour de Londres*. A l'aide de ces *forts détachés* une tyrannie fiscale s'établit: l'avarice du prince était insatiable; mais au moins c'était celle d'un vainqueur; *Londres était conquise, et ne s'était pas donnée.*

Cependant une partie des soldats de Guillaume continuait la guerre dans les provinces. L'armée saxonne, sous des chefs que l'ambition rendait ennemis, s'était morcelée en plusieurs corps; c'était une sorte de guerre dont l'Europe a pu juger en Espagne l'exemple de 1808 à 1814: guerre sans puissance par elle-même, et qui ne peut produire que des flots de sang inutilement répandus. La capitale *fortifiée était prise dès le premier mois, la conquête était faite*, c'était un résultat immanquable; et le duc put impunément se proclamer lui-même roi d'Angleterre.

Autour des différents corps des chefs saxons se groupaient une foule d'indigènes, les uns par patriotisme, d'autres à cause de leur ruine, qui ne leur laissait plus que la guerre pour ressource. Il se forma ainsi plusieurs armées; mais Guillaume court aux ennemis, qui se sont ralliés sous les remparts d'**Exeter**; il les assiége et s'empare de la place le dix-huitième jour.

De là il marche sur **Salisbury**, où une autre armée s'est organisée. Les révoltés, comme il les appelait déjà, sont attaqués, et la ville enlevée. Un autre corps saxon essaie de surprendre **Douvres**, il est repoussé avec perte; et une ville fortifiée par les Bretons eux-mêmes leur devient fatale. Fait remarquable que nous aurons maintes occasions de signaler dans la suite de nos tableaux historiques.

Un fils d'Harold, réfugié en Irlande, y lève des troupes et débarque sur les côtes de l'ouest une petite armée contenue dans soixante vaisseaux; bientôt elle s'accroît et attaque **Bristol**; mais elle est repoussée par la garnison normande de cette place, qui, bâtie par les Saxons, leur est contraire. De nouveaux secours arrivent d'Irlande; les chevaliers de Guillaume attaquent cette armée, ils enlèvent les remparts de **Stopfort** et de **Schrewsbury**, où elle s'était appuyée.

Cependant Macolm, roi d'Écosse, rassemble tous les fugitifs. Il rallie les corps de partisans à son armée, équipe 250 vaisseaux et envahit le nord de l'Angleterre. Les rivages de l'est et de l'ouest sont conquis; il assiége Yorck, dont il s'empare, ainsi que de sa citadelle; il se proclame à son tour roi d'Yorck. D'un autre côté, les fils d'Harold se réunissent: Moker, Stigon, Igholwin, Edwin se sont réfugiés dans une contrée marécageuse à l'embouchure de l'Ouse. C'est un terrain inabordable, que l'art renforce encore par une suite de coupures et de retranchements; il a été célèbre sous le nom de camp d'Ely; mais déjà Guillaume a trouvé des traîtres au milieu des Saxons: il en a formé des bataillons, les guerriers du camp sont trahis et périssent tous.

La flotte danoise arrive au secours de l'Angleterre, les troupes débarquent et s'emparent de la place de Boston: mais l'habile Guillaume paye ces pirates, qui évacuent leur conquête volontairement.

Macolm s'empare de Northumberland, il massacre la garnison normande de Durham; ce pays échappe un instant aux envahisseurs. L'actif Guillaume marche sur ces provinces, il attaque les Écossais retranchés sous la place d'Yorck. Ils sont vaincus et abandonnent la ville; tout le pays est conquis jusqu'à la Tyne et jusqu'à la grande muraille romaine qui ferme l'espace entre cette rivière et la Solway. Le prince normand court sur Durham et livre une nouvelle bataille sous ses remparts; il est encore victorieux. Tournant alors vers le sud-ouest, il va attaquer les Gallois, qui par leurs courses inquiétaient ses esprits; il aborde ce fameux retranchement appelé lignes d'Offa, au pied des montagnes qui relient les cours des deux rivières la Dée et la Severne. Toute cette contrée est ravagée.

Une horrible famine désole l'Angleterre. Les Saxons et les Normands deviennent des loups dévorants qui ne respectent plus ni le sexe ni l'âge. De toutes parts fondent sur ce malheureux pays tout ce que la Gaule, la Flandre, l'Espagne et même l'Allemagne offrent d'esclaves fugitifs et de scélérats; il n'est pas jusqu'aux couvents du continent qui n'envoient des légions de moines (1) attirés par

---

1 C'est de cette tourbe barbare que les plus orgueilleuses familles anglaises prétendent tirer leur origine. L'Angleterre fut spoliée méthodiquement; on fit soixante mille parts des propriétés; chacun des envahisseurs en reçut selon son grade, depuis une jusqu'à 1500. Le registre nommé le *Domesday-Book* existe encore déposé à la Tour de Londres; les villes, les monastères, les forêts furent l'objet d'autres partages subséquents.

la richesse des monastères. Le pays est pillé et brûlé dans tous les sens par les recrues de Guillaume qui accourent en foule. Les nationaux sont chassés de leurs maisons, dépossédés de leurs biens ; ils sont tous rejetés dans le servage, et leur nom même devient une injure ; ils se retirent dans les bois, où ils vivent de rapines et d'assassinats, sous le nom de *têtes de loups*, *Outlow*. Beaucoup fuient et parviennent en Irlande, en Flandre, en Écosse, dans les Gaules et jusque dans les îles les plus reculées. On en vit même s'engager dans les troupes impériales et faire la garde de Constantinople.

1071. Guillaume franchit les montagnes du pays de Galles. Les naturels s'étaient ralliés sous les remparts de Chester. Cette place très-forte est assiégée et défendue avec un désespoir impuissant contre l'habileté des troupes normandes ; la place capitule, et les révoltés principaux parviennent à gagner l'Irlande, ou vont dans les profondeurs des forêts augmenter le nombre des *Outlow*.

1072. Camp d'Ely. La résistance, vaincue à l'ouest, se réveille plus terrible sur les côtes de l'est ; ce canton marécageux du pays de Cambridge, aux embouchures de deux rivières, cachait de nouveau dans ses solitudes une foule de guerriers. Depuis six ans ils travaillent à fortifier ce que l'on a appelé le camp d'Ely. On n'y peut parvenir qu'à travers des digues basses et étroites, sinueuses et coupées de canaux, interrompues en mille endroits. C'est une contrée étendue, couverte de roseaux, de broussailles ; qui recèle des bourgs et des villages, tous fortifiés. Le meilleur guide se perdrait au milieu de ses détours ; une armée entière s'y est rassemblée : elle y possède des citadelles fortes, des villes et des flottes bien munies. C'est une sorte de petit État doctrinaire.

L'infatigable Guillaume accourt. La difficulté est moins grande que son génie : une immense quantité de fascines, de claies, de poutres, de pierres, de sacs à terre, est jetée sur ces marais. On trace des chemins solides sur le sol mouvant ; pied à pied chaque résistance locale est abordée et vaincue ; bientôt ces braves défenseurs sont refoulés jusqu'à l'Océan ; rien n'échappa aux vainqueurs et aux spoliateurs normands, qui y conquirent d'immenses richesses.

Telle fut la conquête de l'Angleterre ; tel fut le résultat d'une défensive opérée par les moyens que nous avons appelés *doctrinaires* : capitale fortifiée, grandes villes couvertes de remparts, armées qui se retirent sur elles ou dans des camps retranchés, châteaux particuliers, donjons, tout fut conquis dès la première année et même dès le premier mois; et si quelqu'un tira un bon parti des forteresses du pays, *ce fut le vainqueur:* 26 fois les antagonistes se rencontrèrent sous des fortifications; 20 fois elles furent fatales aux défenseurs, 6 fois seulement, après une apparence de secours momentané, elles finirent par succomber.

Quoi qu'il en soit, en faisant ici notre double budget indiqué dans nos *Essais sur de nouvelles considérations militaires,* nous avons le rapport des désastres aux succès représenté par 20 : 6 ; c'est 3,33 : 1, c'est plus de *trois contre un,* c'est-à-dire que nous retrouvons encore ce que nous avions annoncé à la page 61 de notre ouvrage publié en 1843.

Que disions-nous également à la page 285 sur les capitales fortifiées? Rien autre chose que ce que nous retrouvons dans Londres en 1066. Cette ville, bien plus riche, bien plus populeuse que les capitales des autres royaumes de l'Europe, avait déjà, par son industrie, le commerce du monde. Ses cuivre, étain, plomb; ses manufactures de draps, de laines, de chanvres; ses étoffes d'or et d'argent, ses tapis; ses fabriques d'armes étaient supérieures à celles du reste de l'Europe. Ses flottes marchandes cinglaient sur toutes les mers, et commerçaient avec l'univers. Ses bibliothèques étaient déjà célèbres, et les savants sortis de ses monastères se répandaient sur tout le continent. Londres conservait tous les monuments élevés par les Romains; car l'Angleterre, insulaire, n'avait que peu éprouvé les ravages des invasions des Germains et des Tartares; en sorte qu'elle était devenue comme le dépôt des connaissances humaines.

Elle était encore défendue par des fortifications en partie romaines ; ses populations étaient braves et nombreuses ; ce pays avait donc tous les éléments d'une grande résistance : et pourtant en un mois tout s'écroula, capitale, forteresses, richesses, bravoure, génie, sous les efforts de 60,000 vagabonds, la moitié mal armés, sans lien national, et parlant même des idiomes très-différents. Ici, remarquons-le, la défense fut complétement *doctrinaire* dans toutes ses phases ; c'était l'art du moyen âge dans toute sa pureté.

Les forteresses *ne ralentirent point la marche* de Guillaume, ni sa conquête. Si l'on voit des combats encore après 1071, c'est que les restes de la race saxonne avaient renoncé a la défense fortifiée par l'art ; c'est que ses derniers enfants se confièrent aux forêts et aux marais ; c'est qu'ils firent la guerre de partis et de guérillas ; c'est qu'enfin ils abandonnèrent la doctrine.

Ainsi, la force des choses triomphe dans tous les temps, au onzième siècle comme au dix-neuvième, parce que la vérité est de toutes les époques et de tous les lieux, en Angleterre comme en France, comme en Espagne ou en Amérique ; avec des flèches, aussi bien qu'avec des canons, parce que *Hercule veut qu'on se remue* (1), et que, faire la guerre sur place, est une idée fausse et contraire aux lois de la mécanique ; il est seulement vrai de dire que l'invention de la poudre et des canons a conduit à des résultats plus prompts dans les temps modernes.

Considérez ce qui est arrivé à Londres : cette capitale devient un *imprudent et impuissant refuge ;* la discorde conduit à un morcellement fatal de l'armée

____

(1) Pour éviter les répétitions, nous avons presque toujours souligné les phrases extraites de nos *Essais sur de nouvelles considérations militaires.*

saxonne. Londres, bloqué par des camps retranchés, environné de nouvelles bastilles, ne montre-t-il pas un fait historique plein d'enseignement pour qui veut tirer de l'expérience des temps passés des indications sensées pour l'avenir? Qu'on ne s'y trompe point, les hommes sont toujours les mêmes, leurs actions définitives ont une uniformité qu'on pourrait appeler singulière, et pourtant forcée : si le chemin parcouru n'est pas identiquement le même, le dernier résultat est pareil; que dirons-nous donc des doctrinaires qui appellent sur Paris de semblables catastrophes?

L'Angleterre, hérissée de forteresses, est conquise en un mois; et par contre, à peine si Guillaume peut mettre un pied en Irlande et en Écosse, pays qui n'offrent pas de forteresses. Il faut à ses successeurs, Guillaume le Roux, les Henri et les Édouard, plus de 4 siècles pour subjuguer ces contrées : cette différence est très-significative. D'abord quelques aventuriers de l'armée normande débarquent en Irlande; ils élèvent sur la côte timidement quelques donjons, puis, pas à pas et de château en château, ils pénètrent un peu plus avant, agrandissant leurs forts à mesure qu'ils augmentent leur territoire; mais quelques barons normands, secouant le joug, affectent la souveraineté féodale. Henri Ier envoie une armée contre eux; à son tour, il bâtit quelques petites places et fortifie quelques hâvres. Ce ne sont point les naturels ou indigènes qui se fortifient, ce sont les conquérants qui avancent pas à pas, de citadelle en citadelle; ils font comme Guillaume, qui, 10 ans après la conquête de l'Angleterre, avait élevé déjà plus de 200 tours menaçantes sur le sol anglais.

On a prétendu *voir une ingénieuse combinaison défensive* contre les armées extérieures, dans le nombre considérable de places que fit élever ou augmenter Louis XIV :

sans doute quelques-uns de ceux qui ne voient jamais le fond des choses, ou qui ne les voient que sous un aspect donné ou ordonné, ont pu croire à ce but ; mais la vérité est que tant de villes bastionnées à grands frais, tant de citadelles nouvelles, n'avaient pas d'autre objet que *d'assurer des conquêtes*, et d'en imposer à ces fils des terribles Flamands, des communes gantoises ou anversoises ; c'était contre les populations que le grand roi se prémunissait ; il rivait leurs fers. Les doctrinaires ont abusé du mot *défensive* ; ils ont voulu lui donner un sens général, tandis qu'il n'en avait qu'un particulier, *défensive contre les populations* : toute leur doctrine n'a eu qu'un abus de mots pour fondement ; nous l'avons déjà dit dans le *Spectateur militaire* (1) : la technologie de la guerre est tout à fait incomplète.

Que l'on examine avec attention cette succession de faits : avec les seigneurs viennent les donjons ; les grands vassaux créent les châteaux et les petites places ; sous les grands rois et les princes absolus, se bâtissent les grandes forteresses ; ces trois états sociaux enfantent pour eux respectivement les trois degrés de remparts ; les forteresses grandissent parallèlement avec les royaumes. Ce sont deux séries ascendantes et harmoniques, créées l'une par l'autre comme une nécessité. Si à la série des pouvoirs pouvait s'ajouter un quatrième terme, un quatrième terme également viendrait s'ajouter à la série des remparts.

On nous dira alors : La grandeur des forteresses a crû comme la grandeur des royaumes et l'absolutisme des souverains ; elle a suivi, en croissant, les phases de la civilisation. Eh bien ! notre place de Paris, de 20 lieues de circonférence, ne suit-elle pas de son côté les progrès

(1) N° du 15 novembre 1843.

de l'ordre social? Ceci est une erreur : le gouvernement appelé constitutionnel n'est pas un quatrième terme de la série barons, grands vassaux, rois; il forme une catégorie à part, ou *sui generis* : il y a une complète solution de continuité entre la monarchie absolue et le gouvernement parlementaire, *qui n'est que la république déguisée*. Voyez les républiques romaine et américaine, elles n'ont eu que peu ou point de forteresses; et ce fut le jour où Auguste ramena la monarchie que Rome bâtit des remparts. Les Romains suivaient l'esprit de leurs siècles, quand nous, nous mêlons les époques; c'est par l'ensemble et par la masse que le gouvernement parlementaire peut se soutenir; tout ce qui tend à morceler, à localiser, *est opposé à sa nature intime*, et ne peut être qu'un élément tendant *à en provoquer la chute* : chute imminente, quoi qu'on en dise, et qui ne peut manquer d'arriver dans un État tout militaire, c'est-à-dire essentiellement obéissant, et rempli de flatteurs.

CHAPITRE II.

Invasion des Anglo-Bourguignons en France pendant la fin du 14ᵉ siècle
et le commencement du 15ᵉ.

DESCRIPTION SOMMAIRE ET HISTORIQUE, ETC. (1).

TABLEAU Nᵒ 29.

1ʳᵉ SECTION.

1380. Charles V avait chassé les Anglais; mais sa glorieuse carrière
était à son terme, il était mourant. Ces insulaires débarquent une
armée à Calais et entrent en France. Ils pénètrent en Champagne.
Le duc de Bourgogne, chef de l'armée française, quoique bien
supérieur en forces, se réfugie dans Troyes. Plusieurs combats se
livrent aux portes de cette place, et les Anglais sont obligés de se
retirer. Ils prennent leur route par la Beauce, côtoient Paris, se
portent sur la Sarthe, dont on leur dispute le passage, et font la conquête du Maine et de l'Anjou, d'où ils s'allient au duc de Bretagne,
toujours rebelle à son suzerain.

1381. Pendant que ceci se passait, la tyrannie du comte de Mâle,
souverain de la Flandre, exaspère les peuples de ces contrées,
Ypres. amants de leur antique liberté. Il attaque la commune d'Ypres : la
cité capitule, et il y exerce de cruelles vengeances; il abolit les

(1) Au commencement de chaque chapitre il faudra se rappeler la division
du texte en trois colonnes comme pour le chapitre premier.

anciennes chartes et les franchises communales, malgré l'appui des autres puissantes villes libres de ces provinces difficiles à gouverner.

Pour les punir, le comte de Måle va assiéger Gand, et déploie contre elle toute la puissance de ses nombreux États ; mais les corporations prennent les armes, elles soutiennent un siége meurtrier, mille *sorties* renversent les lignes, les tranchées et les bastilles ; toutes les autres villes voisines, Anvers, Bruxelles, Liége, Bruges, le pays dit du Franc, font sortir leurs nombreuses milices, et le comte, battu dans toutes les rencontres, lève le siége. *(Gand)*

Alors il appelle à son secours le duc de Bourgogne, son gendre. Il le convie à défendre un héritage qui doit un jour lui tomber en partage. Celui-ci, tuteur du jeune roi de France, ne balance pas : il entraîne en Flandre Charles VI, qu'il maîtrise ; 60,000 Français entrent dans la province par le côté de la Lys.

(1382.) Pendant cette marche le comte avait rallié son armée ; Gand était cerné une seconde fois. Les vivres y manquent absolument, la trahison et la discorde la dominent. Cependant toute la chevalerie *(Gand.)* du prince est réunie sous les remparts de Bruges, prête à porter le *(Bataille de Bruges.)* dernier coup à cette cité de Gand si rebelle. Le fils du célèbre Artvelle, chef des corporations, assemble le peuple ; il représente les maux que la famine fait dans la place ; 6,000 braves percent avec lui les lignes d'investissement et se portent sur Bruges, où 40,000 hommes se réjouissent dans l'abondance. En arrivant devant la place, ces généreux guerriers se jettent à genoux et élèvent leurs mains et leurs prières vers le ciel. Le comte croit qu'ils demandent pardon, et fond sur eux avec son armée. Tout à coup les Flamands se lèvent, marchent à l'attaque, renversent l'ennemi, *qui, frappé d'une panique,* s'enfuit vers la ville ; *mais ce refuge lui devient funeste ;* l'armée flamande se précipite sur les portes, s'en empare, pénètre dans la place, écrase toutes les troupes du comte en respectant les habitants. Le comte lui-même se cache dans l'asile obscur d'une pauvre femme, et ne parvient à s'échapper seul que le lendemain ; il court enfermer dans Lille sa honte et ses fureurs.

(1382.) Cependant le duc de Bourgogne arrive avec 100,000 hommes *(Bataille de communes.)* sur les bords de la Lys. Les Flamands des communes défendent la rive droite, et il faut traverser le fleuve. On marche, on manœuvre, et toujours l'on retrouve devant soi l'armée nombreuse, combinée. Après quelques jours de tentatives, un peloton de chevaliers surprend un point, passe à la nage et s'établit sur la

rive désirée, non loin de la place de Commines, où les Gantois restent dans la sécurité : toutefois ce peloton repousse quelques escarmouches, un pont est établi. Charles VI attaque Commines et les ennemis ; ceux-ci sont vaincus et fuient au loin ; la place capitule ; ni digues retranchées, ni marais ne peuvent les sauver. Par suite de la victoire, dix places capitulent à l'envi : les principales sont Gravelines, Furnes, Ostende et Dunkerque. Elles sont reprises sur les Gantois, qui les avaient conquises *après la victoire de Bruges.* Alors toutes les troupes réunies se dirigent avec le duc de Bourgogne sur Gand ; mais on rencontre à Rosbecque l'armée ennemie ralliée, et qui est retranchée derrière des fossés préparés ; elle est couverte encore par des marais ; des bois ont été disposés en abattis ; 100.000 hommes contre 100,000 hommes en viennent aux mains : Artvelle est tué, les Gantois et leurs alliés sont mis en déroute. Victorieuse, l'armée française, au lieu de marcher sur Gand, retourne sur Paris et va triompher, dans cette capitale, à la fois des Gantois *et de toutes les communes de l'Europe.*

Le comte de Mâle, resté seul contre la fédération flamande, rassemble 26.000 hommes dans Dunkerque ; les Gantois vont l'y chercher. Il range ses troupes en bataille sous les murs de la place. L'infanterie des communes avance contre son armée, qui est défaite. *Frappée d'une panique, elle cherche un refuge dans la ville,* les Gantois s'y précipitent à sa suite, enlèvent la place et font main basse sur les ennemis, comme à Bruges.

Ici nous ferons une observation générale, que nous prions le lecteur de retenir : c'est que, bien que Gand n'ait pas été assiégé après la bataille de Rosbecque, nous n'avons pas laissé que d'inscrire son nom dans la colonne des services rendus, voulant compter en leur faveur ce que l'on pourrait désigner, même vaguement, *comme rôle moral* des fortifications. On ne nous accusera donc pas de partialité pour le budget des défaites, et l'on ne viendra pas nous faire l'objection que nous n'avons pas fait entrer en ligne de compte tous les services des forteresses, même ceux les plus douteux et les plus contestables.

On voit que, toutes les fois que les seigneurs ne peuvent faire usage de leur cavalerie, et toutes les fois qu'ils se retranchent, ils sont battus ; c'est une image de ce qui doit toujours arriver quand on détruit *la mobilité de ses troupes.* Quoi qu'il en soit, toutes les places se rendent aux Gantois au nombre de quinze ; nous portons ici seulement les principales ; et ceci est encore une preuve

Furnes, Gravelines, Dunkerque, Ostende.

Gravelines, Dunkerque.

Bataille de Rosbecque.

1383. Bataille de Dunkerque.

Bergues, Bourbourg, Audenarde, etc.

Gand..br

de notre impartialité, puisque nous évitons de grossir le budget des défaites.

De nouveau les Français accourent au secours du comte de Mâle. Une armée de 100,000 hommes marche contre les révoltés ; ceux-ci sont appuyés de corps d'archers anglais. Ces alliés sont battus dans toutes les rencontres par les Franco-Flamands. Ils sont acculés dans Bourbourg, place considérable, mais encore abîmée par le précédent siége des Gantois. Bientôt *les vivres y deviennent rares, la maladie se met dans les troupes* de la garnison ; elles capitulent, mais les Anglais obtiennent leur libre traversée, et les Gantois désarmés y sacrifient quelques-unes de leurs libertés. La vie fut sauve ; c'est ce qui nous a fait porter l'événement dans la colonne des succès, bien qu'il soit plutôt une défaite réelle des communes.

Les Français victorieux se portent sur la forte place de Damm. Là les alliés de Gand et ce qui reste de leur armée se laissent cerner. Ce fut une longue bataille de plusieurs semaines, dont la défense de Gênes nous a donné un exemple en 1798 ; les maladies et la famine vinrent aussi, il fallut capituler et se rendre prisonniers.

Enfin la grande cité de Gand, qui naguère pouvait faire sortir une armée de 80,000 hommes de ses vastes murailles, est assiégée par les Flamands et les Bourguignons réunis. La jeunesse avait été détruite à Bourbourg et à Damm. Il lui fallut, après une défense désespérée, subir le joug et voir détruire d'un seul coup toutes ses chartes et ses libertés. Encore même fut-elle trahie par un de ses citoyens : *Everwin* livra une des portes au duc de Bourgogne. Ainsi finit, au bout de cinq ans, une puissante et riche association politique, dite des *quatre membres de la Flandre*, *pour avoir confié son existence aux plus fortes murailles qui fussent alors connues en Europe.*

On ne viendra pas prétendre qu'il manquait quelque chose à la défense de Gand. L'infanterie de ses nombreuses corporations était la meilleure de cette époque ; la fédération flamande était extrêmement opulente ; des fleuves puissants donnaient au pays une force considérable ; aucun peuple n'était plus énergique, et chaque individu avait des droits à défendre contre d'ineptes et lourds chevaliers presque sans artillerie, circonstance très-favorable aux fortifications : et pourtant tous les remparts tombèrent, et cela par la propre faiblesse de ce moyen de guerre. Mais ceux qui éprouveraient de l'étonnement ne seraient dans ce cas que parce qu'ils ne saisiraient pas cette vérité, que *guerre* et *inertie* sont deux mots contradictoires. Nonobstant tous les éléments de triomphe, les Flamands furent vaincus par le seul motif qu'ils se confièrent aux remparts ; et cela était immanquable.

Si nous jetons un coup d'œil sur ce tableau, nous voyons dans cette guerre 15 déroutes sous les fortifications et 5 succès sous le même auxiliaire. C'est la proportion de 3 revers pour 1 succès, en cinq années, dans un pays où les armées ne pouvaient pas faire trois lieues sans butter sur une forteresse, presque toujours protégée par les eaux. Au milieu des républiques ou communes de Flandre, dont les châteaux ou les donjons étaient de vastes villes fortifiées avec tout l'art et toute la dépense permise aux populations les plus riches de l'Europe, ne voyez-vous pas que ce rapport 3 : 1 est précisément celui de nos *Considérations militaires* résultant du tableau n° 1, pour les pays qui sont par eux-mêmes déjà d'un accès difficile? Est-il besoin de s'appesantir sur la similitude de la guerre de 1381 à 1385, c'est-à-dire de la guerre la plus fortifiée possible, avec tout ce que nous avons avancé et prouvé en 1843 ?

Qu'avons-nous dit à cette époque? « Le refuge offert « par les forteresses est souvent funeste aux armées. » Lisez donc ce qui est arrivé à Bruges, à Dunkerque, à Bourbourg, à Damm, où des poignées d'hommes renversent des armées *entières de garnisons* et s'emparent en même temps *des refuges*. Ne voyez-vous pas *ces paniques* dont nous vous avons parlé se représenter près de ces places? avez-vous vu *ces nombreuses forteresses arrêter ou ralentir un seul instant* la marche de l'armée de Charles VI. En peu de semaines elle triomphe de tous côtés, et si elle ne marche pas jusqu'à Gand, c'est que

si elle tire sur Gand, elle vise la commune de Paris
et toutes les communes de l'Europe vaincues à la fois à Rosbecque. C'est à Paris, au milieu de la puissance d'une
armée victorieuse, qu'il faut humilier ces marchands
insolents, qui prétendent avoir des droits, et qui ne se
croient pas nés taillables à merci.

Quoi qu'il en soit, nous trouvons dans cette histoire
une nouvelle preuve de ce que nous avons déjà dit : *Victoire à qui reste libre, défaite à qui s'enferme.* Si le comte
de Mâle se retranche, il est battu par Artevelle ; si à son
tour c'est Artevelle qui se couvre de défenses matérielles,
il est vaincu : un tel renversement de fortune, s'il était
arrivé une fois, pourrait être attribué à des circonstances
fortuites et accidentelles ; mais quand ce même événement se reproduit toujours de la même manière, on ne
peut s'expliquer cette constance de revers que par le vice
du principe doctrinaire.

2me SECTION.

Guerre civile. — Invasion des Anglais.

Le duc de Bourgogne, Philippe le Bon, venait d'hériter par
sa femme de la souveraineté du comte de Mâle, et était devenu
comte de Flandre. Il veut secourir son parent, l'évêque de Liége,
chassé par la commune de cette république féodale. L'évêque se
réfugie dans la forte place de Mastricht, où il est assiégé par les
Liégeois ; mais l'armée de Bourgogne les force à lever le siége.
Alors, forts de 40,000 hommes, ils vont se poster sous les murs de
Tongres, occupée par 10,000 hommes de leur alliance. L'armée,
appuyée à une aile par la place, et retranchée sur son front au
moyen de pieux ferrés, est tournée par les Bourguignons ; elle
perd 26,000 hommes et est dispersée.

Alors le duc Philippe assiége la grande et forte place de Liége,
qui capitule *faute de vivres*, voit démolir ses puissantes fortifications et supprimer ses libertés communales.

Cette victoire jette la consternation dans la faction Orléans-Armagnac, qui dominait dans Paris. Le parti de Bourgogne l'emporte dans la capitale de la France comme à Liége. L'armée victorieuse marche sur Paris en traversant tout le pays, quand le traité de Chartres suspend, un instant, l'animosité des rivaux qui se disputaient le gouvernement d'un jeune roi déjà frappé d'imbécillité, même avant l'aventure de la forêt du Mans.

Mais bientôt la haine des princes et leur ambition ramènent la guerre civile. La faction d'Armagnac a levé une armée de 60,000 hommes et vient bloquer, dans Paris, les troupes de Bourgogne. Un corps anglais, dans la capitale, y soumettait les habitants à des spoliations journalières, et l'armée de Philippe le Bon était aussi cruelle et aussi tyrannique que celle du duc d'Orléans. La moitié des Armagnacs occupent la place de Saint-Denis, et l'autre moitié de leur armée a fortifié Saint-Cloud et s'est retranchée dans un camp sur les hauteurs qui dominent ce lieu.

Cependant le 8 novembre l'armée bourguignonne débouche de Paris, aidée des milices et des corporations armées ; on observe d'un autre côté les routes de Saint-Denis ; toute la droite des ennemis est attaquée dans la place de Saint-Cloud ; la ville est enlevée après une résistance que la haine politique rend furieuse et implacable; à son tour le camp retranché est pris: tout fuit ou meurt, le camp de Saint-Denis est alors évacué à la hâte, et cette retraite devient une épouvantable déroute pour la faction d'Orléans.

Bientôt l'armée des Armagnacs se rallie et va se réorganiser sous les murs d'Etampes. L'armée de Bourgogne y marche, la place est assaillie avec vigueur. Il faut lire dans l'histoire de M. de Barante tous les hauts faits des combattants, se peindre la rage qui les transporte, et l'impuissance de cette fameuse citadelle, dont les débris encore existants annoncent la force à une époque où le canon était d'un emploi rare et difficile. Murailles, tours, châteaux, tout est escaladé, enlevé ; et une déroute pareille à celle de Saint-Cloud se décide dans l'armée du duc d'Orléans, qui fuit épouvantée.

L'historien qui ne verrait ici que la lutte de deux ambitions sous les noms d'Armagnac et de Bourgogne se tromperait singulièrement. Ces deux noms qui s'étaient donné rendez-vous sous les murs de Paris, c'était la civilisation du sud, restée romaine, aux prises avec la civilisation du nord, franque et encore bar-

barc. Paris heureusement était bien fortifié, ses ouvrages avaient
été réparés à neuf et augmentés : il fut la pierre où vinrent
se briser tant d'efforts, et il entretint entre le sud et le nord de la
Loire un équilibre qui causa plus tard sa haute prospérité. Mais
ces remparts si nécessaires pour cette cause devaient, *quand la lutte
cessa, devenir inutiles.* La nature des choses devait les faire
tomber : Louis XIV, qui assista au dernier soupir de ces deux civilisations ennemies, ou plutôt à leur fusion dans une seule, fut
l'agent de cette destruction sans s'en rendre compte ; et les rétablir
aujourd'hui est une vraie pétition de principes, une fausse entente
de la situation des choses qui se sont mises à la place de ce qui
existait il y a 400 ans. C'est courir les risques de faire renaître cette
double situation. Toutefois, pendant ce fameux blocus de la capitale,
toute la campagne, jusqu'à plus de vingt lieues, avait été incendiée
et ravagée ; si l'armée des Armagnacs vivait difficilement, celle
dans Paris mourait de faim ; les maladies et la violence ravageaient
cette malheureuse cité ; la milice dite Royale, la corporation puissante des Cabochiens ou des bouchers, du nom de Caboche, son
riche syndic, massacraient sans pitié tout ce qui était soupçonné
Armagnac. Les barbares ensanglantaient les rues, les maisons et
les parvis des prisons. Toutefois les franchises communales abolies
après la bataille de Rosbecque furent rendues par suite de la victoire de Saint-Cloud, où cette milice rivalisa de bravoure avec
les troupes et les chevaliers. Cette restitution attira l'amour des
Parisiens, qui pardonnèrent beaucoup au duc de Bourgogne. Le
pauvre Charles est entraîné par les Bourguignons au siége de
Bourges, où les Armagnacs ont reformé une armée. Mais la mauvaise administration amène la famine dans le camp prétendu
royal ; les marais qui entourent la place causent de graves maladies
qui déciment les soldats, et les pluies continuelles forcent à lever
un siége qui durait déjà depuis plusieurs mois, et après d'immenses pertes.

Cependant, dans Paris, les Cabochiens ont changé de parti : de
Bourguignons ils sont redevenus Armagnacs. Les troupes de
Philippe sont assaillies de tous côtés ; les bastilles, les châtelets, les
tours des portes, celles de Nesle et du Louvre leur sont enlevées ;
elles sont chassés de la capitale par une milice à la fois changeante
et valeureuse. Les Bourguignons fuient à leur tour, et vont se
rallier sous Arras. Les Anglais, sous la foi mal gardée des trèves
avec la France, qui naguère fournissaient de prétendus volontaires

aux Bourguignons, aujourd'hui traitent avec les Orléans-Armagnacs, qui poussent le parti de Philippe jusque dans ses propres villes. Arras est assiégée par ces derniers unis aux Anglais, toujours acharnés contre ces Francs, qui jadis étaient leurs rivaux quand eux n'étaient encore que Normands; car la première cause de la haine immortelle qui les divise provient de ce nom de Northman, portant avec lui le souvenir des ravages qui désolèrent les Gaules à partir de Charlemagne.

Le duc de Bourgogne accourt pour défendre sa capitale. Deux armées nombreuses sont aux mains autour de ses murailles. La lutte entre le nord et le midi s'y est transportée. On vit dans ces combats des canons à mains chargés de balles de plomb, tirés par des trous percés dans les murs : ce fut probablement l'origine de nos fusils et des créneaux. La place ne fut pas prise.

Alors une armée anglaise débarquée à Calais et à Harfleur traverse les provinces du nord-ouest et franchit la petite rivière de Blagny. Elle a 10,000 de ces célèbres archers des communes anglaises toujours fameux par leurs armes de trait, comme ils le sont encore par leurs feux d'infanterie. L'armée royale et bourguignonne accourt, nombreuse et forte en cavalerie; elle coupe la retraite aux ennemis, qui manquent déjà de subsistances, quoiqu'ils ne soient que 20,000 hommes.

Henri se retranche après avoir pris une bonne position dominante : il jette sur son front et sur ses ailes des lignes de pieux ferrés par les deux bouts et plantés inclinés en avant comme des lignes de palissades. Les chariots sont placés derrière; et ces retranchements mobiles voient se briser devant eux tous les efforts de notre chevalerie brillante qui s'enfonce et se rompt dans les marais qui enveloppent la hauteur. Des carrés épais d'Anglais rangés avec leurs longues lances, et les archers avec leurs flèches, qui forment dans les airs comme un nuage épais, foudroient 60.000 hommes qui sont vaincus par une poignée de soldats disciplinés, 8,000 chevaliers périssent : c'est la noblesse française tout entière; et 20.000 fantassins sont écrasés; la fuite sauva le reste. Quoique victorieux à Azincourt, les Anglais regagnèrent leurs ports.

Malgré la captivité du jeune duc d'Orléans, les Armagnacs poursuivent le meurtre du père par Jean de Bourgogne. Maîtres de Paris, ils commettent mille assassinats sur les Bourguignons. La riche et puissante corporation des bouchers est poursuivie avec acharnement et une indicible cruauté. Des combats sont livrés chaque jour dans les rues entre les partisans de Philippe et ceux d'Armagnac. Ceux-ci enfin triomphent. Les troupes de Bourgogne rôdent autour de la ville, elles s'emparent de toutes les places voisines; mais le duc n'arrive pas malgré ses promesses : toutefois le seigneur de Poix surprend une porte avec 400 chevaliers ; mais n'étant pas soutenu, il est obligé de se retirer.

Alors les Armagnacs réparent les fortifications de Paris et font murer une partie des portes ; ils font entrer dans la place une foule de bataillons étrangers, italiens, espagnols et allemands ; les étudiants sont enregimentés : on publie l'ordre de se fournir de vivres pour un an dans les maisons des particuliers.

Cependant le duc de Bourgogne s'approchait lentement de Paris. Toutes les forteresses qui environnent la capitale lui ouvrent leurs portes : Étampes, Dourdan, Corbeil, Montlhéry, Gallardon, Auneau, Palaiseau, Marcoussis. Son armée occupe Vanvres, Issy, Mendon, les faubourgs Saint-Jacques, Saint-Marcel, Vaugirard. Une conspiration fomentée pour lui livrer la porte Saint-Marceau échoue au milieu de flots de sang. A plus de cinquante lieues autour de la capitale, les villages étaient détruits, la culture abandonnée ; le peu d'hommes survivants s'étaient jetés dans les forêts, d'où ils se lançaient par bandes comme des loups furieux dévorant les deux partis.

A force de souffrances, Paris se lassait des fureurs des Armagnacs et des désordres des troupes étrangères. On conspire ouvertement contre eux, bien que la population eût été désarmée. Le 29 mai, un capitaine de milice, *Périnet-Leclerc*, livre la porte de Saint-Germain-des-Prés à un parti de 800 chevaux bourguignons ; on se bat dans les rues, mais les Armagnacs succombent. Tanneguy-Duchâtel enlève le Dauphin de l'hôtel Saint-Paul et le conduit à Melun. Revenu à Paris, il fait une sortie de la Bastille avec les Orléanistes, mais il est repoussé par le maréchal de Lisle-Adam. La Bastille, les châtelets, les citadelles des portes, les tours de Nesle, du Louvre et du Temple, tout est enlevé. Le peuple accusait les Armagnacs d'être Anglais. Les massacres sont organisés dans les rues, aux prisons, comme en 1793 ; à Saint-Martin-des-Champs, à Sainte-Magloire, tout est haché, détruit. Les Génois sont égorgés comme les Suisses au 10 août, et les assassins sont à leur tour assassinés. Le beau temps vraiment à ramener pour Paris, de nouveau fortifié, que celui dont nous déroulons ici les annales sanglantes !

Une rage inexprimable fait ruisseler le sang dans cette cité malheureuse ; mais d'autres maux non moins cruels viennent l'accabler : une disette horrible étend sur elle ses ravages, la peste lui dispute son empire, et 50.000 personnes périssent en peu de mois. Les d'Armagnacs, à leur tour, cernent la ville ; ils s'emparent des rivières et des routes.

Ah ! si dans ce jour, des tableaux aussi déchirants pouvaient frapper les esprits ! mais non, un Dieu vengeur pousse quelques hommes à préparer, sous des semblants d'une prudence raisonneuse, les éléments de désordres et de sanglantes catastrophes. Des impies se demandent où est la Providence ? eh quoi ! sa présence ne vous est-elle pas révélée en vous voyant vous-mêmes déjà préparer des fers destinés à des mains parricides ! ne comprenez-vous pas que vous êtes la verge qui s'apprête à frapper !

C'est alors que les Armagnacs traitent à Saint-Maur avec les Anglais pour leur livrer la France ; ce ne fut pas, il est vrai, la première, ni la dernière fois que ce nom devint fatal à la patrie. Le duc de Bourgogne est maître dans Paris ; mais les Armagnacs l'environnent : Saint-Germain, Saint-Denis, Marcoussis, Montlhéry, retombent en leur pouvoir.

Pendant cette lutte, les Anglais, qui soufflent toutes ces discordes, se sont emparés de la grande ville de Rouen. Vainement le Dauphin et les Bourguignons veulent la reprendre, ils sont repoussés. La famine s'étend sur cette ville, où meurent plus de 40.000 personnes. Ce n'était, *disaient les Bretons, que des Français de moins.* Ils surprennent aussi la forteresse de Pontoise.

En vain quelques patriotes s'efforcent de retirer la France du gouffre où elle est près d'être engloutie. Le duc de Bourgogne a une entrevue sur le pont de Montereau avec le jeune Dauphin ; mais il est assassiné. Tanneguy-Duchâtel porta, dit-on, les premiers coups : ainsi l'assassinat du duc d'Orléans dans Paris, par le duc Jean Sans-Peur, est vengé à Montereau par un autre assassinat ; le sang pour le sang, la trahison paye la trahison !

C'est alors que la faction de Bourgogne traite à son tour avec l'Angleterre. Henri V se déclare roi de France *et envoyé de Dieu* (1)

(1) C'est le système anglais de tout temps, de massacrer sous le nom des vertus, en 1814 on a spolié le Muséum, parce que, disait le général anglais, le climat de la France n'est pas propre à la conservation des chefs-d'œuvre des arts.

pour rétablir la sainte morale, punir les princes et les peuples de leurs forfaits. Jamais l'on ne railla un peuple avec plus de morgue et de jactance : de nos jours Wellington aussi nous raillait.

1419.
Mantes,
Vernon,
Meisens,
Châtreau,
renouve-
ll-Roi,
Melun.

Partout victorieuse, l'armée anglaise s'avance sur Paris. Elle prend Mantes et Vernon ; elle veut que l'on exécute le traité de Brétigny, renouvelé par celui de Troyes ; et Henri V est proclamé roi de France après la mort de l'infortuné Charles VI attendue par la reine Isabeau.

L'armée anglaise est à quatre lieues de Paris ; elle s'est emparée de toutes les places voisines. Les Bourguignons lui ouvrent la Bastille, les tours du Temple, de Nesle, du Louvre, et tous les châtelets : ainsi, par suite de trahisons, toutes les villes sont livrées,

1420.
il es livré.

et la capitale elle-même devient le *prix de la défaite d'Azincourt sans attaques et sans siége ;* et qui le croirait, ce fut un jour de fête pour les Parisiens : le parlement, l'Université applaudirent !!!

Combat
affranché
de Beaugé.

Le Dauphin, depuis Charles VII, s'est enfui ; il a dix-huit ans, et déjà il est vainqueur, à Beaugé, des Anglais retranchés. L'amour de la patrie n'est pas éteint. Les Parisiens seuls se réjouissent du triomphe d'un peuple qui a pour eux le plus profond mépris et une haine *cordiale ;* une nouvelle disette désole Paris. Les Anglais imposent aussi un *maximum* pour le prix des vivres. Les émeutes se succèdent et l'on fait feu sur les Parisiens : ainsi la capitulation de Paris de 1420 répondit à celle de Londres de 1666 : ainsi l'assassinat de 1418 répondit à celui de 1413.

1421.

Paris, plein d'une joie anti-nationale, était aux mains des Anglais, Henri V triomphait ; voulant élargir son terrain autour de sa nouvelle capitale, il porte son armée au siége de la forte place de Meaux. La garnison nombreuse *n'avait pas cette idée funeste, que Paris c'est la France.* Elle se défend huit mois, et ne capitule qu'après que 20.000 Français ont été immolés à la patrie sur les remparts de la place.

Meaux
assiégée.

Charles VII, non plus, ne croit pas à la chute de son pays. Il attaque en Normandie une division anglaise retranchée sur une hauteur appuyée par le château de la Gravelle. Les ennemis sont encore couverts de leurs lignes de pieux ferrés qu'ils portaient toujours avec eux ; et pourtant ils sont vaincus.

1423.
Combat de
la Gravelle.

D'un autre côté, une armée anglo-bourguignonne s'étendait vers l'est. Les troupes du Dauphin réfugiées au delà de la Loire traversent ce fleuve à Gien. On envahit la Bourgogne vers Sémur.

Les alliés ont pris la forteresse de Crévant et y ont garnison. Ils s'y postent avec avantage, comme ils le font toujours avec un art remarquable. Ils hérissent leur front par des lignes de pieux ferrés, où la chevalerie française vient briser ses efforts. La garnison ennemie de Crévant attaque par derrière, et notre armée est presque anéantie. Les débris repassent la Loire, poursuivis par les anglo-bourguignons.

Charles VII assiége et prend Verneuil dans les montagnes près des sources de la Sarthe. Un corps anglais accourt de Paris. Lahire, avec la réserve, occupe la place, l'armée de Charles s'y appuie. Xaintrailles attaque avec furie les lignes d'archers anglais, couvertes de leurs remparts de pieux ferrés sur leur front et sur leurs flancs. Narbonne et ses chevaliers se précipitent tumultueusement, sans écouter les conseils de Stuart, chef des Écossais. La cavalerie royale est massacrée, le corps écossais exterminé et son général tué. La noblesse française reçut en cette occasion un échec aussi fatal qu'à Azincourt. L'armée de Charles fut détruite, et

Verneuil se rendit aux Anglais. A cette époque, l'Angleterre et l'Écosse non réunies étaient toujours en guerre, et les Écossais fournissaient des renforts aux troupes royales.

On peut remarquer en cette occasion un changement de mode d'action dans l'armée française qui commençait à apprécier les qualités de l'infanterie anglaise : c'est que les chevaliers, ici mal inspirés, mirent pied à terre pour combattre. L'on conçoit qu'une telle infanterie armée de toutes pièces, et portant ses retranchements en quelque sorte sur ses épaules, devait être bien empêchée dans une première épreuve ; mais ce fait est cependant plein d'instruction : l'infanterie anglaise, ses archers n'ayant point d'armes défensives, était leste ; les chevaliers, au contraire, bardés de fer et à pied, étaient lourds. C'est le propre de la fortification qui se fait ici comprendre, c'est presque l'explication de son défaut élémentaire. Chaque homme français était en quelque sorte fortifié ; mais les Anglais, bien que derrière des pieux, lançaient leurs flèches librement en se déplaçant à volonté ; ils conservaient ainsi leur vitesse ; quand au contraire les chevaliers à pied perdaient la leur ; la victoire devait échapper à ces derniers.

Pour interdire à Charles VII le moyen de passer la Loire et de déchaîner le midi contre le nord, les Anglais mettent le siége devant Orléans, véritable tête de pont, située au point où le fleuve fait une courbe importante. Ils environnent la place d'une contrevallation, en même temps circonvallation, formée de 14 à 15 bastilles de terre et de bois, défendues par de profonds fossés quelquefois redoublés et hérissés de forêts de palissades. Des forts de bois leur servent de réduit. Ils ont même franchi le fleuve, et sur la rive gauche le débouché du pont est fermé par plusieurs châteaux du même genre. Mon intention n'est point de suivre les combattants dans les *sorties vigoureuses* de chaque journée avec des succès variés ; je dirai seulement que les vivres manquaient dans cette cité.

Une jeune Lorraine, Jeanne d'Arc, se présente à Charles, elle se dit inspirée et chargée par la Divinité de délivrer Orléans. Du avail des champs et du soin des troupeaux, elle passe aux combats ; elle encourage Charles, relève les guerriers de l'abattement ; *à sa voix populaire, les communes envoient leurs milices jusque-là si méprisées par les seigneurs féodaux ;* l'armée de Charles se triple ; la confiance renaît partout. L'esprit religieux du temps trouve dans d'anciennes prophéties une concordance qui raffermit les peuples, exaspérés par les cruautés des troupes anglaises. Au contraire, une crainte sourde et superstitieuse plane sur le camp ennemi : c'est d'ailleurs dans le caractère romanesque breton. Nous n'avons pas le dessein de dévoiler cette partie morale de la situation, ni de la contredire. Le fait est que la Loire est le seul chemin ouvert pour pénétrer dans la place, et qu'une flottille con-duite par Jeanne d'Arc y porte des renforts et un convoi considé-rable. L'abondance et le nombre raniment la valeur de tous. Les habitants exténués reprennent les armes ; on fait de nouvelles sorties ; la jeune fille se lance la première sur une bastille ; tous ceux qui la suivent s'y précipitent avec elle. La bastille est prise, ses voisines sont enlevées, la chaîne est rompue, et les Anglais lèvent le siége en fuyant. Orléans est délivré après un siége de sept à huit mois : la Pucelle a rempli toutes ses promesses. Et son nom devient, à jamais, l'une de nos gloires.

12 fév. 1429. Pendant le siége d'Orléans, l'armée anglaise manqua de munitions. Le duc de Bedfort, vice-roi et gouverneur de Paris, envoie un convoi escorté par 1,500 archers ; 8,000 Français ont traversé la Loire et ac-courent au-devant de l'ennemi, qu'ils atteignent à Rouvray. Les archers anglais prennent une bonne position, se couvrent de leurs pieux ferrés, et rangent leurs chariots en forme de retranchements.

L'avant-garde de chevaliers français se jette à la légère sur les Anglais ; le corps de bataille la suit en aveugle ; et tous ces efforts viennent se briser sur cette forteresse improvisée. Les pertes furent énormes, et le convoi, chargé en partie de harengs, arriva à sa destination, devant Orléans, au camp ennemi.

Journée des harengs ou bataille de Rouvray.

Après avoir délivré la place, la Pucelle affirme que sa mission est de conduire Charles à Reims pour qu'il y soit sacré. *Malgré les armées et les places ennemies* qu'il faut traverser, on part avec un corps de 12.000 hommes. On rencontre l'ennemi à Patay : ce fut une sorte de surprise. L'armée anglaise n'a pas le temps d'achever ses lignes et ses retranchements ; elle est attaquée si vivement, qu'elle est enfoncée avant de se reconnaître : cette fois, du moins, *la pétulance française* tourna à l'avantage de Charles VII, et ce ne fut pas le moindre des miracles de cette guerre. Jeanne chargea avec valeur à la tête de ses chevaliers, et la victoire couronna ses nobles efforts.

Combat de Patay.

Pleine d'espérance, la petite armée du Dauphin passe la Loire au pont de Gien. Elle ne traîne après elle ni bagage ni artillerie ; car l'entreprise est inouïe : il faut traverser de grandes provinces inondées d'ennemis, *l'on doit rencontrer une foule de puissantes forteresses bien gardées* qui couvrent la Bourgogne. Mais les villes ouvrent leurs portes sans beaucoup de difficultés. Cependant Troyes semble vouloir résister : Jeanne est là qui encourage ; on comble les fossés avec des fascines, on dresse les échelles, et le quatrième jour la place capitule pour prévenir un assaut. La garnison de Reims s'enfuit à Autun et traite d'un armistice. Charles entre en victorieux dans l'antique cité de Reims, et se fait sacrer dans cette célèbre basilique qui a vu l'exaltation de tant de rois, et qui semble leur donner une légitimité de plus aux yeux des peuples. Aux récits de toutes ces merveilles, la France commence à espérer ; toutes les places voisines s'empressent à l'envi de déposer leurs clés aux pieds du jeune prince légitime.

Auxerre, Troyes, Reims, Châlons, Wassy, Laon, Soissons, Crépy, Provins, Coulommiers Château-Thierry, etc.

Cependant Charles, que la raillerie anglaise appelait roi de Bourges, avait su se ménager des alliés. Les ducs de Lorraine et de Bar ont rassemblé de nombreuses troupes et envahi les États du duc de Bourgogne. Une armée anglo-bourguignonne nombreuse s'avance contre eux. Elle est plus belle et plus disciplinée, car c'était encore un des avantages des ennemis sur nous. *Elle se concentre sur les rives de la Voire au comté de Bar.* Le système de retranchements mobiles de pieux ferrés, pris du reste aux Turcs, est encore mis en pratique par les Anglais. Des files de chariots sont également alignées et couvrent leurs flancs ; les derrières sont

Bataille de Ballingravva.

adossés à des haies *épaisses*, épineuses et aussi impénétrables que des remparts. Toutes les charges de la chevalerie commandée par Barbezan sont rompues; ses 18,000 hommes sont renversés, écrasés par les 10,000 alliés ennemis. Les Français y perdent toutes leurs troupes. C'est une chose assez remarquable que la coalition des Anglais et des Bourguignons à cette époque vainquit les Français par la supériorité de son infanterie, quand au 17ᵉ et au 18ᵉ siècle ce fut la cavalerie qui fit les succès de nos ennemis, à Malplaquet comme à Leipzig et à Waterloo.

Cependant le roi s'était approché de Paris pour le tâter et faire déclarer ses partisans. Le lieutenant général du roi d'Angleterre était sorti de la capitale et marchait à sa rencontre avec 12,000 hommes. Longtemps les deux armées manœuvrèrent autour de cette cité. Le roi s'établit sur les hauteurs de Dammartin, puis il se porte à Crépy, et va camper au mont Patay, près de Senlis. Le duc de Bedfort se retranche à l'abbaye de la Victoire, bâtie par Philippe-Auguste en mémoire du triomphe de Bouvines. Les deux armées se livrent de rudes combats sans pouvoir se forcer dans leurs lignes. *La Pucelle même*, quoique toujours valeureuse, ne peut enlever les retranchements du duc. Le roi alors se dirige sur Paris par Compiègne; le général anglais court sur la capitale pour la préserver, et y fait rentrer son armée.

D'un autre côté, le connétable de Richemont, avec un corps recruté dans les États du duc de Bretagne son frère, envahit l'Anjou, le Maine et menace la Normandie: point de retraite de l'armée anglaise. Bien des villes sont enlevées ou capitulent et ouvrent leurs portes. Déjà le duc de Bourgogne, balançant dans sa fidélité vis-à-vis des Anglais, est touché des malheurs de la France.

Charles s'était trouvé maître un moment de la campagne. Toutes les places qui couvrent Paris, *système doctrinaire venu du moyen âge*, se soumettent. *Ce sont les forts détachés que l'on s'occupe à refaire de nos jours*. Beaucoup de châteaux et de petites places imitent cet exemple malgré leurs garnisons étrangères qui sont chassées par les habitants révoltés.

Le 25 d'août, 12,000 Français, avec des canons de campagne, se montrent en bataille sur les pentes de la butte des Moulins, du côté de la porte Saint-Honoré; on y avait pratiqué des intelligences. L'avant-garde du maréchal de Retz, conduite par Jeanne, se lance dans les fossés pleins d'une eau profonde et marécageuse; on fait de vains efforts pour combler ces fossés d'une place où toute l'armée anglaise est concentrée. Jeanne a brisé son épée dans le combat; elle est blessée à une cuisse et même abandonnée sur la contrescarpe par ses compagnons. La nuit arrive, Charles fait sonner la retraite, Jeanne est enfin ramenée dans le camp sanglante et évanouie. Le charme est rompu. désormais ce ne sera plus qu'une simple mortelle. un guerrier ordinaire plein de valeur, il est vrai, mais sans prestige. La honteuse jalousie et la mordante raillerie se sont attachées à ses pas. L'armée décampe, reperd toutes ses places et retourne vers la Loire pour rallier les corps qui y étaient restés. Alors Jeanne se hâte de conduire un renfort à la garnison de Compiègne. qui, quoique affaiblie. se défend avec valeur sous le commandement d'un brave aventurier nommé Flavy, et qui. dans une sortie un peu pressée, fait fermer les barrières avant que la jeune guerrière ait pu rentrer. Soit malheur, soit trahison après une lutte héroïque, elle tombe aux mains des Bourguignons, qui la vendent aux Anglais; car les Anglais achètent tout, même du sang.

Un *Te Deum* est chanté dans toutes les églises de la capitale pour la prise d'une faible femme. Elle est traduite en justice comme sorcière. *Ce fut le Napoléon de cette époque.* Warwick et Staffort sont ses Hudson-Lowe; seulement le héros fut sacrifié à coups d'épingles, et Jeanne fut brûlée vive à Rouen.

Les généraux de Charles VII continuent la guerre autour de Paris, chacun pour son compte, sans obéir au prince, à la manière des guérillas espagnols. en s'appuyant sur une foule de forteresses qui servent à recéler le butin fait sur amis et ennemis: guerre sans ensemble, guerre de surprises, d'escalades et de course dans les champs ravagés par les deux partis et laissés sans culture. La disette est générale, Paris est affamé; les maladies, chaque jour, déciment la population; mais les ennemis vivent dans l'abondance, car Rouen tire d'Angleterre toutes les munitions. Ils ont aussi leurs bandes qui, sortant de Paris, vont piller jusqu'aux rives de la Loire. Les ravages s'étendaient même plus loin; car la forte place de Saint-Pierre-le-Moutier fut emportée d'assaut.

Le prince d'Orange est l'allié des Anglais. Il forme une armée vers le confluent de la Saône et du Rhône, composée de Bourguignons et de Savoyards. Elle s'empare de la forteresse du Colombier. Le sire de Gaucourt, secouru par un fameux chef de bande espagnole, bat cette armée, qui se dissipe à la bataille d'Anthon, où elle est vaincue.

1431.

Cependant, dans Paris , la faction des bouchers , le plus solide appui des Anglais, commence à mépriser une armée battue partout ; l'escorte même du duc de Bedfort, qui revenait de Rouen , est enlevée sous les yeux du régent qui fuit. Ils ont levé le siége de Louviers , défendu par Xaintrailles, qui peu après est surpris dans un village. Pendant ce temps, Charles cherchait des ennemis aux Bourguignons dans les révoltes nouvelles des Gantois et des Flamands, ce qui force le duc à traiter d'une suspension d'armes avec les Français. Une conspiration se forme dans Rouen pour l'enlever aux étrangers ; deux tours mêmes sont déjà livrées quand les sires de Ricarville et d'Audebœuf, non secourus, sont obligés de se rendre. Il s'en fallut de peu que la retraite des envahisseurs ne fût interceptée, Rouen étant sur leurs communications.

Les Anglais, resserrés dans Paris, essaient de se donner plus de large ; ils assiégent Lagny. Le duc de Bedfort se tient dans un camp retranché ; le célèbre Dunois accourt, des combats ont lieu, fortifications contre fortifications ; la place est ravitaillée, et les Anglais lèvent le siége.

Bedfort a préparé un grand convoi à Chartres. Les Français surprennent la place au moyen de chariots chargés qui encombrent les portes. Le convoi ne peut partir, et la disette s'étend, plus cruelle que jamais, dans la capitale.

Mais le duc de Bretagne, d'abord tout Anglais, commence à se tourner contre eux. Pendant qu'ils assiégent le fort château de Saint-Célerin , aux sources de la Sarthe, Richemont accourt , Willougsby est battu, et fuit vers Alençon , abandonnant toute son artillerie. Les vainqueurs se portent à travers les bois sur Caën ; c'était le jour de la fameuse foire de Saint-Michel ; on franchit l'Orne, tous les *marchands venus d'Angleterre* sont pillés ; mais la ville résiste. Les Anglais reprennent Montargis par trahison ; ils reprennent Provins également ; des désordres éclatent en Angleterre entre le régent et les communes ; les secours envoyés de ce pays deviennent rares ; les peuples se plaignent que la terre de France dévore leurs enfants, que beaucoup partent et que nuls ne reviennent.

60.000 paysans normands se révoltent aux environs de Caën ; le comte d'Arondel, avec 6.000 Anglais, détruit cette foule confuse. Saint-Célerin , si disputé, tombe enfin au pouvoir des étrangers ; ils assiégent le fort château de Sillé-le-Guillaume ; mais, pour la première fois peut-être dans cette guerre, les Français si vifs

Louviers.

terrages repris.

1432.

Rouen.

Combat de Lagny.

Chartres.

St-Célerin

Caen.

Montargis, Provins.

1433.

St-Célerin.

Sillé-le-Guillaume.

arrivent à temps au secours; le connétable et le duc d'Alençon attaquent l'ennemi, couvert de ses éternels pieux et renforcé de marais : il est vaincu et obligé de se retirer, quoiqu'en bon ordre; car une admirable discipline distinguait l'armée anglaise à cette époque, comme aujourd'hui.

Lahire échangé, Xaintrailles, Chabannes, Longueval, Blanchefort, soutiennent avec peine, en Picardie, une guerre de partisans contre d'autres partisans. Le connétable accourt à leur aide, malgré une épidémie qui ravage la France; pendant que Charles est en Dauphiné, où il soutient une guerre du même genre; car en ce temps tous les corps belligérants étaient mêlés, et le splaces enchêvetrées; l'on combattait par toutes les provinces : c'était un mélange, une confusion générale. La Bourgogne était aussi désolée que l'Artois, la Normandie ou le Maine, le Lyonnais, l'Aquitaine ou la Champagne. *Mille* petites places sont enlevées, reprises, surprises, et trahies des deux côtés. Bien des seigneurs et des aventuriers, ne prenant d'ordres d'aucun prince, faisaient des courses pour leur compte : c'était le temps des vengeances particulières.

Les Anglais, sous le comte d'Arondel, marchent sur la forte place de Gerberoi. Lahire s'avance à sa rencontre, et renverse l'avant-garde et le corps de bataille couvert de pieux ; Arrondel est tué. Saint-Denis est surpris par les Français ; la guerre est reportée sous Paris, et les corps de Talbot, Scales, Warwick et Villougsby, accourent au secours de Bedfort. Meulan est surpris par les troupes de Charles ; les habitants de Pontoise chassent la garnison anglaise; Lisle-Adam, gouverneur de Paris, s'échappe et rejoint le roi ; Dieppe est reprise ; le pays de Caux est en pleine révolte contre l'Angleterre. Le prudent, le sage duc de Bedfort succombe enfin à des embarras qui renaissent chaque jour plus puissants. Il meurt à Paris, et est remplacé par le duc d'Yorck, bien inférieur en talents à son frère. Les français avaient peu à peu resserré Paris.

L'armée anglaise ne pouvait plus se *mouvoir* que dans un cercle étroit autour de la capitale. En vain y amoncelait-elle pierre sur pierre pour en augmenter les fortifications, *les vivres manquaient.* La population, choquée de la hauteur de ses vainqueurs, était désarmée, il est vrai ; mais les pavés et les meubles ne manquaient pas ; les maisons en avaient fait des provisions secrètes. La crainte de la garnison était portée à un tel point, *qu'il fut défendu, sous peine de la vie, de placer des pots de fleurs aux fenêtres;* ce qui peint bien la situation. Le haut et le bas des rivières, toutes les routes étaient gardés ; *les provisions manquaient de toutes parts.* Une horrible famine ravage la ville ; les maladies, la peste l'accablent ; des émeutes se succèdent dans tous les quartiers ; des sorties pillent Pontoise et l'abbaye de Saint-Denis. Vincennes et le fort de Beauté sont pris. Richemont reprend Saint-Denis ; un grand combat se livre au pont de la Briche, où les Anglais sont battus ; d'autres se réfugient dans la tour Saint-Verin près Saint-Denis, et y sont brûlés ; les flammes de Rouen qui ont consumé Jeanne sont compensées. La capitale est moins bien fortifiée par la rive gauche ; on la tourne, on s'empare du couvent des Chartreux, où l'on se fortifie après en avoir chassé l'ennemi. Le 13 avril, quelques hommes avancent sous la porte Saint-Michel, puis à la porte Saint-Jacques. Des conjurés de l'intérieur font passer une échelle ; le maréchal de Lisle-Adam y monte le premier ; d'autres le suivent ; l'oriflamme est arborée sur le rempart : la place est surprise. *Michel* (1) *l'Allié, Nicolas de Louviers, Thomas Pigache,* aident les assaillants. Ils ameutent le peuple autour d'eux aux cris de Vive le roi. Vainement Willougsby accourt, les Anglais sont accablés de tous côtés ; on lutte dans les rues ; des renforts arrivent à l'ennemi ; mais les chaînes ont été tendues, des barricades sont improvisées. Un orage de vases, de tuiles, de meubles fond sur les ennemis ; ils sont écrasés, renversés, mis en fuite. Les troupes françaises s'augmentent ; on se précipite sur les ponts, où l'on se bat avec rage ; ils sont forcés, la Seine est franchie, et roule dans ses flots des bataillons entiers qui y sont précipités. Bientôt tout l'intérieur de Paris est nettoyé d'étrangers. Ils se sont concentrés dans la bastille de la porte Saint-Antoine et dans celle de la porte Saint-Denis ; ils se retirent dans les autres tours qui offrent aussi des points de défense, autant contre *l'intérieur que contre l'extérieur.* La bastille de la porte Saint-Denis résiste avec vigueur, beaucoup d'habitants y sont tués ; mais toutes les populations de la banlieue arrivent en armes par la campagne ; la porte est cernée de tous côtés et enfin capitule. La bastille Saint-Antoine fait une sortie puissante : elle est refoulée, et le lendemain elle capitule aussi. Les châtelets, les tours du Louvre, de Nesle, du Temple, ouvrent leurs portes, et l'étendard royal flotte sur les tours de Notre-Dame, après en avoir été expulsé *pendant dix-huit ans.*

---

(1) On a élevé des milliers de statues à tant de célébrités équivoques, et les noms des sauveurs de Paris sont même inconnus !

Nous terminerons ici cette analyse succincte des malheurs que produisirent ces remparts de Paris ; et pourtant une si lamentable histoire n'a pas fait trembler la main de ceux qui ont signé le renouvellement des mêmes causes, qui doivent déverser sur la France, tôt ou tard, d'égales infortunes. Vous nous demandez par quel motif nous revenons si souvent sur *Paris forteresse*, eh bien ! vous l'entendez. Pourquoi, au lieu de prodiguer 300 millions à faire de cette capitale une ville de guerre, ne les avez-vous pas employés à créer un *Paris port?* Vous eussiez donné à ses industrieux habitants un commerce qui eût pu rivaliser avec celui de Londres, et vous eussiez contribué à la grandeur de la France, que vous faites désormais reculer vers le moyen âge ; vous lui préparez des catastrophes et des scènes analogues à celles que nous venons d'esquisser, et tout cela pour le mesquin salaire de quelques ambitions personnelles, qui confondent toujours leurs avantages avec l'intérêt de l'époque.

Voulez-vous donc que la France retombe aux mains de ses ennemis, qui en feront probablement une seconde Irlande? Ne voyez-vous pas la trahison planant sans cesse sur les murailles de Paris, et l'argent triompher? Ainsi cette capitale fortifiée tombe, et pour la reconquérir il faut des années et des torrents de sang ; mais elle ne souffre pas seule, car elle porte par sa chute une influence funeste sur le royaume entier. Qui sait si ces remparts, que vous vantez tant, ne causeront pas sa perte, et si, un jour, le voyageur attristé ne cherchera pas ce Paris aujourd'hui si magnifique, là où il ne rencontrera plus que des ruines et des tombeaux !

Qu'avons-nous dit dans nos *Nouvelles considérations militaires de* 1843, dont vous ne voyiez l'exemple en 1419 et en 1436? Avons-nous chargé le tableau,

et exagéré les malheurs d'une capitale fortifiée (1)?
Est-ce que vous croyez tous ces faits le produit d'une
imagination rancunière, qui veut se venger de déceptions prétendues? Nous vous défions de nous montrer,
dans l'histoire des hommes, deux exemples d'un État sauvé
par les remparts de sa capitale, et nous pouvons vous en
citer 100 dans lesquels ces mêmes remparts ont causé
non-seulement la perte de ces cités, mais encore le dé-
membrement des empires qui s'y étaient confiés.

Si, au lieu de nous arrêter aux événements particuliers,
nous interrogeons les masses, toujours plus instructives,
que voyons-nous? que deviennent les budgets? 88 affaires
malheureuses, et seulement 24 heureuses : c'est encore près
de 4 revers contre un succès, comme à notre page 61 de
nos *Essais* de 1843. L'armée anglaise sillonne la France
dans tous les sens; celle de Charles n'est pas plus arrêtée
ou ralentie par cette foule de places aux mains des deux
partis; 2,000 châteaux qui écrasent le sol sont pris et
repris sans autre résultat que la ruine du royaume.

Vous le voyez, c'est même lorsque l'on est au moyen
âge, que les routes sont mal tracées et en petit nombre,
que les populations sont rares, que l'artillerie est dans
son enfance; c'est alors que les marais et les bois couvrent la moitié du sol, que l'on trouve 4 contre 1; et
pourtant toutes ces circonstances favorisent la défense
par l'auxiliaire des remparts; eh bien! même avec ces
conditions si favorables, leur impuissance s'exprime par
un chiffre très-élevé.

Il est vrai que quand tout marche autour de nous, les
doctrinaires s'efforcent de rester immobiles; en vain se
cramponnent-ils à leurs vieilles idées, la puissance des
choses les emportera : tout progresse, les idées, les scien-

<hr>

(1) *Essais sur de nouvelles considérations militaires*, pages 270, 276, 305.

ces. les arts, et ils prétendent, eux, se disant ingénieurs, rester *Bornes*, et même revenir au moyen âge! Eh bien! malgré ce que l'on appelle l'esprit de corps ; nonobstant les efforts réunis de leurs intérêts particuliers , cette force des choses les entraîne même à leur insu , et la première bataille éclairera la France : puisse-t-elle lui être glorieuse ! mais elle ne peut l'espérer qu'autant qu'elle changera de système.

Toutefois la doctrine va nous dire : Mais vos tableaux mêmes sont le triomphe de la fortification : lisez donc les noms des batailles d'Azincourt, de Crevant, de Verneuil , de Rouvray , de Bullingrave , de Senlis, de Lagny, où le succès ne fut obtenu qu'à l'aide d'une fortification quelconque. Je ne veux pas vous répondre par les noms des batailles de la Gravelle, de Saint-Cloud , d'Étampes, de Baugé , d'Authon , de la Lande du Grand-Ormeau, où la déroute eut lieu sous l'appui de vrais remparts préparés à l'avance: je vous dirai que des lignes de pieux portatifs, ne sont point des retranchements. Est-ce qu'une ligne de baïonnettes peut s'appeler un ouvrage de fortification? et pourtant ce n'est aussi qu'une muraille de pieux ferrés. Est-ce que l'infanterie suisse, avec ses longues piques de 3 mètres, était une infanterie retranchée? Cessez donc l'emploi des subtilités. Si j'ai mis les premières batailles au rang de celles retranchées, c'est que j'ai voulu vous montrer ma loyauté à l'égard du budget afférent aux fortifications. J'aurais pu les omettre; mais j'ai voulu lui faire sa part plus belle.

En pleine campagne la trahison est difficile, parce qu'elle est éclairée; c'est comme la peur, si rare au grand jour ; mais un système de forteresses est bien souvent manœuvré dans l'ombre ; il faut se confier à une foule de têtes et de mains qui peuvent être infidèles ou incapables, et qui pourtant tiennent chacune une clef de tout le système des opérations. Cette multiplicité de confidents et de rouages du premier ordre fait courir une infinité de chances. Ainsi, comme nous l'avons rapporté, *Ewerwin* livra la ville de Gand, et *Perrinet-Leclerc* trahit Paris, deux capitales, à peu d'années de distance; et combien même de ces trahisons pour les uns, sont-elles des vertus aux yeux de certains autres! Qui résisterait à un million dans un siècle où l'on fausse si lestement ses serments? Ne voyez-vous pas que Paris commença à périr *par les forts détachés*? Saint-Denis, Saint-Verin, Vincennes, Beauté, le couvent des Chartreux sont pris, et c'est de là que partent les assaillants. Ne voyez-vous pas que les Anglais *ne résistent que par des forts intérieurs*, les bastilles Saint-Denis, Saint-Antoine, du Louvre, et de Nesle? Direz-vous que cet exemple est une raison pour recommencer les bastilles, et que ce sont les troupes nationales qui entreprendront ces défenses locales? mais vous ne faites donc pas attention que cela n'est de votre part qu'une nouvelle subtilité? Est-ce que tout cela n'existait pas quand les Anglais entrèrent dans Paris, et cependant l'armée nationale ne s'en servit point : *la trahison planait sur ces bastilles et sur les forts détachés qui furent livrés à l'ennemi!*

3me SECTION.

La France reconquise sur les Anglais. — Invasion de Charles de Bourgogne en Suisse.

DE 1437 A 1473.

Le midi, sous Charles VII, venait, dans Paris, de triompher du nord, et pourtant les maux de la France se prolongeaient encore;

tous les chefs des partisans, vainqueurs des **Anglais**, n'étaient que des écorcheurs. La famine ravageait le pays resté inculte, les loups mêmes circulaient dans les rues de la capitale, où ils venaient dévorer les pestiférés. Les Anglais avaient laissé dans cette malheureuse ville la disette et la peste ; en outre, tous les monuments étaient en ruine ; les bois, les landes et les marais avançaient et usurpaient le sol même des plus nobles cités et des villages : fruits amers d'une *seule enceinte de remparts enveloppant Paris*, qui, pendant tant d'années, avaient maintenu les conquérants anglais (1) maîtres de la capitale.

Charles accorde ses compagnies déprédatrices à l'évêque de Strasbourg contre la cité de Bâle. Ne trouvant plus rien en France à piller, elles acceptent les dépouilles opimes de l'Alsace ; 9,000 brigands, sous Lahire et Chabannes, se répandent sur cette belle contrée. D'autres bandes se jettent sur la Provence, où ni château ni remparts ne peuvent garantir les peuples de leurs fureurs.

1439.   Mais si les Anglais ont été chassés de Paris, *ils occupent encore 500 forteresses au milieu des provinces*. Le roi assiège la forte place de Meaux ; Louis XI y fit ses premières armes. L'attaque, Meaux commencée le 20 juillet, dura jusqu'aux premiers jours de septembre. Le *canon* fut une des causes principales de la réduction du fameux Talbot ; malgré sa valeur, son habileté et sa nombreuse garnison, cette place ne tint que 40 jours. Jusque-là, comme Arras, Bourges, Gand, Orléans, Saint-Célerin, Avignon, etc., les bonnes forteresses se défendent des, 6, 8 ou 10, mois contre des armées entières ; Meaux commençait à montrer la *révolution* que préparait l'artillerie dans le système de défense.

Le connétable de Richemont assiège Avranches ; mais son armée, Avranche composée uniquement de ce que l'on appelait les Compagnies, ne se prête pas aux travaux de ce genre de guerre ; elle n'obéit point ; au lieu d'aller à la tranchée, on va en maraude : les Anglais font des sorties et enlèvent toute l'artillerie de siège ; l'on est obligé de se retirer avec pertes.

1440.   Alors s'éleva contre Charles, et fomentée par son propre fils, la

---

(1) C'est toujours ce double effet des remparts que la doctrine allègue ; ils ont dit-elle, maintenu les Anglais pendant 18 ans ; donc, en concluent-ils, les remparts opposent leurs masses avec avantage aux ennemis ; mais il faut convenir qu'il est bien singulier que ce service soit précisément rendu, avec tant de constance, à la cause des envahisseurs, tandis que les nationaux en éprouvent de si grandes infortunes.

— 53 —

révolte ou l'association de la Praguerie. Le vieux Xaintrailles reste
fidèle à son prince. Les seigneurs, appuyés par leurs nombreux
châteaux, sont assiégés; le canon en fait promptement raison. Un
instant le roi, plongé dans de profondes douleurs, veut se retirer
dans une forteresse ; mais Richemont lui dit : *Un roi qui veut con-*
tinuer à régner ne doit point se réfugier dans les places. Voyez,
sire, ajoutait le vieux connétable, *Richard, roi d'Angleterre, ne*
s'est perdu que pour n'avoir pas suivi cette maxime. Peu à peu la
révolte s'apaisa.

À cette époque, toutes les villes étaient fortifiées de telle façon
que leurs murailles avaient *une action double contre l'intérieur et*
contre l'extérieur. Les tours étaient closes de tous côtés, chaque
porte était une citadelle contre les habitants et contre les envahisseurs ; même dans l'intérieur des villes, on voyait des maisons
particulières fortifiées, des châteaux et des donjons dont les maîtres
avaient des droits de féodalité sur telles rues ou sur tels quartiers.
Les abbayes, les couvents, les chapitres avaient leurs forteresses
particulières au sein même des cités. Les clochers, souvent, étaient
des bastilles, et les chapelles, des magasins d'armes et de munitions
de la commune. Et qu'on ne croie pas que ces dispositions ne fussent dues qu'aux circonstances ; elles étaient déjà anciennes dès les
temps de Charlemagne ; elles existaient ainsi aux temps des invasions normandes. On les trouva ainsi sous Charles V, VI et VII.
C'était le produit du système féodal, et il est beaucoup de nos vieux
monuments qui seraient inexplicables, si ce point de vue était méconnu.

Cependant le jeune Dauphin ravageait l'Alsace de nouveau, avec
les Compagnies. La rive droite du Rhin même fut quelquefois
assaillie. Les paysans germains connaissaient ces troupes sous le
nom d'Armagnacs, et en faisaient de grands massacres par de fréquentes surprises. Ce fut le premier retour des Francs, et leurs
nouveaux rapports avec leur ancienne patrie ; de tels envois au loin
purgeaient la France de ces brigands.

Depuis onze ans, les Anglais avaient été chassés de Paris, mais,
grâce aux places fortes qu'ils avaient conservées, ils tenaient
encore quelques provinces. Le Mans fut assiégé et pris par le comte
de Dunois. La Normandie et la Guyenne sont enfin attaquées; toutefois des partisans anglais surprennent Fougère, et de là rui-
nent de nouveau tout le pays voisin. Pont-de-l'Arche est également
surpris, mais Gerberoy et Mouy tombent au pouvoir des Français.

Peu à peu les troupes royales resserrent la grande et forte ville de Rouen. D'abord Dunois y pénètre par surprise, mais il est chassé à une seconde attaque plus sérieuse et plus vive; les Anglais évacuent la ville et se retirent dans la citadelle, qui, bientôt, capitule. Harfleur se rend aussi; cette ville, qui coûta si cher sous Henri V, et qui, depuis, avait résisté à plusieurs siéges, capitule; Honfleur se rend, et beaucoup d'autres places suivent le même exemple.

Cependant les corps anglais, en Normandie, se rallient. Formigny est situé sur les bords de la Vire, les Anglais s'y sont fortement retranchés et y sont battus. Toutes les places de la Normandie sont prises ou ouvrent leurs portes. Cherbourg, Clermont, Avranches, Caën, sont attaqués et capitulent : *tel est l'effet constant de chaque victoire.* La Normandie est complétement évacuée par l'ennemi.

Alors on marcha pour nettoyer la Guyenne ; la capitale de cette province, alors tout anglaise à cause du commerce, est assiégée et capitule ; au préalable, une flotte anglaise avait été battue dans la Gironde, et Blaye s'était rendu. Dunois court à Bayonne, assiége la place et la prend en peu de jours ; tout le reste ouvre ses portes.

Peu après, une révolte éclata en Guyenne ; lord Talbot a débarqué avec une nouvelle armée anglaise sur les côtes du Médoc ; Bordeaux lui ouvre ses portes aussi bien que Libourne. Dunois accourt, il assiége la forte place de Castillon. Talbot *s'avance pour la délivrer.* Les Français se retranchent ; leur artillerie, plus soignée que celle des Anglais, inonde de boulets le camp ennemi ; Talbot est tué, l'ennemi est mis en déroute, Castillon capitule ; Bordeaux suit son exemple, et la Guyenne est enfin reconquise.

Charles VII, si plein de gloire, meurt misérablement au château de Méhun, sur Èvre. Louis XI monte sur le trône ; et, après avoir aidé à chasser l'étranger, il ouvre une nouvelle ère pour la France. Le royaume commence à être en proie à d'incroyables intrigues ; le jeune roi n'est étranger à aucune des révoltes des pays voisins, au nord et au midi, en Flandre et en Catalogne ; il rallie même contre lui tous les princes français, qui conspirent sous le prétexte *du bien public.* Une bataille se livre sous le château de Montlhéry, où il est battu, bien qu'il se soit retranché et qu'il s'appuie à la forteresse ; Charles le Téméraire reste maître du champ de bataille.

Louis XI cherche un refuge derrière les murailles de Paris : 50.000 alliés viennent le cerner : mais par adresse il rompt la ligne des princes, fait avec eux à Conflans un traité, et obtient à force de ruses que la place de Rouen lui soit remise. *(Paris résiste.)* *(Rouen.)*

Une des causes qui facilitèrent ce traité heureux fut la révolte de la commune de Liége contre Charles le Téméraire. L'on sait que les Gantois aiment toujours passionnément le fils de leur souverain; mais quant au prince lui-même, souvent ils le détestent. Le roi, pour venir en aide aux Flamands, envoie de nombreux détachements en Bourgogne, qui assiégent une foule de places. Dijon, la capitale, est prise, aussi bien que Besançon, Gray, Auxonne, Mâcon, et tant d'autres qu'il est inutile de nommer, pour ne pas trop surcharger les tableaux. *(Besançon, Dijon, Gray, Auxonne, Mâcon.)*

Le comte de Charolais fut obligé de suspendre sa colère contre les Gantois pour venir défendre la Bourgogne.

Ce fut l'établissement des droits d'octroi qui anima les Gantois; Huy se révolte aussi, Liége suit cet exemple. Louis l'appuie, il joue au fin avec Charles, il a une entrevue avec lui. Le nouveau duc de Bourgogne le retient prisonnier à Péronne et le force d'assister au siége de Liége, qui, après une défense vigoureuse, est prise et voit ses fortifications rasées. *(1467.)* *(Liége.)*

Ici, il n'est pas hors de propos de remarquer que toutes les villes dépendantes de Liége tombent avec facilité, nonobstant leurs remparts; mais que le duc voulant soumettre la contrée de *Franchemont*, qui n'a ni forts, ni châteaux, ni donjons, ses troupes emploient un temps considérable : après de grandes pertes, elles sont ruinées, et y éprouvèrent plus de peine que devant Liége même; cette comparaison de l'attaque d'un pays fortifié et d'un autre qui ne l'est pas est pleine d'enseignements.

Une guerre ouverte est bientôt déclarée entre Charles et le roi, ce dernier assiége et prend Amiens, et il s'empare également de Saint-Quentin. Ce fut Louis XI qui le premier mit de véritables armées dans les places; il établit dans Amiens une garnison de 25.000 hommes; assiégée par le duc Charles, elle lui résiste jusqu'à la signature d'une trève. *(1470. Amiens. Quentin.)* *(Amiens.)*

Mais bientôt la trève est rompue, le duc de Bourgogne assiége Beauvais, où les femmes mêmes font assaut de valeur, particulièrement l'une d'elles, nommée Jeanne l'Aînée, ou Jeanne Hachette, du nom de l'arme dont elle se servait. A cette époque on levait des maçons, des charpentiers, des forgerons, des pionniers, dans les *(Beauvais.)*

corporations, comme on lève des troupes; c'étaient les sapeurs de ces temps-là : et l'on était sûr de les avoir tous habiles. Il n'en pouvait être autrement dans un temps où la guerre n'était qu'une suite de siéges et de défenses de places où les ouvriers d'art étaient précieux et toujours exercés.

Pendant cette guerre. Louis XI *fit démolir une grande quantité de châteaux et raser beaucoup de fortifications , de places* mauvaises ou mal posées ; ce fait sera sans doute *donné en remarque* à la doctrine . qui est . de nos jours, amoureuse de la plus chétive bicoque et qui se pâme devant le moindre ravelin.

1473. Pendant que le duc Charles attaquait la Normandie . Louis XI s'était fait délivrer en otage le Roussillon et Perpignan , pour Citadelle de Perpignan sûreté de sommes prêtées au roi d'Aragon. Les Français sont assassinés ; ce sont d'espéces de Vêpres siciliennes ; un certain nombre se réfugie dans la citadelle. qui tient 2 mois et est secourue. Per- Perpignan Perpignan. pignan est assiégé ; une armée espagnole fait lever le siége , puis il est renouvelé , et la place traite avec les Français ; enfin un troisième siége amène sa capitulation et la fin de la guerre.

Nous allons à présent passer à une partie de l'histoire de ce temps , des plus intéressantes sous le rapport du rôle de la fortification : il s'agit de la guerre terrible qui s'alluma entre les Suisses et Charles de Bourgogne. L'origine en vint d'un engagement du comté de Ferette contre des sommes prêtées par Charles au comte d'Alsace. Les gouverneurs du duc s'y conduisent en pillards , ils indisposent tout le pays , Bâle et toute la Suisse s'indignent des ravages des condotieri italiens qui font partie des troupes de Bourgogne ; de son côté, le roi Louis attisait les querelles en donnant des subsides aux Suisses.

Le duc de Bourgogne veut garder l'Alsace ; il assiége la forte place de Neuss, ville impériale; après 8 mois d'attaque, un corps Neuss allemand vient la secourir; Charles lève le siége avec une perte de 10 à 12.000 hommes faite *dans des sorties* , et il abandonne la plus belle artillerie que l'on eût vue jusque-là ; toutefois il ravage Delle , Porentruy. l'Alsace , prend Delle et Porentruy, qu'il livre aux flammes.

1474. Cependant l'armée suisse se met lentement en mouvement et s'avance sur la place d'Héricourt. où est une forte garnison bourguignonne ; Charles accourt avec 21.000 hommes, dont 12.000 cavaliers, et s'appuie à la forteresse ; 18,000 fantassins suisses atta- Bataille D'Héricourt. quent. L'armée de Bourgogne est renversée et s'enfuit après d'immenses pertes, et Héricourt capitule; une paix plâtrée se signe,

mais la guerre ne tarde pas à devenir plus furieuse contre le duc
toujours plein d'arrogance.

1476.
Bourgogne,
Orbe,
Iverdun.

L'armée de Bourgogne pénètre sur les frontières suisses, et assiége Grandson avec 40,000 hommes, ayant déjà pris Jougne,
Orbe et Iverdun ; ces deux dernières places avaient été évacuées
par leurs garnisons, car c'était *le système des Suisses de ne pas
se servir de remparts.* Cette nation, alors taxée d'ignorance et de
grossièreté, était pourtant bien plus sensée que ses accusateurs,
elle ne se confiait qu'aux impressions d'un naturel plein de logique,
que notre prétendue civilisation doctrinaire a faussé.

Bataille
de Grandson.

Les troupes des cantons descendent des montagnes, elles attaquent
le camp retranché du duc ; ce camp, sur la rive droite de l'Arnon,
est encore couvert du château de Vaumarcus, poste retranché ; une
artillerie nombreuse et magnifique n'arrête pas l'assaut. Aux sons
discordants de la trompe d'Uri, de Schweitz et d'Unterwalden, la
rivière est franchie, les remparts escaladés ; l'ennemi fuit en déroute ; plus de 10.000 Bourguignons périssent. Les Suisses s'emparèrent de richesses immenses qu'ils ne surent pas apprécier ;

Vaumarcus.

outre plus de 80 canons, 400 couleuvrines et bombardes, 800 ar-
quebuses, 300 tonneaux de poudre, de grands magasins tombèrent
aussi au pouvoir des vainqueurs, qui ne perdirent pas 1,500 hommes ; et pourtant ils n'avaient ni casques, ni cuirasses, ni canons
ni cavalerie. Telle fut la victoire de 20 à 24.000 paysans sur la
brillante chevalerie de Bourgogne, retranchée et pourvue de bonnes
armes et d'illustres chefs.

Place
de Grandson.

Louis XI avait ses commissaires cachés à cette armée, et comme
de bons doctrinaires, ils conseillaient aux Suisses, avant la bataille,
de se retrancher ; ceux-ci leur répondirent ces paroles remarquables :
L'art des fortifications n'est point notre fait ; cette réponse
laconique mérite d'être notée.

Mais Charles est un prince brave et tenace ; il rallie ses débris,
fait des recrutements en Bourgogne, en Flandre, en Savoie, en
Italie ; bientôt une nouvelle armée plus nombreuse, et aussi bien
munie que la première, rentre en Suisse sous sa conduite ; il était
réputé le plus habile général de son temps.

Il met le siége devant Morat. L'armée suisse, forte de 36.000
hommes, s'avance pour délivrer la place. Charles a fait d'immenses
travaux pour retrancher son armée, des fossés sont creusés ; on se
couvre de haies, une artillerie puissante est distribuée sur tout le pourtour des retranchements, bien que les Suisses n'eussent ni canons,

— 58 —

ni armures, ni cavalerie; du reste, le siége de Morat est abandonné
par les Bourguignons.

Bataille
de Morat.

Les Suisses, à la première attaque, sont repoussés, mais eux
aussi sont persévérants; le camp est assailli de front, de flanc et
par derrière; on pénètre, on gagne les épaulements, tout est emporté; une horrible confusion s'empare des troupes bourgui-
gnonnes, elles sont massacrées : tout ce qui n'est pas tué s'enfuit,
il y en eut qui ne s'arrêtèrent qu'à plus de 30 lieues de Morat,
tant fut grande l'épouvante : artillerie, armes, munitions, richesses
incalculables, tout tomba aux mains de ces vilains. On remarqua
dans le combat du camp la vive résistance d'un corps d'archers
anglais que le duc avait à sa solde. Charles parvint à s'échapper,
suivi seulement de douze cavaliers : ses pertes, à Morat, furent
encore plus grandes que celles de Grandson, et il fut plusieurs mois
avant de pouvoir mettre ensemble un corps de 1.200 hommes.
Les Suisses, pour tout monument, firent sur le champ de bataille
une pyramide d'ossements que l'on connaît sous le nom d'Ossuaire
de Morat; les Français la renversèrent en 1798.

Le duc Charles n'avait pas qu'un ennemi; le jeune duc de
Lorraine avait appuyé les Suisses et même commandé leur armée.
Le prince, fou de désespoir, se porte sur la capitale de la Lorraine,
sur Nancy, et l'assiége pendant un hiver rigoureux. D'abord il
n'a que 6.000; mais la place n'a presque que ses habitants pour
défenseurs; peu à peu l'armée attaquante s'accroît.

Cependant le duc de Lorraine a appelé aux armes tous ses sujets.
Les Suisses lui envoient des renforts. Avec ses 20,000 hommes, il
intercepte toutes les routes qui conduisent aux lignes des Bourguignons. La disette accable les assiégeants, dont le camp, placé dans
une bonne position, est fortement retranché, couvrant au loin les
travaux du siége.

Malgré un hiver des plus rigoureux, les attaques ne sont
point suspendues par l'arrivée de l'armée lorraine. Cependant
celle-ci aborde la contrevallation, les ouvrages sont emportés.
De son côté, l'héroïque garnison, aux abois et affaiblie, parce
qu'elle est privée de vivres depuis si longtemps, fait une sortie
vigoureuse sur les tranchées; ces deux attaques se réunissent, et
Charles, accablé de tous côtés, est obscurément frappé à mort,
assassiné, dit-on, par le comte Campo-Basso, chef du corps italien
de sa propre armée. Ainsi finit un héros que l'on peut comparer à
Charles XII, roi de Suède; et avec lui, à jamais, tous les projets

d'un troisième royaume de Bourgogne s'évanouissent : à moins
que l'on ne voie dans le royaume de Belgique la réalisation des
puissants désirs de l'antique maison qui troubla si longtemps la
France par ses intrigues et par ses alliances avec l'Angleterre.

Les Anglais ont beaucoup vanté le roi Louis XI : est-ce parce
que ce prince entretint toujours avec eux une *cordiale entente*, ou
bien cela tient-il à ce que ce roi cruel faisait massacrer ou pendre
tant de Français? ou est-ce par reconnaissance de sa maladresse
qui laissait échapper la Belgique et préparait tant de revers à la
France? Quoi qu'il en soit, pour ne pas être injuste, il faut convenir que Louis commença l'affaiblissement de la féodalité, récupéra
l'antique Bourgogne, dont les ducs affectaient les allures des anciens
maires du palais, et conquit le Roussillon à force d'astuce et
d'argent.

Mais ce roi intrigant redoutait même son propre fils; il ter-
giversa dans le mariage qu'il projetait pour le jeune prince avec
Marie de Bourgogne, héritière du duc Charles; et ses incertitudes
furent mises à profit par un rival plus entreprenant. La maison de
Hapsbourg fut toujours habile dans les opérations matrimoniales.
Maximilien d'Autriche épousa la jeune Marie, et porta de ce côté
la souveraineté des Pays-Bas, en les enlevant à Louis. Plus tard
la France en éprouvera de graves complications; mais ce qui est
remarquable, c'est que, naguère, il se passa sur cette frontière
quelque chose d'analogue. Puissent les conséquences n'en être pas
si désastreuses ni si prolongées !

Alors une guerre se déclara entre Louis et Maximilien, et, bien
qu'elle se fît sans grande vivacité, ce n'en était pas moins une
guerre doctrinaire de la part du duc d'Autriche. Celui-ci y perdit
beaucoup de ses forteresses les plus importantes, telles que Hesdin,
Boulogne, Arras, qui résista longtemps, Tournay, Cambray, Le
Quesnoy, Avesnes, Lille, Valenciennes, etc. Nous pourrions aussi
détailler la chute de Dijon, la surprise de Gray et de bien d'autres
villes, prises par Louis XI; la trahison et l'avarice lui en livrèrent plusieurs : car il en acheta quelques-unes de cette foule
d'étrangers qui trafiquaient de leur sang; mais nous ne nous arrê-
tons qu'à ce fameux siège de Dôle, que la doctrine a pris plaisir à
célébrer dans ses élucubrations pompeuses.

Le comte de Craon attaquait Dôle, avec une armée de plus de
20,000 hommes; la garnison se défendait valeureusement, aidée
par les habitants, quand une armée suisse, cette fois ennemie de

Louis XI, vient à son secours ; elle attaque Craon *dans ses lignes :* il est mis en fuite, perd toute son artillerie et ses équipages. L'armée française évacue toute la Bourgogne. Cependant, le fameux capitaine Sallazare, chef de compagnie, repousse le prince d'Orange, allié de Maximilien, et sauve Dijon ; nous n'avons jamais eu la prétention de faire croire qu'il n'a point existé une place qui se soit bien défendue, et dont la résistance n'ait eu une certaine influence sur une opération. Toutefois, c'est en vain que Carnot s'est complu à rassembler, dans ses ouvrages, les descriptions de 15 ou 20 siéges notables pendant l'espace de près de 5 siècles ; ces résistances, qui ne s'élèvent pas au millième des désastres, ne sont que de ces exceptions que nous avons signalées dans nos *Nouvelles considérations militaires* (1).

Ces exceptions sont si évidentes, que même, *le plus souvent, ce sont devant des bicoques qu'elles ont eu lieu.* C'est devant Grandson ou Morat, devant Landrecie ou devant Denain, tant il est vrai qu'il est telle phase d'une guerre qui peut en amener l'action principale sur un point imprévu, tout à fait obscur et militairement insignifiant ; va-t-on pour cela vanter les bicoques et en garnir la frontière, ou, si l'on en possède, va-t-on les garder dans une prévision empirique et sans bases, en se disant doctrinairement : Qui sait ?

La guerre entre Louis et Maximilien s'était reportée en Flandre, où le prince autrichien avait une belle armée de 30.000 hommes et une superbe artillerie, un corps de 500 archers anglais si célèbres et 3,000 arquebusiers allemands non moins habiles.

L'armée de Louis était de 1.500 lances, 14,000 archers, car la France avait imité l'Angleterre dès le temps de Charles VII. Le roi avait une artillerie aussi nombreuse que celle de Maximilien, qui assiégeait Thérouenne ; 21.000 Français, sous les ordres de d'Amboise, s'avancent pour secourir la place.

L'armée française est d'abord victorieuse, elle tourne l'ennemi et prend son camp. La garnison de Thérouenne fait en même temps une sortie ; mais, au lieu de compléter la victoire, elle se met à piller. Maximilien rallie ses troupes, attaque à son tour et reste vainqueur. Les Flamands s'étaient couverts de ces fameuses lignes

(1) On peut gagner une bataille par suite d'une faute ; un mauvais instrument peut un jour, par hasard, produire un bon résultat : c'est là un accident et non le fait d'un principe

de pieux dont nous avons parlé ; *mais elles avaient été détruites par l'artillerie française*. Ce fut là l'époque de l'abandon de ces retranchements mobiles que l'on n'a pas encore pu remplacer par d'autres inventions appropriées à nos armées actuelles. De tous les lieutenants de Napoléon, le maréchal Saint-Cyr est celui qui a le mieux pénétré dans la philosophie de la guerre ; il nous disait qu'il ne concevait que les *fortifications mobiles*, et qu'avec le canon il croyait bien que l'on n'en trouverait jamais : aussi Saint-Cyr était-il anti-doctrinaire prononcé.

Nous ferons encore ici une remarque militaire : ce fut Louis XI qui comprit le mieux la puissance de l'artillerie ; la sienne, quoique voisine encore de son introduction dans les armées, était très-nombreuse ; elle était soignée et établie à grands frais ; toutefois elle était très-lourde. Il fit fondre à Creil des bombardes lançant des boulets de fer du poids de 500 livres, et qui portaient de la bastille au delà du pont de Charenton à 7.000 mètres (1). Ce fut lui qui, le premier, imagina les camps d'instruction, entre autres celui du Pont-de-l'Arche, où il réunissait 10 et 12.000 hommes ; lui aussi faisait de ses palais des citadelles, pour aider à son génie despotique.

Si maintenant nous suivons notre système de comparaison, nous compterons 16 succès sous les fortifications et 47 défaites. C'est la proportion de 1 à 3 : ainsi encore, ici, nos résultats des *Nouvelles considérations militaires* se trouvent *confirmés* ; ce sont toujours les mêmes proportions, toujours les mêmes désastres, que ces 40 années de 1437 à 1478 reproduisent comme l'avaient fait les 55 années comprises entre 1380 et 1435.

Peut-être nous dira-t-on : Votre système de comparaison est si faux, que les conclusions qu'il semble donner contre les places fortes, ici par exemple, sont précisément l'inverse de ce que vous prétendez. Ne voyez-vous pas

---

(1) Ceci doit faire réfléchir sur les nouveaux forts détachés de Paris, et les canons dont ils seront armés, lançant des boulets de 80.

que les invasions de Charles le Téméraire en Alsace, en
Suisse ou en Lorraine, durent leurs désastres précisément (1) à l'existence des forteresses, et que les succès
de ses ennemis furent préparés par les défenses de
Grandson, de Morat, de Nancy, de Neuss, et de tant
d'autres places fortes? Charles périt accablé sous les
remparts de ses antagonistes, et vous venez nous donner
des conclusions toutes contraires et par conséquent toutes
fausses; Charles a pu avoir tort de retrancher ses armées,
nous en convenons; mais les places fortes l'ont perdu,
cela ne peut être mis en doute. Ainsi, l'on avoue, d'une
part, que la fortification a perdu Charles dans ses propres mains, et ensuite qu'elle l'a encore perdu dans
les mains de ses ennemis : en sorte qu'elle a au total
sauvé ces derniers. Eh bien! c'est cette double circonstance que la doctrine s'est plu à confondre, ou qui
s'est embrouillée dans ses raisonnements; cette épée à
deux tranchants qui sauve et blesse celui qui l'emploie,
doit avoir indubitablement des qualités dangereuses; et
remarquez surtout que c'est dans les mains les plus habiles, dans celles de Charles, qu'elle tourne le plus mal.
Mais la vérité est que la cause positive, la cause *effi-
ciente*, de la perte du Bourguignon, n'est ni Grandson,
ni Morat, ni Nancy; c'est l'existence des trois camps retranchés dans lesquels il a *immobilisé* ses trois armées,
si nombreuses, si braves, si belles et si bien munies :
d'ailleurs Charles avait levé les siéges de Grandson et de
Morat, il avait même dépassé ces places; elles n'eurent
donc aucune influence sur les victoires des Suisses; s'il
ne se fût pas arrêté où il le fit, il eût été obligé, à quatre

(1) Cela serait-il vrai, que cela serait expliqué et par l'époque du moyen âge
et par la faiblesse des armées : mais cela est faux, malgré les circonstances qui
étaient les plus favorables au rôle des forteresses.

pas de là, de s'engager dans d'inextricables défilés, d'où il n'eût pas sauvé un seul de ses chevaliers.

L'on aurait tort d'attribuer les événements majeurs, et les grandes révolutions, à quelques circonstances particulières, qui sont *l'occasion*, sans être la cause. La cause vient toujours de loin, et une circonstance souvent légère provoque l'explosion; c'est la goutte d'eau qui fait déborder un vase déjà plein jusqu'aux bords. La prise de la bastille de Paris ne fut point la cause de la chute d'une race de 70 rois, elle remontait bien plus haut, elle n'en fut que *l'occasion* : autant faudrait-il dire que l'armurier qui fabriqua le pistolet avec lequel Gustave Adolphe fut tué à Lutzen, produisit le salut de l'empereur Ferdinand II, et sauva la religion catholique en Europe. La vraie cause du renversement de Charles de Bourgogne résulte de son éducation militaire qui *était toute doctrinaire;* aussi reçut-il le combat dans des retranchements. Attaquer ou défendre les places formait à peu près toute la science de la guerre à cette époque de féodalité. Charles, en se retranchant, avait abandonné les siéges de Grandson et de Morat; ces places n'eurent plus aucun rôle à remplir le jour de la bataille; et la perte des Bourguignons vint évidemment de l'attaque de leurs camps retranchés. C'est ainsi que Louis XIV, à Denain, dut son retour de fortune à l'enlèvement des retranchements de l'ennemi. Jomini a dit avec raison que l'on ne vit jamais le salut d'un empire provenir de la défense d'un point fortifié, et que l'on vit souvent des royaumes écrasés à la suite *de la folle résolution de les défendre derrière des remparts !*

Quant à Nancy, nous ne nions pas son action; mais il faut convenir que l'armée suisse était infiniment supérieure à celle de Bourgogne; que Charles attaquait au milieu d'un hiver qui fut remarquable par ses rigueurs, et qu'il n'est point extraordinaire qu'il ait échoué en faisant une folie. Il y a quelquefois dans le succès d'une place quelques circonstances indépen-dantes de ses remparts, qui militent exceptionnellement pour eux et leur procurent de la valeur.

Quoi qu'il en soit, en proposant ainsi nous-même une foule d'objections, le lecteur impartial pourra recon-naître avec quelle conscience nous avons fait cet ou-vrage, et combien de fois nous avons essayé de décou-vrir tout ce que la doctrine pourrait s'efforcer d'alléguer en faveur de son système; mais nous sommes obligé de nous l'avouer, quelques tentatives que nous ayons faites, nous n'avons jamais pu découvrir rien de satisfaisant à opposer à l'anti-doctrine, rien qui puisse servir à ren-verser nos principes. Si l'on trouve dans l'histoire quel-ques succès obtenus avec le concours des murailles, ils sont rares; et presque toujours, en y regardant bien, on reconnaît que ces exceptions sont accompagnées de circonstances fortuites et heureuses qui ont fait pencher la balance du côté des remparts; et cependant nous avons porté ces cas, clair-semés, à valoir au compte de la fortifi-cation, tels que Nancy, Morat, Grandson, etc., etc.

CHAPITRE III.

Recherches historiques sur l'influence et le rôle de la fortification sous les règnes de François Ier, Henri II, Charles IX, Henri III et Henri IV.

TABLEAU STATISTIQUE N° 30.

1re SECTION.

François Ier.

Le jeune roi François Ier projette de rentrer dans le duché de Milan, d'où Louis XII avait été chassé ; 16,000 Suisses, retranchés au mont Genèvre et au mont Cenis, sont tournés par le passage de l'armée française au mont des Alpes, nommé Roches-Parvières ; pris à revers ils sont battus, refoulés, et François tombe sur les troupes impériales à Villefranche.

Les Français se portent contre Milan ; les Suisses en débouchent et surprennent le camp de la Trémouille, proche de cette capitale, à Marignan, ils sont défaits. Milan est surpris ; le château se défend quelques jours, Sforce y capitule. Crémone est pris, et Sforce abandonne toutes les places du duché ; fait prisonnier, il est enfermé au château de Loches, en Touraine.

Alors une armée impériale entre en Italie et vole au secours des confédérés. Le connétable de Bourbon perd tout le Milanais ; mais il résiste dans la capitale ; les autres places tombent successivement ; bientôt les troupes de Bourbon se dissipent ; un secours suisse renforce les Français. Charles-Quint devient empereur, et remet Vérone aux Vénitiens, avec lesquels il s'allie contre François Ier.

La guerre s'est aussi portée vers la Flandre ; les Impériaux sont repoussés par Bayard, défendant Mézières, pendant que l'amiral

Bonnivet pénètre en Navarre et emporte Fontarabie; d'un autre côté, les Impériaux prennent Mouzon.

Pendant une trève de plusieurs années, Lautrec avait été mis à la tête du Milanais. Une coalition s'était formée entre les divers États d'Italie; une nuit les portes de Milan sont livrées en trahison; la ville est surprise; le château reçoit les débris des troupes françaises éperdues.

Un autre de leurs corps fait une tentative sur Reggio; il échoue. Les généraux perdent Pittzighitone, Crémone, Novarre et Gênes, et ils sont obligés de rendre le château de Milan. Toute l'Italie est évacuée par Lautrec. Nous ne nommons pas ici 30 places qui furent rendues en cette occasion, depuis Vérone jusqu'à Saluces et aux Alpes; car l'armée française était morcelée en petites garnisons sans nombre; *ce qu a toujours été cause de nos désastres en Italie, depuis Charles VIII jusqu'à Napoléon*, sans que la doctrine veuille voir la vérité et pourquoi l'Italie a été réputée le tombeau des Français.

A cette époque, les Anglais s'allient à Charles-Quint; ils débouchent de Calais, entrent en Picardie, assiégent Hesdin, et lèvent le siége, après six semaines d'une défense vigoureuse de la part de la garnison et des habitants.

Cependant une armée espagnole passe la Bidassoa, elle échoue devant Bayonne; en même temps les troupes impériales se lancent sur la Champagne et sont battues à Neufchâtel.

Les Anglais pénètrent jusqu'à 12 lieues de Paris; mais les paysans abandonnent les villages, emportent *dans les places* tous les biens de la campagne : la famine sévit dans l'armée ennemie, qui bat en retraite et brûle tout sur son passage. François envoie une nouvelle armée en Italie, et la dirige sur Milan, dont on a démoli les fortifications, *et pourtant l'amiral Bonnivet ne peut pénétrer jusqu'à cette capitale, ce qui est remarquable. On prend Milan quand il est fortifié, et on ne peut y entrer quand il n'a plus de murailles.* Bonnivet s'empare de Crémone; mais dans sa retraite il y laisse garnison; elle est bientôt assiégée et prise; le château seul tient, et quand Bayard le secourut, il n'y restait plus que 7 *hommes valides. Le manque de vivres est le fléau des forteresses.*

L'armée française repasse le Tésin; elle est atteinte et presque détruite à Romagnano au passage de la Sésia, et ses débris réfugiés dans Suse repassent les Alpes peu après.

Mais Charles-Quint, victorieux, reporte la guerre en France et assiége Marseille. André Doria, génois, qui tenait le parti de François, bat la flotte espagnole. Marseille, aux abois, est sauvée malgré les efforts du connétable de Bourbon, qui a déserté à l'ennemi. L'armée impériale, manquant de tout, s'enfuit en désordre, repasse les Alpes, poursuivie par les montagnards du Languedoc.

Une troisième armée française pénètre en Italie, et Novarre tombe sous ses coups; elle entre dans Milan, fortifiée de nouveau; beaucoup de places se remettent en son pouvoir; Crémone est la principale. Le roi envoie une partie de ses troupes sur Naples et assiége Pavie; cette place résiste longtemps; mais les généraux impériaux, Bourbon, Lève et Lannoy, accourent pour la délivrer; ils attaquent les retranchements. Le roi totalement défait est lui-même fait prisonnier; et l'Italie est pour la troisième fois perdue: alors toutes les places ouvrent leurs portes, et le roi est enfermé dans Pittzighitone, puis vendu et conduit à Madrid.

Mais, en crainte de l'empereur, une coalition, en sens contraire, s'ourdit en Italie; alors Bourbon marche contre elle, il prend Milan et bloque Sforce dans sa citadelle, qui est prise; puis il court assiéger Rome, qui est enlevée d'assaut et livrée au pillage; mais Bourbon y est tué; toutes les places d'Italie ouvrent leurs portes aux Impériaux, et les troupes françaises sont compromises vers Naples.

Alors une quatrième armée française entre en Italie pour secourir les troupes dans le royaume de Naples; Gênes, Alexandrie, Pavie capitulent. Au lieu de se porter sur Milan, cette armée marche sur Florence, morcelée sur les côtes des deux mers; Modène, Rimini, Ravenne, Cervia tombent en son pouvoir. Rome est délivrée des Impériaux. Cependant Lautrec ne peut prendre Manfrédonia, ni Gaëte, où l'armée espagnole s'est réfugiée. Enfin les Français paraissent devant la capitale: mais la flotte d'André Doria a changé de parti; les châteaux de Naples résistent, et Lautrec est repoussé de la place.

Son armée, battue en détail et réduite, se retranche dans *Aversse;* elle est forcée de capituler en 3 jours, et perd armes, bagages et artillerie; 5.000 hommes, de 30.000, rentrèrent seuls en France. Le château de l'Œuf fut forcé de se rendre aux Espagnols, et le fameux Pierre Navarre, célèbre par l'invention de ses mines, y fut pris et étouffé par ordre du général espagnol. Aversse *fut un de ces refuges funestes* où toute une armée mit bas les armes comme à Gênes, à Landshut, à Maxen, etc., à des époques plus modernes. Rien de nouveau sous le soleil!

1529.
Gênes,
Château
de Gênes.

Doria révolte Gênes : les Français y sont massacrés ; retirés au château, ils capitulent *faute de vivres :* ce fut l'origine de cette république. Un détachement de Français accourt sur Gênes, sous le comte de Saint-Pol ; mais battu à Landriano, poursuivi dans Pavie, il l'évacue ainsi que toute l'Italie : c'est la quatrième fois. Toutes les forteresses ouvrent leurs portes aux Impériaux : la coalition se dissout ; Charles triomphe et dicte la paix de Cambray aux dépens de la France.

Pavie,
Rimini,
Ravenne,
Florence,
Cerveira,
Ancône,
Modène,
Parme,
Milan,
etc.

Il n'est pas possible qu'un homme sensé ne voie point que toutes ces évacuations annuelles de l'Italie ne soient dues au système de guerre, qui alors consistait à morceler les armées françaises *dans cinquante forteresses : système doctrinaire !*

1536.

Turin,
Coni,
Fossano,
Alexandrie,
Montmeillan,
Pignerol.

La guerre se rallume entre les deux rivaux. Une cinquième armée française pénètre en Italie et prend Coni, Turin et Fossano, ainsi que Nice et beaucoup de places moins renommées ; elle marche sur Verceil pour envahir le Milanais ; on augmente les remparts de Turin. Le roi se fortifie partout, quand le général Lève, chef des troupes impériales, assiége et prend Fossano. qui se défend pendant 30 jours. Alors l'armée impériale entre en Provence ; mais, *selon sa méthode*, François Ier fait brûler tout le plat pays : les villages sont ravagés, les biens de la terre sont enlevés, cachés dans les montagnes, *ou rentrés dans les villes fortifiées*, avec une rigueur extrême. Charles ne trouve plus qu'un désert aux environs de Marseille ; François accourt à Lyon avec une armée et se porte sur Avignon : par suite de ce mouvement, le siége de Marseille est levé ; et l'ennemi, manquant de vivres, se retire avec des pertes considérables, causées par les paysans en armes qui massacrent tous les traîneurs.

Une armée impériale a en même temps débouché de la Flandre et pris Guise ; elle se porte sur Péronne, où elle échoue ; on tirait sur la place 1.800 coups de canon par jour ; on y avait déjà fait brèche ; mais l'armée française s'avançait, et le siége fut levé.

Guise,
Hesdin.

Charles, repoussé du nord, veut chasser les Français qui étaient restés sur ses derrières, en Piémont, *et faisaient des courses*. Il reprend Coni, Alexandrie, Acqui ; et toutes les troupes françaises, pour la cinquième fois, repassent les Alpes en gardant Turin seulement.

Coni,
Alexandrie,
Acqui.

Pendant ce temps le roi faisait la guerre en Picardie, prenait et reperdait une foule de petites places ; mais il récupérait Hesdin, tombé l'année précédente ; alors il affaiblit son armée du nord et

Hesdin.

envoie Montmorency pour conquérir le duché de Milan : le Milanais était une idée fixe pour lui.

1537.
Suse.

Le général français force le Pas-de-Suse, où il bat 10,000 Impériaux. Il ravitaille Turin, dont la garnison était aux abois, ainsi que celles de Pignerol et Montmeillan ; et on signe la paix de Nice. — *Pignerol. Montmeillan.*

1540.

Peu après, la guerre se rallume, François envoie une armée à la conquête du Roussillon ; elle échoue devant Perpignan. Une autre armée française s'empare de Luxembourg, pendant que celle d'Italie s'empare de Nice, aidée de la flotte turque de Dragut ; mais le château résiste, et les assiégeants abandonnent leur attaque avec perte. — *Perpignan, Château de Nice.*

Luxembourg.
1542-43.
Milice.

Au nord, la guerre se suit avec vivacité : Landrecies résiste aux troupes impériales. Le roi surprend Cambray, ville libre, dite aussi impériale. — *Landrecies.*

Cambray.

Le roi d'Angleterre Henri VIII et Charles s'allient contre la France. Carignan est pris ; mais les deux armées, au lieu de se réunir, marchent séparément, se partageant la France en espérance. Elles s'occupent de faire des siéges, chacune de son côté, pour se saisir de sa part ; ce qui s'est renouvelé en 1793. La résistance de Landrecies, à cette époque, mérite aussi d'être remarquée ; car, deux fois, cette place fut comme un *nec plus ultrà* de nos ennemis ; de nos jours elle fut moins heureuse ; car, si Eugène, battu à Denain, n'eut pas le temps de s'en emparer, elle capitula, en 1793, sous les attaques de Cobourg. — *1544. Carignan.*

L'empereur traverse la Lorraine, entre en Champagne et perd un temps considérable au siége de Saint-Dizier, qu'il prend après une longue défense. — *Saint-Dizier.*

Boulogne.

Le roi d'Angleterre assiége Boulogne, qui se rend ; Montreuil, qui se défend bien. Les deux armées, enfin, marchent en avant sur Paris. Elles attaquent avec plein succès Château-Thierry et Épernay ; des traîtres avaient livré ces deux places : mais l'armée française s'est assemblée sur l'autre rive de la Marne. Les partis ennemis couraient jusqu'à Meaux ; *tous les riches évacuent Paris, les routes du midi sont couvertes de fugitifs et de voitures chargées,* ce qui est à noter. La Fère tombe au pouvoir de l'ennemi ; mais les Anglais et les Impériaux ont tout saccagé autour d'eux ; leurs armées manquent de vivres, ils consentent à la paix, qui se signe aux dépens de la France, à Crépy en Valois, avec les Impériaux ; puis à Guignes, avec les Anglais. Peu après, François Ier mourut. — *Montreuil.*

Château-Thierry, Épernay.

1595 La Fère.

2ᵐᵉ SECTION.

Henri II.

1547.

Des discussions entre Charles-Quint et les princes protestants d'Allemagne ramènent la guerre entre l'Empire et la France. Henri II s'est déclaré protecteur des princes de Saxe et de Hesse, dépossédés; et, *vicaire de l'Empire*, il pense avoir le droit de s'immiscer dans ces débats.

Plaisance.

D'un autre côté, le prince Farnèse bâtissait une citadelle à Plaisance *pour régenter cette ville*. Charles surprend la place, et le prince est assassiné; il fait attaquer Parme, qui repousse ses troupes à l'aide des Français, alliés du prince traîtreusement massacré.

Parmours

Saluces.

Henri entre en Italie et prend Saluces; mais, pendant qu'il est éloigné de son royaume, une révolte éclate en Guyenne. Bordeaux s'insurge et est contenu avec peine par *la citadelle du château Trompette*. Montmorency éteint la révolte dans le sang des Bordelais : *c'est là l'utilité réelle des forts qui commandent les villes.*

Château Trompette.

Les Anglais étaient maîtres de Boulogne, qu'ils refusaient de rendre, selon le traité de Guignes. Ils avaient entouré la place *doctrinairement de plusieurs cercles de petits forts*. Henri en fait

Boulogne.

bâtir un autre pour tenir Boulogne en échec : toutefois cette ville est rendue par un nouveau traité, et moyennant finances, selon l'usage anglais.

1551.
Villefranche.

Les Français, à l'aide de leur flotte, s'emparent de Villefranche et pillent des vaisseaux espagnols réfugiés dans ce port. D'un autre côté ils entrent en Allemagne pour rétablir les princes de Saxe et de Hesse. Ceux-ci font leur paix avec Charles; alors le roi, pour

Metz,
Toul,
Verdun.

utiliser son armement, s'empare de Metz, Toul et Verdun; il se rend également maître de Luxembourg, et il renforce toutes ces

Sienne.

places; mais il perd, avec ses alliés, la place de Sienne en Italie.

1552.

L'empereur assemble une grande armée de cent mille hommes; il a cent canons de siége, et il marche sur Metz, à travers la Lorraine. Guise se jette dans la place avec vingt mille hommes, et, pendant deux mois d'une défense brillante et pleine de méthode, il repousse Charles-Quint, qui y perd quarante mille hommes, et lève enfin ce siége mémorable.

Metz, si

Alors la Gouvernante des Pays-Bas fait envahir le nord de la France. L'armée ennemie pénètre sous Laon, brûle le château de Follembray, et prend une infinité de places de ces quartiers. Henri accourt avec des troupes nombreuses, se rend maître d'Hesdin et de Thérouanne; mais Charles reprend cette dernière, et la brûle, pendant que le roi, qui a des intelligences dans Cambray, manque la surprise de cette place. En même temps ces deux princes se disputaient la Corse, pendant que le comte de Brissac s'emparait de Verceil, dernière ville du Piémont, sur le chemin de Milan. Cette année, naquit à Pau le prince nommé depuis Henri IV et dont la mémoire s'est conservée dans le cœur des peuples.

Henri II développe au nord trois armées, dans les Ardennes, vers Avesnes et en Artois, sur un front immense et disproportionné. Marienbourg, place neuve, est prise en trois jours. Il bâtit Rocroy pendant que Charles bâtit Philippeville. Les Français s'emparent de plusieurs forteresses. La Champagne est nettoyée, et les frontières ennemies, à leur tour, sont ravagées par des partis qui finissent par s'affamer eux-mêmes (1). Le roi fait investir le château de Renty, qui résiste, malgré la déroute d'Ensecourt, attaqué par le duc de Guise.

Ce manque de vivres oblige l'armée française à la retraite. L'ennemi la suit et entre en France, à son tour. Il avance jusqu'à Amiens, et s'empare de Corbie en brûlant tout le pays autour de sa superbe abbaye.

En Italie, les Français repoussent les Impériaux qui assiégeaient Sienne. Cependant, après huit mois d'attaque, cette place capitule ; ils prennent aussi Porto-Hercolo ou Monaco, pendant qu'au nord le maréchal de Saint-André enlève d'assaut Cateau-Cambrésis.

Le duc d'Aumont s'empare en Piémont de deux places impériales, malgré l'approche de l'armée du duc d'Albe, forte de trente mille hommes. Le marquis de Pescaire est forcé, par les Français, dans les retranchements du mont Vignal, au moment où Charles-Quint abdique la couronne impériale, et une paix générale se signe à Vaucelles, près de Cambray : paix encore faite aux dépens de la France.

---

(1) Nous avons tiré ce fait de l'histoire de France par Anquetil, pour donner une idée de l'état des provinces à cette époque: de simples partis parviennent en peu de temps à affamer la fertile province de la Flandre. La guerre défensive par les forteresses y possédait des éléments de succès, tandis qu'aujourd'hui ses richesses agricoles, immenses, sont toutes en faveur de la guerre offensive.

1557.

Une nouvelle guerre s'allume entre Philippe II et Henri II. Une armée française entre en Italie, et marche sur Naples; mais elle perd son temps à Rome, et Guise prévenu par le duc d'Albe est repoussé devant Naples, après avoir enlevé Salerne.

Salerne.

Naples.

Les deux antagonistes assemblent leurs troupes. Philippe assiége Rocroy, qui se défend bien, et n'est pas prise. L'ennemi alors fort de 60,000 hommes, dont 10,000 Anglais, se porte au siége de Saint-Quentin. Coligni s'est jeté dans la place avec quelques renforts.

Rocroy.

Bataille de St-Quentin.

Montmorency accourt *pour la délivrer*. Doctrinairement il couvre son armée de marais, qu'il croit capables de défense; mais l'ennemi, sous le duc de Savoie, attaque, franchit ces marais, et les Français perdent une bataille comme celle d'Azincourt ou de Waterloo, avec canons, bagages et 20,000 hommes : et, qui le croirait? l'ennemi ne perdit que *quatre-vingts* hommes! *Voilà ce que causent les forteresses*. Saint-Quentin capitule de suite; d'autres places *sont le prix de la victoire*. Noyon, le Catelet, Ham se rendent après de courtes défenses. L'ennemi, au lieu de marcher en avant, s'attache à ces places, selon la doctrine du temps.

St-Quentin. Noyon, Le Catelet, Ham.

1558.

Mais Guise a remplacé Montmorency, et rallié le peu de troupes qui restent. L'armée d'Italie accourt en traversant la France; on lève des soldats de tous côtés.

Le défenseur de Metz ramène la confiance. Il porte son armée sur Calais, cette tête de pont anglaise qui, outre ses remparts, est, comme le Paris d'aujourd'hui, environnée *d'un cercle de forts détachés*. Le troisième jour il y fait une trouée malgré les marais et les forts qu'il enlève, et le sixième jour il emporte Calais d'assaut nonobstant sa nombreuse garnison; puis il reprend Ham et Guignes, ainsi que d'autres places voisines.

Forts détachés.

Calais, Ham, Guignes.

Son armée, pendant trois mois, se refit autour de Calais. Ce pays, l'entrepôt d'un riche commerce, était supérieurement cultivé : de tout temps les Anglais ont eu une grande réputation pour leur habileté agricole.

Le maréchal de Thermes, moins heureux que Guise, se laisse battre, dans les retranchements de Gravelines, par le comte d'Egmont, aidé par une flotte anglaise; mais Guise s'empare de Thionville, dans le but de rappeler les ennemis sur une autre frontière; c'était une diversion commune à cette époque.

Gravelines.

Thionville.

1559.

Alors se conclut une paix générale, faite, en partie, au détriment de la France : Henri II est contraint de restituer 200 forteresses,

grandes ou petites, et peu après il est tué dans un tournoi,
par accident, en laissant la réputation d'un prince habile et entreprenant.

3me SECTION.

Charles IX.

François II ne fit que paraître sur le trône ; son frère, Charles IX.
lui succéda : c'est l'ère des guerres civiles et des forteresses.

Après de nombreuses intrigues. de violentes discussions entre
les catholiques et les protestants. et quelques rixes sur divers points
du royaume. la reine mère. Catherine de Médicis. se réfugie dans
la place de Melun. Condé. chef des réformés, projette d'enlever le
jeune roi; mais cette entreprise audacieuse échoue, et Charles,
escorté des Suisses, rentre dans Paris, quoique poursuivi par les
3,000 chevaux du prince. qui arrivé trop tard sous Melun. se rend
maître de la place, et se retire sur Orléans. dont il s'empare. Orléans
devient alors la capitale des protestants. qui s'allient avec les Anglais, *leurs co-religionnaires.* Pendant que la reine mère achète de
honteux secours de Philippe II, Condé vend Dieppe et le Hàvre
aux Anglais. Ses partisans triomphent dans le Maine, l'Anjou et
la Normandie; ils s'emparent du Mans, d'Angers, de Vendôme,
de la Charité. de Lyon. d'Angoulême et de Beaugency. et d'une
infinité d'autres places fortes. On se surprend dans les châteaux,
on se brûle. on s'assassine. on se pille d'un bout à l'autre de la
France. Beaugency est repris par les catholiques, puis repris par
Condé. Le Hàvre et Dieppe sont livrés à 6,000 Anglais, qui sont
venus secourir les protestants : ainsi voilà un nouveau genre de
service demandé contre la France aux places françaises; elles servent de lieux de sûreté aux Anglais! Le Hàvre était une création
de François Ier. L'armée royale s'est assemblée sous Paris, elle
marche vers la Loire, toutes les villes sont reprises : Blois, Mer et
Bourges ; déjà l'on comprend que Guise la commande; elle revient
sous Rouen, qui se défend vigoureusement. Le roi de Navarre,
père de Henri IV, y est tué; cependant la place est enlevée d'assaut et livrée au pillage.

Un corps calviniste lyonnais. sous Duras. accourt sur Orléans;
mais il est défait. Condé. voyant l'armée catholique en Normandie,
quitte Orléans et court sur Paris. Il campe à Montrouge, perd son

temps en pourparlers, tandis qu'un corps espagnol entre dans la place. Ainsi la reine Catherine livrait la capitale aux étrangers ; *on leur abandonne la bastille Saint-Antoine ;* et les autres châteaux, comme gages de sûreté ; on les leur remet *en otages.*

Condé entre en Normandie. Bientôt il rencontre l'armée de Guise appuyée à Dreux ; celui-ci est victorieux. L'armée royale alors se porte sur Orléans. qui se défend bien. Dans un assaut, Guise est blessé, et un gentilhomme, nommé Jean Poltrot de Méréy, l'assassine. Le siége est levé. Le baron des Adrets venait de prendre Montbrison aussi bien que Lyon et Orléans. Enfin les troupes soudoyées des deux partis, Allemands. Anglais et Espagnols, se retirent après une paix plâtrée. comme on en fit tant à cette époque : l'ordonnance d'Amboise calma les fureurs ; mais l'on fut obligé d'assiéger le Hàvre, qui se rendit *faute d'eau.*

Charles ayant 13 ans est déclaré majeur. Il entreprend une tournée dans le royaume ; *on fait abattre beaucoup de murailles des villes dont on craint que les calvinistes n'abusent. On fait bâtir beaucoup de citadelles pour maintenir les plus grandes cités ; c'est l'ère des citadelles : elle précède toujours les malheurs publics et les guerres civiles.*

On enfreint les libertés jurées aux réformés ; on assemble des troupes sous divers prétextes, et un beau jour, le 28 septembre, *cinquante forteresses sont surprises* par les calvinistes. Le roi sur le point d'être enlevé à Monceaux se sauve à Melun, harcelé par Condé. Toute la cour rentre à Paris, Meaux est surprise, et Melun tombe au pouvoir des calvinistes.

Condé s'empare de Saint-Denis et essaye de couper les vivres à Paris. De tous côtés lui arrivent des détachements calvinistes. Son armée est bientôt considérable. Bientôt aussi le jeune Guise, qui a succédé à son père, assemble les catholiques et débouche de Paris. Les deux armées se rencontrent dans la plaine entre la capitale et Saint-Denis ; le vieux Montmorency reste vainqueur des Huguenots ; mais il est grièvement blessé et meurt peu après.

Condé alors va en Lorraine au-devant d'un corps protestant d'Allemands que lui amenait un prince de Saxe. Le jeune duc d'Anjou court sur ses traces et bat son arrière-garde à Châlons ; et pourtant *cette petite armée traverse la France malgré ses 1.000 forteresses,* franchit la Meuse à Saint-Mihiel dont elle s'empare, et rejoint le prince Casimir, *puis elle retraverse la France et arrive sur Chartres,* qui résiste. L'armée des reîtres, mal payée, se dissipe. et l'on signe la paix, *boiteuse* et *mal assise*, du nom et des qualités des négociateurs, en renouvelant les édits favorables aux calvinistes, également enfreints peu de temps après La cour leur abandonne, comme villes de sûreté, Alby, Sancerre, La Charité, La Rochelle, Castres et Montauban. *Voilà l'effet des traités et les places otages.*

Mais le poignard, le poison, l'incendie, ravagent en secret le parti calviniste ; les chaires retentissent d'anathèmes contre eux ; on se poursuit d'imprécations réciproques. La Rochelle est devenue comme la capitale réformée. Elle arme de petites flottes qui font de riches prises sur les Flamands et les Espagnols. La reine d'Angleterre envoie des subsides et fomente les troubles.

L'amiral Coligni et Condé rassemblent leurs troupes dans les marais du Poitou et de la Vendée. Des partis pillent et brûlent les églises en mêlant leurs cruautés d'impiétés et de moqueries. La guerre se rallume de tous côtés ; Saintes, Cognac, Saint-Jean-d'Angely, Châtellerault sont emportés. Une foule de petites places et châteaux sont pris et pillés ; c'est un grand drame à mille scènes éloignées, et dont tout le royaume est le théâtre, pendant que les forteresses en *sont les décorations* que les partis enlèvent tour à tour. Sous des prétextes religieux on satisfait ses haines secrètes, ou une avarice effrénée. Ce ne sont de tous côtés que meurtres, incendies, viols et cruautés raffinées.

Des Italiens, des Suisses et des Allemands sont recrutés pour Condé, pour le duc d'Anjou et pour la cour. De leur côté, les Allemands et les Suisses protestants envoient des reîtres à Coligni sous le duc de Deux-Ponts ; *forts de 14.000 hommes, et, malgré les forteresses, ils traversent* de nouveau *toute la France*. Enfin les deux armées se rencontrent près de *Jarnac* avant l'arrivée des Allemands. Elles s'observent longtemps sur les rives de la Charente ; mais Tavannes et le duc d'Anjou jettent un pont sur le fleuve à l'insu des protestants, le passent et attaquent Condé et Coligni. Les réformés sont battus ; et Condé, blessé, est assassiné par Montesquiou. Coligni fuit à Cognac, qu'il a fait fortifier avec soin, en passant à Saint-Jean-d'Angely, qui est sur sa route de retraite.

Le chef des protestants, assiégé dans Cognac, force l'armée royale à se retirer ; mais elle prend le château de Mucidan.

Le duc de Deux-Ponts, victorieux des troupes royales en Lorraine, était arrivé sur la Loire ; il enlève La Charité et passe le fleuve ; bientôt il meurt dans cette ville. Son lieutenant, Wolrath, rejoint Coligni avec ses troupes. Celui-ci a quelques succès au combat de Roche-Abeille, et s'empara d'une foule de châteaux et de petites places. Cependant ses officiers le contraignent à mettre le siége devant Poitiers. Coligni seul s'opposait à cette mesure ; *les (1) grandes cités*, disait-il, *sont les cimetières des armées.* Les doctrinaires de ces temps-là l'emportent sur son expérience. Le jeune Guise est dans Poitiers ; la maladie décime l'armée calviniste, et après deux mois il fallut lever le siége. L'on marche alors au secours de Châtellerault attaqué par le duc d'Anjou, qui lève le siége à son tour. C'était la méthode de ce temps, c'était *place pour place :* mais les **25.000** hommes des confédérés se réduisaient par ces opérations. Déjà leur armée ne comptait plus que **18,000** hommes. Celle du duc d'Anjou, forte de **25,000** hommes avec vingt canons, attaque Coligni à Montcontour ; ce dernier, qui n'a que *dix* pièces, est battu de nouveau et son armée anéantie, sauf **5.000** hommes ; il se sauve à Saint-Jean-d'Angely, qui est munie de forts remparts, et offre un bon refuge.

Les royalistes entrent dans cette place après deux mois de blocus. Les réformés alors se réfugient à La Rochelle. Le chef royaliste reprend douze autres villes fortes, nonobstant l'opinion anti-doctrinaire de *Tavannes qui s'oppose aux siéges.* On a remarqué que la victoire de Montcontour fut due à la réserve du jeune duc de Guise ; déjà la théorie de guerre se faisait jour.

Les calvinistes profitent du temps employé à ces attaques ; il leur arrive des troupes du Dauphiné et du Languedoc. Montgommery, victorieux des catholiques en Béarn, débouche sur Toulouse, et rallie ses troupes sous Montauban. Lanoue, historien de ce temps, dit *que les Huguenots n'étaient pas trop lourdauds, parce qu'ils avaient toujours soin de se préparer de bonnes retraites.* Mais une guerre civile n'est pas de la même nature qu'une guerre internationale, surtout quand elle est en même temps une guerre religieuse. Toutes ces bonnes retraites, d'ailleurs, se faisaient au milieu des pays protestants et étaient couvertes par les habitants fanatisés ; c'est un véhicule qui ne saurait exister de nos jours.

(1) Anquetil, vol. **7**, page **367**. On célébrera sans doute la résistance de Poitiers, qui vit se fondre l'armée de Coligny. Mais ce fut une faute que Coligny fit, il en convient lui-même ; il est évident que ce fut lui qui donna de l'importance à Poitiers ; sans cette fausse démarche, cette ville n'eut rien été.

Les doctrinaires fondent leur système sur la défense des places par les habitants; mais où donc trouver les idées religieuses du moyen âge? où donc retrouver les éléments qui enflammaient les communes de Gand, de Liége, de Bruges ou d'Anvers? Ils ne comprennent pas leur siècle!

Au printemps, l'armée protestante descend des hautes montagnes du Languedoc, vient sur la Loire, et s'empare de Décize, où elle franchit le fleuve. Cossé-Brissac, avec 16,000 hommes, part d'Orléans et marche en Bourgogne à sa rencontre. Il trouve 6,000 d'entre eux à Arnay-le-Duc. où il n'eut qu'un succès contesté. Alors les calvinistes se portent sur l'Yonne et s'emparent de Montargis ; Cossé se hâte de couvrir Paris ; on conclut la paix à Saint-Germain-en-Laye, *elle cachait la Saint-Barthélemy*, massacre fameux de tous les calvinistes dans toute la France, le 24 août 1572; ce qui rendit la guerre plus terrible que jamais.

Atterrés d'abord, les calvinistes reprennent bientôt courage. La vengeance est dans leur cœur. Ils appellent un secours des Anglais, toujours prêts à fomenter les haines. Cependant ils perdent Nîmes et Montauban, et l'armée du roi va mettre le siége devant La Rochelle. Une flotte anglaise se présente. Enfin, après plusieurs mois, on fait un traité avec les Rochelois, qui conservent leur place sous la protection royale. A cette époque, le jeune duc d'Anjou était en Pologne dont on lui avait offert la couronne, et Charles IX expirait à 26 ans, en butte aux remords.

———

4me SECTION.

Henri III.

Henri III quitte furtivement Warsovie et vient en France en s'arrêtant à Vienne, à Venise et à Lyon. En passant il assiége Liveron sur la Drôme, d'où les calvinistes du Dauphiné le repoussent. A son passage à Turin, le jeune roi avait livré d'un trait de plume Pignerol, Pérouse et Savigliano, places conservées à la France depuis les conquêtes de François 1er. Il ne lui resta plus que Saluces, en Italie.

Sous le nom de Tiers-Parti, des catholiques et des calvinistes s'étaient ralliés. Le jeune duc d'Alençon, frère de Henri III, s'était mis à leur tête. Montgommery, retiré en Angleterre, y lève quelques troupes et vient débarquer sur les côtes de Normandie, avec les Anglais qui avaient secouru La Rochelle ; mais un corps royaliste le bloque à Domfront ; il est pris et décapité. Ce parti et les calvinistes signent la convention de Milhaud au moment où un orage impétueux, ravageant la France entière, semblait préluder à une guerre célèbre par ses cruautés.

Domfront.

Le jeune Condé, réfugié en Allemagne, lève des troupes de reîtres et de lansquenets : il entre en France ; mais Guise défait son armée aux environs de Langres. Henri de Bourbon, roi de Navarre, s'échappe de la cour, se sauve à Dreux, puis il va en Poitou rejoindre Condé et le duc d'Alençon. Là ils forment de tous leurs débris une nouvelle armée calviniste ou politique ; une trêve se signe entre les partis. Cependant on relève les fortifications de Saint-Denis ; on traite avec quelques réformés, on paye les reîtres, qui se retirent. Les calvinistes reçoivent des places de sûreté· Angoulême, Saumur, La Charité, Bourges, Cognac, Mezières, Niort et Saint-Jean-d'Angely, etc. *Ce sont de nouveaux otages.* Mais ce calme ne dure que quelques mois. Secrètement les Guises se prétendent héritiers de Charlemagne ; les Capets sont des usurpateurs, et il faut de nouveau tout brouiller ; peut-être trouvera-t-onne couronne au milieu d'une conflagration générale ; 200 traîtres sont bientôt trouvés et payés de fait ou en espérances. L'assemblée de Noyon, jadis, n'était pas si nombreuse, et elle avait couronné les fils de Hugues le Grand : Guise se croit donc sur les marches du trône et imagine qu'il est aisé d'y monter.

Langres.

1575.

*7 Places
données aux
réformes.*

Les gouverneurs de Bourges et d'Angoulème refusent de livrer leurs places malgré l'ordre du roi, tant il était mal obéi. Deux ligues, celle des Guises et celle du duc d'Alençon, embarrassent aussi Henri III. Au lieu de les mettre aux prises, il se place à la tête de la ligue catholique ; il assemble les États de Blois, devenus si fameux. Les protestants s'emparent de La Charité et d'Issoire, pendant que le duc de Mayenne enlève toutes les petites forteresses dont La Rochelle était *comme le centre doctrinaire.*

*La Charité,
Issoire.*

*8 Places
autour de
La Rochelle.*

Cependant on signe le traité de Bergerac, et on donne huit places de sûreté aux Huguenots. La reine mère, qui règne sous le nom de Henri, parcourt les provinces, le Dauphiné, la Guyenne et le Languedoc ; toutes les fois qu'elle voulait prendre quelque parti violent, c'était là son préliminaire. Henri de Bourbon se jette dans Cahors et s'y défend ; les royalistes abandonnent cette attaque après cinq jours d'assauts inutiles.

Cahors.

Alors le jeune Condé court recruter en Allemagne ; passe en Angleterre, puis en Savoie, et rentre avec des corps de reîtres en Languedoc. On avait flatté le duc d'Alençon, alors nommé duc d'Anjou, de devenir souverain de la Flandre ; cela l'écarte de la scène. Il prend Cateau-Cambrésis et l'Écluse : mais lent, et toujours hautain, il est repoussé d'Anvers, de Cambray, et meurt à trente ans, sous les soupçons d'un empoisonnement.

Après une nouvelle paix de peu de durée, paix armée et pleine de troubles, la guerre recommence entre les catholiques et les calvinistes. Henri, roi de Navarre, chef important resté à ces derniers, franchit la Loire avec Condé, qui lui a amené des secours d'Angleterre ; des troupes allemandes lui arrivent aussi sous les ordres du duc de Wirtemberg et du prince d'Issembourg. De son côté le roi recrute des Suisses ; la ligue s'accroît et essaie de s'emparer de la Bastille et des châtelets ; elle est déjouée au moins pour un moment dans ses desseins.

Guise et Joyeuse marchent au-devant de Henri IV ; mais ils sont repoussés à Coutras : toutefois ils se portent contre l'armée allemande qui s'avance dans la Beauce, et la battent à Auneau et à Vimory. Henri III l'avait arrêtée de front en débouchant de Paris. Cette armée d'étrangers *qui avait traversé la France nonobstant les forteresses* se débande, et celle du vainqueur de Coutras se dissipe aussi, faute de paye et de vivres.

Mais Guise travaille la population catholique dans Paris. Les chaires retentissent contre Henri III. Ses folies, ses vices sont énumérés ; des moines ardents et fanatisés y professent la théorie du régicide. Le 12 mai le peuple s'insurge, les rues sont coupées d'un nombre *inouï de barricades* ; les corporations, les ouvriers prennent les armes ; les Suisses lancés dans les rues y sont accablés de tuiles, de pavés, de pots et de meubles, ils fuient vers le Louvre ; les partisans du roi s'y rassemblent ; mais le nombre en est bien petit. Déjà Guise a même envoyé bloquer le Palais par les derrières, quand Henri III se fait jour l'épée à la main et s'échappe ; il court à Chartres, où il est poursuivi par des processions. Menacé de nouveau, il se retire à Rouen. L'on ne dira pas que nous avons dissimulé les services des places fortes ; car nous comptons même de tels refuges au budget des bons emplois de la fortification, bien que ce fût à l'éloignement de ces places, plus qu'à leurs remparts, que l'on dut leurs secours. Cependant le roi tenait les états-généraux à Blois ; là il fait assassiner le duc de Guise et son frère le cardinal; le fils du duc est conduit prisonnier à Tours. Le duc d'Épernon repousse du château d'Angoulême, avec 20 hommes, toute la population de la ville, qui veut s'emparer de sa personne. Guise avait formé deux armées, une contre Henri IV, et une contre le roi, qu'il avait cerné dans Blois.

Paris, Soissons, Reims, Orléans et une infinité de places chassent les gouverneurs royaux, et se donnent à la ligue. Orléans résiste aux troupes royales, qui sont forcées de lever le siége. On ne fit aux États de Blois que des discours étudiés et ampoulés, sans rien conclure. Le parlement de Paris, décimé, est chassé par la ligue. Le roi s'efforce d'en rassembler les débris à Tours; le reste demeure à Paris, sous la tyrannie du comité des Seize.

Désespéré de voir la couronne lui échapper, Henri III traite avec le roi de Navarre au Plessis-lez-Tours. L'armée de celui-ci, à Chinon, se réunit à celle du roi. Henri IV avait voulu assiéger Saintes et Brouage; Mornay lui déclara *que, s'il voulait être un jour roi de France, il fallait marcher, prendre Saumur, et passer la Loire* (1), *courir sur Paris, et non s'arrêter à faire des siéges qui ne conduisent à rien de principal.*

Alors Mayenne marche sur Tours, pille les faubourgs de la rive droite; mais à l'approche des deux Henri, qui ont 40,000 hommes, il se retire sur Paris : il avait pris Vendôme, Amboise et Châtellerault qu'il évacua dans sa retraite.

Cependant Thoré-Montmorency, qui avait quelques troupes en Picardie, bat les Parisiens, sortis de leur ville, et fait lever le siége de Senlis, attaqué par d'Aumale.

Les deux rois arrivent sous Paris; ils emportent *les ouvrages avancés* que Mayenne a multipliés en dehors des murailles, réparées à neuf et renforcées. Les faubourgs sont également pris, et la ville est bloquée. Les deux armées campent sur les hauteurs de Saint-Cloud, où était le quartier général de Henri III.

Mayenne n'a presque plus de garnison dans Paris; mais les moines ameutent la population; on prend les armes; *la religion, à cette époque, faisait des soldats; c'était un levier qui n'existe plus pour faire défendre les villes par leurs habitants.* Un jeune moine fanatique, nommé Jacques Clément, assassine à Saint-Cloud le roi Henri III. L'armée assiégeante se débande; bien des seigneurs ne veulent plus obéir à un roi huguenot. L'armée de

(1) Anquetil, vol. 8 page 247.

Henri IV lui demeure fidèle; les Suisses passent de son côté; mais, comme il ne lui reste pas 25,000 hommes, il se voit obligé de lever le blocus de la capitale.

5me SECTION.

Henri IV.

1589.

Après la levée, non du siége, mais du blocus de Paris, le nouveau roi avait fait la faute de séparer son armée en trois corps. L'un, sous Longeville, court en Picardie, pour arrêter les Espagnols; d'Aumont est envoyé en Champagne; le roi lui-même veut s'embarquer pour aller chercher des secours en Angleterre; mais le vieux Biron lui déclare *qu'un roi de France doit rester en France.* Mayenne venait de faire proclamer roi, sous le nom de Charles X, le vieux cardinal de Bourbon prisonnier de Henri. C'était un vain simulacre de prince, dont il espérait se défaire aisément, un vrai *roi de paille.* Henri s'approche de la mer pour hâter l'arrivée des secours anglais promis par Élisabeth. Il va avec 7,000 hommes établir un camp retranché sous Dieppe : mais le duc de Parme a renversé Longeville, et il arrive à Paris, qui alors se trouve au milieu de l'abondance.

Mayenne poursuit le roi et cerne son camp avec 30,000 hommes. Pendant un mois il renouvelle les attaques contre ses retranchements, et est sans cesse repoussé; il reçoit même un grand échec, à l'attaque des redoutes du château d'Arques. *Camp de Dieppe et d'Arques.* Cependant 5,000 Anglais débarquent. Henri pousse à son tour Mayenne, rallie ses corps et marche sur Paris. Il attaque les faubourgs, les emporte et en reste maître pendant quatre jours. *Paris résiste.* Mayenne refuse de sortir en plaine. A l'aide du confessionnal et de la chaire il forme une armée dans Paris, pour dominer le conseil des Seize, qui commençait à devenir rebelle et tournait à la république. Pendant ces événements, le roi avait promis de convoquer les états généraux à Tours; il se rend dans cette ville; mais on reconnaît l'impossibilité de cette mesure à une époque si agitée. Alors il se porte en Normandie, soumet toute la province, entre à Rouen, et s'avance de nouveau sur Paris. Mayenne venait de livrer la bastille et les Châtelets à 6.000 Espagnols. Tranquille de ce côté, il marche au-devant de Henri, et son armée

Lagny. est détruite à la bataille d'Ivry. Une 3me fois, Paris est bloqué. Une horrible famine désole la place ; mais les moines soutiennent les esprits : toutefois la misère agite les Parisiens, des luttes et des rixes s'élèvent entre les habitants partisans du roi, les Ligueurs, les Seize et les étrangers. Les chevaux, les animaux immondes devenus la nourriture du peuple sont bientôt épuisés ; 13,000 personnes périssent de maladie et de faim ; *d'autres sont chassés de la ville, comme bouches inutiles, et vont mourir entre les deux camps.*

1590. Cependant l'armée du prince Farnèse, duc de Parme, *ce Sobieski de la Ligue*, accourt une seconde fois, forte de 30,000 hommes. Le roi, après deux mois de blocus, est obligé de se retirer, n'ayant pu *Prise de St-Denis.* prendre que Saint-Denis. Mayenne ressaisit Meaux. Le roi marche au-devant des Espagnols, qui assiégent Lagny et délivre la place ; *Lagny.* bientôt le duc, faisant une manœuvre habile, retombe sur Lagny, l'emporte d'assaut, et rouvre ainsi aux bateaux de vivres la navigation de la Marne : l'abondance rentre dans Paris.

Le roi, voyant que le duc de Parme, se contentant de son opération, s'était retiré vers Gonesse, revient brusquement sur la capitale et donne un assaut de surprise ; mais un jésuite entend du bruit, renverse les échelles ; on prend les armes, et l'escalade est manquée.

Corbeil. Les Espagnols s'emparent de Corbeil ; puis voyant les luttes des Seize et de Mayenne dans Paris, et n'espérant plus faire donner le trône de France à l'Infante, ils rentrent en Flandre, satisfaits de la discorde qu'ils ont rallumée. Pour avoir sa part de la France, le duc de Savoie entre en Dauphiné, prend quelques places, se *Aix.* porte sur le Rhône, et se rend maître d'Aix. Le duc de Bretagne appelle les Espagnols dans son pays. Henri lui oppose des Anglais. *1591.* Les Ligueurs sont *repoussés de Saint-Denis* ; ils perdent beaucoup de monde dans l'assaut brusque qu'ils donnent à cette place.

Mantes. Henri revient sur Paris. Le 5 janvier, il fait présenter aux portes des voitures chargées de farines. Les conducteurs sont des soldats déguisés, ils ont ordre d'obstruer les passages ; on s'aperçoit de la ruse, et elle échoue ; c'est la journée dite des Farines.

Corbeil. A leur tour, les Ligueurs manquent une surprise et une trahison *Noyon,* à Mantes. Le roi emporte Noyon, Étampes, Montlhéry ; il attaque Chartres, qui résiste et finit par capituler ; Corbeil se défend ; *Vincennes, Bicêtre, St-Germain, Gonesse, Dammartin.* mais il enlève toutes les petites forteresses, qui étaient *comme les forts détachés et avancés qui depuis des siècles environnaient la capitale, selon la méthode du moyen âge, que l'on veut nous* ramener. Un corps italien vient renforcer le duc de Mayenne. Henri court assiéger Rouen, que les Anglais réclament comme otage et qui se défend. La Fère est livrée aux Espagnols par suite de trahison. *Rouen.*

La Fère.

Des luttes se déclarent dans Paris. Bussi est dans la Bastille avec les milices parisiennes. Mayenne l'attaque, l'en chasse, et une seconde fois il la remet aux Espagnols; *cette bastille est sans cesse livrée aux étrangers.*

La Bastille.

Cependant le duc de Parme revient sur Paris, pour le délivrer une seconde fois. Le roi marche au-devant de lui, et éprouve un échec à Aumale, où il s'expose un peu témérairement dans une reconnaissance. Il y reçoit une blessure, et se retire vers la Normandie. Le duc le suit et prend Caudebec; mais le roi des braves manœuvre habilement et refoule l'armée espagnole dans une langue de terre, ayant la Seine à dos; quand une flottille de Rouen donne au duc le moyen de passer le fleuve. Celui-ci remonte alors son cours; il dépasse Paris et va s'emparer de Château-Thierry, que la trahison lui livre; puis, franchissant la Marne, il parvient à rétablir sa communication avec la Flandre. Château-Thierry est repris. *Paris délivré une seconde fois.*

1592.

Caudebec.

Château-Thierry.

Aumale.

Mais Henri n'avait plus d'argent pour payer ses auxiliaires hollandais, anglais et allemands; il est obligé de les congédier; son ennemi lui a échappé et regagné la Flandre. Alors, avec ce qui lui reste, il va conquérir la Champagne, dont toutes les places ouvrent leurs portes. Il bâtit un fort à Gournay, pour tenir les Parisiens en bride, et met garnison dans toutes les petites places qui *gênent l'entrée des vivres à Paris.* *Gournay.*

Château-Thierry, Châlons, Harfleur.

Mayenne a assemblé les états de la Ligue dans la capitale. Henri y jette la division. Ses partisans conspirent ouvertement pour lui dans Paris. Des rixes journalières y naissent entre les royalistes et les étrangers; on entre en pourparlers à Suresnes; les conférences sont transportées à la Chapelle. Le peuple force les gardes et les portes pour voir le héros. Brissac, gouverneur de la capitale, agit pour lui; d'ailleurs Henri s'est fait instruire, et a fait abjuration dans l'église de Saint-Denis; le 25 juillet, au milieu de la foule qui le pressait, il évite un assassin nommé Barrière; ainsi on attentait aux jours (tant le fanatisme est aveugle) d'un prince dont le nom n'est encore prononcé qu'avec respect et amour, et qui finit par succomber sous un vingt-et-unième assassin nommé Ravaillac.

1593.

Henri enfin entre dans Paris, au milieu d'un peuple immense. Un corps de garde espagnol qui veut l'arrêter est massacré; le reste des *La Bastille.*

1593-94. Réduction de Paris.

<table>
<tr><td>La Bastille.</td><td>étrangers se retire à la Bastille : le roi va à Notre-Dame et fait chanter un Te Deum, puis il s'établit au Louvre le 21 mars. La Bastille, cernée, capitule le lendemain.</td></tr>
</table>

La Bastille.

Beauvais.

1598.

Amiens,
Corbie,
Cambrai.

Laon...

étrangers se retire à la Bastille : le roi va à Notre-Dame et fait chanter un *Te Deum*, puis il s'établit au Louvre le 21 mars. La Bastille, cernée, capitule le lendemain.

Le roi assiége Beauvais, où les Espagnols se sont réfugiés ; elle capitule, aussi bien que Laon, qui se défend quelque temps ; toutes les autres places de France ouvrent bientôt leurs portes. Le roi alors déclare la guerre à Philippe II, prend Amiens, Corbie, Cambrai, et signe, en 1598, le traité de Vervins, qui ramène la paix en Europe.

Si maintenant nous faisons un retour sur le fait matériel que nous montre ce troisième chapitre, c'est-à-dire si nous faisons le double budget des services rendus par la fortification, nous trouvons :

De 1515 à 1547, sous François Ier, 72 aff^s malheureuses, 27 aff^s heureuses, ou 2,66 : 1.
De 1547 à 1560, sous Henri II,   37   id.   8   id.   ou 4,62 : 1.
De 1560 à 1574, sous Charles IX, 40   id.   21   id.   ou 1,90 : 1.
De 1574 à 1589, sous Henri III,   32   id.   14   id.   ou 2,28 : 1.
De 1589 à 1649, sous Henri IV,   28   id.   17   id.   ou 1,64 : 1.

Tel fut le résultat de l'emploi des fortifications en 84 ans. Pendant la première période, il s'agit de guerres en Italie mêlées, il est vrai, d'invasions en France. Eh bien ! nous trouvons que les fortifications, en général, approchent de la chance malheureuse de *trois* contre *un*. Le résultat est bien plus frappant encore sous Henri II : à cette époque, tout est guerre étrangère et internationale ; la chance malheureuse devient tellement fâcheuse, qu'elle approche de 5 contre 1. Sous Charles IX, Henri III et Henri IV, nous sommes en pleine guerre civile ; *il n'était pas besoin de le dire, le chiffre l'indique assez :* les chances se rapprochent de l'égalité. Les forteresses reprennent une plus grande influence ; nous arrivons même à 1,64 et 1,90 contre un, et c'est ce que l'on observera dans toutes les guerres civiles que nous analyserons.

Nous voyons également de quel poids sont les capitales fortifiées dans de tels événements. Il a fallu 6 ans à

Henri IV pour rentrer dans Paris, après la journée des Barricades : 4 fois ses remparts ont repoussé les armées royales. Ainsi fortifier une capitale, c'est presque *annoncer qu'il y a de la guerre civile dans l'air. C'est presque la sentir d'intuition, ou peut-être l'amener.*

Pendant les 3 dernières périodes, il y a eu, en outre, une foule de petites villes, châteaux, tours, donjons, qui furent pris, repris et enlevés par les catholiques et les calvinistes; mais la plupart des historiens ne font que les indiquer sans les nommer. Les seigneurs des campagnes se faisaient la petite guerre de haines, de pillages et de rapines. Les partisans de chaque camp s'enrichissaient des dépouilles des vaincus massacrés sans pitié. Nous avons évité ces détails.

Il est encore une remarque, qui n'est pas sans importance : les deux religions avaient mis l'Europe en feu. Chaque souverain n'avait pas le loisir de s'occuper de faire des conquêtes, *sauf les Anglais, qui se firent donner quelques places;* les rois ne cherchaient point, depuis Charles IX, à ajouter des provinces à leurs empires; mais les deux partis soldaient des troupes levées dans les autres États. Les reîtres allemands, les lansquenets suisses, les fusiliers anglais, vinrent en fervents protestants aider les calvinistes. Ils formaient le fond des armées de Coligni, de Condé et de Henri IV; tandis que Guise et Mayenne avaient des Suisses, des Espagnols et des Italiens recrutés et tous catholiques. Le sang français ne coula pas seul; la France était comme le rendez-vous général de tous les brigands de l'Europe, grâce à ses nombreux repaires de châteaux et de forteresses.

On n'accusa pas Henri d'être venu subjuguer la France, à la suite d'armées étrangères. Toutes ses troupes n'avaient aucun autre drapeau que le sien. Toutes se paraient de sa glorieuse écharpe, et n'obéissaient qu'aux ordres de ses seuls officiers. Ce n'était que des enrôlés volontaires, venus de l'Allemagne, comme ceux qui composaient les armées du grand Frédéric. Aussi les victoires de Henri coûtèrent plus de sang aux royaumes voisins qu'à la France même. Il est vrai qu'elle fut cruellement dépouillée; mais il paraît *qu'elle était déjà assez riche pour payer sa gloire!*

On doit encore ici remarquer le mot de Henri à la bataille d'Ivry. Comme on lui faisait observer qu'il n'avait pas indiqué de lieu de réunion en cas de malheur, il s'écria : *Messieurs, point de retraite que le seul champ de bataille!* C'était leur dire : *vaincre ou périr; c'était brûler ses vaisseaux; c'était anti-doctrinaire, c'était dire enfin, point de refuge!* (1)

Il n'a échappé à personne que bien des fois de faibles armées allemandes, sous Casimir de Saxe, sous le duc de Deux-Ponts, sous les petits princes d'Isenbourg ou de Wurtenberg, *traversèrent la France, en évitant les 5 ou 600 places fortes qu'elles rencontraient; qu'elles allaient ou venaient du Rhin, ou des Alpes, à la Loire, à la Charente et à la Seine, sans être embarrassées, dans ce labyrinthe de châteaux, au milieu de populations ennemies,* souvent guerrières et enflammées de principes opposés. Ces petites armées étrangères, fortes de 3 à 15,000 hommes, parcouraient les provinces, presque toujours sans être payées. Les soldats mercenaires des deux partis pillaient et emportaient dans leurs pays les meubles et les bijoux qu'ils avaient enlevés, quelquefois même avant d'avoir livré un seul combat.

Si l'on examine bien la conduite militaire de Henri IV, l'on reconnaît que Coligni avait été pour lui un

---

(1) Métellus, dans une bataille livrée à Jugurtha, crie aux Romains : « Nul camp, nul retranchement ne peut vous sauver : *In armis omnia sita:* Votre salut est dans vos armes. » (SALLUSTE, paragraphe 51.)

grand maître dans l'art de la guerre. On voit qu'il avait étudié les grandes marches du duc de Parme, et l'on peut assurer que, bien que son éducation militaire, comme celle que l'on recevait à cette époque dans tous les États de l'Europe, fût doctrinaire, il y avait pourtant déjà dans son esprit quelques vives étincelles de la véritable science militaire. Si Henri IV fût resté doctrinaire, son règne eût été bien court. Repoussé de Paris 4 fois, il prévoit que cette capitale finira pourtant par capituler; aussi il ne s'acharne point contre elle, comprenant que *Paris se décidera après la victoire*, selon l'opinion de Napoléon. Du reste, remarquons-le, ce fut Paris rebelle et fortifié.

Les révoltés élèvent des barricades contre Henri III; elles leur réussissent; mais il faut observer qu'elles sont offensives, *qu'elles marchent*, pour ainsi dire, en s'élançant des faubourgs les plus éloignés jusqu'aux portes du Louvre; elles sont presque *des remparts mobiles*, et viennent confirmer tout ce que nous avons dit à cet égard : puis il faut convenir que, comme en 1830, les généraux fidèles au roi ne surent pas attaquer les révoltés, et que les Suisses battirent en retraite sans résistance. Henri III avait dans Paris *une foule de postes fortifiés;* la ville était ceinte de murailles; toutes les troupes étaient disséminées et morcelées : elles devaient être vaincues, et elles le seront toujours avec une pareille méthode.

Il y a dans les actions militaires des principes sûrs et que l'on pourrait appeler *force des choses.* L'emploi de la vitesse, qui anime les masses d'une quantité de mouvement, est un de ces principes. Ce n'est pas le seul, car évidemment il en existe dans l'ordre moral aussi bien que dans l'ordre matériel. A égalité de talents ou d'ignorance, c'est cette puissance secrète qui décide de la victoire, alors en quelque sorte indépendante des deux chefs. Cependant, s'il n'y a pas équilibre entre eux sous le rapport des talents, et si le plus habile rallie les deux avantages, sa victoire ne saurait être douteuse; quelquefois, pourtant, le plus capable a beau réunir en sa faveur tous les principes, si la force matérielle lui manque, son antagoniste ignorant triomphera par la force des choses, quelquefois appelée hasard, par erreur; car il n'est jamais de hasards à la guerre. Henri III a succombé sous le génie de Guise, et par la force des choses; Henri IV a triomphé, non pas par sa supériorité de talents sur Mayenne; mais par cette influence majeure que nous avons appelée *force des choses* : c'était ici que 60 rois combattaient pour lui. Son activité surpassait celle de Mayenne; celui-ci n'avait aucun but fixe : tantôt Guise ambitieux, tantôt Espagnol; souvent même, protecteur des Seize, il flattait et craignait les moines, la populace, la république; tout était doutes, troubles et auxiété dans sa conduite. Henri, au contraire, n'avait qu'une seule idée, et cette fixité est aussi une force et une cause de succès.

CHAPITRE IV.

Rôle de la fortification pendant l'invasion de Gustave-Adolphe en Allemagne.

DE 1630 A 1633.

C'est Gustave-Adolphe qui a ramené en Europe les vrais principes de la guerre; c'est lui qui a le mieux senti la puissance de l'artillerie. L'histoire de ses campagnes est donc pleine d'intérêt, surtout quand on se rappellera que Gustave est mort à 26 ans, et qu'il n'avait trouvé de maîtres, dans la science de la guerre, que dans l'antiquité.

TABLEAU STATISTIQUE N° 31.

L'empereur Ferdinand II avait fait les plus puissants efforts pour opposer une ligue des princes catholiques à la ligue des protestants. Celle-ci, craignant de succomber, traita avec le jeune Gustave-Adolphe, roi de Suède.

En juillet 1630, ce prince descend avec 14,500 hommes au port de Stralsund, et fait de cette place et de l'île de Rugen une base de départ, un magasin, et sa tête de pont sur la Baltique. Il lève de nouvelles troupes, et se voit à la tête de 19.500 hommes. Nous enregistrons dans la colonne des événements heureux le nom de cette forteresse, bien que ses services de combat aient été nuls; mais c'est afin que l'on ne nous reproche pas d'avoir omis ce genre d'utilité de la fortification, que la doctrine regarde comme un fait *moral* : car elle attribue de prétendus services aux forteresses, même quand *elles ne servent à rien*, dans les opérations militaires immédiates.

Le roi de Suède remonte sur sa flotte et débarque aux embouchures de la Péne, de la Swine et du Diewenow, et successivement de l'Oder. Il s'empare de l'île d'Usedom, de la place de ce nom, très-bien fortifiée, ainsi que de tous ses forts. La forte place de Péénémund est également prise. Il s'empare de l'île de Wolin, prend la ville, et sa citadelle qu'il fait augmenter ; il prend également Griston, en sorte qu'il reste maître de l'embouchure de l'Oder et des autres rivières, de toute cette côte nord de l'Allemagne.

Ensuite, pénétrant dans l'intérieur du fleuve, coupé de grandes îles, il prend la forte place de Cammin après 8 jours de siége. De là, sachant que le général Torquato-Tasso est retranché à Maswitz avec l'armée impériale, il y court, et l'ennemi est chassé de son camp fortifié ; il le poursuit avec chaleur dans le camp retranché de Gartz, dont il le chasse également.

Ces opérations le conduisent à Stettin, où, moitié par force et moitié par adresse, il contraint le duc de Poméranie à lui remettre cette capitale bien fortifiée. Boguslas est obligé aussi de lui confier la petite et forte place de Damm, qui couvre les marais de Stettin. Il en fait une place avancée, et retranche Le Sol comme poste intermédiaire. Il fait de tout ce système une base maritime sur l'Oder, un dépôt et un magasin. Attaqués par Torquato, Damm et Le Sol repoussent ses efforts.

Choisissant alors l'Oder comme grand chemin de son invasion de l'empire, Gustave embarque une partie de son armée. Les troupes les plus lestes escortent la flotte sur les deux rives, dont il reste maître, en passant à volonté, en force sur l'une ou sur l'autre. Au préalable le roi a étendu à droite et à gauche son terrain ; il prend après 2 jours la place de Neugarten ; dix forteresses sont prises des deux côtés du fleuve ; aucune ne résiste 48 heures, et leurs garnisons s'engagent dans ses troupes, qui augmentent ainsi dans leur marche. Tout un corps impérial, sous le célèbre Piccolomini, posa même les armes dans Stargard, qu'il avait pris pour *refuge*.

Alors Gustave traite avec le prince Christian, chassé de son duché de Magdebourg par l'Empereur ; de nouvelles troupes allemandes renforcent ainsi son armée.

Usedom. Péénémund. Wolin. Forts détachés. Cammin. Camp retranché de Maswitz. Camp retranché de Gartz. 1630. Stettin. Damm et Le Sol. Neugarten, Greifenburg, Tripptow, Frayenwald, Regenwald, Passevalck, Ukermund, Anklam, Stolpen, Clampenow, Stargard.

Les garnisons impériales sont chassées par les protestants d'une infinité de places. Les habitants mêmes prennent les armes. Depuis longtemps le système féodal avait dans ces contrées, comme dans le reste de l'Europe, élevé des murailles de tous côtés. Toutes les villes, les bourgs, les villages et les châteaux étaient environnés de murs, de tours et de donjons.

Si l'on examinait avec attention la constitution topographique des royaumes au moyen âge, on se rendrait compte de leurs divisions politiques. Tous ces petits États pris, ou jadis accordés à quelques chefs des bandes conquérantes, sont parfaitement limités; là par un bassin de rivière, ici par un cercle de montagnes ou de vastes forêts. Que l'on examine l'Italie, la France et l'Allemagne, on s'expliquera le Milanais, le Padouan, les divers duchés, l'État de l'Église, le royaume de Naples; comme la Provence, le Languedoc, la Lorraine, l'Alsace, la Normandie, la Gascogne et les autres provinces. On s'expliquera même la Grèce antique et l'Italie avant les Romains. Telle était également l'Allemagne; chaque petit prince y avait sa capitale fortifiée, comme jadis le Latium et la grande Grèce avaient les leurs.

Voulant assurer ses lignes de retraite, Gustave fait derrière son front assiéger beaucoup de forteresses *qu'il a dépassées :* Wolgast était une grande et forte place à garnison nombreuse et bien munie; il en ordonne l'attaque par les troupes alliées et de seconde ligne. Il la prend en 7 jours; mais son château résiste, et ne se rend qu'après quelques mois; 1.500 hommes s'y étaient jetés. Il tente l'escalade de la grande place de Gartz, et est repoussé; il fait attaquer Demmin, mais elle se défend : et, quoiqu'elle compromette la route de Stralsund, il se contente de la bloquer à distance, ou plutôt de la faire observer. Il s'efforce également de conquérir tout le Mecklenbourg. Les princes de ces contrées ayant été dépossédés par les troupes impériales, ce sont des alliés importants pour lui, à cause de sa communication avec Stralsund, *qu'il ne perd jamais de vue.*

La ville de Paswalk, où il a 300 Suédois, lui est surprise; mais un corps de 700 Écossais, qu'il avait levé, débarque par hasard près de Rugenwald et enlève cette place d'assaut. Il envoye bloquer la place de Colberg, qui a un port important pour lui, et qui résiste. Il s'efforçait de débusquer Torquato de son camp retranché de Gartz, car ce général est resté derrière lui. Mais aucune feinte ne réussit (1).

Alors il s'embarque avec 6.000 hommes, revient à Stralsund, d'où il s'avance sur le Mecklenbourg, pour en compléter la conquête; s'empare de Rostock, une des capitales, et d'autres places; il rétablit un des ducs. Damgarten résista 6 jours; Ribnitz fut escaladée, et Rostock surprise; mais, pendant qu'il marche en avant, les Impériaux rassemblent leurs garnisons et reprennent Rostock et Wismar. Ils y font transporter tous les vivres du pays en saccageant toute la contrée.

Torquato, voyant le roi éloigné, sort de ses retranchements de Gartz, court attaquer le camp retranché de Stettin; mais il est repoussé.

Gustave renforce Ribnitz et Damgarten; ruinant le reste des places qu'il a prises, il se fait ainsi des boulevards dans le Mecklenbourg, et court s'opposer à Torquato. Mais du côté de Magdebourg, ses alliés continuent de lui ouvrir la voie, et prennent plusieurs forteresses.

Un autre de ses alliés, le prince de Saxe-Lowenbourg, pille les environs de Hambourg et de Lubeck, quand une armée impériale, sous les ordres de Pappenheim, arrête ses progrès sur le Bas-Elbe, et prend Haarbourg.

Les partis se trouvaient complétement enchevêtrés dans toute l'Allemagne; ici, des places et des corps protestants; là, des corps et des places catholiques. C'était entre eux un drame immense, à mille scènes, en mille endroits différents. Gustave organise alors en colonnes mobiles des volontaires alliés; il forme des corps de partisans, des guérillas, qui courent sur les terres catholiques, prennent et perdent dix fois les mêmes places et les mêmes châteaux; c'était un mélange inextricable d'actions, de combats, de surprises et d'escalades, si l'on ne savait pas suivre de l'œil l'action principale, sans cesse confondue avec les accessoires. Ces corps inquiètent depuis la Vistule, depuis la Bohême, jusqu'aux côtes

---

(1) Il faut remarquer que Gustave-Adolphe n'avait que 24 ans, qu'il n'avait pas encore fait de véritables opérations militaires, que ce qu'il avait appris sentait la doctrine, car, à cette époque, on étudiait plutôt ses principes que ceux d'Annibal, et que sa bonne conduite était pour ainsi dire le résultat d'une sorte d'intuition : aussi Gustave a-t-il fait des fautes; mais c'est par les résultats en masse qu'il faut le juger; il n'avait point eu de maîtres.

du Mecklenbourg , toutes les principautés catholiques et les divisions impériales ; et, pour renforcer ses guérillas, Gustave recrute en Hollande, en Pologne, en France, en Angleterre, en Espagne et jusqu'en Italie, tous les pillards de bonne volonté.

Au centre, les impériaux se rallient, évacuent beaucoup de petites places et bloquent la grande et forte cité de Magdebourg, d'où les protestants organisaient leurs opérations. Ils reprennent Querfurth, Ochsleben et Mansfeld ; mais les Suédois surprennent Ochsleben. Pendant ce temps la politique ne demeurait pas en arrière, et Gustave ébauchait un traité avec le cardinal de Richelieu, soutenant les protestants d'Allemagne.

Cependant Gustave a quitté le Mecklenbourg, laissant à un de ses généraux le soin d'achever cette conquête. On s'aperçoit bien vite de l'absence du héros ; comme on s'est depuis aperçu de notre temps de celle de Napoléon. Les impériaux ont des succès dans ces contrées. Pour les arrêter, Gustave embarque de nouveau une partie de son armée et retourne à Stettin, d'où il prend à revers la province du Mecklenbourg, renforce le blocus de Colberg, et fait serrer de plus près le siège de Demmin.

Le général de Ferdinand II, Savelli, continuait le blocus de Magdebourg. Torquato envoie des renforts à ce corps d'armée, et s'efforce de rompre l'investissement de Demmin. Il se porte à cet effet contre le corps de Bannier ; mais Gustave lui-même, toujours prompt, arrive sous la place, et, réuni à Bannier, attaque et bat Savelli ; celui-ci se réfugie dans Rostock, que les impériaux ont repris pendant l'absence du roi.

Pappenheim avait remplacé Savelli au blocus de Magdebourg ; il avait amené avec lui toutes les garnisons du Bas-Elbe. Un pillage cruel distingue ce mouvement de l'armée impériale, quand l'armée suédoise conserve une admirable discipline.

Un hiver rigoureux commençait en Allemagne. Gustave rallie son armée, abandonne une foule de places qu'il démolit. Il lève le blocus de Demmin ; mais il prend d'assaut la grande place de Greifenhagen ; puis, rassemblant rapidement tous les Suédois à la fin de novembre, il entre à Stargard et à Golnow, et part de Stettin en faisant remonter l'Oder à sa flottille. 12 prames, *portant 70 pièces de canon*, avaient renversé le pont de Greifenhagen, détruit deux tours et une courtine ; les Suédois assaillent la place à revers : toutefois la garnison de Ferdinand de Capoue parvint en grande partie à s'échapper.

Alors Gustave partage son armée en **2 corps**, qui marchent sur les deux rives de l'Oder, protégeant et protégés par sa flotte au centre, comme on l'a vu faire à Napoléon sur le Nil, et à Frédéric II sur l'Elbe. Il s'avance alors contre le camp retranché de Gartz; mais les impériaux l'évacuèrent au nombre de 15.000 hommes, avec 10 pièces d'artillerie.

A mesure que les Suédois font des progrès, ils ont soin d'élargir leurs lignes à droite et à gauche du fleuve: à gauche, la forte place de Landsberg est bloquée par eux, et résiste. Des corps sont portés sur Berlin à droite, et les coureurs parviennent déjà jusqu'à l'Elbe. Gustave a le désir de se rendre maître de cette grande artère de l'Allemagne, et de prévenir la chute de Magdebourg.

L'ennemi s'était réfugié dans la place de Francfort sur l'Oder; une nouvelle armée y avait été organisée par le comte de Tilly; celui-ci, faisant une marche par sa droite, débloqua Landsberg.

Cependant Gustave, par des diversions, s'efforce de faire quitter Francfort à l'armée impériale, forte de 34.000 hommes. Tantôt il menace les villes à la gauche du fleuve; tantôt, à l'aide de la facilité que lui donne sa flotte, il se porte sur la rive droite; les troupes de l'ennemi, répondant *à toutes ces feintes*, courent de tous côtés et se harassent. Il attire le vieux général sur Soldin, et pense à prendre Lansdberg, car *Tilly craignait pour toutes ses forteresses à la fois.*

Gustave, tranquille sur son front, quitte son quartier général de Burwald, repase par Stettin, et va camper à Lokenitz. Il porte un détachement sur Newbrandbourg, qui vient d'être évacué par sa garnison de 1.800 impériaux; il s'en empare, il prend Alttreptow, Loitz, Malchin, et assiége enfin Demmin dans les formes.

C'était une très-forte place, ayant une garnison de 4.500 hommes, défendue par une double enceinte; celle intérieure était antique; l'autre, revêtue et bastionnée, se trouvait environnée de fossés profonds et pleins d'eau, tracés au milieu de marécages. Un fort carré avec réduit revêtu défendait les portes précédées de demi-lunes. Mais la terre était gelée à cette époque, et résistait comme une roche impénétrable: il fallut faire toutes les tranchées en relief avec des gabions et fascines rapportés.

Le fort carré et la demi-lune sont emportés, et le 3ᵉ jour Savelli capitule. Les Suédois y gagnèrent tous les magasins, les dépôts *et un superbe arsenal* de l'armée impériale. Aucune bataille ne procura tant de richesses aux vainqueurs.

Cette chute rapide avait surpris Tilly, qui, débouchant de Francfort, *marchait sur Demmin pour le sauver*; il avait franchi la Sprée et était arrivé déjà à Brandbourg. Savelli le rejoint à Rupin, et leurs troupes réunies, fortes de 35.000 hommes, ont une superbe artillerie. Ils tentent de couper vers le Mecklenbourg les communications des Suédois avec Stralsund, *puisque Demmin n'a pu être délivrée.*

Gustave fait bloquer par le général Tott la place de Greiswald. Celui-ci fait ses dispositions pour empêcher le passage des rivières de Rekmitz et de Tribsée par les troupes de Tilly.

Faute de vivres, d'un autre côté, la forte place de Colberg capitule devant les premières attaques du corps suédois de Horn; Greiswald se rend également à Tott. Les remparts de Colberg sont démantelés selon l'usage de Gustave, dans le but de ne pas y employer de garnison. Tilly perd son temps à assiéger 2.000 Suédois dans Newbrandbourg, qui est emportée après une vigoureuse résistance; et la garnison est passée au fil de l'épée. Nous aurions pu porter ce fait militaire avec un droit égal dans nos deux colonnes, pour sa résistance et sa chute; toutefois nous la laissons au seul budget favorable au système doctrinaire.

Mais Gustave a rempli son but, qui était d'éloigner Tilly de la place de Francfort, sa base et son pivot; il remonte donc l'Oder, s'empare de Schwedt, où il fait une double tête de pont, et en établit une également à Verraden sur la Vals, pour pouvoir marcher sur Tilly, ou sur Francfort, ou sur Landsberg à volonté.

Effrayé pour Francfort, Tilly abandonne ses projets sur le Mecklenbourg: il accourt de ce côté et arrive à Rupin, d'où il se dirige sur le camp retranché de Schwedt; mais ses troupes y sont repoussées avec perte.

Gustave s'empare de Liebenwald sur la Hawel, et occupe cette rivière pour la disputer à Tilly, et l'arrêter dans sa marche sur Francfort. Ces dispositions de lignes défensives établies, il court sur Francfort avec 22.000 hommes, soutenus d'une nombreuse artillerie par Vretzen, Friedeland, Lietzen et Lébus.

(1) Des doctrinaires nous demandent pourquoi Gustave s'attachait à raser tant de forteresses, et regardent ce système comme un hommage qu'il rendait à leur importance; la vraie raison de Gustave était de s'épargner des garnisons qui eussent affaibli son armée.

Sachant Schwedt évacué, Tilly se porte sur les derrières de Gustave, pour le couper de Stettin, sans toutefois arrêter les Suédois. Francfort était une grande et forte place, couverte de deux enceintes ; 8,000 hommes y sont sous les ordres de Schauenbourg, qui s'est préparé depuis longtemps à cette attaque. Ce général a devant son enceinte des fossés profonds et pleins d'eau, avec une tête de pont ; tous les faubourgs ont été brûlés. Les Suédois ouvrent de suite la tranchée *à la faveur de ces ruines* ; en 12 heures des batteries de brèche sont établies ; la 2e nuit, les colonnes d'assaut emportent la place : 2,000 hommes seulement, avec Tiffenbach, parviennent à s'échapper par la tête de pont et gagnent la rive gauche.

Désormais le chemin de l'Autriche est ouvert aux Suédois. Divers princes protestants, jusque-là sur l'expectative, traitent avec le roi. Louis XIII même venait de faire alliance avec lui ; le fameux conciliabule de Leipzig reçoit son exécution ; le protestantisme se raffermit en Allemagne.

Tilly était arrivé trop tard pour sauver Francfort ; mais, afin de rappeler les Suédois, il attaque Magdebourg et enlève deux forts avancés ; il coupe le pont avec son artillerie et sépare de la place la tête de pont nommée le Péage. De son côté, content de voir ainsi l'armée impériale occupée d'un accessoire, Gustave marche en avant. Déjà ses partis sont en Silésie. Une de ses divisions de gauche entre dans Landsberg, qui capitule *faute de vivres*, après un long blocus. Finissant par avoir des craintes sérieuses sur Magdebourg, il rétrograde sur Custrin, déjà en sa possession, d'où il marche vers la place aux abois. Mais Tilly a poussé ses attaques avec une vigueur hâtive, et il profite d'une circonstance politique : Gustave, voulant d'abord décider l'électeur de Brandbourg, avait fait une pointe sur Berlin ; et, moitié persuasion, moitié crainte, il rallie à lui ce prince en prenant cette capitale, *comme une sorte d'otage* ; de là il court vers l'électeur de Saxe et l'entraîne définitivement dans son parti. Spandau lui est également abandonné.

Cependant, depuis 50 jours, Magdebourg est en butte aux attaques de Tilly, qui a plus de 30,000 hommes. Les habitants font de vains efforts ; la place est enlevée d'assaut, et 40,000 citoyens de tout âge et de tout sexe sont impitoyablement massacrés ; la ville est totalement incendiée, à tel point que l'on fut obligé de faire baraquer les troupes victorieuses, n'y trouvant plus

d'habitations. Ces cruautés attirent une foule de nouveaux ennemis aux Impériaux ; les paysans massacraient tous leurs traînards,
s'enfuyaient à leur approche et cachaient dans les forêts
leurs biens, ainsi que leurs vivres et leurs bestiaux : système très
en usage alors. Le pays restait désert.

Ensuite Tilli marche vers la Thuringe, pour punir les princes *Crossen.*
déserteurs. Il attaque Crossen en passant, mais il est repoussé ;
cependant il se rend maître de plusieurs forteresses : Aschersleben, *Aschersleben, Mansfeld, Sangerhausen, Eisleben, Eisenach, Erfurth, Weimar, Alstadt,*
Mansfeld, Eisleben, Sangerhausen, Alstadt, Weimar, Eisenach,
et parvient jusqu'à Erfurth, ravageant toutes les Saxes, et pous-
sant même des partis jusqu'aux portes de Strasbourg, qui, ville
libre, est déjà en pourparlers avec les Suédois.

Encore quelques pas, et la Hesse allait être ravagée. L'électeur
se décide pour Gustave ; il rassemble des troupes qu'il établit à
Spandau. *Spandau.*

Cependant les corps de Tilli ont surpris Greifswald, et me- *Berlin, Greifswald.*
nacent la communication du roi vers Stralsund, car une partie
de ce pays est reconquise ; Tilli, lui-même, se porte une seconde
fois sur Crossen, et en est encore repoussé : il surprend Cotsbus ; *Crossen. Cotsbus,*
mais, par compensation, Schwerin en Mecklembourg se rend au *Schwerin. citadelle de Schwerin.*
général Tott, ainsi que sa citadelle très-forte.

Gustave veut délivrer la Saxe, il se porte de Brandebourg à
Wczlau, et Jerichow sur l'Elbe, vis-à-vis le corps de Pappenheim
maître de Magdebourg. Établi à Buch, il manœuvre pour franchir *Tangermund, Magdebourg, Stendal, Jerichebourg, Roselau,*
le fleuve, et en surprend le passage à Roselau. Il surprend aussi
Tangermund en pétardant la porte.

Il jette un parti sur l'Elbe, s'empare de tous les postes qui
couvrent Magdebourg, s'approche de la place. Craignant d'être
forcé à passer sur la rive droite de l'Elbe, Tilli évacue Magdebourg et se réfugie à Halberstadt. Gustave l'y poursuit ; mais il *Halberstadt.*
l'a évacué encore en y laissant Pappenheim, qui de cette position
centrale menace de nouveau la Hesse et le Mecklenbourg.

Craignant que le chef des Impériaux ne réalise ce projet,
Gustave s'empare de Werben, située à l'embouchure de la Hawel *Werben.*
dans l'Elbe ; et pour défendre le passage de cette rivière,
qui barre le terrain entre l'Oder et l'Elbe, il construit un camp
retranché autour de cette place, vis-à-vis Hawelberg. Il enlève *Havelberg.*
un détachement impérial qui occupait ce dernier poste, qu'il *Bergstel, Wernbaudorf, Wolmerstadt, Wanzleben.*
fait garder. L'hiver approche ; Tilli espère enfin prendre du
repos à Wanzleben et à Wolmerstadt ; mais Gustave est infatigable,

il surprend successivement plusieurs cantonnements impériaux retranchés, et détruit 5 régiments ennemis autour de Magdebourg, évacuée par les Suédois, et dans laquelle Tilli est rentré. En même temps Horn, partant de Crossen, surprend un fort détachement impérial. Il surprend également la place de Grumberg. A cette époque Gustave reçoit un renfort de 8,000 Suédois et de 7,000 Anglais, sous les ordres du fastueux Hamilton; *mais, pour éviter à ses Suédois les mauvais exemples de ces alliés impérieux*, il pousse le corps anglais jusqu'aux frontières de Silésie, pour y remplacer le corps de Horn.

Cependant Tilli fait un mouvement vers Francfort sur l'Oder, et surprend Tangermund; alors Horn marche, laisse son artillerie derrière lui et accourt pour couvrir la place en gardant toutefois Spandau. Tilli, repoussé de Francfort, repoussé du cours de la Hawel et de la Sprée, ne pouvant rien gagner sur les lignes de retraite des Suédois par la force, espère les trouver en défaut; mais il eût été bien étonnant que *le vieux Caporal*, surnom donné à Tilli, pût tromper un homme de la trempe du roi. Il marche donc sur Werben. Il a même au milieu du camp suédois quelques traîtres chargés d'enclouer l'artillerie du camp retranché, au signal d'un incendie qui doit éclater; mais Gustave est prévenu, le feu est effectivement mis par ses ordres à un tas de fourrage, pendant que ses troupes sont cachées en partie *en dehors* du camp et couvertes par des digues : Tilli donne dans le panneau; il avance plein de confiance; l'artillerie du camp fait feu; les troupes masquées s'élancent, et il perd 6,000 hommes. D'ailleurs Horn a renforcé le camp avec ses 9,000 hommes avant l'arrivée des Impériaux.

Le général impérial s'enfuit et marche sur Tangermund, poursuivi par Baudissin et par le duc de Weimar, qui écrasent son arrière-garde. Il se voit forcé de diriger *un détachement sur Brémen*, pour soutenir cette place et maintenir ce pays; alors Weimar s'empare de nouveau de Tangermund.

Battu de tous côtés, l'empereur Ferdinand faisait de grands efforts; il envoie un nouveau corps de 16,000 hommes sous les ordres de Furstemberg, qui entre en Hesse. D'un autre côté, Tilli, marchant sur Wolmerstadt, menaçait à la fois la Hesse et la Saxe. Gustave continue à couvrir la Hawel, Horn avec 9,000 hommes à Brandebourg, lui à Werben, et Tott vers Rathenow avec 4,000 hommes. Le duc de Hesse, voyant la menace qui plane sur son pays, traite avec Gustave, qui joint 2 régiments à son armée.

Tilli, ne comptant plus ni sur le Brandebourg, ni sur la Hesse, se décide à punir la Saxe. Il passe la Saale avec Furstemberg, et Tiffenbach est dirigé par la Silésie. Il prend Mansfeld, où il rallie le corps d'Aldrunger, qui maintenait dans l'alliance impériale les princes de cette contrée. La Saxe est inondée par quatre côtés à la fois. Tilli s'avance sur Vittemberg et Torgau, qui résistent; mais effrayé des ravages qui le menacent, l'électeur se prononce et traite franchement avec les Suédois; le roi ayant pour ainsi dire obligé Tilli à cette manœuvre pour faire décider le prince Georges à prendre un parti.

Arrivé à son but politique par la temporisation, Gustave quitte le camp de Werben. Magdebourg, qui a été occupé de nouveau par les Suédois, repousse l'ennemi. Pendant ce temps le roi, avec 12,000 hommes, se porte sur Vittemberg au secours de la Saxe, se joint à l'armée saxonne, forte de 16,000 hommes, et arrive sous Leipzig.

Cependant toutes ces opérations n'empêchaient pas Gustave de jeter les yeux au delà des contrées qui l'entouraient; il veillait avec une grande attention à ses communications éloignées, et son esprit se portait fréquemment sur le Mecklembourg, et, plus heureux qu'un héros moderne, il avait trouvé des compagnons capables de le comprendre et de le remplacer. Baudissin fait capituler enfin Rostock et Wismar. Tous les bords de la Baltique sont sous sa puissance, et il n'a plus de crainte sur sa route de Stralsund. Il a rallié à son parti la Saxe, la Hesse et la Poméranie; il peut donc marcher hardiment en avant; toutefois ces places retombent aux mains des Impériaux. Tilli était entré de son côté dans la plaine de Leipzig; il se saisit de cette mauvaise place, aussi bien que de la bonne citadelle de Pleissenberg. Il arrivait par Mokern; Gustave y arrivait par Duben. Tilli va établir son front couvert par l'Esler, la droite à Mersbourg, la gauche vers Leipzig, avec 34,000 hommes; les corps de Pappenheim et d'Aldrunger étant encore à quelques lieues en arrière. Le roi, ayant rallié 40,000 hommes, franchit la Mulda et avance jusqu'au ruisseau du Lober. Tilli vient se placer en avant de Leipzig, sa droite audit ruisseau couvrant la place.

D'autres étudieront les manœuvres du champ de bataille, l'agencement des lignes de troupes et leurs mouvements : chacun sa partie. Quant à nous, il nous suffit de dire que Tilli fut enfoncé. Son aile appuyée vers Leipzig se mit en déroute *vers la place-refuge.* Pappenheim, en ce moment, débouchait dans la plaine; il attaque avec impétuosité, est rompu et mis en fuite à son tour. Mersebourg, comme Leipzig, reçoit une partie des fuyards ; 7,000 morts, 5,000 prisonniers, 28 canons, 88 drapeaux, furent ramassés sur le champ de bataille ; mais ce ne fut pas la seule perte ; beaucoup de blessés, d'égarés et d'équipages, furent pris dans Leipzig et dans Mersebourg ; les paysans massacrèrent tous les Impériaux qu'ils purent attraper dans les campagnes le lendemain ; en sorte que l'armée de Tilli perdit plus de 15,000 hommes et presque tous ses parcs, son artillerie et ses magasins enfermés dans Leipzig et Mersebourg qui ouvrirent leurs portes.

Mettra-t-on à la colonne des services rendus les places de Leipzig et de Mersebourg, qui reçurent pendant quelques heures les troupes battues : *Leipzig, qui fut un aimant trompeur, qui décida la fuite de l'aile qui y était appuyée?* Eh bien! pour être généreux envers cette catégorie, nous porterons ici le double résultat de Leipzig comme refuge d'un moment et comme place prise.

Le chef des Impériaux, en pleine déroute, évacue Hall et son château, Halberstadt et sa citadelle ; tous les chemins lui sont coupés : la seule route du Wéser lui est ouverte : il y court, et y arrive avec à peine 12.000 hommes. Un fait qui donne à cette guerre un caractère particulier, c'est que, le jour de la bataille, Gustave n'avait que 21,000 hommes dans son armée, et que, le lendemain, elle comptait plus de 24.000 hommes ; les prisonniers s'étaient enrôlés dans les troupes suédoises, bien payées, bien habillées et bien nourries.

Magdebourg, prise et reprise déjà tant de fois, est de nouveau prise et reprise par les **Suédois** ; ils rentrent aussi dans Brandebourg, qu'ils avaient évacuée à l'époque de leur concentration.

Déjà nous avons fait remarquer quelle lenteur les considérations diplomatiques avaient apportée dans les opérations militaires du roi de Suède. Toutes les actions de guerre lui avaient été favorables : Tilli en fuite, la Bohême en feu à cause des querelles religieuses qui mettaient aux mains les deux partis, et pourtant Gustave n'avance pas. On a prétendu que, comme Annibal, il ne sut pas profiter de sa victoire et *marcher à Rome,* c'est-à-dire à Vienne, et que, pour se faire élire empereur, il perdit son temps à guerroyer vers l'ouest et à subjuguer le reste des électeurs catholiques; mais Gustave pouvait-il négliger ces contrées, quand une armée espagnole bordait déjà le Rhin et que Tilli pouvait, ralliant toutes ces troupes, avoir 60,000 hommes et lui couper ses communications ?

Leipzig,
Mersebourg.

Hall,
Halberstadt.

Magdebourg.

Brandebourg

Leipzsg,
Merseb. ds-

il fallait donc dompter, avant tout, les électeurs de Mayence et de Cologne : battre l'armée espagnole et conquérir des voix pour la diète de Francfort ; il fallait accabler les restes de l'armée de Tilli et aussi remplir les conditions de son traité avec le cardinal de Richelieu, relatif à la conquête de l'Alsace.

En conséquence de ce raisonnement, contestable peut-être, Gustave se porte sur Erfurth, dont il s'empare en peu de jours, aussi bien que de sa forte citadelle du Pétersberg. De suite il s'occupe d'en augmenter les fortifications pour en former une base nouvelle ; il y laisse 2.500 hommes et de là il pousse sur Gotha, qui ouvre ses portes. D'autres places capitulent, entre autres Kœnigshoffen, où sont 1.500 Impériaux. Il marche sur Wurzbourg, qu'il trouve évacuée ; Schweinfurth, le château de Wurzbourg, très-fort, sont surpris : toutes les forteresses *défilent après la victoire, selon l'expression de nos Nouvelles considérations militaires.*

Et qu'on ne range pas cette longue kyrielle de places tombées sans efforts, sous des attaques insignifiantes ou même par paniques, au nombre des bicoques : à cette époque, Rothembourg, Kintzingen, Gémunden, etc., étaient très-fortes.

D'un autre côté, Tott, victorieux de Rostock une seconde fois, assiégeait Wismar. Si nous devons porter ces forteresses comme ayant longtemps protégé les Impériaux, ne devrions-nous pas aussi porter leur chute comme des échecs ?

Tilli entre en Hesse par Warbourg ; il s'empare de 15 places dont le nom devient inutile dans une récapitulation numérique ; il prend Fritzlar et fait sa jonction avec 13.000 Lorrains du duc Charles IV, qui, poussé par le duc d'Orléans, fait également la guerre à Louis XIII, son propre frère. Aldringer et Fugger, avec leurs corps, viennent le rejoindre, et bientôt il se voit à la tête de 40,000 hommes.

Gustave alors marche de Wurzbourg, assiège et prend la forte place de Wertheim sur le Mein, au confluent de la Tauber. Piccolomini, qui est venu pour la secourir, y est surpris et fait prisonnier avec son corps. La garnison de Rothembourg, non payée, *livre la place aux Suédois pour être soldée ;* 4.000 Lorrains sont surpris dans Marienthal, petite place, et sont faits prisonniers.

Tilli revient sur ses pas, prend Heidelberg, s'empare de Worms et de Bodenhausen, et vient border la Tauber derrière Gustave. D'un autre côté, en Hesse, le Landgrave, avec 9.000 hommes, prend Minden et Hœxster aux alliés des Impériaux ; la première avait une garnison de 600 hommes, en sorte que toute la Hesse est nettoyée d'ennemis. Les alliés des Suédois y restent les maîtres.

12 places prises par la division impériale de Tiffenbach.

Dresdbach.

Berlin etc.

Tiffenbach, entré en Silésie, s'empare de Gœrlitz, Bautzen, Zitau, Bischofwerda, et fait des courses jusque sous Dresde. Ses troupes enlèvent encore les garnisons de Guben, Forst, Spremberg, Hoyerswerda, Sommerwald, Hertzberg, Furstenwald, Bizekon, et avancent jusque près de Berlin, derrière les Suédois : car les armées étaient sans cesse enchevêtrées comme les principautés ; seulement, au milieu de cette sorte de confusion de guerre, on suivait aisément le corps principal, la grande armée de Gustave, toujours en masse, autour de laquelle pivotaient une infinité de corps alliés ou ennemis, s'efforçant de se surprendre mutuellement.

10 places prises par l'armée saxonne.

Teschen.

L'électeur Georges de Saxe réunit toutes ses troupes sous les ordres d'Arnheim. Elles avancent sur le corps de Tiffenbach, qui se hâte de rentrer en Bohême, où les montagnes le mettent à l'abri. Arnheim lui-même le poursuit en Bohême ; la forte place de Teschen qui a une bonne garnison, le fort château de Starchorn, Leitemritz et Budin se rendent à lui. Raudnitz est surprise, et les protestants en pleine révolte viennent renforcer ses troupes. Tous ensemble

Prague, capitale, se rend.

Tabor. Wischrad.

ils se portent sur Prague, capitale fortifiée ; elle capitule, et son gouverneur, avec plus de 6,000 hommes, se retire sur Budweiss et en partie sur Tabor ; le château fort de Wischrad se rend aux Saxons ; Tabor est évacué.

Mais il semblerait, en un sens, *que c'est Prague qui réellement a pris l'armée d'Arnheim ;* car elle s'y endort et s'y divertit, comme dans une nouvelle Capoue. Les Saxons s'y établissent comme si Prague était Dresde ; c'était l'hiver, et les quartiers y étaient bons. Et pourtant de là jusqu'à Vienne, et dans Vienne même, il eût été impossible à l'empereur de réunir 10,000 hommes contre 30,000 ; mais Georges et Arnheim son général avaient leur politique, et ils auraient craint Gustave empereur, encore plus que Ferdinand lui-même. La Saxe n'a cessé de faire ainsi de la politique, et elle a fini par se perdre. La position de Vienne était d'autant plus dangereuse, que Ragotki était maître de la Hongrie, et que ses partis venaient jusque sous les murs de la capitale autrichienne, qui eût été une proie facile à saisir par l'armée saxonne.

Effrayé de ses dangers, l'empereur rappelle Valstein, qu'il a disgracié. Celui-ci, avec ses immenses richesses, parvient à créer une nouvelle et puissante armée impériale, forte de près de 50,000 hommes bien équipés.

Paderborn.

Du côté du Weser, le Landgrave de Hesse soumet l'évêque de
Paderborn, et prend sa capitale fortifiée. La garnison de Rostock,
ayant été laissée libre, tente sur sa route de surprendre Halbers- *Halberstadt.*
Magdebourg. tadt avec 3 canons. Repoussée, elle se retire sous Magdebourg ; *Magdebourg*
mais Bannier, qui observait cette dernière place depuis longtemps,
la force à capituler *faute de vivres*, et 1,700 Impériaux, restes de
la garnison, s'enrôlent dans les corps suédois. Au nord, l'armée qui
a pris Rostock assiége pour la troisième fois Wismar, ainsi que *Wismar.*
la forte place de Dömitz sur l'Elbe. L'assemblée des protestants *Dömitz.*
d'Hambourg prend parti pour Gustave, et lui fournit quelques
troupes et des fonds. Le prince de Brunswick lève de nouvelles
troupes en sa faveur ; le margrave de Bareith lui remet sa forteresse
Hambourg de Plassembourg ; le duc de Wirtemberg prend aussi son alliance.
L'Électeur de Bavière voit un orage se former sur la frontière de
son électorat. En conséquence, il rassemble 10,000 hommes à
Donawerth, et y établit un camp retranché ; car, pied à pied, les
Suédois s'approchent du Haut-Danube.

On était au mois de novembre 1631. Tilli, pour veiller sur la
Bataille de Nuremberg. Bavière, s'était rapproché de Miltenberg ; à Ochsenhausen il se
préparait à forcer la Tauber ; déjà il attaquait Wertheim, qui avait
1,200 Suédois pour garnison, quand, après une marche secrète
et rapide, Gustave arrive, aborde les Impériaux et les repousse en *Combat*
leur faisant perdre 2,000 hommes. C'est alors qu'il tombe à l'im- *de Wertheim.*
Krelingen. proviste sur les cantonnements retranchés de Tilli à Krélingen,
où il enlève quatre régiments ; les autres parviennent à se replier
avec peine et en grand désordre.

Tilli reçoit un nouveau renfort de 14,000 hommes ; alors il
Rothembourg remonte le Tauber, enlève Rothembourg et sa garnison suédoise ;
Ochsenfurth. Ochsenfurth, près de Wurzbourg, est également pris, presque
sous les yeux du roi, qui était dans cette dernière ville.

Cependant Gustave, avant de rien entreprendre sur la Bavière et
de se porter sur le Danube, veut assurer ses derrières et soumettre les
Hanau. catholiques du Rhin ; il se porte sur Hanau, dont il s'empare par
surprise. Le comte de Mercy y est fait prisonnier avec sa division.
La ville neuve capitule, et le roi en fait une position centrale
Miltenberg,
Kleigen-
burg,
Aschaffen-
bourg,
Stocack,
Seligenstadt,
Francfort,
Cassel. d'opérations, en la renforçant et y faisant des dépôts. Alors,
embarquant son artillerie sur le Mein, il prend Miltenberg,
Kleigenberg, Aschaffenbourg, Stocack, Séligenstadt, où il fait
prisonniers 800 hommes ; il force Francfort par la tête de pont de
Saxenhausen et va prendre le fort de Cassel, vis-à-vis Mayence.

Offenbach, Wisbaden, Bibrick.

Après avoir établi un bon camp à Offenbach, il bloque le solide fort de Kœnigstein, prend Wisbaden et Bibrick, etc. Kœnigst[ein]

De Cassel il tire le canon sur Mayence sans succès ; mais reconnaissant le peu d'effet de son artillerie, il établit des prames sur le fleuve pour rapprocher son feu de la place ; mais l'archevêque ne se laisse pas effrayer, et fait même échouer des barques chargées de pierres, pour gêner l'embouchure du Mein dans le Rhin et arrêter la flottille suédoise. Mayenz

Anspach.

Heureux du temps que Gustave lui laisse, Tilli se porte sur Anspach. Il somme la grande place de Nurenberg où l'allié de Gustave, le prince Guillaume de Solms, a une garnison de 3,500 hommes ; la capitale fortifiée de cette petite république repousse les Impériaux par de fréquentes sorties. Nuren[berg]

Camp retranché sous Walf.

Pendant que Tilli et Gustave se tournent pour ainsi dire le dos, ce dernier pénètre dans le Rheingau, où les Espagnols de la Franche-Comté et des Pays-Bas avaient envoyé une armée pour appuyer Ferdinand. Il les attaque dans le camp retranché de Walf et les défait ; alors les Suédois, pour la première fois, sont sur les bords du Rhin. Ils s'établissent vis-à-vis Bingen, ainsi

Fridberg, Gelenhausen, Bodenhausen Rudish im, Erfeld.

qu'à Rudisheim, Erfeld, Fridberg. Gélenhausen sur la Kintzig, Bodenhausen sur le Mein, sont assiégées et prises : et ils demeurent maîtres de la rive droite du Rhin, dans le but de conquérir Mayence et Cologne ; Mayence qui, outre les troupes de l'électeur, est encore gardée par 10,000 Espagnols.

Gustave, dans cette position, apprend le danger de la république de Nurenberg, et voyant qu'il n'a aucuns bateaux pour franchir le Rhin ; que Worms, Frankendal et Heidelberg sont fortement occupés par l'armée espagnole, il quitte rapidement les bords du fleuve avec la majeure partie de ses forces, et se porte sur Nurenberg. Il passe par le Bergstrass en prenant sur son chemin Zwemgenberg, Gernsheim, Bensheim, Happenheim, Weinheim, Ladenbourg, et surtout la forte place de Stein. Worms, Frankdal, Hidelberg

Stein et 6 autres places.

Cependant, peu à peu rassuré sur le sort de Nurenberg, il revient sur le Rhin. Au-dessus d'Oppenheim, on lui enseigne une vieille barque coulée dans la vase au milieu d'un bras du fleuve ; elle est relevée et réparée, elle peut contenir 50 hommes ; bientôt elle a jeté 1.200 hommes sur la rive gauche, qui se sont retranchés en profitant d'un point marécageux et couvert de broussailles. Dès le lendemain il a fait passer 6,000 hommes qui se portent sur Oppenheim. Un fort très-solide qui précède la ville est enlevé, les Passage du Rh... Tete de... ou ren... che... sur lequel du Rh...

Oppenheim escaladé,

remparts de la place sont escaladés, les 1,600 hommes de la garnison s'effrayent et capitulent. Gustave y trouve 40 canons, de grands magasins et une quantité de grands bateaux, avec lesquels un pont est promptement jeté sur le Rhin. Une pyramide commémorative de ce merveilleux événement fut élevée dans cette ville. Toute cette opération s'exécuta en 48 heures, et la défense d'Oppenheim avait coûté 600 hommes à l'ennemi.

Ensuite Gustave se porte rapidement sur Mayence. Cette place est assiégée et capitule le quatrième jour ; il y fait 3.000 prisonniers et prend 80 canons et d'immenses magasins: toute la garnison de Mayence s'enrôle dans les troupes du roi, qui ayant tourné et pris Cassel à revers, fait de cette place sa base d'opérations sur la rive gauche du Rhin, et ajoute aux ouvrages de cette tête de pont.

Alors toutes les places de ce côté capitulent, sont forcées ou évacuées : Worms. Spire, Philisbourg. Landau. Weissembourg, Guermsheim. Haguenau, Bingen ; mais la rigueur extrême de la saison force les Suédois de cantonner pendant quelques semaines autour de Mayence.

L'évêque de Brémen a pris parti pour Gustave. Il bat un corps d'Impériaux resté de ce côté pour le maintenir ; il leur prend 5 places, est battu à son tour, et il les reperd aussi aisément. Nous l'avons dit déjà, nous évitons d'enfler la colonne des événements fâcheux arrivés aux fortifications ; nous omettons donc ici la double répétition de cinq noms de forteresses, sans autres détails.

Dömitz capitule, 400 hommes de sa garnison se réunissent aux Suédois ; le reste, par convention, obtient la permission d'aller à Minden ; mais au lieu de l'exécuter ils prennent, contre la foi du traité, le chemin de Wolfenbuttel : Banier court après eux et les taille en pièces.

De là Banier se porte sur Magdebourg, déjà prise, évacuée et reprise plusieurs fois. Le célèbre Mansfeld y commande pour les Impériaux. C'était une sorte de chef de *Condottieri* allemands, il faisait au loin de lucratives excursions. Banier, en passant, s'empare de la ville de Mansfeld, gros magasin impérial, gardé seulement par une petite garnison de 110 hommes; on la prit après en avoir comblé les fossés, méthode très en usage pendant cette guerre ; la place n'avait résisté que quelques jours.

En Bohème, l'armée saxonne s'était enfin réveillée. Schreckenverth. Elembog. Falkenau capitulent. Egra était en proie aux discordes, un détachement de 700 hommes la fait capituler.

Les Saxons prennent encore Teschenreit et poussent jusqu'à Veiden. Alors les généraux impériaux Goltz et Tiffenbach construisent des camps retranchés au fort de Nienbourg et à Bömischbrod, où ils s'établissent avec 10,000 hommes, selon la méthode autrichienne.

Arnheim part secrètement de Prague avec ses forces principales, attaque au milieu de l'obscurité ces camps retranchés; il est d'abord repoussé, mais une seconde attaque réussit; les camps sont forcés et les ennemis fuient après des pertes considérables. La place, sur-le-champ bombardée, capitule après deux ou trois jours. Pilsen, d'un autre côté, se rend aux Saxons. Ce système de camps si employé par l'armée autrichienne ne conduit Ferdinand II qu'à des échecs. Il est vrai qu'il paralyse moins que les places les mouvements des armées, mais il paralyse plus d'hommes à la fois sur le même point, ce qui n'est pas plus satisfaisant.

L'empereur a retiré ses troupes de l'Italie pour venir au secours de l'Allemagne. Elles sont sous les ordres de Galas et franchissent les Alpes. C'est une chose remarquable qu'à cette époque presque tous les généraux des troupes allemandes étaient italiens.

Les catholiques excitent des séditions dans Prague et par toute la Bohême. Un corps autrichien essaye de surprendre la capitale, il est repoussé. Ce corps, formé de Hongrois et de Croates, fait de grandes pertes; il est renforcé par Galas. Déjà un sentiment de jalousie anime les Saxons contre Gustave; Arnheim correspond avec Valstein en secret, et prépare des trahisons comme celle de 1813. De son côté, Tilli voit son armée accablée par la désertion. Pressé de secourir la Bavière, la trahison se glisse aussi au milieu de ses troupes mal payées : dans une de ses marches, son parc d'artillerie est incendié et tous ses caissons sautent les uns après les autres. Un officier d'artillerie avait mis le feu au premier. Il lève donc le siége de Nurenberg, et il était temps, car à peine était-il à quelques lieues, qu'une partie de vieux remparts ébranlés s'écroula d'elle-même. Il prend la route par Laufweissemberg, bloque le château d'Eltzbourg, qui résiste; se dirige sur Nordlingue, et arrive à Donawerth, où il fait sa jonction avec l'armée de Bavière et de ses alliés, forte d'au moins 20,000 hommes. Attendu la rigueur de la saison, ces troupes prennent des cantonnements le long du fleuve, en envoyant, toutefois, une division renforcer Galas, qui fait toutes sortes de tentatives pour pénétrer en Bohême, malgré la profondeur des neiges et les obstacles d'abatis et de retranchements amoncelés dans tous les défilés; mais tous ces mouvements décousus ne peuvent permettre à Galas de rallier Tiffenbach.

Vers la Franconie, Horn, voyant Tilli abandonner tout le pays
de Wurzbourg, assiége Marienthal ; mais une garnison de 800
hommes et les habitants repoussent ses attaques ; toutefois son
artillerie arrive, et alors elle capitule ainsi que son château,
Rothenbourg et Wensheim aussi, de même que Nekel, Wimpfen
et Ulm ; mais l'hiver rigoureux le force à se retirer à Wurzbourg. Il prend dans Heilbron une garnison de 1,000 Lorrains
après avoir fait brèche aux remparts de la place. L'Allemagne
était conquise. L'armée impériale, refoulée au delà du Danube, se
trouvait ainsi distribuée : 30.000 hommes sous Tilli étaient établis
sur le fleuve avec 12,000 Bavarois, 13.000 hommes occupaient la
Bohème et 5,000 défendaient la Silésie ; telles étaient les ressources
de Ferdinand. Gustave avait 18,000 Suédois vers la Franconie et
16,000 hommes en Hesse avec le landgrave ; en Silésie il avait
un corps de 7,000 Anglais : en outre, ses lieutenants, Horn, en
Thuringe, avait 16.000 hommes ; Banier, 10.000 en Mecklenbourg ;
Tott, 8,000 devant Magdebourg ; il avait encore 8,000 hommes
vers Brunswick, 6,000 à Lunebourg, et l'armée saxonne de 24.000
en Bohème ; c'était près de 120,000 hommes contre 60.000 Impériaux, pendant que les Turcs et Ragotzki ravageaient la Hongrie.
Telles étaient au commencement de 1632 les forces d'un jeune prince,
qui, moins de dix-huit mois auparavant, était débarqué à Stralsund avec à peine 14.500 Suédois : il avait détruit près de 200,000
Impériaux, *pris* 130 *forteresses puissantes*, et arraché toute l'Allemagne à la tyrannie de Ferdinand.

Bien que nous n'ayons point le projet d'écrire une histoire, et
que par conséquent nous ayons omis une foule de faits politiques
et militaires, ne prenant des auteurs que ce qui nous a semblé
indispensable pour lier entre elles toutes les opérations relatives
aux forteresses, nous avons cependant regardé comme utile de
présenter le tableau général des forces des belligérants, pour
faire comprendre l'impuissance de la fortification pendant le cours
de cette guerre, ou plutôt son mauvais emploi par les généraux
de l'empereur.

Tott et Banier avaient fait leur jonction avec l'évêque de
Brémen, pour repousser Pappenheim et lui enlever ses places
vers le Bas-Rhin. Ce dernier, plein de tact, prévoyant l'orage qui
va l'accabler sur le Weser, évacue toutes ces places et vient avec
8,000 hommes sur Magdebourg. Il y arrive à temps pour rompre
une capitulation signée ; mais les deux généraux suédois suivent

sa marche, et il est obligé d'évacuer la place au moment où ils arrivent à Calbe ; alors avec rapidité il reprend la route de Weser par Wolfenbuttel, qu'il saisit ainsi que Steinbrück ; Banier, réuni au duc de Weimar, accouru avec **17.000** hommes, le sépare de **4.000** hommes de secours que lui envoie l'Électeur de Cologne ; mais, malgré un autre corps du duc de Lunebourg, l'habile Pappenheim passe au milieu d'eux, se concentre à Hameln, et se pose sur le Weser et à Huxster, alors place fortifiée.

Gustave, de son côté, avait jeté des ponts sur la Nahe. Ses coureurs poussaient jusque sur Trèves et la Moselle. L'armée espagnole et lorraine, avec des corps levés en France par le duc d'Orléans, rebelle à son frère le roi Louis XIII, était établie dans le camp retranché sous Frankendal. Gustave l'attaque et l'emporte. La place est prise ensuite, malgré sa garnison de deux régiments franco-lorrains ; Rheinfels capitule aussi bien que Boppart, Saint-Goar, Oberwald, Bacharah et Simmeren, Kirchberg résiste deux jours, Lautrek et Falkenstein ouvrent aussi leurs portes : ainsi encore, comme nous l'avons dit dans nos Nouvelles considérations militaires, *défile le chapelet des forteresses après une victoire.* C'est toujours le renouvellement des mêmes scènes.

Le landgrave, resté entre le Rhin et le Mein pour couvrir l'opération de la rive gauche, fait capituler Kœnigstein, bloqué depuis plusieurs mois ; il surprend Cambe, bloque Breithenfeld, prend Manheim par surprise ; Wetzlar lui ouvre ses portes ; il s'empare aussi de Geissen et de Marbourg, secondé par Tott, qui a pacifié le Mecklembourg.

Gustave a rempli son objet sur la rive gauche du Rhin. Son alliance avec Louis XIII lui répond des Lorrains et des Espagnols. Il comprend qu'il est temps de s'opposer aux efforts de Tilli et de Valstein, qui se renforcent sur le Danube, et exposent ses alliés en Bohême. Il rappelle donc tous ses corps autour de lui, selon ses principes de concentration. Toutefois, comme Pappenheim est toujours sur le Weser et qu'il peut donner la main par Cologne aux Espagnols, Gustave laisse Tott avec son corps d'armée de ce côté, pour tenir en bride ce général qui perd la ville de Stade sur l'Elbe, position très-importante.

Le roi laisse également une autre division en Alsace, sous les ordres d'Oxenstiern : celui-ci attaque un corps retranché sous Spire, le bat et enlève la place. Les Espagnols, défaits de tous côtés, se retirent dans les Pays-Bas, abandonnant les électeurs des bords du Rhin. Alors le corps suédois et ses alliés envahissent toute l'Alsace, en même temps qu'ils s'emparent du pays de Bade; ils se rendent maîtres de 20 forteresses qui garnissent ces contrées. Nous nous contenterons d'en indiquer ici le nombre : on pourra recourir aux historiens pour en savoir les noms, qui pour nous ne seraient que l'objet d'une vaine curiosité; car tout le fond de notre ouvrage n'est qu'un tableau statistique et numérique, dont nous avons seulement voulu lier les parties par un sommaire historique.

Walstein a formé une belle armée. Aux premiers beaux jours il pénètre en Bohême, rallie Galas et Tiffenbach, marche sur Prague, reprend cette place sans efforts, et chasse devant lui l'armée saxonne: mais Gustave s'est mis en mouvement avec 45.000 hommes, il arrive sur Bamberg, chasse Tilli en un instant jusque sur Donawerth, celui-ci se hâte de mettre le Danube entre lui et l'ennemi. Le roi attaque cette place dont la garnison s'enfuit, s'empare de la citadelle qui domine la position, et franchit lui-même le Danube. Il pousse Tilli au delà du Lech : manœuvre qui portait les Suédois derrière Walstein et sur Vienne. Gustave, par prudence, pour assurer sa communication avec Bamberg, répare et augmente la citadelle de Donawerth, et forme un camp retranché sur la hauteur.

Tilli veut défendre le Lech; il s'est retranché dans un camp sur la rive droite de cette rivière; mais Gustave la franchit à gué, foudroyant le camp *par sa nombreuse artillerie*. Les retranchements sont assaillis par les Suédois et enlevés, le vieux et brave Tilli tué; et toute l'armée impériale, mise en déroute, fuit vers l'Inn.

Cependant l'électeur de Bavière s'est retiré sur Ingolstadt, prêt à se réfugier vers Walstein, en passant le Danube. Il a fait préparer un camp retranché sous la place, et il s'y établit avec ses 15,000 hommes. Gustave y marche, attaque, enlève le camp, et rejette les Bavarois sur la rive gauche du fleuve. Alors *la victoire produit ses effets accoutumés :* toutes les places capitulent: Augsbourg et la capitale, Munich fortifiée, Landshut, Rain ouvrent aussi leurs portes : l'alarme est dans Vienne menacée à revers.

Cette invasion produit son effet; elle rappelle Walstein, qui fait sa jonction à Égra avec les Bavarois, et l'armée impériale sous ses ordres compte plus de 66.000 hommes.

Le roi revient alors, par une marche inverse, sur Nurenberg avec 16,000 hommes. Le reste de ses forces garde l'Inn et son pont du Danube. A son tour Walstein, plus tranquille sur Vienne, cherche les Suédois, avance sur Nurenberg, et trouve Gustave fortement retranché, couvrant la capitale de cette petite république alliée. Alors Walstein s'établit devant son antagoniste en se retranchant aussi : une lutte intéressante et savante s'ouvre entre eux sous des remparts rivaux. Les combats de fortifications contre fortifications, les attaques, les surprises entre les deux camps se succèdent : ils formeraient un chapitre instructif, mais trop long. Gustave se portait, au loin, sur les convois de son adversaire : il en prit entre autres un considérable. Walstein agissait de même : bref, Gustave manque de vivres et décampe après six semaines d'une guerre remarquable autour d'une place. Pendant cette opération, mal comprise par les doctrinaires, qui ont voulu en faire un type de leur système, les lieutenants de Gustave agissaient ; Horn, poursuivant l'électeur de Cologne, lui enlevait Coblentz et sa fameuse citadelle ; le landgrave avait pris Frankendal ; Horn s'empare de Cologne et de sa tête de pont, non moins solide, nommée Teutschbourg.

Nous avons montré Pappenheim traqué vers le Weser par trois corps ; il leur avait échappé avec son habileté ordinaire et il se hâtait de traverser la Saxe pour rallier Walstein, en laissant toutefois dans le bassin du Weser huit ou dix places bien munies ; mais Baudissin s'en empare rapidement pendant que Horn, sur la rive gauche du Rhin, prend Bergues, le fameux château de Silberg, Andernach, Linz, etc.

Walstein, n'ayant pu entamer Gustave toujours maître de Nurenberg, envahit la Saxe, dans le but d'attirer les Suédois loin de l'Autriche et de sa capitale. Il espérait prendre l'armée saxonne qui s'était réfugiée derrière les remparts de Dresde, capitale fortifiée, ainsi que toutes les capitales à cette époque : un petit corps impérial, débouché de Silésie, s'en était même déjà approché ; mais il avait été battu. Un détachement saxon l'avait ensuite poursuivi sur Glogau, avait enlevé cette place et l'avait refoulé jusque dans Breslau, après avoir enlevé Oppeln.

Suivant le système autrichien, la Saxe est envahie par plusieurs lignes à la fois : d'un côté par Walstein, de l'autre par Pappenheim, qui prend Friedberg. Galas débouche aussi par le côté de la Bohême, et ce pays malheureux est encore ravagé avec fureur.

Ce qui avait tiré Gustave de son camp de Nurenberg, c'était le danger des corps morcelés qu'il avait laissés vers le Danube. Les Bavarois avaient repris Rain ; le Lech avait été franchi ; ils assié-

geaient Ingolstadt : il avait donc laissé 6.000 hommes à Nuren- *Ingolstadt.*
berg, passé à Ulm le Danube et repoussé les Bavarois en sauvant
Ingolstadt.

Comme nous l'avons dit, Walstein avait lui-même évacué ses
retranchements devant Nurenberg; mais au moment de sa retraite la garnison de la place était tombée sur son arrière-garde,
qui avait perdu beaucoup de monde. Les Impériaux toutefois s'é- *Nurenberg.*
taient emparés de Forcheim, bonne place à cette époque. *...nheim.*

Pappenheim, Galas, les Bavarois et Walstein marchent pour se
concentrer. Ce mouvement n'échappe pas à Gustave, qui donne
lui-même des ordres analogues aux corps de Horn, Tott, Baudissin, Oxenstiern, au Landgrave et au duc de Weimar. Les Saxons
accourent également se rallier à ces masses. Un grand conflit ne
peut manquer de se manifester. Les deux armées ont également
Dresde pour objectif. Par une marche qui ressemble à un coup
de baguette, le roi, qui a concentré 50,000 hommes sous Nurenberg, s'avance rapidement vers Leipzig par Dunkespül, Sche- *...spül.*
wrin, Furth, Erfurth et Buterstadt, dans la direction de Dresde, *...izig,*
avec 36.000 hommes. Walstein prend Leipzig et le château de *...mmberg*
Pleissemberg. Pappenheim accourt, prend Mersbourg, et marche *...bourg.*
au-devant du roi en s'emparant de Weissenfels sur la Saale : pen- *...senfels.*
dant quelques jours les deux ennemis manœuvrent l'un devant
l'autre ; mais Gustave force la Saale et prend Weissenfels. Walstein *...e de*
se place au camp de Mersbourg qu'il a fortifié. À ce moment, tou- *...aal.*
tefois, il s'efforce de refuser le combat, et détache Pappenheim sur *Camp*
Nauembourg. En faut-il davantage pour juger de l'école où a étudié *fortifié de*
le chef impérial, qui s'obstine à faire attaquer des places quand *Mersbourg.*
Gustave va prendre contre lui une initiative si dangereuse et menace
de couper sa communication avec la Bohême?

Deux armées si voisines évitent difficilement une action générale. Gustave sait que le corps de Pappenheim, qui perdait son
temps à l'attaque de Hall, a reçu l'ordre de revenir ; alors il
n'hésite plus et se porte sur la route de Leipzig au moment où
Walstein y marchait de Mersbourg. Les deux armées convergent
sur Lutzen, elles se rencontrent près de cette petite place que *...oen.*
Walstein a prise. Celui-ci a 30.000 hommes et 30 canons, et
Pappenheim en arrière : l'autre n'a que 22.000 hommes *et une* *...illle*
belle artillerie. La route de Lutzen à Leipzig, qui sépare les *...itzen.*
combattants, est une chaussée très-élevée au-dessus de la plaine;
deux fossés profonds la bordent, et le chef des Impériaux, arrivé

le premier, s'en sert comme d'un rempart, qu'il garnit de ses Croates et de ses meilleurs tirailleurs ; son artillerie est sur des collines voisines.

D'abord la cavalerie de la droite des Suédois a de la peine à franchir l'obstacle de la chaussée : Gustave s'y porte et conduit lui-même ses cuirassiers, il réussit ; mais en examinant leurs succès il est blessé au bras, puis tué par derrière d'un coup de pistolet, sans qu'aucun homme de l'armée impériale ait pu parvenir jusqu'à lui. La rage double l'énergie des Suédois ; l'espoir de venger leur roi chéri les pousse avec fureur ; l'armée de Walstein est écrasée. Pappenheim arrive sur le champ de bataille au moment de la déroute ; son corps recommence une seconde bataille ; mais les Suédois lui marchent sur le ventre. Il est tué. *Tout fuit sur le camp de Mersbourg.* Une horrible confusion a lieu : **12.000** tués, autant restent prisonniers, toute l'artillerie, les bagages sont pris ; et Gustave, assassiné, n'a pas le bonheur de contempler son armée victorieuse. Mersbourg tombe comme Leipzig : Walstein fuit et ne s'arrête qu'à Prague, à 50 lieues du champ de bataille.

Arrêtons-nous à la mort du héros, enseveli au sein même de sa victoire. Comment, en moins de deux ans, en débutant avec à peine 15,000 hommes, a-t-il pu conquérir toute l'Allemagne entre la mer Baltique, le Danube, le Rhin et la Vistule, sur un prince aussi puissant que l'empereur Ferdinand II, à la tête du parti catholique et ayant pour généraux des hommes à réputation, tels que Tilli, Walstein, Pappenheim, Mercy, Piccolomini, Tiffenbach, Galas et tant d'autres ; après avoir sacrifié des centaines de mille hommes, des trésors immenses, et étant appuyé par la Bavière, l'Espagne, l'Italie, et favorisé de la richesse de tous les pays catholiques ? Il faut bien expliquer cet événement et lui trouver des causes ; eh bien ! nous vous dirons que cela arriva, parce que l'Empereur se *défendit par la méthode doctrinaire et darçonienne ; il avait trouvé l'empire hérissé de forteresses, il les fit servir : on n'en savait pas davantage de son temps* (1), *c'était l'ameublement féodal* : et pourtant à cette époque tout était en faveur de l'emploi des remparts ; le pays était encore bien loin de l'état de civilisation actuelle ; l'artillerie était lourde et imparfaite ; il existait peu de routes ; les provinces étaient mal cultivées, encore couvertes d'immenses forêts et de marais. Que d'éléments propices à la défensive ! et cependant *l'Empire fut vaincu.*

Les principales causes de ce désastre ressortent évidemment de nos résultats de la page 61 des *Essais sur de nouvelles considérations militaires* : et si nous ne les avions pas démontrées par les guerres de la révolution française, nous les trouverions toutes dans cette invasion de l'Allemagne par Gustave-Adolphe · bien plus, quelles que soient les guerres que nous analysions, anciennes ou modernes, nous y serions forcément conduits, parce que la vérité est immuable.

Que reconnaissons-nous ici en totalisant nos deux budgets? sur 390 affaires qui ont eu lieu sous l'influence de la fortification, 332 ont été malheureuses et 58 seulement ont eu du succès : c'est le rapport de 5 3/4 contre un, près de 6 revers contre un avantage, avantage même douteux, puisque les places enregistrées, comme ayant fait une résistance heureuse, ont fini par être prises.

Et qu'on ne dise pas que nous avons été prodigue pour le budget des infortunes, et avare pour celui des triomphes ; car nous avons élagué du premier une foule de petites places, bicoques et donjons, disputés, pris et repris, surpris et escaladés en tel nombre, qu'au lieu

---

(1) La doctrine, en inondant un pays de places fortes pendant la paix, imite un armurier qui, pour vendre dans son commerce, ne fabriquerait que de mauvais fusils. Au moment du danger on serait obligé de s'en servir et ils crèveraient dans la main et on resterait sans défense.

d'avoir 390 affaires à compter, nous aurions vu s'élever ce nombre à plus de 600; tandis que le budget rival fait entrer en ligne de compte de prétendus services de préjugés et d'imagination, bien souvent très-contestables, rendus par certaines places fortes, qui n'étaient pas même menacées effectivement : telles que Stralsund, Dresde et autres.

Peut-être observera-t-on que nous aurions dû ne pas englober dans un même chiffre les places prises ou défendues par Gustave, et celles prises ou perdues par Tilli ou Walstein; et que nous aurions pu distinguer ces quatre masses, pour juger à quelle armée appartenait le bon système : eh bien ! le tableau est sous vos yeux ; faites vous-mêmes le relevé en ce sens, et tout vous prouvera que l'avantage, encore bien plus prononcé, est du côté des Suédois, et qu'en conclusion la victoire est restée *à qui manœuvre et la défaite à qui s'enferme*, aussi bien sous Gustave que sous Napoléon.

Si des généralités nous passions aux détails, nous reconnaîtrions que Gustave prend en passant quelques places, mais qu'il laisse la plupart d'entre elles derrière lui, simplement observées à distance par ses alliés et par quelques-uns de ses habiles officiers, ou bloquées par des troupes auxiliaires avec de petits pelotons suédois : il eut peu d'occasions de se plaindre des courses des garnisons ennemies annulées par ses propres partisans.

Jamais Gustave ne balança à dépasser les forteresses impériales les plus fortes ; presque toujours il les laissa très en arrière de son front, livrées aux blocus et aux attaques de ses corps de seconde et de troisième ligne, ou de ses alliés. Nous le voyons les prendre et *raser leurs fortifications, toutes les fois que cela ne contrariait pas les princes protestants de son armée*, qui, selon l'esprit du temps, désapprouvaient, quelquefois, cette coutume, parce qu'ils avaient les principes que nous avons appelés *doctrinaires* et n'étaient pas à la hauteur du jeune roi. Le petit nombre de celles qu'il conserva, qu'il perfectionna même, il sut les choisir pour protéger ses communications ou ses dépôts; mais ce nombre se réduit à une vingtaine sur 400. Napoléon a dit aussi de la campagne de Turenne de 1672 : *Louis XIV détruisit son armée en mettant des garnisons dans 50 places qu'il avait prises; il aurait dû en garder 4 ou 5 pour appuyer ses communications, et en démolir 45.* C'est ce que faisait Gustave : l'Allemagne est encore couverte des ruines d'une foule de places fortes et châteaux jadis démantelés par les Suédois.

Gustave était-il arrêté, ralenti même, dans son invasion, par les forteresses? Nullement; il attaquait en même temps Ingolstadt sur le Danube, campait sous Braunau sur l'Inn, et assiégeait Rostock et Wismar sur la mer Baltique; aussi n'y a-t-il pas le moindre rapport entre Gustave et un doctrinaire darçonien.

Et pourtant toute l'Allemagne était *darçonnée*; il n'était si petit prince qui, à l'imitation des grands souverains, n'eût sa capitale fortifiée : Vienne, Munich, Prague, Dresde, Berlin, et 100 autres résidences ducales étaient hérissées de bastions, comme Mayence, Cologne, Brandebourg, Stettin, Magdebourg, etc. Qu'en retirèrent-elles? Il suffisait d'une victoire pour les faire capituler; et si Vienne et Dresde furent préservées, c'est que Dresde et Vienne ne furent pas même approchées. Gustave, comme Annibal, manqua un instant à sa gloire : *il ne crut pas Oxsenstiern, comme le Carthaginois n'avait pas cru jadis Naarbal.* Quant à Dresde, elle ne fut pas non plus exposée : la victoire de Lutzen, à 20 lieues d'elle, la préserva, comme Valmy, de nos jours, sauva Paris.

Sans doute Gustave se servit rationnellement de la fortification. On le vit même augmenter Stettin, Erfurth, Hanau, etc.; se fortifier sous Nurnberg avec un petit corps, et repousser Walstein; battre Tilli sous les ouvrages de Werben; *mais il sut choisir quelques places;* il sut élire quelques positions et s'en servir à propos. L'on a dit que nous prétendions prouver qu'il faut proscrire les fortifications *partout et toujours;* ceux qui l'ont avancé, nous ont prêté une idée *de leur crû :* c'est contre l'abus seulement que nous nous sommes élevé; qu'ils sachent se servir des remparts comme Gustave, et nous les applaudirons! Ce prince même avait la juste prétention d'être un des meilleurs ingénieurs de son armée, et de notre temps l'on a présenté comme des nouveautés, d'excellentes idées qui viennent entièrement de lui. On s'est complu à s'en dire inventeur, quand on n'était que plagiaire.

Une méthode d'attaque de forteresses employée trèssouvent par Gustave et qui mérite d'être remarquée, parce que de notre temps elle est moins en pratique, c'est l'escalade. Jadis les Romains l'employaient beaucoup : qu'on lise Polybe, Tite-Live, Tacite, et tous les auteurs de l'antiquité, et on le jugera ainsi. Les Germains envahissant l'empire romain, les Turcs, les Croisés, n'avaient pas de plus sûrs moyens de s'emparer des forteresses. Richelieu enleva ainsi Mahon; Chevert enleva Prague; et l'on affirme que Wellington disait qu'il ne pouvait pas douter *que si l'on attaquait de vive force, et par vingt points à la fois, une place sur tout son pourtour, elle ne fût enlevée.* En Espagne il prit ainsi Badajoz, les forts d'Almaras, Ciudad-Rodrigo. Il est vrai qu'il a échoué à Burgos; mais est-il bien prouvé que le temps de l'assaut ait été bien choisi et que l'attaque ait été suffisamment développée ?

doit-on regarder comme prouvé qu'une vive attaque résolue et brusquée en masse, expose à des pertes supérieures à celles que causent les attaques lentes et méthodiques des siéges réguliers? Tel n'était pas l'avis de Richelieu à Mahon, ni celui de Gustave dans 40 opérations, qu'on peut retrouver dans la narration précédente et dont le tableau est facile à faire.

Quoi qu'il en soit, Gustave assaille de vive force une infinité de forteresses, et rarement il ne réussit pas, même sans beaucoup de pertes. Souvent au préalable, au lieu de faire des descentes de fossés, il commençait par en combler une partie, ce qui en diminuait singulièrement la profondeur; que l'on pense, en effet, ce qu'une troupe peut, en les faisant passer de mains en mains, jeter de fascines, de gabions, de fagots, de sacs à terre et de pierres, en 24 heures. Une seule nuit pourrait suffir pour que deux ou trois têtes de sapes en amoncelassent un cube de 1200 à 1500 mètres dans un fossé, qui présente une tranche verticale de 200 mètres carrés. C'est ainsi que Gustave prit Démmin, Stargard, Paswald, Woline, Halle, Greifenhagen, Francfort, etc. A cet égard nous ne conseillerions rien d'absolu. Dans de telles circonstances, il faut savoir juger du temps, des lieux, et de la capacité de ses troupes; mais l'on ne peut s'empêcher de dire qu'un petit carré, un pentagone, ou même tout autre polygone, sans contrescarpes très-élevées, sans dehors puissants, et n'ayant que 10 à 11 mètres de revêtement, sont très-escaladables en pleine nuit, ou mieux à la pointe du matin, ou au soleil couchant, *si on les enveloppe sur tout leur pourtour* : ainsi, Tilli a-t-il escaladé Magdebourg, et Chevert l'a-t-il imité à Prague. Les exemples de succès sont très-fréquents : c'est à la prudence du général à décider.

La guerre que le roi de Suède a faite à Ferdinand démontre bien clairement la révolution produite par l'artillerie : 400 forteresses succombent en peu de mois sous ce moyen puissant ; une vingtaine seulement se défendent, et même ces dernières pour la plupart n'échappent que grâce à des *circonstances purement accidentelles et exceptionnelles* ; c'est même là le sort caractéristique de toutes les défenses que l'on peut citer. La règle générale et forcée, c'est la chute. Ici des moyens insuffisants d'attaque, là un événement naturel ou imprévu, peuvent prolonger un siége ; enfin il n'y eut jamais une seule vraie défense *de toute pièce*.

On peut le dire hardiment, en aucun temps on ne citera une invasion plus rapide que celle de Gustave, aucun général n'a trouvé devant soi plus de places fortes que lui. S'il fut retardé quelquefois, c'est que son projet était multiple. Il voulait conquérir l'Allemagne et la couronne impériale. La politique seule modéra quelquefois la vivacité de ses mouvements : elle explique même souvent bien des fautes, et les excuse, s'il est possible ; car cette couronne était à Vienne. Aucune armée ne se reposa moins que l'armée suédoise. De l'Alsace aux frontières de la Pologne, de la Baltique au Danube, elle marchait sans cesse. Pour elle, la victoire *était dans les jambes et dans les manœuvres*. Presque nulle part Gustave ne fit de siéges en personne, et ceux qu'il a entrepris ont été clos rapidement. Pas une place ne tint devant lui au delà de 5 à 15 jours. Quelques-unes résistèrent à ses lieutenants plus longtemps, Magdebourg et Démmin ; mais il les avait livrées aux attaques de faibles corps composés d'alliés, laissés bien loin sur ses derrières : en outre, les troupes suédoises n'occupèrent jamais à demeure aucune forteresse, sauf Stettin et Stralsund.

Bien loin de rétablir l'équilibre, les forteresses le rompirent toujours. Ferdinand avait plus de 150,000 Impériaux enfermés, au moment même où il manquait d'armée, et Vienne tremblait de son abandon, quoiqu'elle soldàt alors plus de deux cent mille hommes. A Leipzig et à Lutzen, les troupes impériales furent frappées de paniques; *elles se jetèrent dans ces places refuges, et, chose remarquable, la déroute commença toujours par l'aile la plus voisine du prétendu point de retraite:* c'est ce qui a échappé à la doctrine.

Aussitôt que Gustave, ou Tilli, obtenait un succès, on voyait capituler une foule de places autour du champ de bataille: *elles venaient à l'envi déposer leurs clefs aux pieds du vainqueur. Elles étaient le prix de la victoire.*

L'armée suédoise était si frugale, si disciplinée et si bien réglée, qu'elle ne fut point exposée à manquer de vivres; *d'ailleurs Ferdinand lui fournissait, après la prise de ses places, tout ce qu'une armée peut désirer.* Non-seulement Gustave s'empara ainsi de presque tous ses magasins, mais à aucune époque il ne fit venir de matériel de la Suède; *ce furent les arsenaux impériaux qui défrayèrent son armée* en canons, voitures, chevaux, poudres, boulets, etc. *La guerre nourrissait la guerre.* Gustave fut le Napoléon de cette époque; *et si Lutzen fut la Sainte-Hélène*, il n'eut point de Waterloo!

Un instant Walstein sembla balancer la victoire sous le drapeau impérial, ce fut sous Nurnberg. Eh bien! cette lueur d'espérance ne s'aperçut qu'au moment *où l'Empereur avait perdu toutes ses forteresses*, depuis la Baltique jusqu'à Lintz et Donawerth. Il lui arriva la même chose *qu'aux Espagnols en 1813.* Il est vrai que son antagoniste ne donna pas dans le travers de Cobourg, après la prise de nos forteresses de la Flandre, en 1793 ; ni dans celui d'Eugène, ou plutôt des Hollandais, à Denain, ou de Louis XIV à Utrecht, ou de Napoléon séduit par les doctrinaires en 1813 et en 1814.

Oui, nous le disons hautement, si nous voulions allonger le discours et recommencer, en quelque sorte, nos *Essais sur de nouvelles considérations militaires*, imprimés en 1843, nous pourrions refaire cet ouvrage. En formant nos tableaux d'après les faits qui se sont passés de 1630 à 1632 en Allemagne, nous retrouverions, sans la moindre peine et sans subtilité, des résultats identiquement semblables à ceux fournis par la période de 1792 à 1815.

Nous ajouterons ici, que Ferdinand ayant un empire grandement ameublé en places fortes, a pu espérer que Gustave en subirait le joug: un doctrinaire s'y serait soumis ; mais il n'appartenait pas à un homme de la force du roi de Suède d'obéir à une disposition fausse et captieuse. Le général ne consentit point à laisser son ennemi décider du genre de guerre qu'on allait faire ; ce fut lui qui dirigea tout le mouvement. Napoléon a bien pu croire que ses antagonistes étaient doctrinaires, qu'ils entreraient dans le système fortifié, sans que lui-même eût confiance en ce système. Les campagnes de Cobourg, de Suwarof, et du prince Charles, bien antérieures, semblaient lui donner le droit d'y compter. Napoléon, en 1813, ne se perdit que pour avoir cru n'avoir affaire qu'à des doctrinaires ; mais il trouva des hommes *tout différents.* Gustave, aussi bien que Marlbooug, conduisit la guerre, ne fut pas contraint dans ses allures par des dispositions ennemies ; et, ce qui est très-remarquable, comme nous le prouverons, c'est que, sous tous les deux, les organisations primitives et darçoniennes éprouvèrent 5 *revers contre* 1 *succès :*

des hommes de même talent devaient produire les mêmes résultats !

Lutzen et Leipzig sont deux noms célèbres dans les fastes militaires : un héros y rencontra la mort au sein de la victoire, un autre y trouva une Pharsale. Les noms de ces lieux reviennent sans cesse dans l'histoire du grand Frédéric, et pourtant cette contrée n'a rien de caractéristique : aurait-elle donc une propriété stratégique *mystérieuse?* en serait-il de même du Quesnoy et de Landrecies? car l'ennemi y a aussi échoué sous François Ier, sous Turenne, sous Eugène, et sous Cobourg. Cependant on conçoit que ces deux dernières, occupant une sorte de trouée entre l'Escaut et les sources de la Sambre, soient nécessairement rencontrées par une armée qui chercherait à envahir la France; surtout si l'ennemi ne peut occuper qu'un petit front.

Quoi qu'il en soit, la doctrine a une singulière méthode de raisonnement; comme il est impossible de faire 4 ou 5 lieues en Flandre sans butter sur une place forte, si l'on remporte une victoire, vite elle s'écrie *qu'on la doit à la place forte voisine;* mais si l'on est battu, elle s'évertue, aussi vite, à démontrer *que la place est innocente du revers.* C'est avec cette adresse qu'elle prône son système. Une victoire a-t-elle eu lieu près de Landrecies ou du Quesnoy ; elle les exalte. Landrecies et le Quesnoy ont sauvé le pays! Une défaite a-t-elle lieu près de ces places, on les proclame innocentes: on s'écrie que Landrecies n'en peut mais et n'y est pour rien ! C'est le vieux Montmorency qui est un imbécile. Et pourtant Leipzig, Lutzen, Landrecies, le Quesnoy, Saint-Quentin, n'étaient que des bicoques. C'est avec l'appui des plus pitoyables forteresses, et cela est très-remarquable, que les doctrinaires ont fondé leur *avante théorie;* et cependant, par un fait extraordinaire, jamais aucun de ces événements, qui décident du sort des empires, n'a eu lieu sous aucune de ces places fastueuses et gigantesques dont on écrase la terre. Pourquoi donc ces grands événements, quand les places y ont concouru, se sont-ils passés dans le voisinage de bicoques, telles que Landrecies ou le Quesnoy? est-ce donc un motif pour s'inonder de telles places? Pourtant avant de les bâtir, il sera bon de se rappeler les désastres des batailles de Saint-Quentin, de Leipzig, de Ramillies, de Malplaquet, et de tant d'autres qui eurent lieu en vue de leurs remparts.

Si une contrée n'offre qu'un petit nombre de débouchés, et qu'elle ne soit ouverte que par quelques défilés; on conçoit qu'il est très-rationnel de les fermer par un emploi judicieux de la fortification : nous l'avons déjà répété dans nos *Considérations militaires*; mais que vous alliez semer vos forteresses, en quelque sorte à *travers choux*, ainsi que Gustave-Adolphe les trouva presque toutes en Allemagne, comme elles le sont dans beaucoup de pays, il faut vous attendre qu'elles vous *créveront dans la main.*

Est-ce que la doctrine ne remarquera pas que dans moins de deux ans Gustave-Adolphe a livré 15 batailles, *et que dans deux seulement il s'était appuyé à des fortifications*, à Werben et à Nurnberg; tandis que, *par une malheureuse persévérance*, Torquato-Tasso, Savelli, Pappenheim, Piccolomini, Tilli, Walstein et Mercy, en perdirent 13 sous les mêmes appuis : à Gartz, Schwedt, Lutzen, Leipzig, au Lech, à Ingolstadt, Walsß, Frankendal, Spire, Nienbourg, Miltemberg, Démmin, Massewitz, etc. Un tel rapprochement est assez significatif, et cependant malgré de tels enseignements l'on s'évertue à préparer encore une foule de positions fortifiées, dans le but d'en faire des champs de batailles pour les armées françaises! et l'on s'étonnera que, plein d'une *sainte indignation*, nous ayons saisi la plume pour avertir le pays du piége et du précipice!

Oui, nous le répétons, il n'y a aucune branche des connaissances humaines qui soit démontrée aussi positivement que les principes exposés dans nos 26 tableaux des *Essais sur de nouvelles considérations militaires* de 1843 ; et ces principes peuvent être regardés comme étant arrivés à l'état d'axiomes, en considérant le nombre immense d'événements qui les confirment pleinement.

CHAPITRE V.

Rôle de la fortification pendant les campagnes de Turenne.

Gustave-Adolphe n'eut point de maître, à moins que ce ne soient ou Annibal ou César. Pouvait-il prendre des leçons de Tilli ou de Walstein ? Turenne fut plus favorisé. Ce fut à l'école de Gustave qu'il apprit le grand art de la guerre ; il avait combattu aux côtés de Oxenstiern, de Wrangel, et de Bernard de Weimar, généraux formés par le roi de Suède ; car ce prince fut assez heureux, nonobstant sa jeunesse, pour former de grands hommes de guerre, et il trouva pendant sa vie de nobles et savants compagnons d'armes, d'où naquit en Europe une ère militaire nouvelle.

Ce fut Turenne qui transmit à la postérité les bonnes traditions de la science, et qui, bien plus, imita les vertus du héros suédois : mettez tous les talents les plus positifs dans un homme corrompu, vous êtes sûr que ses passions, ses goûts, ses désirs, entravant le développement de son génie, il fera infiniment moins de grandes actions, que s'il eût pris la vertu pour guide. Celle de Scipion fut de moitié dans ses triomphes ; Alexandre lui-même fit servir la vertu à ses succès, et c'est de Turenne qu'un grand orateur disait : que l'homme, en lui, faisait honneur à l'homme.

Après les campagnes de Gustave, celles de Turenne sont, sans contredit, les plus intéressantes et les plus instructives que l'on puisse étudier. Elles ouvrirent le règne de Louis XIV. Turenne fut un des legs de Louis XIII à son fils : jamais d'une si pauvre source on ne vit découler tant de richesses. Si Louis le Grand eut pour cortége une foule d'hommes illustres, presque tous dataient du règne de son père; et à coup sûr Louis XIII, ce Philippe II sans gloire, ne fut pas l'origine des hautes intelligences qui firent l'honneur du grand siècle; mais les guerres civiles depuis Charles IX avaient développé le génie national, et un peuple se retrempe toujours dans les luttes intestines. La France n'eût pas produit les belles actions de la révolution, sans les hontes du régent et de Louis XV; et, bien que la guerre civile ne fût, de leur temps, que dans les esprits, elle fit naître cependant des vengeurs.

TABLEAU N° 32.

1re SECTION.

Guerre de Flandre.

La France était réduite à défendre ses propres frontières. Ferdinand II, en moins de 3 ans, avait repoussé loin de Vienne une guerre menaçante. L'armée espagnole des Pays-Bas et celle de la Franche-Comté, réunies aux troupes du duc de Lorraine, formaient 80,000 hommes. Elles avaient fait leur jonction et envahissaient la Bourgogne. En passant, elles attaquent la petite place de Saint-Jean-de-Losne, qui leur résiste et ne tombe pas en leur pouvoir.

Carnot et ses copistes ont fait *un magnifique bulletin* posthume de cet événement, qui, ramené pourtant à la proportion de la vérité, perd de son merveilleux ; car autrement il faudrait admettre que 4 ou 500 pauvres bourgeois assez mal armés, ayant 4 ou 5 vieux canons, aient vaincu une armée de 80.000 hommes, commandée par les meilleurs généraux du temps : Galas, Jean de Werth, et Charles de Lorraine, tous hommes d'une réputation méritée.

La ville de Saint-Jean-de-Losne était une petite place sur la rive droite de la Saône, à quelques lieues au-dessous d'Auxonne. Elle était couverte par une enceinte de murailles antiques, flanquées de tours et précédées de bons fossés. Le 26 novembre l'avant-garde de l'armée ennemie, en pleine marche pour combattre Turenne qui s'avançait rapidement du nord, paraît sur la route qui passe devant la place ; elle la masque par un détachement. Les jours suivants, cette armée continue son mouvement en vue des fortifications. Ce détachement, sans aucun préparatif, sans tranchées, sans autres choses que de l'artillerie de campagne, tire contre les murailles vues de toutes parts et écrête les ouvrages.

Il faut dire que la ville n'était pas bloquée par la rive gauche, que le pont était resté libre, et que c'était une retraite assurée pour la population, qui même dès le 1er novembre avait envoyé dans les villages tout ce qui était incapable d'action, les malades, les vieillards, et les enfants.

Quoi qu'il en soit, le corps qui attaquait la ville donne l'assaut ; il n'était composé que de cavaliers. Ils apportent des fascines et comblent en partie le fossé, gravissent sans ordre et sans méthode des remparts encore debout, et sont repoussés avec perte. Ce qui n'est pas bien surprenant, c'était le 2 décembre. Pendant la nuit suivante, douze bourgeois d'Auxonne pénètrent dans la ville : ils annoncent l'approche de Turenne ; on prend courage. Cependant l'armée ennemie, qui avait masqué la place, avait achevé son mouvement dans la direction de Jussey, où était l'armée française. Quels ne furent donc pas l'étonnement et la joie des braves habitants de Saint-Jean-de-Losne de ne plus voir personne là où, la veille, il y avait tant d'ennemis : tout avait disparu, le 3 décembre au matin. Dira-t-on, à présent, que Saint-Jean-de-Losne, secourue par un corps d'armée de 12 bourgeois d'Auxonne, a repoussé 80.000 hommes ?

Mais il fallait *saisir, avec bonheur,* cette belle action comme une preuve convaincante de l'excellence de la théorie darçonienne. C'est ainsi que quelques faits heureux, glorieux même, ont été groupés, bien qu'ils ne soient que des cas exceptionnels, rares, et sur lesquels, en aucune manière, on ne saurait fonder les principes de la science de la guerre. Autrement il faudrait ne construire que des bicoques, puisqu'elles sont victorieuses d'armées si puissantes. Ainsi fit Guillestre contre le duc de Savoie, en 1697 : ainsi fit Landrecies en 1712 : pourquoi donc alors dépenser tant d'argent, puisque des Saint-Jean-de-Losne, des Guillestre, et des Landrecies produisent de si brillants résultats? Le fait est, ici, que l'armée espagnole n'avait ni la volonté, ni le temps d'assiéger cette petite place, et qu'elle courait se faire battre, quelques jours après, *Sa-velle de Jussey.* sous les murs de Jussey, par l'armée de Turenne : bien qu'elle s'appuyât, cette fois, sur les murs de ce bourg, où elle avait été plus heureuse, puisqu'elle s'en était emparée la première.

Joinville. Les Espagnols s'étaient rendus maîtres de Joinville : le duc de Weimar l'assiége et la reprend en peu de jours.

1638. La guerre s'est reportée vers la Flandre ; les Espagnols assiégent Maubeuge. Turenne, qui est dans la ville, repousse tous leurs *Maubeuge.* assauts et les oblige à lever le siége d'une place qui était à peine fortifiée.

Prise de Turin. Les Français ont pris la citadelle de Turin. Ils y sont assiégés par le célèbre prince Thomas, qui occupe la place avec 12.000 hommes. Le duc d'Harcout assiége le prince Thomas dans la ville, *Citadelle de Turin.* avec 10.000 hommes, et le marquis de Léganez, avec 18.000 Espagnols, assiége à son tour le duc d'Harcourt dans ses lignes. Turin est prise par les Français, et Léganez décampe. La citadelle est délivrée : ainsi du même coup les Français prennent une place, en sauvent une autre, et font fuir une armée.

Ce fait d'un triple siége, peut-être unique dans l'histoire, montre assez l'esprit du temps et cette manie *fortificationiste* qui réduisait la guerre à des actions ordonnées de sa tente et sans déplacements : système très-commode et qui permet de faire campagne sans se douter des principes de la science, à l'aide de quelques feuilles de papier, des équerres et des crayons, tout en se tenant dans de bonnes maisons pour s'y divertir ; car le système doctrinaire a été inventé par la paresse et par des dessinateurs, qui y dominent encore.

1638. Lamotte. Les Français prennent Lamotte, place de la Lorraine, après quelques jours de siége seulement ; car en ce temps, comme au nôtre, pour une place qui se défend, il en est 10 qui ne le font pas.

Turenne, assiégeant Alexandrie, laisse quelques parties ouvertes dans ses lignes de circonvallation. La garnison de la ville de Trinno accourt et se jette dans la place assiégée, en passant par les points restés libres à cette intention. Alors Turenne se porte sur Trinno, qui, restant sans garnison, capitule sans peine, et ensuite Alexandrie l'imite.

Trinno.

Alexandrie.

Turenne, avec l'armée weimarienne, forte de 17,000 hommes, se porte sur Fribourg, que Mercy venait de prendre et où il était retranché. Ce général, surpris dans ses lignes, est forcé de les évacuer, il gagne les parties de son camp retranché qui sont sur les hauteurs et repousse les troupes de Turenne. Le prince de Condé arrive avec un renfort de 4,000 hommes et prend le commandement. Les retranchements de Mercy, qui a 15.000 hommes, sont abordés de nouveau sans succès : mais Turenne, une troisième fois, propose et exécute une manœuvre de flanc qui menace la communication des Impériaux, et Mercy est forcé de se retirer, ayant perdu 9,000 hommes.

1664. Fribourg. Lignes.

Bataille de Fribourg.

Retranchement Frict...

Turenne *dissuade le prince de Condé de l'attaque de la place, et il lui propose de conquérir le pays.* Cette proposition n'était pas doctrinaire : quoi qu'il en soit, la ville de Fribourg fut laissée tranquille, et l'on se porta sur Philisbourg, place très-forte et bien munie. A une demi-portée de canon, sur la rive droite du Rhin, existait un fort détaché, joignant la place au fleuve. Turenne, par un temps obscur, arrive sur ce fort et l'enlève d'assaut.

Philisbourg.

Ouvrage détaché.

Frict...

Cet exemple, comme d'autres du même genre, peut servir de leçon à nos doctrinaires, qui mettent tant de *confiance dans des forts du même genre, placés à 2 et 6,000 mètres de l'enceinte de Paris.* Devant Philisbourg le fort enlevé n'était pas à 500 mètres de la place, qui capitula par le seul fait de cette occupation ; elle se trouvait tournée et coupée du fleuve, qui faisait en partie sa force.

Après la victoire de Fribourg, *toutes les places défilent et capitulent,* comme nous l'avons dit dans nos *Nouvelles considérations :* Spire, Germresheim, Oppenheim, Manheim, Worms, Mayence, etc.

Spire, Germresheim, Oppenheim, Manheim, Worms, Mayence, etc.

Cependant le duc de Lorraine assiégeait Bacharach, défendue par une faible garnison de 3 à 400 hommes. Turenne accourt devant la place avec 500 chevaux. Son armée était encore très-éloignée. Il prend position et feint de tracer des lignes, des camps ostensiblement. Le général ennemi s'imagine que l'armée va arriver, la peur le saisit, et il lève le siége de Bacharach. Jadis on mettait

Bacha...

depuis 100 hommes jusqu'à 3 ou 4.000 dans les places : aujourd'hui on y entasse des armées de 50 et 60,000 hommes. On s'imagine être en progrès! On se vante d'avoir inventé une nouvelle méthode de guerre, tandis qu'on n'est qu'un entrepreneur de maçonnerie !..... *La fortification a pour but d'opposer un petit nombre à un grand nombre, et non de renfermer d'immenses armées.*

L'armée française, forte de 12,000 hommes, se présente sous Landau, qui capitule sans résistance, quoique déjà bien fortifiée.

Turenne fait une invasion en Allemagne; il saisit Suttgard. capitale fortifiée. Déjà ses partis se répandent jusqu'à Nurnberg, mais les approches de l'hiver l'engagent à prendre des cantonnements sous la petite ville de Marienthal. Mercy revient alors sur lui, attaque ses troupes éparpillées et le bat. Le vaincu se sauve en Hesse avec 150 chevaux, et son infanterie peut, après des pertes, se réfugier sous Philisbourg. Turenne fait en Hesse sa jonction avec l'armée suédoise. Condé accourt, se met à la tête des troupes réfugiées, et rallie Turenne. Réunis, ils marchent en avant et trouvent Mercy et Jean de Werth retranchés sous la place de Nordlingen. Le camp ennemi, quoique vigoureusement défendu, est enlevé, Mercy est tué; le reste des Bavarois se retire et passe le Danube. Turenne avait 17,000 hommes, Mercy, 14,000.

Mais Jean de Werth et Gréen s'étant renforcés marchent de nouveau sur Turenne. *Celui-ci, qui n'a pas de tête de pont* sur le Neker, voit son armée précipitée dans cette rivière, où il fait des pertes considérables, et ne ramène que la moitié de ses troupes. Toute son artillerie et ses parcs étaient dans la place de Wimpfen; elle capitula le troisième jour; il y perdit tous ses canons et ses bagages. Son armée, encore cette fois, se réfugia sous Philisbourg, pour échapper aux Bavarois.

Wrangel, général suédois, est en Hesse, et Turenne est à Philisbourg; les Bavarois se trouvent entre eux deux: il est impossible aux alliés de faire leur jonction; en conséquence, le général français descend le Rhin par la route de la rive gauche, fait une suite de marches longues et rapides, arrive devant Wesel, la fait capituler, repasse le Rhin, gagne le cours de la Lippe, rejoint l'armée suédoise. Avec 17,000 hommes *et 64 canons* (1),

---

(1) 64 canons pour 17.000 hommes, c'est 4 pièces par 1.000 hommes. C'est une proportion bien souvent réclamée et atteinte : de notre temps Napoléon proposait entre 2 et 4 bouches à feu, selon le pays.

il se dirige sur les Bavarois qu'il a tournés, et dont l'armée est forte de **24.000** hommes *et* **10** *canons*.

Il prend Hanau, pousse l'ennemi sur le Danube, franchit le fleuve, passe le Lech, s'empare des forteresses d'Augsbourg et de Rain sans difficulté; il enlève tous les magasins ennemis à Landsberg; puis, trouvant l'archiduc fortement retranché sur l'Inn, il se prépare à l'attaquer : c'est à ce moment que l'électeur de Bavière signe la paix. Turenne rappelé avec son armée, prend, en revenant vers la France, les deux places fortes de Weiltingen et de Tubingen, et se porte au secours de la Flandre, qu'une forte coalition allemande et espagnole menaçait.

Qu'on ne croie pas que, dans les années qui viennent de passer sous nos yeux, nous ayons nommé toutes les places prises ; le nombre pourrait en être triplé ; nous nous sommes borné à celles dont les rapports militaires ont pu avoir quelque influence sur les résultats définitifs de la guerre.

Les Allemands accusent les Français d'être légers, c'est apparemment une manière de faire leur propre éloge. Il est néanmoins vrai de dire que, si la tromperie est une preuve de gravité, les Germains l'emportent; car ils se sont toujours joués de leurs traités avec nous.

L'électeur a faussé tous ses serments, il a rompu la paix. Turenne reprend le commandement de l'armée combinée franco-suédoise ; il arrive au Danube, qu'il passe à Lauwinghen, mauvaise place qu'il augmente pour s'en faire une tête de pont et un grand dépôt. Il est à remarquer que ce fut *la seule* qu'il occupa militairement : *il négligea toutes les autres.*

Il bat l'armée de Montécuculi, retranchée sous Augsbourg, et va dicter dans Munich une nouvelle paix, qui sépare l'électeur de Bavière de l'armée impériale, retranchée derrière l'Inn. Ce fut la première fois que les drapeaux français furent plantés sur la rive gauche de cette rivière. On peut remarquer aussi que ce fut à l'exemple des Suédois, qui étaient avec eux, que les troupes françaises firent des ponts sur pilotis et s'exercèrent à des détails qu'elles n'avaient pas l'habitude d'entreprendre. *En cela les Suédois furent nos maîtres.*

Pendant cette invasion, Turenne ne s'occupa que d'une seule forteresse, laissant de côté Ingolstadt, Landshut, Passau, Ulm, Straubing, Ratisbonne, etc. ; il poussa droit à la capitale, bien qu'elle fût alors fortifiée, et n'attaqua que le camp retranché d'Augsbourg.

2me SECTION.

Guerre civile.

Gaston d'Orléans fomentait des troubles. Louis XIV, le jeune fils de Louis XIII, s'échappe de Paris. Le cardinal de Retz et les parlements sont en pleine insurrection. La Fronde, comme on l'appelait, voulait détruire l'ouvrage de Richelieu. Turenne ramène son armée victorieuse des rives de l'Inn autour de Paris, bloqué par Condé, seulement avec 8,000 hommes. Turenne prend parti contre le gouvernement. Son armée, fidèle au roi, abandonne son général, qui se retire presque seul en Hollande. Paris, avec ses 100,000 frondeurs en armes, résiste à Condé : il était fortifié comme Munich, Vienne, Dresde, Berlin, etc.

Turenne recrute de tous côtés, forme une petite armée de protestants, va assiéger Guise et le Catelet, prend ces places, avance sur Paris après avoir défait le maréchal d'Hocquincourt à Fisme, et vient attaquer le château de Vincennes; est repoussé. Il espérait délivrer Condé, qu'il y croyait encore enfermé; mais Mazarin l'avait fait transférer à Marcoussis; car Condé, aussi, avait suivi le parti du parlement. Il s'était fait à cette époque, dans la politique, un virement qu'il appartient aux historiens seuls d'expliquer.

Quoique faible, l'armée royale, avec la reine-mère, s'était portée sur Bordeaux, dont le parlement comme bien d'autres *fraternisait* avec celui de Paris; il ne faut pas voir en effet dans la Fronde une simple discussion entre quelques princes ambitieux : il y avait sous cette révolte la lutte du nord contre le sud, et des principes constitutionnels contre l'absolutisme. Bordeaux assiégé capitule, et son parlement traite avec la régente.

Un corps de l'armée du roi assiége Réthel, ville qui s'était déclarée parlementaire. Les deux partis se trouvaient mêlés et enchevêtrés au sein de la France. *Jamais pays ne se trouve mieux préparé à des guerres intestines, que celui qui a beaucoup de forteresses, offrant des centres d'actions aux partis divers.*

Aussi l'on peut dire que l'abondance des forteresses a éternisé les révoltes en France, aussi bien qu'en Allemagne et en Angleterre jusqu'à 1688; mais plus encore dans notre pays qu'ailleurs. Aussi notre histoire n'est-elle remplie que de descriptions de guerres civiles.

Turenne arrive trop tard au secours de Réthel. Il veut se retirer; il est battu par Duplessis-Praslain, qui avait 7,000 hommes contre 4,000. Le vaincu s'enfuit avec quelques cavaliers seulement, et se réfugie dans la place de Bar-le-Duc, autre forteresse. *Bar-le-Duc.*

Cependant la cour cède; Mazarin met les princes en liberté, et l'on signe la paix plâtrée de Rueil. Le cardinal exilé se retire à Cologne. La cour même, pour satisfaire Turenne, lui fait un pont d'or, et lui achète sa ville de Sedan, en lui donnant d'autres propriétés lucratives dans l'intérieur du royaume. Mais bientôt la discorde rallume la guerre. Condé attaque Bordeaux, et cette ville, sans peine, retourne aux parlements. Une flottille espagnole remonte la Gironde pour appuyer la révolte. *Bordeaux.*

C'est alors que Mazarin accourt de Cologne avec une armée de 8,000 Allemands levée à ses frais, et vient rallier l'armée royale que commande Turenne, désormais fidèle. Ses troupes et celles du maréchal d'Hocquincourt étaient campées non loin de Gien sur la Loire, à Jarjeau; les deux généraux avaient pris des cantonnements séparés. Condé arrive avec des forces supérieures, tombe sur les cantonnements d'Hocquincourt et les dissipe. Il attaque ceux de Turenne près de Jarjeau; mais celui-ci avait fait établir une forte redoute sur la route de l'assaillant; elle était entre deux bois bien occupés et garnis d'artillerie. Vainement l'armée de Condé tente de forcer le défilé, elle est repoussée avec de grandes pertes. *Combat de Jarjeau.*

Arrêté dans ses succès, inquiet sur Paris, Condé vole vers cette capitale, et Turenne ramène la cour de Poitiers à Saint-Germain, suivant son ennemi à la piste.

Le prince s'est retiré sur Étampes, qui est fortifié et a un bon château. Il y ajoute des travaux de campagne. Turenne va l'y attaquer, mais il est battu et forcé à la retraite. Il revient sur Saint-Germain et Corbeil dont il s'empare. *1650. Bataille d'Étampes. Corbeil.*

Bientôt renforcé, Turenne retourne assiéger Étampes, mais l'armée du duc de Lorraine, partisan des princes, accourt de son duché, et en passant le force à lever le siége et à se réfugier sous Corbeil une seconde fois. *Étampes. Corbeil.*

Après s'être refait dans cette petite place qui lui sert de centre, il marche sur l'armée de Lorraine, retranchée dans un camp près Ville-Neuve-Saint-Georges. On donne de l'argent à ce duc, il traite avec le roi, et se retire, abandonnant Condé et la France. *Camp de Ville-Neuve-St-Georges.*

Condé, inquiet sur la versatilité des chefs de Paris, avait quitté Étampes, et s'était avancé vers la capitale. Turenne, menacé de

l'arrivée d'une armée espagnole, se tenait sur les hauteurs de
Dammartin. Les deux antagonistes font, l'un devant l'autre,
diverses manœuvres; Condé, pour couvrir Paris, Turenne, pour en
approcher; mais ce dernier s'empare de la place de Saint-Denis et
fait un pont sur la Seine à l'île Saint-Denis. Condé vient camper à
Charenton entre les deux rivières. De là, franchissant la Seine, il
tourne Paris par le sud et s'établit sur les hauteurs de Saint-Cloud;
il est à remarquer que la capitale refusait d'admettre dans ses murs
l'armée dite parlementaire, de crainte de conflits entre les milices
et les troupes de Condé, qui, comme les troupes royales, comptaient
beaucoup d'étrangers. On doit ajouter aussi que dans la ville
les esprits étaient divisés, ce qui arrive toujours.

Cependant Condé a des promesses qu'on lui livrera les portes
Saint-Denis ou Saint-Martin; il passe donc la Seine, vient à Boulogne, et à Chaillot; longe les remparts, la Ville-l'Évêque, la porte
Saint-Honoré, les faubourgs Saint-Honoré et Saint-Martin, jusqu'aux
Marais; passant devant Saint-Denis, d'où Turenne l'observe. Une
grande partie de ses troupes a déjà franchi l'espace, quand celles
du roi attaquent par le flanc à la Chapelle, en flagrant délit de
marche, la queue de l'armée de Condé. Turenne pousse et poursuit le centre ennemi développé en colonne de route; les corps
se pressent les uns sur les autres, la tête se réfugie derrière les retranchements du faubourg Saint-Antoine. Turenne s'y jette aussi et les
force en partie, malgré une vive résistance de rues et de maisons.
L'armée ennemie est même acculée jusque sur le vaste terrain
qui est devant la porte Saint-Antoine; mais le canon de la Bastille
tonne par l'ordre de la duchesse de Montpensier, arrête l'armée royale
victorieuse, pendant que les portes s'ouvrent et sauvent les débris
des rebelles.

Pour prix de l'asile que Paris a donné aux troupes battues, des
discussions s'étant élevées, il y eut des massacres des amis du
roi par les partisans de Condé, sur la place de l'Hôtel-de-Ville.

Dans cette position, Turenne passe la Seine et va camper
derrière la rivière des Gobelins. Mais une armée espagnole
arrivait de Flandre au secours des Frondeurs. Elle venait de s'emparer de Chauny. Turenne avait marché au-devant jusqu'à Compiègne. D'un autre côté, il apprend que l'armée du duc de Lorraine
a faussé ses serments, et qu'elle, aussi, accourt, forte de 16,000
hommes. Il ramène son armée et campe à Gonesse; puis il marche sur
les Lorrains jusqu'à Lagny; toutefois il se trouve fort resserré, par

Condé, entre la Seine et l'Yers. Il vient alors s'établir dans le camp retranché élevé l'année précédente par l'armée de Lorraine, enlève Ablon, et tient libre sa communication avec Corbeil, que Vaubecourt garde avec 2,000 hommes. Condé et le duc de Lorraine respectent ce camp. Cependant *les Parisiens, fatigués du pillage des deux partis*, font un accommodement avec la régence. Turenne va chercher le jeune Louis XIV, qui s'était réfugié dans la place de Mantes, et le conduit en triomphe à Paris, ce qui termine la guerre civile. Les étrangers se retirèrent avec de l'argent.

———

3ᵐᵉ SECTION.

La France ne tarda pas à reporter ses armes contre les Espagnols. Le corps qu'ils avaient à Réthel faisant des courses jusqu'aux portes de Paris, Turenne assiége la place ; mais l'ennemi débouche par les sources de l'Oise et par la Capelle. La cour tremble ; elle veut séparer son armée, mettre l'infanterie dans les places et laisser courir la cavalerie. *Turenne se refuse à ce système doctrinaire : il côtoie avec ses* 12,000 *hommes, dont* 5.000 *chevaux, l'armée ennemie. Ham avait été prise ; mais il se poste et se retranche au mont Saint-Quentin, s'appuyant à Péronne.*

Condé, toujours Espagnol, assiége et prend Rocroy : Turenne par compensation, en espérant délivrer cette place, assiége Mouzon qu'il prend, ainsi que Sainte-Menhoul, puis Stenay pendant que les Espagnols assiégent Arras : ainsi voilà une guerre de dotrinaires ouverte par les Espagnols. S'ils n'espèrent plus s'emparer de Paris, ils veulent au moins s'élargir dans la Flandre et dans l'Artois pour *se faire une barrière*. Le général français, qui n'a qu'une faible armée, se croit obligé d'obéir à l'ennemi ; mais c'était le Turenne encore jeune, ainsi que l'a remarqué Napoléon.

Un homme comme Turenne, quoique devant Condé, ne souffre pas longtemps que son adversaire donne le ton et commande aux opérations ; il en devient bientôt l'arbitre et le maître.

Si le général français est arrivé torp tard pour délivrer Rocroy, il arrive à temps pour sauver Arras, et il fait cette célèbre *attaque des lignes ennemies qui sont emportées*, ce qui dégage la place. Condé se réfugie sous Cambray.

L'armée française, victorieuse, prend de suite le Quesnoy, aussi bien que Landrecies et Binche. Cependant les Espagnols sont si nombreux, qu'un de leurs corps prend la Fère ; et Louis XIV est obligé de se réfugier dans Laon, craignant même pour Paris, quoique fortifié (1).

Turenne franchit l'Escaut à Bouchain. Il prend Saint-Guillain et la place de Condé ; il court assiéger Valenciennes, espérant rappeler les ennemis. Effectivement, Condé et les Espagnols se portent sur ses lignes, les enlèvent et lui donnent *la contre-partie de la défaite d'Arras*. L'armée française va camper sous le Quesnoy, respectée par Condé, qui s'établit sous Leuse. Turenne s'éloigne et retranche un camp à la Capelle, où il enlève tous les magasins des ennemis. Ceux-ci assiégent en vain Saint-Guillain, dans l'espoir de compenser leurs défaites.

A l'ouverture de la campagne de 1657, Turenne assiége Cambray. *Condé force encore les lignes françaises : le siége est levé.*

Pour se venger, les Français assiégent et prennent Montmédy. Les Espagnols menacent Calais. Par contre, Turenne attaque Saint-Venant, qu'il prend. Calais est sauvé ; de leur côté les Espagnols assiégent Ardres, et Turenne leur enlève Mardick. Ardres est délivré, puis il va assiéger Bergues ; mais la garnison espagnole, aux abois, *se fait jour à travers l'inondation*, fait remarquable. Bien des places capitulent et se rendent aux Français, Charleroi, Ath, Armentiers, Furnes, Courtray, Tournay, Alost, etc. ; la guerre doctrinaire se reconnaît.

A cette époque la France s'unit à Cromwel ; l'Angleterre envoie une flotte sous Dunkerque, assiégée par les Français. Condé et don Juan accourent pour délivrer cette ville avec une armée de 15.000 hommes, dont moitié en cavalerie et sans canons. Turenne continue son siége, et dégoûté des lignes, il sort des siennes avec 15,000 hommes, dont 6,000 chevaux ; *on sent que Turenne est en progrès.* Un doctrinaire y aurait attendu l'ennemi plus fort en cavalerie ; cependant 5,000 hommes gardent les tranchées et contiennent la garnison espagnole en maintenant les communications avec l'armée.

Cette nombreuse cavalerie ennemie ne saurait agir dans des dunes de sables mouvants où elle enfonce ; elle ne saurait agir sur l'Estran, foudroyé par l'armée navale anglaise ; elle ne saurait

Furnes.

se mouvoir derrière les canaux de la gauche espagnole. L'attaque et la défense sont également vigoureuses, a la fin les vieilles bandes castillanes sont rompues et perdent 8,000 hommes. Ces petites armées étaient *si braves et si tenaces* à cette époque, qu'elles étaient presque toujours à moitié détruites par une bataille. Le reste se réfugie sous Furnes, qui est abandonné pendant la nuit : ce succès conduisit à cette fameuse paix dite des Pyrénées, qui donna au jeune Louis XIV une province et une femme.

4me SECTION.

1667.
Douay,

Lille,
Audenarde,
1672.

Après une paix maintenue par une diplomatie cauteleuse, Louis XIV déclare la guerre aux Espagnols. Turenne entre dans les Pays-Bas avec une armée de 35,000 hommes d'infanterie et 10,000 chevaux, assiége et prend Lille. L'Espagne signe la paix d'Aix-la-Chapelle. Bientôt le roi, excité par des projets du Stathouder (1), attaque la Hollande avec une armée de 100,000 hommes, divisée en quatre corps.

Elle se porte entre la Meuse et le Rhin, qui *était le côté faible des Provinces-Unies.* Turenne conseille au roi *de négliger les places, et entre autres Mastricht.* Cet avis est combattu par Condé qui l'emporte et fut doctrinaire en cette occasion, ce qu ne lui arriva pas souvent. On assiége donc Orsoy, Burick, Wesel, Reinbergen et autres places qui capitulent. On laisse un corps de 5,000 hommes à Maesick pour observer les 12,000 de Mastricht,

Retranche-
mens de
Tolhuys.

et le roi force le passage du Rhin à Tolhuys, devant les retranchements hollandais qui sont emportés.

Nimègue,
Utrecht,
Orsay,
Maesick,
Wesel,
Burick,
Reinbergen
Emmerick,
Naerden,
Groningue,
Dewenter,
Swol,
Rées,
Meys,
Saaverdam
2),
Bodgrave,
etc.,
au nombre
de 60.

Nimègue capitule; on force Utrecht; encore un effort, et *Amsterdam, capitale fortifiée,* va tomber. Soixante places capitulent par ordre, sans se défendre, sous la condition que leurs garnisons seront renvoyées libres. Les Hollandais les *rallient et en forment un corps d'armée de plus de 35,000 hommes.* Il est inutile de nommer ici toutes ces places, il nous suffit que le fait soit avéré. C'est à cette occasion que Napoléon dit que l'on aurait dû démolir

Furnes.

(1) On accusa Louis XIV d'ambition, et pourtant cette guerre contre Guillaume avait pour but de troubler les projets du Stathouder sur l'Angleterre.

(2) Ce fut un corps de patineurs menés sur la glace par Luxembourg qui s'empara de ces deux dernières places

45 places et en garder 4 ou 5 pour appuyer les communications (1).

Mais *on a perdu un temps considérable devant tant de forteresses; on y a disséminé ses troupes*, et l'on arrive à Utrecht, après avoir passé deux mois à signer des capitulations : *singulière manière d'utiliser les places pour la Hollande, et singulier service qu'elles rendent*; et pourtant la doctrine va sans doute s'écrier : Oui, les places ont sauvé Amsterdam ! Cela est vrai; mais on a vu des malades guérir à force de recevoir des coups qui crèvent leurs abcès.

Quoi qu'il en soit, le roi est à Utrecht. Tout à coup les digues sont coupées, les écluses ouvertes à Muyden. La mer se précipite de toutes parts sur la Hollande ; elle est en cette partie devenue un vaste lac. Les maisons, les villages sont sous l'eau, les peuples noyés, les terres ravagées. Utrecht est devenue une île. Les autres villes sont également enveloppées, inondées de même. Amsterdam est sauvée. Les Russes ont brûlé Moscou; les Hollandais noyèrent leurs provinces.

La place d'Utrecht est évacuée ainsi que son camp retranché; il fallut revenir au milieu de l'inondation, et les Français, pour ne pas perdre le fruit de leur armement, marchent au retour par la province du Brabant, coupée du reste du pays par les eaux. Bien des forteresses ouvrent leurs portes sans résistance ; d'autres se défendent d'une manière locale et inutile à la grande cause qui a été gagnée par la mer. Le prince d'Orange, repoussé à Charleroi, a triomphé du grand roi, grâce à une fausse doctrine de guerre. Il rallie ses garnisons, que Louis a eu la bonté de lui renvoyer par générosité, et s'apprête à reporter vers la France les désastres de la lutte, pendant que Louis XIV rentre dans ses somptueux palais et vole de fêtes en fêtes.

Mais l'Allemagne s'est émue des dangers de la Hollande. Une armée prussienne accourt pour la sauver. Turenne passe le Rhin et marche contre elle par Wesel. Montécuculi accourt également avec les troupes impériales, bavaroises et saxonnes : Turenne repousse les deux ennemis, entre en Westphalie, poursuit les Prussiens à travers les montagnes jusqu'aux rives de l'Elbe, où les Français n'ont jamais pénétré; Minden, Lippstadt, Sœst sont bloqués, et l'on force l'électeur à demander la paix. Cette marche fut si rapide, que pendant quinze jours on ignora à la

(1) Mémoires de Napoléon, volume 7, page 126.

cour de France ce qu'était devenue l'armée, tant elle s'était enfoncée dans des solitudes inconnues au moins aux troupes françaises.

Louis XIV revient à son armée du Brabant. C'est alors qu'il s'occupe doctrinairement et selon un goût particulier, *que nous avons déjà remarqué*, à assiéger les places fortes. De tous côtés ce ne sont que lignes, tranchées et assauts : Vauban et Louvois, Louvois et Vauban, dirigeaient le prince dans un système qui ne pouvait conduire qu'à de tristes résultats. *De l'accessoire on fait le principal ; des conséquences et des fruits ordinaires d'une victoire l'on veut composer la victoire même.* Avec des pertes et un temps dix fois supérieur aux pertes d'une bataille, Vauban développe son génie. On assiège Bois-le-Duc et Mastricht qui ne résiste pas ; d'autres places ouvrent leurs portes sur simples sommations ; *tout plie sans se rompre ; car ce système doit sauver le pays.*

Mastricht, Vauban prend Mastricht en treize jours, grâce au progrès qu'il a fait faire au système turc des parallèles. Le roi lève le siège de Bois-le-Duc. A cette même époque, Louis XIV fit la conquête de *[Bois-le-Duc, Audenarde]* *Besançon,* la Franche-Comté, assiégea et prit Besançon en quatre jours. L'ennemi reprend Naarden, la dernière des places hollandaises conqui- *Naarden.* ses. Chamilly défend avec vigueur et talent la place de Grave. On *[Grave]* se défend bien pendant vingt-deux jours dans Mayence, *par de brillantes et nombreuses sorties ; mais le manque de munitions* force à capituler. Pendant ce temps, Turenne en Franconie résistait *Wurzbourg, Mayence,* avec peine à Montécuculi, qui, *par trahison*, entre à Wurzbourg, ce qui lui permit de faire sa jonction avec le prince d'Orange, qui *Bonn.* s'empare de Bonn en huit jours, nonobstant la puissance de ses remparts. Tournay se défend contre les coalisés. *[Tournay]*

1674. Mais les Allemands, Bavarois, Prussiens et Saxons, les électeurs couronnés et mitrés, ainsi que tous les petits princes, *ne tenaient jamais leurs serments. Les paix jurées par eux n'étaient qu'une manœuvre militaire ; les paroles, qu'un moyen de cacher leurs desseins.* Le grand électeur de Brandebourg était revenu de ses frayeurs. Son armée se porte en avant pour pénétrer en Alsace avec les Impériaux de Caprara renforcés des Lorrains, brouillés avec la France depuis Louis XIII. Turenne passe le Rhin, court au*Bataille de Sintzheim.* devant d'eux, les bat près de Sintzheim, malgré les retranchements ennemis de cette petite place et son château ; toutefois il repasse le fleuve ; car les Impériaux se renforcent de l'armée de *Strasbourg.* Brandebourg. Turenne même est contraint d'évacuer l'Alsace par ordre de Louis XIV *et malgré ses observations*. La petite république strasbourgeoise a livré son pont aux alliés : ils sont retranchés à Entzhem, en dehors du faubourg de la ville, et sont appuyés à la place. Turenne descend des montagnes avec 22.000 hommes et 30 canons, contre 30,000 hommes, les attaque, les bat et les force à se réfugier en désordre dans Strasbourg ; mais cette victoire ne menait à rien de décisif.

[marge : ...taille de Mundhem.] — *[marge : Strasbourg.]*

Il est à remarquer qu'à cette bataille se trouvait dans l'armée française Marlborough, à la tête d'un corps de 500 Anglais. Ce jeune officier montra plus tard qu'il avait compris son général et qu'il était digne de Turenne. Cependant 60,000 alliés ont débouché de Strasbourg, ils inondent l'Alsace. Turenne, trop faible, se retire dans les montagnes par Saverne fortifié ; il répare Haguenau et se couvre du château de Vasselonne. Mais l'ennemi s'approchant, il s'enfonce davantage dans les Vosges, et va retrancher un camp à Dettweiller, sur des pics élevés et au milieu des gorges. La petite garnison de Vasselonne tient quatre jours et s'échappe à travers les postes ennemis. On était en hiver. L'armée alliée va cantonner près de Strasbourg, respectant le camp français, renforcé depuis peu par un corps de troupes à cheval, fort de 6,000 hommes. Alors Turenne, à petit bruit, fait filer son armée par le revers des Vosges. Parvenu à la hauteur de Thann et de Belfort, il fait lever le siége de cette dernière place ; puis il pénètre dans la haute Alsace, où l'ennemi a des cantonnements séparés, mais retranchés ou appuyés à d'anciennes petites forteresses dont ce pays abonde ; il attaque le cantonnement de Mulhouse dans la plaine et en prend la majeure partie, le reste se sauve par Bâle, *en violant sa neutralité comme celle de Strasbourg*. Turenne se porte sur Turkheim, s'empare de ce poste et du cantonnement ; il court sur Colmar, où il trouve l'armée ennemie en bataille appuyée à cette place. Les Français attaquent avec résolution le grand électeur, qui reçoit un troisième échec, abandonne ses magasins et fuit sur Schélestadt. Après avoir perdu dans ces diverses rencontres plus de 15,000 hommes, canons, bagages, hôpitaux et beaucoup de prisonniers, il repasse le Rhin à Benfelden et évacue toute l'Alsace, au milieu d'un hiver rigoureux. Schélestadt se rendit peu après la retraite des alliés, et l'on y prit 3.000 hommes et des dépôts.

[marge : Haguenau. Château de Vasselonne.] — *[marge : Dettweiller.]* — *[marge : Belfort.]* — *[marge : ...ulhouse.]* — *[marge : ...taille de Colmar. Turckheim.]* — *[marge : ...hlestadt.]* — *[marge : Schélestadt.]*

En 1675, Turenne commandait l'armée d'Allemagne, forte de 25 à 26,000 hommes ; il avait pour antagoniste Montécuculi, qui

[marge : 1675.]

voulait pénétrer en Alsace, ayant pour appui la magistrature de
trasbourg et espérant obtenir le pont de cette ville. Montécuculi
jette un pont à Spire et passe sur la rive gauche. Vite Turenne
jette un pont à Ottenheim, au-dessus de Strasbourg, et envahit la
rive droite du fleuve ; il se retranche à Killstett, près de la
Kintzig, et menace la Souabe en même temps qu'il couvre Strasbourg. Montécuculi repasse le Rhin et vient border la Kintzig,
ayant 30.000 hommes. Turenne descend son pont à Altenheim
et réussit à couper Montécuculi de son magasin d'Offenbach
et le sépare du corps de Caprara. Ces mouvements amènent les
deux armées à Sasbach, prêtes à livrer une bataille, mais Turenne
est tué d'un coup de canon, dans le préliminaire d'une reconnaissance sur le champ de bataille, comme Gustave, comme Bernard
de Weimar, comme Pappenhein, comme plus tard Berwick. *Depuis,
cela est devenu très-rare.* Les Français, accablés de la mort de
leur général bien-aimé, défendent assez mal leurs retranchements
de la tête de pont de Killstett, et repassent le Rhin avec perte
de 3,000 hommes. Vers cette époque, en Flandre, Calvo s'illustrait
en forçant le prince d'Orange à lever le siége d'Aire ; et Louis XIV,
sur les bords du Rhin, triomphait encore par la prise de Philisbourg,
qui se défendit peu de temps.

Durant la vie militaire et glorieuse de Turenne, plusieurs autres forteresses ont sans doute été prises ou
défendues ; mais les mémoires de ce grand homme,
en partie écrits par lui-même et par le duc d'Yorck,
ne nous ont pas fourni d'autres noms que les précédents :
du reste, nous pensons qu'il y en a bien assez pour poser
quelques conclusions. Considérons donc les diverses
époques de la vie de Turenne, et essayons de nous
former une idée du rôle des fortifications pendant qu'il
illustrait la scène militaire.

1° De 1636 à 1649, nous voyons les fortifications
partager 33 fois le sort malheureux des troupes qui
les emploient, et assister 14 fois à des succès ; c'est
donc le rapport de 2,36 : 1, près 2, et 1/2 revers pour

un seul triomphe sous un même général. Qu'on le remarque avec attention, au nombre des succès nous avons
compté une sorte de service moral rempli par certaines
fortifications ; c'est quelquefois une place qui a, croit-
on, servi de refuge à une armée battue ; un camp fortifié qui a été respecté par l'ennemi ; une tête de pont
qui a permis un débouchement. Qui sait si ce refuge
a été indispensable et si une marche de plus n'eût pas
produit le même effet? qui sait si l'ennemi n'aurait pas
emporté le camp qu'il a craint, ou si l'armée n'eût pas
aussi bien débouché par un village, que par la tête de
pont? On ne nous accusera donc pas d'avoir été prodigue pour le budget des revers, et avare pour celui des
succès. Que l'on consulte notre tableau de la page 61
de nos *Essais sur de nouvelles considérations militaires*,
et l'on y lira le chiffre ou rapport, de 2,50 : 1, répondant
à la guerre de petites armées qui agissent dans des pays
montagneux. Mais où donc se sont passées ces campagnes
de Turenne, de 1636 à 1649? Dans un pays très-accidenté, dans les montagnes de la Souabe, de la Hesse,
de la Bavière, dans celles des Vosges, c'est-à-dire dans
des conditions très-analogues aux circonstances qui
nous avaient donné 2,50 : 1 ; eh bien! nous trouvons
2,36 : 1. Dira-t-on que c'est là *un hasard*, un résultat
composé à la main? c'est impossible. Notre tableau est
fait loyalement, sans arrière-pensée, sans même que
d'avance nous ayons prévu ni pu prévoir ce qu'il serait ;
il est tout entier historique.

Et pourtant Turenne était jeune encore, nous n'oserions
pas dire novice. Il a donc dû attaquer ou défendre bien
des forteresses, et ainsi, procurer aux ouvrages de l'art une
valeur infiniment plus grande qu'il ne l'aurait fait avec
plus d'expérience. Il est bon de faire observer à MM. les
doctrinaires que cette sorte de noviciat *est la suite d'une*

observation de Napoléon. Malgré les préjugés que ses études ont dû lui inculquer, avec quelle mesure pourtant il emploie les forteresses! une ou deux, voilà le nombre auquel il se borne. Jamais il ne s'en sert pour s'y défendre; ce ne sont pour lui que des têtes de pont ou des magasins. Quelle différence de disposition avec les guerres de Hanovre, et quelle différence de succès!

Nonobstant des preuves si palpables, les doctrinaires argumentent. Vous violentez, disent-ils, les chiffres; vous les groupez pour leur faire dire ce qui vous convient. Pour corroborer votre constante hostilité (1) contre la fortification, vous ployez, vous asservissez les événements à vos idées particulières! Est-ce donc que nous ne rapportons point les faits avec fidélité? est-ce que nos tableaux sont falsifiés? est-ce que nos calculs sont erronés? *Voyons, détruisez donc ces chiffres, et alors vous aurez le droit de démentir nos conclusions.* Mais des conclusions, qu'avons-nous besoin de les tirer? est-ce que ces seuls chiffres n'ont pas une puissante éloquence? est-ce qu'ils n'expriment pas cette vérité : *L'abus de la fortification est une preuve d'ignorance et peut devenir une trahison morale?*

2° Si nous passons à l'époque de la guerre civile, de 1650 à 1654, nous trouvons un résultat remarquable, un nouveau fait à ajouter au tableau n° 1 de nos *Nouvelles considérations;* c'est que pendant cette lutte intestine les fortifications ont vu 10 affaires malheureuses et 11 accompagnées de succès; c'est le renversement complet de nos rapports habituels; c'est cette fois celui de 0,99 : 1. Ainsi, *dans les discordes civiles, les succès des fortifications l'auraient emporté sur leurs défaites.* Si la pensée secrète qui a fait fortifier Paris a deviné

(1) Spectateur militaire, 15 octobre 1843

ce résultat, l'on ne peut nier l'étendue de son intelligence ;
il ne lui reste plus qu'à s'évertuer pour donner le change
à l'opinion générale, afin de lui persuader que, bien loin
de prévoir une guerre civile, c'est contre l'ennemi
extérieur que l'on prépare ce dispendieux développement
d'enceintes et de forts.

Ce nouveau fait, que nous avons déjà signalé, *peut
jusqu'à un certain point servir d'excuse à quelques
doctrinaires.* En lisant les anciennes histoires de nos
discordes civiles, il leur est resté dans l'esprit que les
forteresses avaient rendu de grands services, et dès
lors ils se sont pénétrés de ce fait ; mais leur erreur
vient de ce qu'ils l'ont en même temps transporté
dans les événements des grandes guerres étrangères et
internationales.

A vrai dire même, l'origine de la fortification ne vient
que de la guerre civile ; car *la féodalité c'est la guerre
civile, organisée méthodiquement.* Elle ne peut exister sans
forts ni châteaux, et point de forts ni de châteaux sans
elle. La féodalité et la fortification se procréent réciproquement et s'engendrent l'une l'autre. Aussi est-ce nous faire
retourner au moyen âge que de couvrir cette malheureuse France de bastilles modernes : leurs formes nouvelles ne changent rien à leur nature intime.

3° Si nous faisons le double budget de 1655 à 1658,
époque de la guerre en Flandre, nous nous trouvons
en pleine doctrine, soit que Turenne reçoive des ordres
de la cour, soit que le terrain le subjugue par son
ameublement fortifié. L'histoire nous montre 34 actions
malheureuses sous les places fortes ou fortifications,
et 13 favorables, c'est-à-dire le rapport de 2,61 : 1. Déjà
nous avons obtenu un rapport analogue pour l'Espagne
dans nos *Nouvelles considérations militaires.* N'ou-
blions pas qu'il s'agit de 1655 et 1658 ; ne perdons pas

de vue la petitesse des armées, et surtout souvenons-nous qu'il y avait à cette époque une teinte de guerre civile : Condé avait des corps français avec lui dans les rangs ennemis ; or toutes ces modifications ont bien pu produire un rapport moins défavorable que d'autres guerres, sur un terrain fortifié également des deux côtés.

4° La 4ᵉ section nous offre l'invasion manquée de la Hollande par Louis XIV, pendant les années 1672 et 1673, ainsi que ses conséquences de 1674 à 1675. 85 fois les fortifications assistèrent à des échecs, et 19 fois seulement à des succès ; c'est donc le rapport de 4,47 : 1. *C'est plus de quatre contre un ;* si nous ne prenions que les deux années, comprenant l'entrée en Hollande et le retour, 1672 et 1673, nous aurions 6 et 8 contre un. La conclusion de ces résultats, c'est que dans cette invasion rapide les places fortes montrèrent une immense infériorité, et, comme nous l'avons fait observer, *ce fatal retour, bien différent de ceux prédits par Darcon, n'arriva que quand on eut pris toutes les forteresses hollandaises.* Qu'on ne vienne pas nous dire qu'Amsterdam *fortifiée* fut sauvée ; car ses murailles n'entrèrent pour rien dans le résultat définitif : fortifiée ou non, la mer eût produit sur elle son effet. Les fortifications d'Amsterdam servirent uniquement de digues, comme, du reste, cela a lieu pour beaucoup de villes de ce pays. Ce que l'on vit en 1673 ne saurait se renouveler : aussi Pichegru, en 1793, s'empara-t-il de cette capitale, sans que l'on tentât une inondation semblable. La civilisation n'est plus à cette hauteur, et peut-être même que ce moyen deviendrait nul au temps des glaces.

On peut pourtant convenir que la fortification sauva la Hollande, mais c'est dans un sens bien contraire à celui de la doctrine, ce fut dans le sens de ce que nous écrivions page 180 des *Nouvelles considérations militaires*, c'est-à-dire, quand la Hollande eut perdu toutes ses places, au nombre de 60. Alors toutes les troupes du pays furent ralliées et, à leur tour, poursuivirent Louis XIV. Ce sont les mêmes scènes que nous avons signalées de 1808 à 1814, en Espagne, et en Allemagne. Les places hollandaises, tombées aux mains des Français, *sauvèrent la Hollande* 1 !

Parlerons-nous de la rapidité de l'invasion de Louis XIV dans ce pays, *le plus couvert de places fortes que l'on connaisse?* Toutes défendues par les moyens *les plus puissants de la nature après les montagnes*, elles sont la plupart au milieu de profonds marais, d'immenses polders et de fleuves considérables; protégées de tous côtés par une marine habile, et aucune cependant ne résista plus de 4 ou 5 jours; mais ces marais, ces polders furent utiles aux Français, *par la double réciprocité* dont nous avons parlé. Ces puissants refuges prétendus ne servirent qu'à inspirer aux Hollandais une trompeuse sécurité, et une fausse manœuvre défensive qui, échouant de toutes parts, les conduisit à un acte barbare qu'une guerre, même malheureuse, n'eût pas égalé en infortunes.

Comme *la lance d'Achille*, cette prodigalité de forteresses fit à la Hollande une blessure qu'elle guérit, *grâce à la doctrine*, qui éparpilla l'armée de Louis dans une foule de forteresses : aussi ce système produisit-il pour ce pays *un vrai retour de fortune*. En résumé, les campagnes de Turenne nous conduiraient à toutes les conclusions consignées dans notre ouvrage publié en 1843, et il deviendrait fastidieux de repro-

1 Mémoires de Brandebourg, page 117.

duire ici l'exposition de toutes les déductions que l'on en peut tirer.

Si nous totalisions nos quatre sections, nous trouverions que, pendant son commandement, Turenne a assisté à 221 affaires mêlées de fortifications, et qu'en résultat la défensive organisée a éprouvé de 3 *à 4 échecs contre un succès*, quand sous Gustave-Adolphe elle en a subi 4 et même 5 contre 1. Évidemment ce dernier fut le véritable maître de Turenne; mais il faut observer que le pays où agissait le roi de Suède était une république fédérative composée de 300 princes, qui tous avaient leurs capitales fortifiées; il a donc été soumis à la nécessité de rencontrer sur son chemin, bien plus de fortifications que Turenne : le premier était en plein pays féodal, le second fit la guerre contre de grands États, qui avaient déjà diminué un peu le nombre des donjons, ainsi que nous l'avons remarqué *en parlant de Richelieu.* Quoi qu'il en soit, il n'en est pas moins exact de dire que les principes de Gustave-Adolphe furent suivis par Turenne. Ce fut des deux côtés la même rapidité d'action, le même système de ne conserver qu'un petit nombre de centres de mouvement, de magasins et de têtes de pont; mais Gustave roi était son maître, quand Turenne en avait un, qui souvent prêtait l'oreille à des ministres jaloux, à des favoris avides ou à des maîtresses pusillanimes, et il subissait encore les préjugés d'une fausse éducation militaire, la seule qu'on reçût alors.

CHAPITRE VI.

Campagnes du maréchal de Luxembourg

Nous mettrons le chapitre suivant sous le nom du maréchal de Luxembourg, bien que les faits militaires que nous rapporterons aient eu lieu, en partie, sous d'autres généraux ; mais Luxembourg y fut le capitaine le plus illustre. Il avait vu Turenne, et fut un des guerriers qui posséda le plus de ses rares qualités. Comme lui, il triompha malgré la malveillance du ministère, et ses succès en sont d'autant plus éclatants, que Louvois aussi s'était déclaré son ennemi : c'était bien dû au vainqueur de Nerwinde et de Fleurus. Est-ce que, de nos jours, un autre vainqueur de Fleurus n'a pas éprouvé le même sort ?

TABLEAU STATISTIQUE N° 33.

Turenne venait d'être tué, l'armée française était en marche ; les bataillons, en plein déploiement pour une affaire générale, s'arrêtent sur le terrain même où la fatale nouvelle les surprend : on aurait dit que leur âme les avait abandonnés, comme celle de Turenne, et que la mort les avait frappés du même coup.

Les deux généraux, Lorges et Vaubrun, s'épouvantent et perdent leur temps à se disputer le commandement. Il n'y avait

Bataille de Altenheim.

point encore, à cette époque, de règlement sur cette matière. La retraite est ordonnée; elle s'exécute mal. Montécuculi, qui a jugé qu'il se passe quelque chose d'extraordinaire, redouble de prudence et fait avancer ses troupes avec la circonspection allemande.

Par un mouvement de nuit, les généraux français font marcher, en retraite, l'armée vers le pont du Rhin. Il fallait passer le ruisseau d'Acheren et la Kintzig : la droite des troupes, hâtant le pas, était déjà à Altenheim, que la gauche était encore bien éloignée. L'avant-garde de Montécuculi passe sur le ventre de celle-ci aux abords de la Schutteren. Un corps de cavalerie ennemie pénètre même jusqu'au débouché du pont: toutefois, après un grand désordre et la perte de M. de Vaubrun, ainsi que de beaucoup de bagages, on parvient sur la rive gauche du Rhin, grâce à la tête de pont, mais en perdant 3.000 hommes.

Strasbourg.

A son tour, Montécuculi passe le Rhin à Strasbourg qui se rend à lui et avance en Alsace. L'armée française est repoussée sur la Sarre, et l'ennemi s'apprête à la franchir. Le maréchal de Créqui, général très-capable, était à la tête des troupes. Son armée défendait le pont de Consarbruck ; il était protégé par une ancienne tour, comme il en existe encore beaucoup ; c'était une sorte de château antique. Une garde l'occupait, et l'armée s'était un peu éloignée pour se couvrir des feux de l'artillerie impériale. La cavalerie ennemie se jette à la rivière au-dessus et au-dessous de la tour; l'infanterie pénètre sur le pont même; l'ouvrage est enlevé, et Créqui battu perd 3.000 hommes sur 20,000.

1675.
Bataille de
Consarbruck.

Capitulation
de Trèves.

Le maréchal se sauve dans Trèves avec ses débris. Vingt mille ennemis attaquent la ville; une porte est livrée *par trahison* au milieu d'un assaut, et les restes de l'armée avec le général sont faits prisonniers. *Créqui, de ce jour, se brouilla avec la doctrine.*

Cependant Condé est mis à la tête de nouvelles troupes, comme un sauveur, il fait lever les siéges de Saverne et de Haguenau.

Saverne.
Haguenau.

1676.

Louis XIV, de sa personne, vient commander l'armée de Flandre. On devait s'attendre à des siéges, et c'est ce qui arriva. Il prend Condé, Valenciennes et Cambray; il assiége au printemps Bouchain, quoiqu'en présence d'une armée ennemie forte de 50.000 hommes. L'assaut de Valenciennes fut remarquable, et, contre l'usage, Vauban le fit commencer en plein jour. Il fut donné à un ouvrage extérieur. Les troupes, par le moyen des ponts, se portèrent, sans ordre, jusqu'à l'enceinte même, qui fut

Condé,
Valenciennes
Cambray.

Ouvrage
détaché.

aussi prise après l'enlèvement de quatre lignes d'ouvrages successifs : à cette époque certaines villes en avaient jusqu'à sept.

Le siége de Bouchain fut également remarquable par la prise de
l'ouvrage à cornes, assailli en plein jour par Feuquière ; les troupes
ne firent que de légères pertes en ces deux occasions.

L'armée impériale fait le siége de Philisbourg, bien que Luxembourg fût dans le voisinage avec 50.000 hommes. La place ne résista
que 19 jours, quoiqu'elle eût une bonne et forte garnison ; Lauter-
bourg aussi avait été prise par le duc de Lorraine : d'où l'on
peut inférer que, déjà, les alliés avaient de bons ingénieurs.

La victoire de Trèves, la prise de Philisbourg avaient rendu
au duc de Lorraine l'espoir de rentrer dans son duché. Ce prince,
réellement le seul rejeton du sang de Charlemagne, dépossédé
par les Capétiens. a eu de longues prétentions, transmises par les
femmes (1) à Gaston d'Orléans. Ce prince, disons-nous, pénètre en
Lorraine jusque sous Metz ; mais il est arrêté par Créqui rendu
à la liberté. Ce maréchal, avec une nouvelle armée, côtoyait celle
de l'ennemi, qui se ruinait faute de recrutement organisé. Bien
plus, le général français se porta rapidement en Alsace, passa le
Rhin et attaqua l'armée impériale. M. d'Eysenach la conduisit dans
une île du Rhin, où elle fut obligée *de traiter et de se rendre*
à l'armée française, qui lui permit de se retirer. Elle y était entrée par le fort de Kehl, et fut conduite en Allemagne par Philisbourg et par étapes. Revenu en Alsace, le duc de Lorraine
fut lui-même battu à Klosterberg par Créqui, et forcé de
rentrer en Allemagne en découvrant Fribourg et abandonnant
son duché.

Alors le maréchal assiége et prend cette place en peu de jours,
enlève le fort de Kehl de vive force et s'empare d'Offembourg après
avoir battu un corps impérial appuyé à Rhinfeld : cette place
capitule par suite de la victoire.

Ce fut cette année que Saint-Omer fut sauvé. Le prince d'Orange
était venu assiéger cette place ; mais Vauban s'y était jeté. L'on
s'attendait à une défense d'ingénieur : ce fut celle d'un général habile. Sortant de ses chemins couverts, et marchant sur les glacis
avec sa petite division, il attaque le prince, culbute ses premières
lignes, et le force à lever le siége. Ce fut la seule défense de place

______

(1) Le frère de Louis XIII avait épousé une princesse de Lorraine malgré
ce prince. Le duc de Lorraine fut dépossédé

où se trouva le grand ingénieur, et l'on voit qu'il la fit par *des
sorties*, méthode anti-doctrinaire : cet événement est très-remarquable et très-instructif pour qui toutefois veut s'instruire conscien-
cieusement.

À cette époque, le prince d'Orange voulut aussi attaquer Mastricht et Charleroi ; mais il fut également contraint d'abandonner
ses attaques ; Luxembourg l'obligea à cette double retraite.

Enfin l'on signa la paix de Nimègue, que Louis XIV dicta. Il
rendit quelques places *qui peu après seront assiégées de nouveau*,
car le système doctrinaire était en plein développement. Turenne
et Luxembourg avaient lutté vainement contre Louvois, c'est-
à-dire la science militaire contre le défaut de connaissances du ministre en ce genre.

La paix de Nimègue donnait l'Alsace à la France. Le roi cherche
à y faire rentrer quelques parties qui en ont été détachées avec le
temps. La ville de Strasbourg a livré son pont à l'ennemi. Louis
veut l'annexer à l'Alsace. Ses magistrats, moitié séduits, moitié
intimidés, lui livrent la place. Il achète aussi du duc de Mantoue
la ville de Cazal en Italie, s'efforçant ainsi de mettre le pied en ce
pays. Les Algériens pillent ses vaisseaux de commerce : les bombardes sont inventées par Renaud pour punir ces forbans audacieux. Sa flotte va bombarder Alger, où plus de 30,000 esclaves
chrétiens sont délivrés, sauf cinq mille Anglais qui, prétendant
ne pas devoir leur liberté à Louis, sont laissés à leurs travaux
barbaresques et à leur orgueil.

Cette année est encore remarquable à cause du siége de Vienne
par l'armée de Mustapha-Cara, grand visir. Nous en parlerons à
l'occasion des campagnes d'Eugène, qui fut compris dans les 6,000
volontaires que Louis XIV envoya au secours de l'empereur
Léopold.

Nonobstant ces secours, Louis XIV attaque les dépendances de
l'Empire ; il fait bombarder Luxembourg, ville aussi autrichienne
qu'espagnole ; elle est prise d'assaut ; il s'empare de Dixmude et de
Courtray, et l'on signe, non plus une paix, mais une soi-disant
trève de 20 ans.

Le siége de Luxembourg mérite une attention spéciale en ce que
Vauban y négligea, en les masquant, quelques forts détachés, et
qu'il y fit usage des premiers cavaliers de tranchée.

La flotte française bombarde Gênes ; elle y jette 16,000 bombes ;

— 157 —

et, faisant un débarquement de 4,000 hommes, les Français s'emparent du faubourg d'Arena : la place consentit à traiter. C'est à cette occasion que son doge parut, dans Versailles, aux yeux étonnés de toute la cour.

1686.

Cependant, de tous côtés, le prince d'Orange faisait des traités et ameutait l'Europe contre la France, pour lui donner des occupations pendant la réalisation de ses projets contre l'Angleterre. C'est à ce moment que Louis prend la mesure impolitique de chasser de son royaume plus de 600,000 protestants, population industrieuse qui porte à l'étranger les arts qu'elle cultivait avec plus de succès que le reste des Français. Cette mesure inique jette dans les armées ennemies une foule d'officiers habiles et de nombreux bataillons.

1688.
Londres.

Le Stathouder de Hollande, gendre de Jacques II, fait une descente en Angleterre avec 15.000 Hollandais : le roi de Danemarck, son beau-frère, le laisse faire et l'aide même dans cette entreprise impie. La marine, l'armée, une partie du parlement sont pour lui ; toutes les forteresses lui ouvrent leurs portes, et la famille des Stuart est vaincue sans un seul combat. Louis XIV prend parti pour Jacques, et une nouvelle guerre se rallume en Europe pour renverser un prince connu sous le nom de Guillaume Ier.

Trèves,
Namur,

Gueldbourg,
Mannheim,
Heidelberg,
Mayence,
Mordersworth

Les Français assiégent Philisbourg, et Vauban invente le ricochet qui fit capituler la place en 20 jours : c'était une des plus fortes de l'Europe. Coblentz et sa citadelle d'Ehrenbreitstein, bombardées, résistent à l'armée française, d'autres capitulent : nous inscrivons, ci-contre, le nom des principales.

Ehrenbreit-
tein.
Coblentz.

1690.

Une flotte française porte 15.000 hommes en Irlande. Jacques II était resté catholique, au fond du cœur, sur un trône protestant. L'Irlande prend parti pour lui. 25 vaisseaux de ligne sont encore envoyés par la France. Tourville a 40 vaisseaux et triomphe d'une flotte anglaise qui en compte 63. Louis, qui depuis 20 ans fait de si grands efforts pour créer une marine, obtient l'empire de la mer : tout semble concourir à ses desseins.

Mais les troupes françaises sont épuisées en garnisons. Guillaume descendu en Irlande, ne trouve que 6,000 Français à l'armée de Jacques, qui a 30,000 Irlandais. Il semble que le destin de ce peuple, si brave, et qui forme aujourd'hui la moitié des armées anglaises, soit d'être toujours battu sur son propre terrain ; il semble également que peu à peu les nations protestantes finissent par vaincre celles res-

Bataille de
la Boyne.

téos caholiques (1). Cependant l'armée de Jacques est retranchée sur les bords de la Boyne, son front couvert par un vaste marais. Pour l'aborder, il faut gravir un grand escarpement : eh bien ! tout cela est franchi : le pont retranché, le marais, l'escarpement, rien n'arrête Guillaume ; il triomphe, et Jacques s'enfuit sans avoir même vu le combat ; il parvient à se réfugier en France : ce fut un protestant français, Schomberg, qui gagna cette bataille. Une garnison française résiste en vain plusieurs mois à Limerick ; elle Limerick. doit capituler, et l'Irlande est conquise par les Anglais (2) : 20,000 Français s'embarquent pour attaquer l'Angleterre au cœur même.

Bataille de
la Hougue.

Tourville a 44 vaisseaux sous la Hougue, il en attend 36 autres qui sont en route, venant des côtes du Midi ; mais 100 vaisseaux anglais l'attaquent, toute la flotte française est perdue, et Louis XIV vit d'un seul coup sa puissance maritime factice s'échapper après deux ans d'une prospérité éphémère.

De cette bataille date, pour le grand roi, un vrai changement de fortune : si la décadence n'est pas bien prononcée encore, on la voit se préparer : il a cependant 5 armées ; mais il juge qu'il ne saurait faire face sur les deux éléments. La bataille de la Hougue a ruiné les finances, aussi bien que ses folies de luxe et de bâtiments somptueux, parmi lesquels il ne faut pas omettre les fortifications.

Nous avons un peu interverti l'ordre de nos études pour ne pas entrecouper la description des efforts de la France en faveur de Jacques. Revenons à présent sur le continent, *véritable base de la puissance française.*

1688

Le duc de Bourgogne commandait, de nom, l'armée ; mais

---

(1) **Nous ne prétendons rien expliquer ;** mais voici les faits : La France a été vaincue, et elle s'affaiblit tous les jours. Il n'y a plus de Pologne. L'Espagne est dans l'agonie. Le Portugal est une colonie anglaise. L'Italie, si cela continue, avant 50 ans sera totalement autrichienne. L'Irlande est esclave : et l'on s'étonne des efforts qui de temps en temps se signalent !

(2) Un grand royaume tombe rarement du premier coup et tout d'une pièce. Ce n'est que par des démembrements successifs qu'il arrive à la dissolution : d'abord on lui enlève quelques villes, puis quelques provinces, et quand il est affaibli de chute en chute, le coup de grâce devient facile et s'exécute brusquement. Voyez la Pologne ! voyez l'empire turc ! on lui a enlevé la Grèce, l'Égypte, l'Afrique, la Moldavie, la Valachie, la Servie ; il suffirait d'un partage amiable, plus facile qu'on ne croit, pour le faire disparaître un beau jour, et c'est ce qui arrivera, probablement avant 30 ans.

Duras et Boufflers ordonnaient en réalité. Le second était au delà du Rhin, et d'Humières était vers Cologne avec une forte réserve.

Cette manie assiégeante ne quittait jamais le roi ni son conseil. On prend Mayence et Heidelberg, on met le siége devant Philisbourg, qui résiste pendant 19 jours, comme en 1676. Manheim tient 3 jours, Frankendal 2 jours; Spire, Worms, Oppenheim, Trèves ouvrent leurs portes, ainsi que Germrsheim. Turenne avait brûlé quelques petites villes et quelques villages. Cette fois, Louis ordonne l'incendie de 50 villes, 200 bourgs et 2,000 villages. Tout le Palatinat est détruit sans pitié, pour empêcher, disait-on, l'ennemi d'y séjourner. On ne calculait pas qu'un autre incendie s'allumerait dans les cœurs des Allemands, et qu'on se faisait des milliers d'ennemis : tout l'Empire, révolté de cette barbarie, prend les armes, et bientôt en représailles le feu va dévorer le Dauphiné.

L'ennemi reprend Mayence en 42 jours; d'Uxelles *fit 21 sorties, presque toutes heureuses : mais il finit par manquer de poudre.* Bonn se défend bien pendant 3 mois 1/2 : *elle manquait de vivres.* D'Humières se faisait battre à Walcourt par le prince de Waldeck. Enfin Luxembourg prend le commandement de l'armée de Flandre; Catinat celui de l'armée d'Italie; c'était un avocat comme Moreau. Le maréchal de Noailles commandait en Catalogne; Lorges resta en Allemagne.

Le duc de Savoie, Victor Amédée, appuyé à la place de Saluce, perd contre Catinat la bataille de Staffarde, et Saluce ensuite. Catinat attaque et emporte les lignes de Suze, où l'armée de Savoie est encore battue, et il s'empare de Suze après la victoire. Les places du comté de Nice et du Mont-Ferrat tombent. Nice, réputée imprenable, est forcée en peu de jours: Montalban, Villefranche, Carmagnole se rendent; Montmélian résiste bien, mais capitule après 27 jours de tranchée ouverte.

L'année d'ensuite, Catinat est encore victorieux à la Marsaille, nonobstant la présence du prince Eugène. Louvois, chef de la doctrine, meurt, mais la doctrine reste.

De son côté, Luxembourg remportait en Flandre la célèbre victoire de Fleurus, où l'ennemi perdait, bien que retranché, 15,000 hommes, son artillerie et tous ses bagages. C'était le prince de Waldeck qui commandait les alliés.

Le roi Guillaume accourt d'Angleterre, il veut au moins sauver Mons, assiégée par Luxembourg. Ils ont chacun 80.000 hommes.

Mayence,
Bonn.
Montmélian.

Liège. Hatte démolie. La Sud d'er-gel démolie. mais Luxembourg est plus habile; Mons tombe en neuf jours en présence de l'armée alliée. Cette campagne finit de ce côté par le glorieux combat de Leuze, où un simple détachement français battit l'armée ennemie tout entière.

1691. Namur. Louis, qui avait assisté au siége de Mons, ordonna de cerner Namur, et accourut encore de Versailles. Les siéges étaient sa passion. En douze jours la ville est prise par Vauban. Il fallut assiéger la citadelle. Elle résista 22 jours; cette citadelle avait cinq enceintes, et 1,500 hommes de garnison.

Citadelle de Namur. Il se passa à ce siége une événement remarquable: Cohorn, habile ingénieur hollandais, venait de faire construire, à 180 mètres du château, un carré bastionné, revêtu et taillé dans le roc, avec chemins couverts et glacis, défendus par plus de 2,400 hommes. *Fort Cohorn détaché ou Fort Guillaume.* Ce fort *détaché* était séparé du chemin couvert du château par une sorte de vallon. Vauban conduit ses tranchées par les deux flancs du fort Cohorn, le dépasse par deux sapes debout, puis en une nuit il réunit ces deux sapes par une parallèle tracée dans le vallon, à la gorge du fort qui est ainsi séparé de la place. Que diront *donc ceux qui ont une si grande confiance dans les forts détachés de Paris, qui sont à 2,000 et 6,000 mètres de l'enceinte?* Celui-là n'était qu'à 180 mètres. Il fut enveloppé, coupé de la place et pris d'assaut. L'ennemi y perdit 1,500 hommes. Le fort Guillaume était défendu par Cohorn lui-même, qui resta prisonnier.

Les Français, surpris à Steinkerque par Guillaume, repoussent tous ses efforts, et bien que Luxembourg fût malade, il sut retrouver sa vigueur en cette occasion.

1693. Bataille de Nerwinde. Le roi d'Angleterre fut encore battu à Nerwinde par le maréchal de Luxembourg, les deux armées étaient de 80,000 hommes: les alliés s'étaient retranchés entre deux ruisseaux, le Getter et le Laudon, la gauche aux glacis de la petite place de Loo. L'ennemi y perdit 12,000 tués, plus de 6,000 prisonniers, 104 canons, 40 drapeaux. Le chef de l'armée alliée se retira derrière la place de Loo, qui était à 400 pas du champ de bataille. Luxembourg fatigué lui permit d'y passer une partie de la nuit à organiser sa retraite. *Siège d'Huy.* Jadis Louis XIV conquérait la moitié de la Hollande après une seule attaque, et le temps était venu, après Fleurus, Leuze, Steinkerque et Nerwinde, qu'à peine s'il gagnait dix lieues de terrain.

On a voulu attribuer ce fait remarquable à la présence des forteresses, comme si elles n'existaient pas déjà au temps de ses conquêtes. D'ailleurs *le pays où se trouvait Nerwinde n'en avait qu'un très-petit nombre, et encore Louis les avait-il prises:* c'est que ce n'était plus, ni Turenne, ni Condé, qui commandaient ses armées. Luxembourg avait été un général vigoureux, il est vrai, mais il était mourant, et il était toujours contrarié par Louvois : en outre, son armée commençait à se ressentir de la pénurie des hommes en France. On ne recrutait plus que des enfants braves, capables d'un jour d'effort, hors d'état de résister à de longues marches, comme les vieilles troupes. Les ennemis étaient aussi devenus habiles. Louis n'avait plus tant de confiance en sa fortune, et hésitait à ordonner de grands mouvements : car toute l'Europe était en armes. S'il eût avancé d'un côté, une des armées dont il était entouré eût pénétré de l'autre ; aussi était-il obligé, sans cesse, d'ajourner son projet d'assiéger Bruxelles ; car le maréchal de Lorges, sur la rive droite du Rhin, avait été repoussé, bien qu'il eût pris Heidelberg et gagné le combat du Spirebach. La France même était envahie au midi par le prince Eugène, et le duc de Savoie, en Dauphiné : il s'en fallut de peu qu'ils ne parvinssent jusqu'aux Cévènes, pour donner la main aux protestants. Louis, sur la défensive, ne croyait donc plus pouvoir lancer ses troupes au loin et profiter de ses victoires : les places ennemies ne furent réellement pour rien dans son immobilité.

En Flandre, Louis XIV assiége Charleroi. Vauban avait beaucoup travaillé à cette place. C'était lui qui avait bâti les ouvrages détachés dont elle était précédée. Il existait un étang sur le front d'attaque qu'il choisit ; deux ouvrages en assuraient la tête et la queue ; celui de la tête était dans l'étang même. Ici Vauban fit comme à Namur, il traça deux sapes debout sur les glacis à droite et à gauche de l'étang, et les rejoignit brusquement par une parallèle faite sur ce glacis. Les deux ouvrages furent pris : l'un fut enlevé d'assaut et l'autre fut emporté par la gorge. La ville capitula après avoir perdu 3.200 hommes et résisté, malgré sa force, seulement 27 jours, quand elle eût pu résister 3 mois.

Les alliés assiégent Huy et le prennent en 10 jours. Avec une artillerie terrible, Cohorn écrase tout ; il avait 150 bouches à feu. Les glacis de cette place étaient plantés de gros arbres et couverts de blocailles et de pavés, afin de gêner le travail des tranchées : ce fut en vain. Pendant que le roi d'Angleterre s'avance rapidement

1694.

vers l'Escaut, Luxembourg est encore vers Huy. Le général français, surpris, fait marcher son armée vers le point menacé. Une partie de ses troupes est transportée en poste sur des chariots de la campagne, et elle arrive à Espierres sur le fleuve, avant l'ennemi. C'est ce mouvement rapide et inusité que l'on a appelé la marche de *Vigamont*. Alors l'ennemi se porte sur la Lys. Luxembourg, vrai Français pour la rapidité, y est encore avant lui, retranché sous Courtray. La place est sauvée.

Courtrai

Bataille du Ter, Gironne, Campredon, Castelfollit, Palamos, Roses, Ostalric, Barcelone.

Vers le même temps, M. le maréchal de Noailles remporta une victoire sous les murs de Gironne, sur le Ter; il prit Gironne, Campredon, Palamos, Castelfollit, Ostalric et Roses qui ne tint que 9 jours. Mais trop faible, M. de Noailles fut bientôt obligé de se réfugier sous Barcelone, qu'il perdit peu après. Vendôme le remplaça dans le commandement en Espagne.

Barcelone Gironne

1695—1696.

C'est à peu près vers le même temps que les Anglais bombardèrent Saint-Malo, le Hâvre, Dieppe, Calais et Dunkerque; ils y inventèrent des machines infernales. Dunkerque seule eut beaucoup à en souffrir. A son tour, Louis XIV fait bombarder inutilement Bruxelles. Luxembourg mourut cette année.

St-M. Dunk. du

Bruxelles

Forts détachés de Namur. Débarquement des Anglais à Camaret.

Enfin les alliés prennent l'offensive; ils assiégent Namur avec 120,000 hommes, dont 90.000 en armée d'observation sur la Méhaigne. L'armée de siége de 20 à 30,000 hommes servait 250 bouches à feu; car les alliés *croient qu'un siége est un combat d'artillerie*. Boufflers est dans la place avec 16,000 hommes. Cohorn rend à Vauban la pareille: il néglige les forts détachés de la Cassotte et de Terra-Nova et prend d'assaut celui de Coclet, où 3,000 Français sont faits prisonniers. La ville et le château résistent 83 jours, tandis que sous Vauban ils n'avaient résisté que 35 jours: il est vrai que Vauban avait rétabli cette place depuis le siége de 1692; la capitulation *est inexécutée* par l'ennemi. Vendôme, en Espagne, fait lever le siége de Palamos, qui a 7 enceintes. En Italie les alliés assiégent Valence; mais Catinat fait suspendre l'attaque par un traité de neutralité du Piémont et le mariage du duc de Bourgogne avec une princesse de Savoie.

Namur

Palamos.

Valence.

Dixmude, Denyse. 1697.

Villeroi, pour sauver Namur, s'imagina qu'il fallait attaquer vers la Lys. Il prend Dixmude, dont on démolit les remparts, et Denyse capitule. Louis XIV avait l'habitude, depuis quelques années, *de raser les places* dont il ne faisait pas son système de lignes. Il va une seconde fois bombarder Bruxelles, comme si, Bruxelles

Bruxelles

pris, il n'eût pas fallu y laisser une garnison et affaiblir l'armée française ; mais la place le repoussa de nouveau.

Les Français, *assiégeurs sans fin, doctrinaires toujours*, attaquent la ville d'Ath. Cette place, prise par Louis XIV, reprise par les alliés, est de nouveau assiégée par Vauban. C'était en grande partie *son ouvrage, et nonobstant elle capitule le treizième jour*. On n'a jamais voulu philosopher sur ces doubles faits.

Vendôme a rétabli les affaires en Espagne. Il assiége la forte Barcelone, défendue par une garnison de 16.000 hommes. Une armée de 20,000 Espagnols était campée non loin du mont Juich, et la place n'était pas cernée de ce côté. Elle avait 250 canons en batterie. Vendôme n'avait que 28,000 hommes et 60 bouches à feu. L'ennemi perdit 9.000 hommes, et les Français autant. Il *y eut des sorties sans nombre*, des ouvrages pris et repris. Toutefois la place capitula après 60 jours d'une résistance à l'espagnole. c'est-à-dire des plus vigoureuses.

Mais les deux partis sont épuisés : Louis XIV voit pâlir son étoile. Il accepte donc la paix *de Riswick* en cédant beaucoup, Philisbourg, Vieux-Brisach, Fribourg, Kehl, et démolissant Huningue et le fort Louis. La France s'était émue d'une si triste paix, après les victoires de Fleurus et de Nerwinde. Le système doctrinaire seul devait effacer la gloire des armées.

A présent établissons nos deux budgets accoutumés. Nous voyons 84 affaires malheureuses sous les fortifications, et 26 seulement heureuses; c'est le rapport de 84 à 26, c'est 3,23 contre 1, ou 3,23 : 1, et pourtant Vauban était là ! Dans quelles mains la fortification française pouvait-elle valoir davantage, et qui pouvait mieux que lui annuler celles des ennemis? Nous nous trompons en disant les fortifications ennemies ; car elles sortaient toutes des mains de Vauban, comme Mons, Namur, Mastricht, Charleroi, Ath, Huy, etc. Le grand ingénieur avait aussi fortifié Vieux-Brisach, Philisbourg. Toutes les places qui furent défendues par les alliés étaient son ouvrage: il avait travaillé pour les étrangers. Et que l'on ne prétende pas que lés alliés manquaient d'ingénieurs. Ils avaient aussi leur Vauban dans Cohorn, qui avait formé de son côté un corps d'assiégeurs. *On fait rarement des troupes pour ses antagonistes, mais on fait souvent des forteresses qui leur sont utiles : c'est encore une cause de leur infériorité et de leur danger.*

Ainsi les forteresses, avec tous les éléments de prospérité ; un roi *plaço-mane* ; un grand homme pour ingénieur ; un ministre doctrinaire ; des ennemis très-complaisants et obéissants doctrinaires, car le prince d'Orange était un *assiégeur* déterminé ; les forteresses, disons-nous, avec des gouverneurs tels que Calvo, Laubanie, Montal, Boufflers, Chamilly, etc., et des ingénieurs connus, Vauban, Coulon, Mesgrigny, Deshoulières, Lapara, Dupuy, etc., produisent cependant la triste chance de 3 1/4 contre 1. Elles conduisent au honteux traité de Riswick, *sans que la France ait perdu une seule bataille*, après avoir triomphé à Fleurus, à Nerwinde, à Spire, à Staffarde, au Ter, etc. Toutes ces pertes *n'ont consisté qu'en places fortes*. Il faut donc que ce système de guerre soit bien vicieux pour amener de tels résultats : c'est lui que nous avons appelé *la doctrine*. Nous le répétons à satiété : adoptez de meilleures idées militaires, diminuez le nombre des forteresses ; sans doute vous aurez des commandants de places de moins ; des chefs et directeurs d'artillerie du génie, d'état-major de moins. Nous n'en disconvenons point ; mais vous aurez détruit l'obstacle réel qui repousse les vrais principes. Au reste, ne craignez rien, messieurs les doctrinaires : si nos idées sont exactes, fondées en raison, c'est peut-être un motif pour qu'on ne les adopte pas !

Nous avons déjà rappelé dans nos *Nouvelles considérations* un jugement du grand Frédéric favorable aux places fortes, extrait de l'Anti-Machiavel, ouvrage de sa jeunesse. Nous en rapporterons d'autres tirés de la Guerre de 7 ans, ouvrage écrit par Frédéric, devenu homme d'expérience. Bien qu'en apparence un peu contradictoires, ces deux manières de penser ne le sont réellement pas, si l'on ajoute qu'il faut éviter l'abus d'une trop grande multiplicité dans l'emploi des remparts. Il disait que « les forteresses avaient *émoussé* « les succès de Luxembourg et d'Eugène; que Louis XIV, « en raison de leur existence, après une victoire, ne pou- « vait conquérir dix lieues de terrain (1). » Le fait matériel est vrai; mais la cause ne peut être attribuée aux places. Est-ce que Louis XIV ne les avait pas *prises toutes*, particulièrement celles du côté de Mastricht ! D'ailleurs, qu'il restât ou non des forteresses en avant de son front, pouvait-il, comme jadis, se lancer dans le pays ennemi, quand le prince d'Orange avait des armées aussi fortes que les siennes ? S'il eût avancé vers le nord, il eût été pris à revers par l'Alsace, ou bien par derrière du côté du Dauphiné, comme le fit Eugène en 1670 et 1680. Non, ce ne furent pas les places qui *émoussèrent* les succès du Roi : ce furent des armées ennemies, devenues à leur tour aussi puissantes que les siennes. Ses propres places *n'émoussèrent* pas non plus les succès des alliés. Ce qui les arrêta, ce fut la présence des 100,000 hommes de Luxembourg ou de Vendôme, qui, au moindre mouvement en avant, se fussent trouvés derrière le prince d'Orange ou sur ses flancs : c'est ainsi que les doctrinaires font de leurs forteresses chéries un épouvantail, en leur attribuant des *vertus* dont riraient Turenne et Luxembourg, et les autres généraux habiles.

---

(1) *Nouvelles considérations militaires*, page 20 Si Frédéric a eu deux opinions sur les places, ainsi arriva-t-il à Napoléon; nous ne pouvons rien à cela sinon le remarquer (Voir le chapitre 10) Ce qu'il y a de singulier c'est que Frédéric était doctrinaire quand il était jeune et que Napoléon le devint quand il se fit vieux le premier finit par triompher, et le second fut prisonnier à Sainte-Hélène

Bien mieux, si les places émoussèrent quelque succès, ce furent les places de Louis XIV lui-même, qui entravèrent en partie ses opérations. Ses forces étaient écrasées sous la masse de ses garnisons : il avait plus de 150,000 hommes claquemurés dans 40 places, s'étendant de l'Océan au Rhin, observées par de simples pelotons d'ennemis ; et si, pour sauver Namur, il eût joint aux 100,000 hommes de Villeroi, une partie de ces 150,000 hommes, il eût été bien supérieur aux 90,000 hommes de son antagoniste, retranchés sur la Méhaigne, en corps d'observation, pendant ce siége : ainsi, ou la doctrine se laisse aveugler par sa tendresse pour ses chères forteresses, ou elle fausse l'histoire en l'expliquant en sa faveur.

Se respectant ainsi dans leurs masses, les deux ennemis attaquaient des forteresses en imitation de l'*initiative* dont nous avons déjà parlé dans nos *Considérations militaires*, dans l'espérance de se surprendre en faute, bien plus que dans un système prétendu *de guerre de places*, qui ne pouvait entrer dans des têtes judicieuses, telles que celles des Turenne, des Luxembourg, ou des Créqui : à la bonne heure s'il s'agissait des Darçon ou des Villeroi !

S'il arrive un événement heureux, et que ce soit près d'une place, de suite la doctrine lui en attribue l'honneur. Elle étend jusque-là la sublime invention de la prétendue *sphère d'activité de cette place* ; mais si l'on a un échec, oh ! alors cette sphère devient petite, son élasticité se prête à son amoindrissement, la place est innocente du revers ; et en Flandre une telle théorie avait beau jeu ; car on n'y faisait pas 6 lieues sans butter sur une forteresse, souvent fort innocente du bien et du mal, et qui n'en pouvait mais.

Chose remarquable, Vauban triomphe de lui-même ; ses propres places, il les prend avec facilité. Il a dépensé des centaines de millions à Charleroi, à Namur, à Ath, à Mons, etc. Eh bien! malgré ces énormes prodigalités d'argent et de génie, *il se prend lui-même* en 12 ou 15 jours. Et l'on veut nous faire croire qu'un tel résultat n'annonce pas l'infériorité du système! et l'on veut nous persuader que l'esprit si loyal et si judicieux du grand homme *n'ait pas entrevu cette infériorité* native, qui disparaissait, il est vrai, en 1672, à cause de la faiblesse de l'ennemi et de la grandeur comparative des armées de Louis XIV !

Quand la jeunesse étudie, on lui fait lire les vieux poëmes, les vieilles histoires, les guerres du moyen âge; alors elle se pénètre de l'idée de l'importance des forteresses, sans qu'on lui fasse remarquer la différence des temps; et de là il lui reste une idée fausse qui lui fait admettre la même importance pour des situations tout opposées.

Dans nos trois derniers chapitres nous venons de lire la conduite de Gustave, de Turenne et de Luxembourg à l'égard de l'emploi des forteresses : y-a-t-il là rien de ce que la doctrine a voulu nous donner pour une théorie de guerre? y peut-on voir rien qui ressemble à ces lignes de places fortes, à ces casiers, à ces zones que Darçon se complaisait tant à nous vanter? Ces grands hommes se sont servis de remparts sans doute; mais avec quelle réserve ne les employèrent-ils pas! Ils avaient pris leurs leçons militaires à l'école des grands hommes de l'antiquité; et à coup sûr, s'ils eussent suivi les cours de nos doctrinaires et les principes qu'ils professent, ils eussent été battus, eussent perdu leur pays et leur prince, et n'eussent acquis qu'une célébrité funeste à l'instar de celle des Villeroi ou des Marsin, des Contade ou des Soubise.

Il n'est pas besoin de remonter à Annibal, à César ou aux Scipions, pour prendre des idées nettes sur l'em-

ploi des remparts. Le moyen àge, lui-même, montre que,
de loin en loin, la vérité se faisait jour dans les pensées
de quelques héros. Michaud, dans l'histoire des Croisades, a recueilli, sans y mettre peut-être un grand
prix, les opinions d'un célèbre guerrier : « C'était un
« singulier spectacle que celui de deux armées par-
« courant un pays dévasté ; l'une pour renverser,
« l'autre pour relever les tours des cités. Les Croisés
« pensaient que, pour assurer leur marche sur Jérusa-
« lem, ils devaient, avant tout, fortifier les côtes et
« relever les places ; c'était l'avis de Richard, contesté
« toutefois par le duc de Bourgogne. Les musulmans
« avaient ruiné Joppé, Ascalon, Ramla, Gaza, Natron,
« Jaffa, et tous les châteaux situés dans les montagnes
« de Naplouse et de la Judée ; les Croisés se mirent à les
« rebàtir (1). » Tout le monde sait que Richard, battu de
tous côtés, fut obligé d'abandonner son entreprise, et
que l'armée des Croisés fut détruite : digne résultat
d'un système copié de celui de l'occident féodal.

« Le sultan de Damas fit même plus tard démolir
« les remparts de Jérusalem, de crainte que la ville
« sainte ne tombàt aux mains des chrétiens pendant
« qu'il serait en Égypte (2). » Est-ce que cette circonstance ne mérite pas d'être signalée ? le sultan renverse
les murailles de sa capitale, de Jérusalem, et aujourd'hui
on en bàtit autour de Paris.

On dira que Vienne fut sauvée des mains de Sélim
en 1684 ; mais on ne dira pas que les Turcs assiégèrent,
sans artillerie, cette capitale, que la flottille du Danube,
qui portait le gros canon et les munitions, avait été
brûlée à son passage sous Presbourg, et qu'alors les

(1) Histoire des Croisades, vol. 2. pages 472-474
(2) Histoire des Croisades, vol. 3, page 330

Turcs furent réduits à se servir du moyen lent et incertain des mines. Alors on conçoit que Vienne put être sauvée, Jean Sobieski ayant eu le temps d'y accourir. Carnot et les faiseurs de bulletins doctrinaires taisent ces faits à leurs jeunes adeptes, et ceux-ci de citer Vienne pour exemple. Toutefois, dans nos *Nouvelles considérations militaires* de 1843, nous n'en avons pas moins enregistré cette défense dans la colonne des événements heureux, parce qu'elle doit comprendre tous les faits, sans avoir égard aux *si*, aux *mais* et aux *car*. Nous n'avons voulu que des faits absolus ; eux seuls peuvent former des masses instructives. Autrement, existerait-il une seule action de guerre qu'on ne pût écarter sous le prétexte d'une cause imprévue, et à la faveur d'une explication quelconque ? le vaincu manque-t-il de motifs d'excuses ?

CHAPITRE VII.

Campagnes du prince Eugène de Savoie et de Marlborough,
et invasions en France.

Ce qui relève la gloire de Turenne, c'est qu'il eut à combattre de grands généraux qui s'étaient formés à l'école de Gustave; mais Eugène ne trouva devant lui que des Villeroi, des Tallard, des la Feuillade et des Marsin, enfants chéris de la doctrine et incapables. On peut dire à leur occasion, en exceptant toutefois Villars, que :

> L'inexpérience indocile
> Du compagnon de Paul-Émile
> Fit tout le succès d'Annibal.

Plus d'un héros a eu le même bonheur, et Eugène eut encore celui de combattre à côté de Marlborough, élève de Turenne et digne de lui, s'il eût su calmer souvent un esprit impétueux et hautain et une rapacité sans bornes. Il y eut du Gustave-Adolphe dans Marlboroug, et nos chiffres nous le démontreront; mais il lui manqua quelques-unes de ses vertus. L'amour de l'argent paralysa souvent les élans du génie du général anglais, et le peu de confiance qu'inspiraient ses promesses faisait naître une perfidie réciproque, qui se jouait de ses meilleurs projets; au lieu que le

désintéressement de Turenne et sa franchise donnaient
du zèle à ses officiers, qui exécutaient ses ordres comme
ceux d'un demi-dieu. La loyauté et la justice sont un
moyen de succès durables.

Nous diviserons ce chapitre en plusieurs sections,
selon que les deux généraux ennemis agiront ensemble
ou séparément, et selon que la scène sera transportée
en France, en Allemagne, en Italie, aux Pays-Bas ou en
Turquie, dans les pays de montagnes, sur les rives des
grands fleuves, en plaine ou dans les marais; en effet,
nous avons reconnu, par nos *Nouvelles considérations
militaires* de 1843, que les forteresses fonctionnent d'une
manière bien différente en raison des diverses contrées
où elles sont situées.

TABLEAU STATISTIQUE N° 34.

1re SECTION.

Campagnes contre les Turcs

Le grand-vizir, avec une armée de 200,000 hommes, commençait
une trouée au milieu des places de la Hongrie, en se portant droit
sur Vienne, capitale fortifiée. Il fait un détachement sur Raab, pour
masquer la petite armée autrichienne, qui, sous les ordres du prince
Charles de Lorraine, s'est assemblée sous cette place, et parvient
à se dégager et à s'établir dans l'île de Tabor, près de Vienne. Une
flottille turque portant le gros canon de siége et les munitions
assaillie sur le Danube est détruite près de Presbourg; en sorte
que le vizir est obligé d'attaquer la capitale au moyen de la mine,
arme incertaine et qui exige un temps considérable. L'armée
polonaise de Sobieski a le temps d'accourir au secours de l'empereur. Elle franchit le fleuve et attaque les retranchements
multipliés des Ottomans, mal pourvus d'artillerie; ils sont emportés, et l'ennemi est mis en déroute; Vienne, après 40 jours,
est sauvée, et peut-être l'Europe avec elle : c'est la seule circon-

stance où une capitale fortifiée ait produit un tel résultat : elle fait comprendre l'importance de l'artillerie. Le jeune Eugène était au nombre des 6,000 volontaires que Louis XIV avait envoyés au secours de la chrétienté, et il commença, dès ce moment, à se faire connaître.

1684.

Cependant l'armée autrichienne suit les Turcs et entreprend le siége de Bude. Ceux-ci, recrutés, attaquent la contrevallation des Impériaux et sont battus de nouveau à Saint-André. On continue le siége de la place, qui a une garnison de 18,000 hommes ; mais l'extrême bravoure des Turcs, célèbre à cette époque, ainsi que leur habileté et leur ténacité derrière les murailles, triomphent des Allemands : après six semaines, l'armée autrichienne lève le siége avec perte de 30,000 hommes, et abandonne ses lignes fortifiées.

Bataille de St-André. Siége de Bude.

Lignes autrichiennes devant Bude.

1685.

Bude. Bataille sous Bude.

Les Autrichiens reviennent une seconde fois assiéger la grande place de Bude. Toute l'armée ottomane était retranchée devant la forteresse ; elle est vaincue, et Bude capitule. L'armée du sultan court se mettre à l'abri sous Belgrade comme refuge ; mais on signe la paix.

Belgrade.

1697.

Après une paix de douze ans, ou plutôt des trèves, la guerre se rallume entre l'Autriche et la Turquie. Le prince Eugène quitte l'Italie et vient commander en Hongrie. 160,000 Turcs marchent le long du Danube. Une flottille considérable convoie leurs troupes, qui se retranchent à Zentha. Des palanques redoublées et tous les moyens de l'art des ingénieurs sont employés à assurer leur position. A cette époque les Turcs égalaient, s'ils ne surpassaient, les Occidentaux dans l'usage des fortifications et dans leur maniement. Le prince Eugène les attaque avec moins de 40,000 hommes, force les lignes et précipite leur armée dans le Danube. Ils perdirent 30,000 hommes, toute leur artillerie, 9,000 chameaux, toutes leurs saïques formant la flottille, et un camp d'une grande richesse. Il est remarquable que chaque soldat de l'armée impériale portait pour *onze* jours de vivres, et cette armée avait à sa suite 800 chariots chargés de munitions (1).

Zentha.

Après sa victoire, le prince Eugène entre en Bosnie, qu'il ravage. Il incendie la grande ville ouverte de Seraïo ; mais il est repoussé par la citadelle. Il retourne en Hongrie ; de nou-

Citadelle Seraïe.

---

(1) En général qui dit Turcs dit enfance de l'art, et précisément ce sont les plus grands fortificateurs : c'est une observation que nous offrons aux doctrinaires.

velles trêves sont signées avec la Porte ; mais s'approchait la guerre de la Succession où Eugène va jouer un grand rôle , elle sera l'objet particulier de notre section quatrième : ici nous n'avons porté que l'analyse de ses campagnes contre les Turcs.

1716.

A peine le prince Eugène a-t-il terminé la guerre contre la France par la paix d'Utrecht, que les hostilités recommencent en Hongrie, entre la Porte et l'Empire , à l'occasion d'un différend survenu entre les Turcs et les Vénitiens.

Bataille de Peterwar-dein.

Les deux armées se trouvaient si voisines, qu'en certains points elles n'étaient pas à 100 toises l'une de l'autre , et toutes deux fortement retranchées près de Peterwardein. L'armée ennemie était de 150,000 hommes. Les deux camps s'attaquaient *comme deux places fortes et par tranchées* ; le prince Eugène, essayant *de déboucher de ses lignes, éprouva des difficultés*, et sa droite fut d'abord battue : il n'avait que 60,000 hommes ; mais son centre et sa gauche abordent les retranchements turcs et les enlèvent en portant secours à la droite. 6,000 hommes sont tués dans le camp ottoman, 164 bouches à feu sont prises , et dans la déroute des Turcs, les Impériaux font beaucoup de prisonniers et un riche butin. La grande place de Temeswar se rend immédiatement : *les redditions sont le fruit constant de l victoire.*

Temeswar.

1717.

Eugène s'est approché de Belgrade pour en faire le siége. Il s'est enfermé dans de bonnes lignes. L'armée turque accourt, elle s'est aussi couverte d'autres lignes qui touchent celles des Impériaux. Il se passe une infinité de combats entre les deux fortifications. Eugène se décide à sortir de ses retranchements, il est encore exposé, *au débouché, à une grande confusion.* Ses deux ailes se mêlent ; son centre reste seul, et les Turcs fondent sur lui ; mais bientôt il a réparé le désordre, repoussé l'ennemi et abordé ses retranchements qui sont enlevés. Les Turcs fuient après avoir perdu 20,000 hommes, et les Impériaux 7,000. Le camp, les parcs , 130 canons, ainsi que de riches tentes, tombent au pouvoir des Autrichiens.

Bataille de Belgrade.

Après cette victoire, Belgrade capitule avec une garnison de 20,000 hommes, et l'on signe la paix de Carlowitz. Depuis, la puissance ottomane n'a été qu'en déclinant ; car les batailles seules consolident ou perdent les empires.

Belgrade.

Ici nous avons 9 affaires malheureuses contre 7 heureuses, ou 1,28 : 1 ; et cependant jusqu'à présent nous n'avions approché du rapport de l'égalité qu'avec de petites armées, ou dans les montagnes, ou dans les guerres civiles ; tandis que cette guerre ne présente aucune de ces circonstances. Est-ce là une anomalie? telle est la question que l'on pourrait se faire. Du reste, c'est le seul cas de ce genre que nous ayons rencontré. Sur ce nombre de 16 affaires retranchées, les Turcs, deux fois seulement, eurent des succès, contre les lignes du premier siége de Bude et à la citadelle de Seraïo : on pourrait donc, à la rigueur, dire que le chiffre peut se partager ainsi : 14 d'un côté et 2 de l'autre, ce qui donnerait le rapport 7 contre 1. Il faut convenir qu'une anomalie ne serait pas étonnante dans une guerre des Européens avec les Asiatiques, si l'on ne savait pas que les troupes ottomanes se battent plutôt en partisans qu'en corps réguliers et disciplinés. Nous avons constamment reconnu dans nos *Nouvelles considérations militaires* que de telles troupes *avaient toujours tort de se confier aux remparts*, et que ceux-ci *étaient ordinairement avantageux contre elles*. Rarement les Croates, les Hongrois et les Pandours, dans la guerre de Sept ans, eurent-ils des succès contre les cordons et les cantonnements d'hiver de Frédéric, toujours retranchés ; par contre, ces Pandours, Croates et Turcs, ou mauvaises troupes retranchées, ont été constamment battus (1).

Mais il est clair que s'il ne se présente dans le cours d'une guerre qu'un petit nombre d'affaires, cela ne saurait suffire à établir des principes bien sûrs : qu'on le remarque, dans le cours des trois précédentes guerres, entre deux grandes nations, l'histoire ne constate que 16 combats sous les fortifications pendant l'espace de 6 ans ;

(1) *Nouvelles considérations militaires*, page 164.

il est vrai que ces affaires ont presque toujours été majeures et décisives. Les Turcs n'avaient point pour méthode de manœuvrer, de tâter, d'essayer un ennemi et de chercher à le faire tomber dans quelques fausses démarches. Comme un torrent, ils faisaient une vaste trouée dans le territoire ennemi sans se détourner. Victorieux, ils écrasaient tout; vaincus, une déroute et une fuite rapide terminaient la lutte. Il n'est donc guère possible de conclure de ces seuls événements, des lois sûres et des principes de conduite. Eugène employa, contre d'énormes masses désordonnées, les seuls moyens qui fussent à sa disposition. Il se retrancha contre des Cosaques; il fit précisément ce que des Cosaques ne doivent pas faire : il livra de grandes batailles retranchées, et sous l'empire de ce système, on trouve encore que l'infériorité de la fortification s'exprime par le rapport 1,28 : 1.

Ici nous voyons aussi ce que des armées innombrables peuvent espérer en livrant bataille derrière des retranchements. Les camps sous Bude, Peterwardein, Zentha, Temeswar et Belgrade, démontrent que ces grandes armées retranchées ont toujours été écrasées, ainsi que nos *Nouvelles considérations militaires* nous l'ont montré. Nous voyons également que les Turcs sont arrêtés dans leurs pointes, non par des places, mais par des armées, et que les places turques, quoique puissantes, furent incapables non pas de ralentir mais même de gêner les progrès d'Eugène, qui amenèrent une paix fatale aux musulmans.

2me SECTION.

Campagnes d'Italie.

Le prince Eugène venait d'être appelé en Italie pour secourir le duc de Savoie. Celui-ci, attaqué par Catinat dans une position défensive, est battu à Staffarde sous Suze. Ses retranchements sont enlevés. Suze capitule en peu de jours.

Feuquière, suivant les mémoires de ce savant général, qui accusent son ingénieur Lapara, fut battu devant Coni, pour avoir voulu précipiter les attaques de la place. On fut obligé de lever le siége après des pertes considérables, et ce seul échec fit perdre toute la plaine du Piémont sans bataille nouvelle.

Selon le système doctrinaire, Catinat rassemble toutes ses troupes disponibles au camp retranché de Pignerol ; mais il n'a pas prévu que l'invasion de la France va être la conséquence de cette résolution fautive, qui a été, cent ans après, représentée par l'ingénieur doctrinaire Bourcet, comme un chef-d'œuvre de conception. On a osé faire l'éloge de la conduite de Catinat en cette occasion. L'armée du duc de Savoie et d'Eugène masque le camp de Pignerol ; elle franchit les cols, qui, *bien que déclarés absolument impraticables*, donnent passage à 50,000 hommes, infanterie, cavalerie, artillerie et équipages, dans la vallée de Barcelonnette (1). Le fort Saint-Vincent est pris ; la Durance franchie à Saint-Clément ; Embrun assiégée résiste huit jours. Catinat, tourné, éclairé enfin sur les manœuvres ennemies, rentre tardivement en Dauphiné par le mont Genèvre.

Le bourg de Guillestre, entouré de vieilles murailles, au-dessous de la position actuelle du mont Dauphin, résiste *trois* jours au duc de Savoie. Le petit fort de Queyras, aussi mal fortifié ; mais bâti sur un piton isolé, résiste également quelques jours.

Gap est pris et brûlé. le mont Ventoux et tout le Dauphiné sont tournés. Déjà l'armée ennemie touche au Rhône, quand une maladie du duc de Savoie (2) décide la retraite du prince Eugène, qui rentre en Italie, après avoir pillé, brûlé et spolié *quarante* lieues de pays : tel fut le résultat de la manœuvre doctrinaire de Catinat. fondée sur le camp retranché de Pignerol. On a vanté la position de ce général sur le flanc droit de l'armée ennemie ; mais comment aurait-il pu déboucher d'une chaîne de montagnes qui n'avait pas de routes, et n'offrait pas de vivres? Le talent d'un général doit-il consister à se placer dans une position d'où il ne saurait rien entreprendre ? Telles étaient les montagnes au-dessus d'Embrun et de Gap.

Les alliés, rentrés en Italie, assiégent Casal ; *mais l'hiver est*

---

(1) A cette époque le haut de cette vallée appartenait encore au duc de Savoie

2) La petite vérole

favorable à la défense des places. Ils sont obligés de lever le siége. Au printemps l'attaque est reprise, la ville est bombardée, et elle capitule.

Peu après les ennemis assiégent Pignerol, ou plutôt en font le blocus. Ils enlèvent le fort détaché de Sainte-Brigitte ; mais la place tient jusqu'à la rentrée de Catinat en Italie. 95 bouches à feu bombardaient cette place, qui avait un camp retranché, contenant une division entière de l'armée que Catinat avait doctrinairement laissée inutile derrière lui. Ayant été renforcé, le général français, à la tête de 40,000 hommes, débouche des Alpes et fait lever le siége de Pignerol, marche sur Turin et bat l'armée de Savoie à la Marsaille. Les troupes défaites se *précipitent* sur la place de Turin , à quelques lieues en arrière ; elles y trouvent un refuge. On voit que nous comptons au budget favorable des fortifications toute espèce de secours, d'appuis ou de services qu'elles ont rendus ou paru rendre. On ne nous accusera donc pas de partialité contre elles.

Ainsi finit cette campagne. La paix de Riswick vint mettre un terme momentané aux combats ; paix honorable pour les armées, mais honteuse pour les forteresses et pour la France.

A présent, nous voici parvenus à cette célèbre guerre dite de la Succession d'Espagne , qui ébranla toute l'Europe. Eugène, ayant été mis par l'Empereur à la tête de son armée d'Italie, débouche par le Trentin avec 30,000 hommes , *violant sur le territoire de Vérone* la souveraineté de Venise, selon l'usage. Catinat, ayant disséminé ses troupes sur les rives de l'Adige , est surpris ; ses cantonnements sont reployés ; celui de Tessé , retranché à Carpi , est battu et chassé. Il s'en fallut de peu que la garnison espagnole de Mantoue ne fût également surprise, et pour punition, Louis XIV destitua Catinat, et le remplaça par son favori , le duc de Villeroi. Toutes les places espagnoles , en Italie , avaient été livrées à la France par le prince de Vaudemont. Le nouveau et présomptueux général, avec une armée supérieure, franchit l'Oglio et vient attaquer les Impériaux appuyés à la petite forteresse de Chiari ; ils ont d'ailleurs ajouté sur leur front des retranchements de campagne. Malgré l'avis de Catinat, Villeroi attaque ; le canon des remparts fait des ravages , et l'armée alliée, franco-espagnole, est repoussée avec perte de 3,000 hommes. Celle de l'ennemi ne fut que de *quarante* hommes.

La victoire, ici, comme toujours et partout, fut suivie de nombreuses capitulations de garnisons françaises. Nous inscrivons les

*Guastalla,
Modène,
Parme,
Bersello.*

noms des places qui se rendirent en cette occasion, mais san
y ajouter des détails en dehors de nos tableaux.

Le général ennemi fait des progrès, il prend Bersello après une
attaque de quelques jours et y établit ses magasins et dépôts.

1702.

Crémone.

Le prince Eugène recourait souvent à la trahison, qu'il payait
bien. Par le moyen d'un prêtre qui connaissait un aqueduc, il
introduit des troupes dans Crémone. 6,000 hommes y pénètrent
de nuit et surprennent une porte. Une partie de la garnison
court aux armes. On se bat toute la nuit dans les rues et sur
les remparts. Un secours de 6,000 Impériaux s'égare dans les
chemins. Eugène est chassé de la place et perd 2,000 hommes;
mais il fait prisonnier Villeroi, au milieu même de son
quartier général. Les troupes raillèrent leur chef, et Vendôme
le remplaça.

*Ouvrage
détaché près
Mantoue.*

Mantoue.

Eugène surprend un fort détaché devant la porte de Cérès à
Mantoue, et il y construit de nouveaux ouvrages, en sorte que deux
places sont en présence; mais Mantoue résiste, quoique étroitement
resserrée.

*Castiglione,
Goïto.*

Vendôme accourt, s'empare de Castiglione et de Goïto, il dé-
bloque Mantoue et reprend l'ouvrage surpris.

Eugène, qui a retranché ses magasins de Montanaro sous Cas-
tiglione, est obligé de se faire un nouveau dépôt retranché à
Bersello. Il fortifie Borgoforte, Ostiglia, Guastalla, Luzara et la
Mirandole, ce qui forme une *ceinture doctrinaire autour de
Bersello.* De 24,000 hommes dont son armée se composait, il ne

*Combat de
Crostolo,
Montanaro.*

lui en restait plus que 13,000 au centre de son enceinte fortifiée.
Vendôme accourt, et le bat à Crostolo.

*Reggio,
Carpi,
Bersello,
Borgoforte,
Guastalla,
Modène.*

Le général français, victorieux, prend beaucoup de places aux
ennemis : Reggio, Modène, Carpi, Guastalla, Borgoforte, Bersello, qu'il trouve évacuée; il vient camper à Luzara, où il s'en
fallut de peu qu'il ne fût surpris lui-même par l'armée d'Eugène,
cachée derrière une digue. Tiré de ce mauvais pas et supérieur
aux Autrichiens, Vendôme menace Turin. A cette époque, Eugène
quitta encore momentanément l'Italie, pour aller, en Hongrie,
combattre l'allié des Turcs, Ragotzky révolté contre l'empereur.

1704.

*Serravalle
prise par les
Français.*

Verceil.

L'armée impériale était restée faible en Italie, et le duc de Savoie
soutenait tout le poids de la guerre. Vendôme assiége Verceil, dont
la garnison était de 4,000 hommes. La place, aidée par les entreprises de l'armée de Savoie et défendue *par de rigoureuses sorties,*
se soutient bien et longtemps; mais enfin elle capitule, et, quoi-

qu'elle ait été prise, nous porterons toujours ces belles résistances
au budget des succès de la fortification. Le fort de Bard tombe au
pouvoir des Français.

Les généraux français continuent à faire des siéges en Italie, pour
compléter, peu à peu, les approches de la capitale fortifiée *et entou-*
rée doctrinairement de plusieurs cercles de places. La Feuillade,
homme sans talent, prétend se donner du renom, à bon marché,
par des siéges ; il prend Ivrée et Suze. Le duc de Vendôme cerne
Veruc ; mais Veruc n'est pas bloqué par la rive gauche du Pô, sur
laquelle est Crescentino. Le duc de Savoie, au moyen du pont de
cette ville, tombait à chaque instant sur les tranchées avec sa cavalerie, et à tout moment il renforçait la garnison. Vendôme,
général imprévoyant, se prêtait ainsi, avec complaisance, aux
vues de l'ennemi, qui, ayant établi autour de Turin un cercle
doctrinaire, devait voir avec satisfaction l'étranger obéir à ses
vues, au lieu d'aller droit sur sa capitale, laquelle, une fois prise,
eût fait tomber tout le reste. *Nous n'avons cessé de formuler cette*
observation, que par aveuglement l'on se refuse à comprendre.

Voici, selon l'apparence, ce que se sont dit les doctrinaires : *La*
guerre est un art tout entier de création humaine, c'est un acte
entièrement de l'état social ; on peut alors lui donner une direction,
produit unique de l'imagination : la nature n'y est pour rien ;
créons donc un système formé de places fortes, et l'on sera contraint de se ployer à leur existence et de les attaquer : ainsi nous
nous serons donné *du temps* par ce seul produit *tout artistique*
d'un système de guerre purement fantastique. Ici, c'est oublier
entièrement la grande loi de la nature, qui fait peu, quoi qu'on dise,
par harmonies, mais beaucoup par contrastes et par oppositions ;
précisément parce que l'on avait établi des cercles de places autour
de la capitale, il fallait les négliger et suivre ce principe immuable : *Il ne faut pas entreprendre ce que l'ennemi désire.* Quoi
qu'il en soit, Vendôme recommence le siége de Veruc, sur les mêmes
errements. La place, encore cette fois, n'est pas bloquée ; l'on n'attaque que tardivement une redoute dans une île, entre Crescentino
et la ville : aussi le siége dura-t-il six mois, et coûta 10,000 hommes
à la France. *Des protestants français formaient la garnison.*
Cependant Eugène accourt avec 20,000 hommes pour secourir l'Italie. Il passe les Alpes et traverse l'Adige, au moment où l'armée
française est divisée en deux ; une partie vers Turin sous Vendôme,
une autre partie sous son frère, nommé le Grand-Prieur, posté

La Mirandole.

sur le Mincio; celui-ci reprend sur les troupes impériales la Mirandole située au delà du Pô.

De son côté, Vendôme approchait, peu à peu, de Turin, en prenant toutes les forteresses qui environnent cette capitale fortifiée, et quelques autres vers Nice et en Savoie : *comme si, Turin pris, elles ne se fussent pas toutes rendues d'elles-mêmes*.

Chivas, Nice, Villefranche, Montmélian.

Palarzuolo.

Le prieur de Vendôme avait tous les magasins de son armée sur une rive de l'Oglio, dans la petite place forte de Palarzuolo. Eugène amoncelle sur l'autre rive une artillerie formidable, plus de 200 *canons*. Le général espagnol Toralba ne peut résister à leur feu. Il s'écarte un peu derrière sa place. La rivière est alors franchie par les Impériaux, la garnison est coupée de ses ouvrages et la ville capitule avec 2,100 Espagnols. Tous les magasins tombent au pouvoir des Impériaux.

Ponte-Oglio, Sancino.

Aussitôt après, Eugène se saisit de Ponte-Oglio, et les Français sont repoussés sur l'Adda; ils perdent même les magasins de Sancino. C'est alors que Vendôme se porte au secours du Grand-Prieur. Une nouvelle campagne s'ouvre sur l'Adda. Eugène tente de franchir cette rivière vers Bergame. Les deux Vendôme, qui prétendent l'en empêcher, *se placent sur le fleuve même* et se trouvent alors très-morcelés ; toutefois Eugène, repoussé vis-à-vis de Cassano et à Bergame, feint d'abandonner l'Adda, *et va menacer* Mantoue, puis revient brusquement sur le Grand-Prieur, appuyé au fort de Cassano où celui-ci lui fait subir un échec considérable, qui l'oblige à repasser l'Oglio.

Sancino.

Bataille de Cassano.

1706.

La victoire de Cassano produit *les redditions* accoutumées. Les Français soumettent et battent les cantonnements d'Eugène, retranchés à Calcinato. Le reste se retire en désordre à Salo, qui a été augmenté par des ouvrages. Bien plus, *une terreur panique s'empare des Impériaux*. Ils évacuent Salo et se retirent, en fuyant, jusque sur Trente, après avoir fait, par le nord . le tour du lac de Guarda ; en sorte que cette campagne fut tout à l'avantage de Vendôme, revenu *aux bons principes de concentration*.

Calcinato.

Salo.

Au printemps, Eugène et Vendôme sont de retour à leurs armées respectives. Le premier veut délivrer Turin; le second veut en couvrir le siége; mais *il est trop loin* pour ne pas perdre quelques marches ou ne point risquer d'être tourné. C'est ce qui arriva : *couvrir une attaque de place, quand on en est à 50 lieues, est une entreprise contre les principes, et les principes sont ce que la nature bien interrogée* nous apprend. Elle dit constamment que la victoire est aux meilleurs marcheurs; elle dit aussi qu'à la guerre *la justice n'est pas boiteuse*, et que la faute est immédiatement punie par un rude châtiment.

Nous ne voulons point oublier un fait honorable. Au moment de leur retraite sur Salo, les Autrichiens, incommodés sur la route par un feu très-vif, partant d'une cassine occupée par deux compagnies françaises, nommée la Bouine, attaquent ce petit poste doctrinaire (1). Assaillis par des masses énormes, les grenadiers français se défendent de cour en cour, de maison en maison, d'étage en étage; enfin, quand un détachement français arriva au secours, il ne restait plus que 7 hommes continuant le combat du haut d'un petit clocher. Le reste de ces braves avait péri. écrasé sous de faux principes.

Soit qu'Eugène voulût forcer directement l'Adda pour arriver sur Turin et soit qu'il ne voulût qu'étourdir Vendôme et l'enlacer dans ses manœuvres et dans les places, il commença la campagne de 1706, comme il avait fini la précédente. Les deux généraux font assaut de ruses sans succès, l'un sur l'autre. Le général impérial a perdu 5,000 hommes à Calcinato, mais il a réoccupé Salo. Vendôme, sur ces entrefaites, est appelé en Flandre pour réparer les désastres de Ramillies, et le duc d'Orléans vient le remplacer nominativement en Italie ; car c'est Marsin, c'est la Feuillade, qui ont les ordres secrets d'un roi, toujours soupçonneux.

Eugène fait des marches et contre-marches. Il occupe les deux rives de l'Adige et les deux rives du Pô. Il enlève le poste retranché de Carpi. Il fait attaquer Goïto sur le Mincio, *et pendant cette initiative*, il prend, sur la rive droite du Pô, Coreggio, afin d'assurer sa nouvelle ligne, manœuvre qu'il projetait par la rive droite du fleuve, dans le but de dégager Turin assiégé.

Le 4 juillet il marche avec rapidité par la rive droite, prend Reggio après cinq jours de siége et entre à Parme. Le duc d'Orléans accourt, rallie ses masses éparpillées et suit le prince par la

---

(1) En 1812 nous avions, dans une occasion analogue, conseillé au colonel Val... de ne pas tant tenir à la tour de Miravelle et au poste d'Almaras sur la rive gauche du Tage ; mais il n'en tint aucun compte, et ces deux bicoques nous coûtèrent 1.300 hommes peu après. sans arrêter l'armée anglaise plus d'une heure.

rive gauche : mais au préalable il veut secourir Goïto sur le Mincio, assiégé par le général Wetzel, qu'Eugène a laissé à Vérone Il perd *doctrinairement* du temps. Les Français se hâtent, ils canonnent les Impériaux à travers le cours du Pô; ils tentent même plusieurs fois de le franchir, entre autres à Stradella, où le fleuve est resserré; mais l'avant-garde impériale a établi de fortes batteries qui s'y opposent. Eugène arrivé au Tanaro, n'ayant plus rien à redouter, le traverse à Isola près d'Asti, entre en Piémont et fait sa jonction avec l'armée de Savoie près Montcaglieri, le 28 août.

Le duc d'Orléans, dont la route était plus courte, était déjà sous Turin; il s'était réuni à l'armée de siége. Malgré le Prince il est décidé, selon un ordre du Roi, exhibé par Marsin, qu'on restera dans les lignes. Cependant Turin, depuis 58 jours assiégé et bombardé, était aux abois et n'avait plus ni vivres, ni poudres, ni munitions.

L'armée d'Eugène passe sur la rive gauche du Pô, au-dessous de Turin, en se couvrant du cours de la Doire. Elle commence par s'emparer d'un convoi de 500 chariots venant de Suze. Cela seul eût forcé à la levée du siége, car il n'y avait plus de pain dans le camp des assiégeants. Quoi qu'il en soit, le prince Eugène, qui était sur la rive gauche de la Doire, la franchit aussi et commence son attaque le 7 septembre, avec 29,000 hommes contre 90,000, pendant que les 10,000 hommes du duc de Savoie font une fausse démonstration par les hauteurs de la rive droite. Turin, n'ayant été bloqué de ce côté que depuis trois jours, était toujours resté en communication avec le prince. Seulement, au moment du combat, Marsin avait fait passer sur ces hauteurs, retranchées en tête de pont, la division française d'Albergotti, forte de 30 bataillons. L'attaque est menée avec vigueur; la ligne circulaire d'investissement est rompue; une déroute générale se déclare dans l'armée, Marsin est tué, le duc d'Orléans blessé; tout fuit, chacun pour son compte, *vers Pignerol, place forte à* 15 *lieues* du côté de la France. Les paysans massacrent beaucoup de soldats isolés, et à Pignerol, où l'on ne s'arrêta même pas, il manquait 40,000 hommes. On poursuit sa course jusqu'en France, et d'un seul coup l'on perd 'Italie entière. Pendant le fort de l'attaque, la garnison de Turin, formée en partie de compagnies bourgeoises, fit une sortie sur les tranchées et augmenta la confusion et la panique.

Ainsi de fausses manœuvres dues aux places, et notamment à

celle de Goïto, causèrent la déroute de Turin, et *Pignerol accéléra l'effet de la panique, par l'espoir qu'il offrait d'un prochain refuge.* Si cet espoir n'eût pas existé, on se fût *certainement* rallié, car on avait perdu seulement 6,000 hommes dans le combat, et l'armée restait très-supérieure à celle des ennemis. 210 bouches à feu, 10,000 chevaux, 4,000 voitures, 2,000 bœufs furent les premiers fruits de la victoire. Le camp entier tomba au pouvoir des alliés. Ils y trouvèrent des richesses considérables. On aurait dit que les courtisans avaient accumulé dans leurs tentes luxueuses toute l'argenterie et les tapis de Versailles. Cet événement seul causa à la France une perte de cent millions.

On avait tiré sur Turin 40,000 boulets, 20,000 bombes en 58 jours ; mais on avait voulu prendre une place *non bloquée*, par le point le plus fort, et développer autour d'elle une contrevallation qui n'avait pas moins de cinq lieues. Ce siége, que les habitués des salons de Versailles regardaient comme une partie de plaisir, devint pour la France un grave événement et une source de malheurs.

D'un seul coup, l'on perdit l'Italie entière, comme, d'un seul coup, la bataille d'Hochstedt va faire perdre toute l'Allemagne, comme celle de Ramillies fera perdre la Flandre : ainsi, *trois batailles retranchées* mettent Louis XIV aux abois : et ceux qui exposent leur patrie à de tels revers triomphent de Feuquière, qui s'élève courageusement contre leurs fausses théories, et ils parviennent même à l'écarter du service !

Après la victoire, *viennent les capitulations*, ainsi que nous l'avons fait remarquer dans nos *Considérations militaires* : Chivas et Novare se rendent après 6 jours de siége ; Verceil et Ivrée sont évacuées ; Verue, qui avait coûté si cher, ouvre ses portes ; Milan, Lodi, Pizzighitone, Pavie, Tortone, Suze, Alexandrie, Casal, Arona capitulent à la première sommation, etc.

Cependant Médavi, avec 14 à 15,000 hommes, était campé vers l'Adda et défendait bien le Mincio contre Wetzel. Placé à Castiglione, appuyé par Mantoue, le général français avait quelques succès. Ce fut alors qu'il fut autorisé à conclure une convention par laquelle il fut accordé qu'il rentrerait en France, mais qu'il évacuerait *les 24 garnisons* qu'il tenait encore : *il paya sa liberté de 24 clefs de forteresses* ; ce que nous avons, avec raison, dans notre premier ouvrage, comparé à la convention de Marengo.

12

Nous n'avions pas intention de nommer ces places ; mais ce trait manquerait pour apprécier l'infériorité du système doctrinaire : nous mettons donc ces noms en ligne de compte.

Il y avait. . . . . . 90,000 h. dans les lignes de Turin ;
on avait perdu. . . . . 6,000 h. pendant le siége ; le corps
de Médavi était de. . . . 14.000 h. On rendit 37 places après
la bataille, ce qui suppose . 15,000 h. de garnison, au moins.

TOTAL. . . . . 125,000 hommes.

Le prince Eugène, le jour de l'attaque des lignes, avait. 29,000 h.
il avait laissé à Carpi, Reggio, Parme, etc. 6,000
Wetzel avait sous Vérone. 12,000
Le duc de Savoie, y compris sa garnison de Turin et
4,000 chevaux, en corps volant, avait. 12,000

TOTAL. . . . . 59,000 h.

Ainsi les deux armées étaient entre elles :: 125 : 59 ; voilà le système doctrinaire dans toute sa pureté ; il fait battre 125 mille hommes par 59 mille ; soit 120,000 par 60,000, 2 contre 1.

Qu'on lise à présent notre tableau n° 11 de la page 142 de nos *Nouvelles Considérations*, et qu'on nous dise lequel de ce tableau ou de celui-ci est l'original ; qu'on nous dise si ce n'est pas là ce que Napoléon nommait : *l'art de faire battre une armée supérieure par une inférieure !*

Mais la doctrine, fertile en subtilités, ne se trouvera pas vaincue avec Marsin. Elle prétendra que c'est Turin, capitale fortifiée, qui a par sa résistance amené cette immense catastrophe ; elle taira que les retranchements français et les lignes sont la vraie cause de ce fatal événement. Nous soutiendrons, nous, que Turin eût-il résisté 58 jours, 100 jours même, si Marsin fût sorti de ses lignes avec sa belle armée de 90,000 hommes, les 29,000 hommes d'Eugène n'eussent jamais rien entrepris contre elle. La place assiégée eût été probablement débloquée ; mais elle le fut également en définitive. Louis **XIV** avait donné l'ordre d'accepter le combat dans les lignes ; car ce Prince, dans Versailles, était en butte aux obsessions continuelles des doctrinaires, qui seuls avaient accès auprès de lui et qui, pour rester maîtres du terrain, lui peignaient les Turenne, les Luxembourg et leurs héritiers, dans les saines théories, comme des *fron- deurs* et des *mécontents!*

Vos raisons ne sont pas bonnes, nous objectera-t-on, et vos lignes sont ici hors de saison ; ne savez-vous pas que le prince Eugène attaqua par un point où il n'y avait pas de lignes? Nous répondrons par ce que nous avons déjà dit, que nous ne prétendons pas faire avec vous *assaut de subtilité;* cependant examinons.

Le prince Eugène avait passé le Pô au-dessous de Turin ; il était arrivé ainsi sur la rive gauche de la Doire, qui se jette dans le fleuve à quelques centaines de mètres au-dessous de la ville. Les lignes étaient faites depuis le haut Pô jusqu'à la Doire ; puis, de leur extrémité au Pô, *c'était la Doire qui remplaçait ces lignes,* et cet obstacle était, on le croyait du moins, bien plus fort que des lignes mêmes ; car cette rivière est assez large, profonde et encaissée.

Les Impériaux attaquèrent la gauche des lignes dans l'angle qu'elles faisaient avec la Doire. Il fallut même abattre une partie des terrassements pour donner passage à la cavalerie allemande. Marsin avait au delà de la Doire une division de 10,000 hommes, qui pouvait inquiéter le flanc gauche d'Eugène; elle ne bougea pas ; le quartier du Ballon, défendu aussi par 10,000 hommes, fut également forcé en peu d'instants : toutes les troupes répandues le long des lignes, depuis le haut Pô, ne purent accourir vers la Doire. L'armée en demi-cercle fut forcée par un seul point, et obligée d'escalader ses propres remparts pour se faire jour par petits paquets. Elle avait été attaquée sur un seul point, bien qu'elle offrît un front de 5 lieues ; mais il ne restait à son terrain aucune profondeur pour pouvoir rallier ses masses et manœuvrer : *L'armée reçut le combat dans la disposition d'une armée qui défend des lignes.* Après cela, que devient donc cette fameuse objection qu'il n'y avait pas de lignes ?

La vérité est que les souverains aiment les lignes. Louis XIV voulait jouir, et ce moyen de guerre semble permettre une trompeuse quiétude. Napoléon lui-même s'est bien laissé bercer d'aussi fallacieuses espérances. Avec les lignes, on n'a pas à redouter le talent des généraux ni la gloire qu'ils peuvent acquérir : l'on aime enfin à s'endormir sur le trône quand on s'est persuadé *que les portes sont bien fermées :* il est vrai que l'on s'expose à un terrible réveil !

A présent, faisons notre résumé ordinaire : 82 affaires malheureuses ont eu lieu sous la fortification, et elle a été témoin de 18 événements heureux ; c'est donc le rapport de 4,55 : 1. Depuis 1702 jusqu'à 1706, c'est-à-dire pendant 5 ans, Catinat, Vendôme, Villeroi n'eurent pas des armées *militantes* de plus de 30 à 40,000 hommes, et toujours Eugène leur fut inférieur en nombre.

Que l'on consulte la page 61 de nos *Nouvelles Considérations militaires*, et que l'on nous dise si ce rapport 4,55 : 1 n'est pas analogue à celui que l'on y trouve sur le même terrain, et dans des conditions pareilles, c'est-à-dire avec des armées assez nombreuses et en plaine ? Où donc rencontrer des rapprochements plus saisissants, des connexions mieux prouvées, des concordances plus caractéristiques ? La doctrine en serait-elle frappée? Ne l'espérons pas, car elle se mettrait en contra-diction avec elle-même.

Est-ce que le prince Eugène *fut arrêté par les places* de la rive droite du Pô? Voyez Carpi, Corregio, Reggio, Parme, Tortonne, Alexandrie, Acqui, etc. : il y en a 10 sur sa route. Parti de Vérone le 4 juillet, il est arrivé sous Turin le 29 août. Il a parcouru une route de 100 lieues; s'est arrêté 6 jours devant Reggio, Carpi, Corregio, Parme, Plaisance; sa marche pourtant n'a duré que 55 jours, tout compris, et s'est exécuteé au mois d'août, sous le soleil brûlant de l'Italie. Dans quelle contrée une armée de 35,000 hommes, qu'aucunes places fortes ne sauraient inquiéter, pourrait-elle faire plus de chemin en 55 jours, et arriver encore forte de 29,000 hommes? On a dit que l'Italie est le tombeau des Français; non! cent fois non! *Le tombeau des Français c'est la doctrine!*

On objectera peut-être que la guerre était finie quand Médavi échangea tant de places contre la liberté de son corps d'armée, et qu'on doit les supprimer de nos colonnes. Quoique l'idée soit fausse, nous y consentons; mais il nous restera les deux totaux 65 et 18, c'est-à-dire le rapport 3,61 : 1; c'est encore bien assez pour confirmer nos principes.

Au commencement du XIXme siècle, le même pays nous avait fourni le rapport 3,69 : 1, au lieu de 4,55 : 1; mais cette faveur trouvée pour les forteresses, si l'on peut donner ce nom au chiffre 3,69, vient précisément concourir à vérifier nos principes; savoir, que les forteresses sont d'un meilleur service dans les montagnes qu'en plaine. Napoléon et les généraux républicains avaient livré effectivement beaucoup de combats dans les montagnes; les Apennins et les Alpes avaient été les témoins de leurs nobles exploits à Mondovi, Montenotte, Millesimo, Mondégo; et, dans les Alpes, à Rivoli, Montebaldo, Roveredo, etc., etc. Y a-t-il dans la nature une puissance mystérieuse, une loi inconnue qui force les choses à tourner ainsi? Oui, sans doute; mais c'est lettre close pour la doctrine.

Nous ne prétendons pas, nous dira-t-on, que les places fortes n'ont pas un côté faible; car il faudrait être bien peu philosophe pour ne pas savoir qu'il en est ainsi de toutes les choses humaines. Mais nous croyons que, tout balancé, les avantages du système l'emportent sur les inconvénients; nous pensons que dans les chiffres qui représentent les événements malheureux vous citez beaucoup de noms qui font masse, tandis que dans les chiffres représentant les cas heureux, vous vous bornez aux noms des villes considérables dont la défense a été décisive, telles que Vienne, Turin, et, plus tard, Prague, Olmutz, etc. Nous vous répondrons : Élaguez impartialement des deux catégories les noms des mauvaises places, et vous arriverez, il est vrai, à des chiffres inférieurs, mais qui seront toujours proportionnels aux précédents; et vous aurez des rapports égaux. Nous vous opposerons Vienne de 1805 et de 1809 à Vienne de 1683; Prague de 1757 à Prague de 1756; Turin de 1795 à Turin de 1706; Mastricht, Mons, Namur à Mastricht, Mons et Namur : et ainsi des autres.

Ce n'est point par une hostilité déclarée, de parti pris, que nous avons été conduit à composer cet ouvrage. C'est le fruit de 25 ans de recherches et d'études combinées, sans qu'*à priori* nous ayons pu prévoir où il nous amènerait. C'était dans un but d'instruction personnelle, et loin du monde, que nous avons travaillé; mais la France, affaiblie par de déplorables revers, nous a fait chercher quel grain de sable nous pourrions fournir pour la reconstruction de son antique gloire, et nous n'avons pas hésité à lui consacrer ce qui nous restait de temps, de force et d'espérance.

Nous avons interrogé loyalement l'histoire, et elle nous a répondu que c'est à la multiplicité des forteresses qu'il faut attribuer nos revers en Italie, à quelque époque que ce soit : sous Charles VIII, sous Louis XII, sous François Ier, sous Louis XIV et sous Napoléon ; que c'est à la même multiplicité que l'Autriche dut ses désastres de 1796 ; et qu'il en sera toujours ainsi. On peut dire même que c'est à cette profusion seule que le peuple italien, qui possède tant d'éléments de grandeur, doit son long abaissement. Napoléon avait de grands et nobles projets sur l'Italie. Pour les réaliser, il eût dû commencer par *en raser tous les remparts*, qui ne peuvent convenir qu'aux petits États, et ne sont généralement utiles qu'au despotisme féodal, qui leur a donné naissance, comme doctrine ; tel est cependant l'aveuglement des hommes, que les Italiens sont fiers de leurs forteresses, et s'enorgueillissent même d'avoir créé la science des ingénieurs : c'est se glorifier de ses chaines !

3me SECTION.

Guerres d'Allemagne

Neubourg sur le Rhin est escaladé. Villars y fait un pont. Il attaque l'armée impériale dans les lignes de Stolhoffen, et est repoussé.

1703.
Kehl.
Ouvrage
détaché.

Offembourg,
Kintzigen,
Kuffstein.
Hombourg.

Le général français assiége et prend le fort de Kehl, après
13 jours de tranchées. Un ouvrage détaché, couvert par un bras
de la Kintzig reconnu guéable, est enlevé de nuit par surprise :
les fortifications sont rasées, on s'empare de Kintzigen et d'Offembourg ; le château de Hombourg est pris de vive force ; Kuffstein
sur l'Inn est escaladé par les Franco-Bavarois, qui envahissent la
Bavière et en chassent l'armée autrichienne. Les Français assié-

Brisach.

gent Vieux-Brisach, qui résiste 13 jours. Ce fut le dernier siége
de Vauban. C'était en partie l'œuvre de ce célèbre ingénieur.
Les Impériaux essayent une suprise sur cette place, un piqueur
s'aperçoit de la ruse ; la garde accourt, et la ville est sauvée :
Vauban y faisait exécuter de nouveaux ouvrages.

Brisach

Bataille de
Spire.

On objectera peut-être que la plupart de ces places étaient mauvaises, que plusieurs n'étaient couvertes que de murailles antiques flanquées de tours : cela est vrai pour quelques-unes ; mais
en quoi cela peut-il atténuer nos observations ? plusieurs se défendirent aussi longtemps que des forteresses bastionnées régu-
lièrement et à grands frais ; beaucoup d'autres résistèrent à des
attaques faites sans grosse artillerie, et alors elles devenaient très-
bonnes relativement : elles remplissaient donc très-bien les conditions doctrinaires.

Une vaste coalition s'était formée contre la France. Cependant
le duc de Bavière était resté fidèle. Un corps français, sous les

Bataille de
Nordlingen.

ordres de Villars, se trouvait à l'armée bavaroise commandée
par l'électeur lui-même.

Trimberg.

Les ennemis perdent Trimberg. Les Franco-Bavarois rencontrent
à Nordlingen une armée impériale très-bien retranchée et forte de
plus de 40,000 hommes, qui est attaquée et défaite. La place est prise.

Augsbourg,
Passau,
Munich,
capitale
fortifiée.

La Bavière est reconquise ; Passau est enlevé aux Autrichiens ; on
leur reprend Augsbourg en 7 jours, et ils évacuent la capitale sans
coup férir, malgré ses murailles.

M. de Tallard se porte sur le Rhin, apprenant qu'une armée impériale est campée sous Spire ; quitte ses lignes du siége de Landau,

Bataille de
Spire.

tout en gardant les tranchées ; il attaque l'ennemi, renverse sa
cavalerie et détruit toute son infanterie ; il revient sous Landau,

Landau

qui capitule par *suite de cette victoire*, après 58 jours de résistance et une perte de 3,000 hommes.

1704.

La coalition s'organise, une armée anglo-hanovrienne s'unit à
celle hollandaise, et Marlborough, l'élève de Turenne, en prend le
commandement. Par une belle marche, il contourne les frontières

de France, enlève plusieurs places et postes, et vient passer l
Rhin, se dirigeant vers la Bavière pour se joindre à l'armée du
prince Eugène, rappelé d'Italie. La Hollande est découverte, il est
vrai; mais, se dit le général anglais, *elle est bien gardée par
ses 100 forteresses, et d'ailleurs les Français, au lieu d'attaquer, seront obligés de suivre mon armée en Bavière*. Le
meilleur moyen d'arrêter ce général audacieux eût été, peut-être,
que les Français marchassent droit sur Amsterdam; mais Marlborough *comptait sur le système doctrinaire*, qui perd toujours son
temps à la douce jouissance *de faire quelques jolis siéges*, et ne
va au point principal que quand il ne reste plus une seule bicoque debout.

D'ailleurs les Français viennent de perdre Kaiserswerth (voir section 5). De son côté Eugène, avec une armée impériale, s'efforçait
de marcher au-devant de Marlborough. Ses troupes, retranchées
dans le camp de Bihel, en sortent sans que Villeroi, qui était devant ces retranchements, en fût informé. Eugène s'avance sur Heilbron, où les deux armées font leur jonction paisiblement, puis se
dirigent vers Donawerth, dont elles s'emparent.

La citadelle de Donawerth, camp retranché par Gustave-Adolphe,
était occupée par un corps de 18,000 Bavarois; Marlborough attaque vivement et les fait tous prisonniers. Le Danube est franchi
par l'armée combinée; elle traverse le Lech, et Rain capitule.
Toute la Bavière est conquise, ravagée, pillée : Augsbourg, Munich tombent au pouvoir des Autrichiens : les garnisons mêmes
vendent leurs forteresses pour être payées de leur solde. Cependant
Tallard, avec son armée, avait suivi le mouvement des alliés: il
était arrivé à Ulm et avait pu faire sa jonction avec les troupes
de Villars et de l'électeur. Villars venait d'être remplacé par Tallard
à l'armée d'Allemagne.

Le prince de Bade, avec le contingent germanique, faisait le
siége d'Ingolstadt; mais il l'abandonne parce que, dit Marlborough,
*nous allons battre les Français, et alors Ingolstadt se rendra sans
siége, ainsi que toute la Bavière*. Les généraux alliés, dit-on,
laissèrent même Tallard faire sa jonction avec l'électeur, afin de
tout détruire en une seule fois. Quoi qu'il en soit de cette jactance
anglaise, les deux armées massées se rencontrèrent près de la rive
gauche du Danube, fortes chacune de 80,000 hommes.

Notre objet n'est pas de détailler ici les désastres de cette fatale
journée, et de décrire les fautes de tactique qui furent faites par

Marsin et Tallard, qui resta prisonnier. L'aile gauche française se sauva en déroute, suivie de 20,000 Bavarois, jusqu'à *Ulm, place refuge, à 4 lieues en arrière;* mais tout le centre et la droite furent pris, et une partie noyée dans le Danube. L'artillerie, les parcs, de riches bagages, 130 carrosses *remplis de femmes,* tombèrent au pouvoir des alliés ; tout ce luxe était même un appât pour eux.

Est-ce que la place d'Ulm, dont l'armée venait de déboucher, *et vers laquelle on se débanda,* est étrangère à cette aveugle panique? On pouvait se rallier, faire une retraite; mais non, l'on fuit, quoique pendant le combat l'on n'eût pas perdu 8,000 hommes; et l'on abandonne 25,000 soldats sans donner d'ordres : *les voilà ces prétendus refuges doctrinaires !*

Les étrangers ont déversé, sur la France seule, la honte d'Hochstedt, et pourtant elle était partagée par 30,000 Bavarois; c'était un électeur qui était le général en chef; 40,000 hommes manquèrent le lendemain à l'appel ; l'armée évacua Ulm, et les alliés prirent cette place avec les hôpitaux, les blessés, les magasins et tout ce qu'on avait pu sauver, la veille, en artillerie et en parcs : ils y firent 6,000 prisonniers.

De nouveau, la Bavière est conquise; toutes les places ouvrent leurs portes; Ingolstadt capitule; le camp retranché d'Augsbourg traite selon les prévisions de Marlborough, et l'électrice fait un accord avec les Autrichiens, pendant que son mari, fugitif, suit l'armée française qui court en hâte vers le Rhin. Les alliés ayant ainsi, sans difficultés, complété leur victoire, marchent vers le Rhin pour attaquer la France par le nord, en mettant d'abord le siége devant Landau. Nous avons porté le siége de cette place à la section des campagnes de France. La belle défense du gouverneur, M. de Laubanie, ne doit pas être passée sous silence, quoique sa gloire fût absolument inutile au salut du royaume; car cette opération fut confiée aux Badois et aux autres contingents de l'Empire, formant une armée peu nombreuse et séparée.

Bien que ces campagnes outre-Rhin semblent se terminer ici, nous ne pouvons pas omettre la dernière action militaire du prince Eugène en Allemagne. C'est celle du camp retranché d'Etlingen, où, avec 35,000 Impériaux, il fut forcé par 20,000 Français commandés par Villars. Eugène n'était plus que l'ombre de lui-même. A la même époque, Stanislas, roi de Pologne, perdait sa couronne dans la grande forteresse de Dantzig, d'où il s'échappa avec peine. Et enfin le grand Eugène mourut à l'âge de 73 ans, en 1736.

Ainsi en Allemagne, de 1701 à 1704, la fortification assista, sous le généralat d'Eugène, 28 fois à des affaires malheureuses, et seulement 8 fois à des succès; c'est le rapport 3,50 : 1. Sous Napoléon, nous avons trouvé celui 3,69 : 1. Quelle concordance! quelle similitude!

Nous venons de dire assista, plutôt que causa, bien que ce dernier mot nous semble le véritable. Si une troupe est victorieuse derrière des remparts, la doctrine attribue à ceux-ci tous les honneurs; si au contraire le défenseur est battu, alors ces pauvres remparts n'y sont pour rien, et c'est une criante injustice que de les accuser. Sans doute les causes de succès ou de revers peuvent dépendre de l'homme ou de la machine qu'il emploie; mais ôtez, dans les deux cas, tout ce qui dépend de l'homme seul, et il ne vous restera, dans chaque fait, que ce qui est afférent à l'influence de l'instrument. Eh bien! dans ces deux catégories, ainsi dépouillées de l'action directe de l'ouvrier, vous retrouverez encore des rapports approchants, 3,50:1.

La question de savoir à qui, de l'homme ou de la machine, attribuer le mauvais succès, étant sujette à controverse, nous avons écarté toute discussion. Nous n'avons admis que les faits absolus, indépendamment de toute explication.

Au lieu de 3,50 contre 1, faisons votre part plus belle : admettons pour un instant égalité de succès et de revers, 1 contre 1; ne voyez-vous pas encore que dans cette hypothèse, votre théorie est erronée, puisque, si l'emploi des remparts devenait indifférent en guerre, comme il est très-dispendieux, il devient, finan-

cièrement parlant, une mauvaise disposition? ne voyez-
vous pas, de plus, que vous étouffez vos cités dans
l'étreinte des remparts, que vous donnez un élément et
un aliment à la guerre civile, que vous offrez à l'ennemi extérieur des moyens d'empiéter à demeure sur vos
frontières, et que vous préparez la conquête de vos
propres provinces et la dissolution de l'État? N'est-ce
pas ce qui se présente de nos jours? n'est-ce pas là le
fidèle tableau de l'histoire? Et, sans vouloir vous en
apercevoir, vous travaillez pour le roi de Belgique,
pour celui de Bavière, ou même pour le roi de Prusse.

On nous demandera peut-être pourquoi nous avons
porté Hochstedt au nombre des affaires retranchées,
bien que personne n'y ait remué une pellée de terre;
c'est parce que le champ de bataille n'était qu'à 2 milles
ou 4 lieues de la place d'Ulm, que la petite ville de
Dillingen, entourée de murailles, touchait le camp des
Bavarois; et que l'armée combinée s'était mise en bataille
sur la rive droite d'un ruisseau marécageux débouchant
au Danube, ruisseau que Marlborough franchit le premier. Dans quelle circonstance donc la fortification,
élevée *ad hoc*, peut-elle fournir une tranquillité morale
plus grande? ajoutez que le ruisseau marécageux et les
deux villages de Blenheim et de Bolstadt, barricadés,
étaient des obstacles matériels effectifs, comparables à
de vrais retranchements faits par l'art, au moment d'une
bataille.

4ᵐᵉ SECTION.

Invasions en France.

44. Victorieuse à Hochstedt, l'armée ennemie, par une marche inverse à celle de Marlborough, se reporte vers le Rhin. Le général anglais, toujours railleur, annonce qu'il va faire *une partie* de *Landau*. Que l'on ne croie pas que le siége arrêta le mouvement de ses troupes vers les Pays-Bas. Un détachement seul approche de la place, qui avait 6,000 hommes de garnison et Laubanie pour gouverneur. C'est le corps allemand *des Contingents*, sous les ordres du prince de Bade, qui est chargé des attaques. La place se défend bien et soutient 75 jours de tranchée ouverte (1) : elle perd 4,000 hommes, et les alliés 2,000. Nous avons signalé ce genre de comparaison des pertes réciproques dans nos *Nouvelles considérations militaires*. Elles sont toujours atténuées dans les mémoires des doctrinaires, qui ont l'art de faire croire qu'une troupe qui est pelotonnée dans l'espace étroit d'une forteresse, perd moins que celle assiégeante, occupant une circonférence dont la garnison est le centre. Landau fut la première blessure que reçut la frontière de France pendant cette guerre, comme Hochstedt fut la première bataille que perdit Louis XIV ; ce fut son Baylen.

Après les désastres de Turin, Eugène, avec une animosité que l'on a expliquée, car *on pardonne à la haine, et jamais au mépris*, fait une invasion en France. Cette fois, ce n'est plus par les cols des Alpes dauphinoises, c'est vers les Alpes maritimes : 48 vaisseaux anglais, portant le canon, les équipages, les vivres, se saisissent des forts de la côte et des îles d'Hyères. Les alliés s'emparent également de quelques petits forts dans les montagnes en deçà de Saint-Laurent-du-Var, et ils viennent s'établir devant Toulon. Les

---

(1) Ce siége dura 75 jours ; Allent, en sa qualité de doctrinaire, met 85. C'est le système toujours suivi.

(2) Nous avons cru devoir laisser l'invasion de 1691 dans la 2ᵐᵉ section, parce qu'elle était intimement liée avec la guerre de Catinat en Italie. On remarquera que nous parlons ici de 1704 à 1707, par le motif que nous avons porté dans une section particulière les campagnes de 1704 à 1707 sous le commandement de Marlborough seul. Ici, les deux généraux ennemis sont réunis et conservent un accord que l'on a vu se renouveler en 1813, 1814 et 1815.

hauteurs retranchées de Sainte-Catherine sont enlevées; mais la place fait une infinité *de sorties heureuses* et ces hauteurs sont reprises.

Tessé et Médavi assemblent à Brignolles de nombreuses troupes. Les Provençaux s'arment dans les montagnes et se lancent en partisans. Malgré le secours de l'armée navale, les vivres sont rares dans l'armée alliée, qui a tout pillé et ravagé sur la route. La cavalerie ennemie, très-supérieure, était absolument inutile et même gênante dans ces montagnes. Le duc de Savoie, qui tâchait de maintenir l'équilibre entre la France et l'Autriche, commence à craindre la puissance de cette dernière : d'ailleurs Tessé a près de 80,000 hommes, et il est à craindre qu'il ne se porte sur les communications, et ne coupe les routes déjà si difficiles. La retraite est donc décidée, et elle se fait paisiblement devant les généraux français. Les alliés rentrent en Italie dès le 22 août, sans gloire, mais non sans profits : les Allemands et les Italiens, selon leurs habitudes, emportèrent tout ce qui garnissait les maisons. Les maréchaux ne font aucun effort pour entamer dans leur retraite ces colonnes de pillards.

Ainsi se termina l'invasion de 1707, qui, comme celle de 1691, ne pouvait guère avoir de bons résultats, à moins que l'on ne perçât jusqu'aux Cévènes pour venir en aide aux révoltés ou Camisards.

L'on remarquera probablement la défense vigoureuse de Toulon au moyen des *sorties*. Turin s'était aussi défendu de cette manière. Verue, Verceil, Lille, Béthune, Tournay, Douay, Aire, Bouchain, et toutes les places dont les résistances ont pris un rang dans l'histoire, ont fait de nombreuses et fructueuses sorties : et pourtant la doctrine prétend qu'il est sage de s'en abstenir. Un général même a cherché à faire passer en doctrine cette renonciation aux sorties (1). Il ne faut pas croire que la supériorité des grades apporte avec elle toutes les connaissances; il faut étudier l'histoire, et l'on reconnaîtra que ces fausses théories ne doivent pas arrêter les nobles élans d'une troupe vaillante : on peut être à la fois prudent et entreprenant !

Quoi qu'il en soit, traversant la haute Italie et la Suisse, dont le territoire n'est jamais respecté des belligérants, l'armée d'Eugène, forte de 35,000 hommes, avait passé le Rhin, longé les frontières de France, observée et suivie par le maréchal de Berwick, qui ne put

(1) *Encyclopédie moderne*, vol. 3, page 571 et suivantes.

entamer son flanc gauche. Vendôme, au lieu d'appuyer à sa droite et de se placer entre Marlborough et Eugène avec ses 100,000 hommes, court doctrinairement s'emparer au loin, sur sa gauche, de Gand et de Bruges; il reprend aussi Saint-Guillain sur la Nahaine. Ce fut une fausse manœuvre.

Les deux armées ennemies ont fait paisiblement leur jonction à Bruxelles. Elles marchent réunies sur les lignes de la Dender, qui sont forcées, et cherchent l'armée française pour lui livrer bataille.

Sait-on ce que Vendôme faisait pendant ce mouvement décisif de l'ennemi! *Il assiégeait Audenarde.* Cependant il lève le siége, les alliés franchissent l'Escaut et attaquent la tête de l'armée française, en plein ordre de marche : ce fut une bataille d'artillerie, mais du côté de l'ennemi ; car Vendôme n'avait pas un canon disponible. Il perd 13,000 hommes et les alliés 2,000 seulement. Il se réfugie dans les lignes de Warneton, se couvrant de la Lys : mais ces lignes sont attaquées et emportées à Espéren, où il perd encore 8,000 hommes. La retraite lui coûta autant qu'une bataille.

Le général français, qui a triomphé plusieurs fois de son antagoniste en Italie, s'étonne et s'indigne d'être toujours vaincu. Il *ne veut plus désormais s'enfermer dans des levées de terre* ; il veut tenir la campagne ; mais il avait compté sans la Camarilla du duc de Bourgogne, vrai chef de son armée, et *on le force* de nouveau à se claquemurer dans les lignes du canal de Gand à Bruges : bien plus, il est obligé de s'affaiblir en envoyant des *renforts aux garnisons* de Lille, Tournay, Douay, etc., c'est-à-dire 25,000 hommes.

Depuis longtemps les alliés préparent le siége de Lille. Eugène est chargé de l'attaque. Marlborough commande l'armée d'observation. Leurs troupes réunies forment 100,000 hommes. Boufflers a une garnison de 15,000 hommes selon Feuquière, de 16,000 hommes selon les rapports d'Eugène, et de 10,000 seulement *selon les bulletins doctrinaires,* toujours également *véridiques.* Ce qu'il y a de certain, c'est que si l'on se donne la peine de faire l'addition des pertes journalières de la garnison, l'on trouve un total de plus de 9,000 hommes, et qu'à la fin du siége il sortit de la place 4,000 hommes d'infanterie et 1,700 dragons. L'on sait d'ailleurs que pendant l'attaque le chevalier de Luxembourg rompit les lignes d'investissement avec 1,500 cavaliers portant chacun 60 livres de poudre. *L'histoire rapporte que les habitants, parmi lesquels on aurait pu trouver 20,000 combattants, n'aidèrent en rien la défense.*

Nous ne prétendons point faire ici un journal de siége. Nous dirons seulement que les alliés attaquèrent mal, qu'ils le firent sur un point étroit et fort, que les défenseurs, très-braves, eurent aussi des fautes à se reprocher, qu'il y eut à l'extérieur de vives altercations dans l'armée de secours entre Berwick et Vendôme, et qu'il y eut à l'intérieur, entre l'artillerie et le génie, de violentes contradictions.

Les assiégeants manquaient de munitions. Un convoi tiré d'Ostende et escorté par 4,000 hommes, bat les 15,000 hommes de Lamothe, qui débouche de Gand, et cela à l'aide du bois de Vinendaël où cette escorte se retrancha ; les alliés perdirent 13,000 hommes au siége de Lille ; les doctrinaires disent 18,000, augmentant toujours les pertes des étrangers et (1) affaiblissant les leurs, qu'ils portent à 4,300 hommes, au lieu de 9,000 effectifs.

Après la chute du corps de place, la citadelle résista ; mais les vivres et les munitions manquant, Louis XIV permit la capitulation, et Eugène signa aveuglément celle rédigée par Boufflers. La garnison, libre, fut conduite, forte de 5,700 hommes, à Douay, après cent un jours de tranchée.

Vingt-cinq mortiers, 20 obusiers et 140 gros canons furent employés par les alliés contre Lille ; la place reçut 50,000 projectiles ; elle capitula le soixantième jour, et la citadelle quarante-un jours après. C'est un événement comparable au siége de Turin sauf les conséquences. Cette conquête donna une bonne base aux ennemis, durant toute cette guerre.

Lorsqu'ils avaient un assaut à tenter, Marlborough y détachait les bataillons de grenadiers anglais, célèbres par leur bravoure et leur ténacité ; mais la garnison, qui cependant n'était pas composée de grenadiers de France, les battit et les repoussa presque toujours, en leur faisant éprouver de grandes pertes. Vauban avait donné une instruction pour ce siége ; le général d'artillerie ne voulut point la suivre.

Nous ferons remarquer, enfin, que le jeune Maurice de Saxe, dont nous examinerons les haut faits plus tard, était dans l'armée du prince Eugène, et qu'il commença sa première campagne au siége de Lille à l'âge de 16 ans.

Vendôme, entre Gand et Bruges, pouvait craindre d'être tourné avant peu, malgré le cours de la Lys ; d'ailleurs il avait tenté

---

(1) Ils appellent cela amour de la patrie : mais le véritable amour de la patrie consiste à dire la vérité

quelques escarmouches sur l'armée d'observation ; mais Marlborough était si près d'Eugène, *quoique non retranché*, que des corps de l'armée de siége appuyaient les Anglais au moindre mouvement des Français. Le duc de Bourgogne était en arrière, toute la ligne des places était elle-même déjà dépassée par la chute de Lille. Il fit remplacer Vendôme par Villars, par suite d'intrigues de cour.

Le comte de la Mothe avait 15,000 hommes à Gand. Les alliés envoient un détachement assiéger cette place : elle tient quatre à six jours et livre de grands magasins, aussi bien que Bruges. Plassendal, etc. : la France y perdit 6,000 hommes.

Depuis qu'il a été chassé de ses États, le duc de Bavière faisait la guerre un peu en partisan. Il se présente devant Bruxelles avec 9 à 10,000 hommes, envoie à cette capitale quelques boulets de canon de campagne et une sommation ; mais elle résista, et une division ennemie venant la délivrer, il fut obligé de se retirer. Bruxelles, capitale fortifiée.

Cependant les alliés ont forcé les lignes françaises à Espierres, et la ville de Tournay est investie le 26 juin. La tranchée est ouverte le 7 juillet, et le 29 la ville capitule. C'était une œuvre de Vauban et une des plus fortes places de l'Europe. Sa garnison était de 12 bataillons et 400 dragons, c'est-à-dire d'environ 7,000 hommes. Il y eut quelques émeutes de la part des habitants. Les troupes retirées dans la citadelle capitulent le 1er septembre, et sont prisonnières de guerre. Il ne sortit de la place que 5,000 hommes. Les alliés avouèrent aussi une perte de 2,000 hommes. On était dans une année de disette terrible dans toute l'Europe, *et les vivres avaient manqué dans la place.* Citadelle de Tournay.

Villars, n'ayant pas cru devoir sortir de ses retranchements pour délivrer Tournay, s'était étendu dans d'autres lignes entre Lille, sur la Marque, Mortagne sur la Scarpe, Condé sur l'Escaut, et Mons sur la Haine. Cette ligne est encore forcée. L'armée française franchit la Haine à Saint-Guillain en se retirant, et s'établit sur de nouvelles lignes, depuis le Quesnoy et la Ronelle jusqu'à Condé. Les alliés, voyant 80,000 Français aussi bien couverts et ne voulant pas les attaquer de front, bien que ce *fût l'avis de l'impétueux Marlborough, cherchent à les déposter par des siéges*, espérant ainsi attirer Villars en rase campagne. Les doctrinaires ont voulu voir, dans les nombreuses attaques de places par les alliés, *un système de guerre de siéges* : c'est calomnier le génie d'Eugène et de Marlborough. Ce ne fut point *pour la vaine satisfaction de les posséder qu'ils s'en prirent aux forteresses, mais pour tirer hors de ses lignes, par une démonstration sur les places,* cette armée de Villars, brave et nombreuse, quoique inférieure, sous bien des rapports, à celle des alliés qui avaient d'excellents officiers, une infanterie parfaite et surtout une cavalerie magnifique ; *c'était là leur initiative* rappelée dans notre premier ouvrage de 1843 (1) : ils se dirigèrent donc sur Mons dans l'intention de l'assiéger.

Bataille de Malplaquet. Cette fois, Villars donna dans le panneau : il sortit de ses lignes, marcha sur *Dour*, et rencontra l'ennemi formé en bataille en face de la trouée de Blangies et Malplaquet, entre deux bois. Tout ce que l'art de l'ingénieur a de plus utile fut employé sur ce terrain ; le fond de la trouée fut fermé par des ouvrages. Les deux bois également fortifiés flanquaient cette courtine. Tout paraissait bien entendu : le bastionnement était parfait ; la trouée fut forcée ; l'armée coupée en deux est mise dans une horrible déroute : une panique s'y déclara. *Bavay* L'ennemi avoua 20,000 hommes de tués pendant le combat ; mais ce fut la retraite, qui fut particulièrement fatale aux Français. Leurs deux ailes ne purent jamais se réunir.

L'aile gauche s'enfuit vers Valenciennes, *à quatre lieues et demie du champ de bataille* ; l'aile droite se sauva du côté opposé sur le Quesnoy, à quatre lieues de Malplaquet : voilà ce que causa le projet de sauver Mons. Qu'on relise dans nos *Nouvelles considérations militaires* ce que nous avons dit des fausses manœuvres, des paniques et des refuges, et l'on jugera si cela n'est pas le tableau fidèle *de ce qui arriva à Malplaquet.* Bavay, à mi-chemin, poste retranché, fut pris le lendemain avec les **16** canons que l'on avait sauvés sur **125** ; **3,000** blessés furent encore saisis dans ce poste, et beaucoup d'équipages. L'armée française n'avait perdu que **8,000** hommes sur le champ de bataille ; elle perdit **12,000** hommes pendant la retraite, bien que ses refuges ne fussent qu'à deux et quatre lieues. Il est probable qu'elle eût été mieux ordonnée si ces refuges eussent été éloignés.

Ce fut une grande bataille, où **250,000** hommes furent aux prises, elles avaient **250** bouches à feu. On n'en a vu de semblables que de nos jours. Les deux armées étaient numériquement égales ; mais celle des alliés était formée d'Anglais, de Hollandais, Hanovriens, Prussiens, Saxons, Hessois, et de détachements impériaux : c'était une armée de contingents.

Villars s'établit alors dans des lignes nouvelles, la gauche à Valenciennes, et le centre à Quiverain ; la droite aux sources de la Ronelle , s'appuyant du Quesnoy. Les alliés firent le siége de Mons en liberté. Cette place avait une garnison de 4,000 Français et de 1,000 Espagnols. Elle capitula au bout de 25 jours ; elle pouvait tenir trois mois, tant elle était forte : *c'était l'œuvre de Vauban*. La garnison restée libre, rejoignit l'armée française, forte seulement de 1.900 soldats ; elle avait donc perdu 3,100 hommes : les alliés accusèrent une perte de 1,700 hommes. En général, c'est un système doctrinaire *de publier que les assiégeants perdent bien plus que les assiégés*. Nous avons vu dans notre tableau, n° 14, combien ce genre de bulletins imaginaires est trompeur : aussi, aurons-nous le soin de recueillir les pertes comparatives dans les pages qui vont suivre, en ayant recours aux auteurs des deux partis belligérants.

Villars avait la main forcée ; Louis XIV lui prescrivait de se tenir dans des lignes. Tels étaient aussi les ordres du duc de Bourgogne: ce fut la cause de la disgrâce de Vendôme, qui avait d'autres idées militaires. L'armée française s'était donc retranchée pendant tout l'hiver , et ses lignes s'étendaient démesurément ; la droite sur la Sambre jusqu'à Maubeuge , de là à la Ronelle près du Quesnoy. Condé sur l'Escaut, Mortagne sur la Scarpe , à la Deule , par Pont-à-Wendin, occupait la Bassée et Béthune, et même Ypres. Les alliés percent cette ligne à Pont-à-Wendin et viennent cerner Douay en faisant aussi de fortes lignes. Pendant ce temps, Villars s'était retiré dans les lignes dites d'Arras , comprises entre Béthune, Arras et Cambray. Elles suivaient la Scarpe, depuis Arras jusqu'à la Senséo par Arleux et Bouchain, puis l'Escaut jusqu'à Cambray ; mais la ligne principale avait diverses branches ; car c'était un vrai dédale. Un embranchement venant de Condé bordait l'Ecaillon formant comme un demi-cercle autour d'Arras.

L'ennemi force cette ligne par Vitry sur la Scarpe, et l'investissement de Douay est complet. Les alliés s'emparent de Mortagne près de l'embouchure de la Scarpe dans l'Escaut. Ils prennent Saint-Amand, autre poste près de Mortagne.

Dans Douay, Albergotti a 10,000 hommes de garnison ; il se défend pendant 52 jours *par des sorties vigoureuses comme Lille, Tournay et Mons l'avaient fait.* Les mémoires doctrinaires ne portent la garnison de Douay qu'à 7,500 hommes. Elle obtint sa liberté, et 4.527 hommes furent escortés jusqu'à Cambray. Les alliés avouèrent

Marquons.

1710.

Lignes de Saint-à-nibondin.

Mortagne. incornand, vitry.

Lignes de circonvallation de Douay.

Douay.

une perte de **2,142** hommes, celle de la garnison fut de **5,473** : le fort de Scarpe fut compris dans la capitulation ; c'était comme une place à part. Cependant Villars s'était réfugié dans ce que l'on appelait les lignes d'Arras, qui, comme je l'ai dit, étaient formées de plusieurs portions de lignes rayonnant autour de cette place centrale. La partie où était alors l'armée française s'appelait ligne du Crinchon. *Marlborough veut absolument l'attaquer ; Eugène l'en dissuade :* « Elle est trop forte, et Arras trop respectable », lui dit-il. Abandonnant donc ce projet ils espèrent, en se portant sur Béthune, de pousser Villars à se mettre en plaine et à s'exposer aux hasards d'une nouvelle bataille générale et décisive qui compromettrait Paris.

Béthune est investie, la tranchée est ouverte le **22** juillet ; elle a une garnison de **4,000** hommes, et elle capitule le **28** août : la garnison libre, forte de **1,700** hommes, rejoint l'armée française, ayant perdu **2,300** hommes. Les alliés accusèrent une perte de **1,500** hommes. Béthune avait résisté **36** jours.

Les alliés, continuant une sorte de mouvement en arrière, envoient un corps de **18,000** hommes assiéger Saint-Venant et Aire. Saint-Venant défendue par **1,300** hommes, est attaquée le **14** septembre, et se rend le **28**. *La place manquait de poudre*, la garnison est conduite à Saint-Omer, ayant comme l'ennemi perdu **300** hommes.

Aire, attaqué le **12** octobre et ayant **6,000** hommes de garnison, capitule le **8** novembre, ayant perdu plus de **3,000** combattants. L'ennemi n'accusa qu'une perte de **2,000** hommes. On conduisit à Arras **2,872** hommes, sortant de la place d'Aire, après **24** jours de tranchée ouverte.

Pendant les siéges de Béthune, Aire et Saint-Venant, Villars, sans oser attaquer les détachements de siége, avait pivoté autour d'Arras. Il avait occupé de nouvelles lignes, la gauche à la Canche se developpant jusqu'à Arras, par les sources de la Scarpe ; mais il n'avait pas cru devoir se commettre, le centre de l'ennemi étant resté entre Lille et Tournay. Il avait réoccupé les lignes de la Scarpe, Pont-à-Wendin, Mortagne et Bouchain. L'ennemi même fut repoussé à Pont-à-Wendin et perdit **2,000** hommes. Plusieurs fois Mortagne avait été pris et repris. L'attaque d'un seul moulin coûta plus de **2,000** hommes aux alliés (1). Cependant l'ennemi,

---

(1) Ce sont quelques beaux faits d'armes de ce genre qui trompent la doctrine. Elle ne fait pas attention qu'elle ne juge que par quelques opérations locales, souvent sans liaison avec le plan de campagne.

ayant de nouveau rompu cette ligne, était venu se placer entre Somain et Lewarde, menaçant Valenciennes ou Bouchain.

C'est alors que Villars a formé une autre ligne, en y rattachant quelques portions de ses anciennes positions.

Cette nouvelle combinaison défensive s'étendait d'Arras par la Cojeil, et Arleux-sur-la-Sensée; il la pousse jusqu'à l'Escaut; mais Marlborough force cette barrière trop étendue. Villars se retire sur Mouchy-le-Preux et sur Cambray. Il s'efforce de reprendre le poste de Vimy, mais il est repoussé avec de grandes pertes. Le général français parvient cependant à s'emparer d'Arleux; ce poste est repris par les alliés, puis par Montesquiou, en sorte que les Français reportent leurs lignes jusque auprès de Bouchain.

Le tenace Marlborough attaque ces lignes à la fois sur la Scarpe à Vitry, sur la Sensée à Arleux, et à Aubancheul, elles sont forcées. Villars se rapproche de Cambray et campe un peu en arrière des défilés de Marquion, couvert par les marais d'Ichi, Cambray et l'Escaut; c'est ce qu'il appelait *le nec plus ultrà de Son Altesse*.

Après cette opération, les alliés passent l'Escaut à Estrun, viennent à Ivuy et cernent Bouchain. Toutefois leur investissement resta incomplet, parce que les lignes de Villars arrivaient jusqu'à l'inondation supérieure qui défendait la place.

Le philosophe ne saurait trop admirer les moyens que la Providence emploie pour changer le cœur des hommes. Jusqu'ici les ordres de Louis sont complétement *doctrinaires*. Villars ne doit point se départir de son système de retranchements; mais le grand roi, plus admirable encore dans le malheur que dans la prospérité, est frappé dans sa famille : ses fils, ses petits-fils, tout tombe, tout périt autour de son trône. Le comble de l'infortune semble avoir donné un autre cours à ses pensées : ce n'est plus le Louis XIV doctrinaire. Déjà il a ordonné aux gouverneurs de ses forteresses de ne plus tenir à outrance et de sauver ses garnisons. Il console et encourage ses officiers. Une révolution s'est faite dans ses esprits. Un nouveau système de guerre lui est révélé; il commence à entrevoir *la puissance de l'action, celle du mouvement, l'empire de la masse multipliant la vitesse; dans ces pensers, Louis va devenir contraire à la doctrine; il va ordonner à Villars de se mettre en plaine, de chercher l'ennemi partout, de lui livrer bataille; et s'il est vaincu, il ira, lui septuagénaire, se mettre à la tête de son peuple pour marcher à l'ennemi et périr si telle est la *volonté divine. Mais Dieu protége la France.* Louis restera victorieux, et sa race saura relever ce trône ébranlé par 12 ans d'infortunes.

C'est une chose que nous avions notée dans nos *Nouvelles considérations militaires.* Les dix places que nous venons de nommer : Lille, Tournay, Mons, Douay, Aire, Béthune, Saint-Venant, Bouchain, etc., capitulèrent autant d'après les ordres du roi que par le manque de munitions; *car la faim est un ennemi des forteresses encore plus puissant que le canon. Outre les vivres, la poudre leur manqua aussi;* c'est ce que nous avons vu également en 1813 et en 1814. La doctrine, pas plus en 1815 qu'en 1712, *ne peut faire aucun reproche aux garnisons.* Celles de Louis XIV se défendirent avec autant de valeur que celles de Napoléon, et pourtant, que produisit un tel dévouement? Rien que des désastres ! 70,000 morts ou prisonniers, 1,500 pièces de canon, des arsenaux superbes; un découragement général, de la honte à pleines mains, d'immenses contrées ravagées, une dépopulation totale, voilà le fruit de ce système déplorable : et toutes ces places étaient de Vauban ; elles avaient coûté plus de 500 millions, et tout cela était perdu et la France entamée. L'ennemi manqua de résolution : cela seul sauva le pays; car il ne faut donc pas attribuer le salut du royaume aux forteresses, mais à l'ennemi : au reste, nous ne donnons pas ici notre seule opinion; c'est celle de Napoléon lui-même.

Bouchain a 4,000 hommes de garnison. La tranchée est ouverte le 24 août et la place capitule. La garnison est prisonnière de guerre.

Bouchain.

Le 14 septembre, il ne sortit de Bouchain que 2,717, reste de 8 bataillons à 500 hommes ; ainsi la perte fut de 1,483 hommes; celle des alliés ne fut que de 1,200. Comment la doctrine ferait-elle croire que, quand les feux se dirigent de la circonférence au centre et réciproquement, celui-ci perd moins de monde que cette circonférence? il est vrai que, pour soutenir ses principes, il lui faut fabriquer des miracles, et créer des bulletins emphatiques qu'elle donne en pâture aux jeunes adeptes dont elle façonne l'esprit.

Il arriva cette année un événement sauveur de la France: l'empereur Joseph, très-animé contre Louis XIV, mourut à 33 ans ; et pour surcroît de bonheur Marlborough succomba sous des intrigues à la cour de la reine Anne. D'Albermale prit le commandement du corps de 15,000 Anglais. Eugène resta à la tête des Impériaux, des Hollandais et des Hanovriens, il commandait encore à plus de 110,000 hommes, outre ses garnisons, sans compter les Anglais.

Un corps de partisans allemands surprend le fort de la Kenock. *Kenock.* Eugène met le siège devant le Quesnoy, les Hollandais refusant *Le Quesnoy.* d'accéder à sa proposition *de marcher droit sur Paris*. La place, qui a une garnison de 5,500 hommes, est investie par 16,000 alliés; et elle capitule le vingt-huitième jour. Nous portons donc ici cette ville comme bien défendue, quoiqu'elle fût mal fortifiée. Établie entre l'Escaut et les sources de la Sambre, elle a toujours occupé un point important, longtemps négligé. On voit souvent la doctrine employer ses fonds sur des localités qui permettent de beaux développements de travaux abandonner des positions stratégiques les plus heureusement situées sous les rapports militaires.

Les députés hollandais, qui présidaient aux opérations militaires, désirant se faire *une prétendue barrière*, étaient toujours opposés aux généraux. Ils décident que l'on entreprendra *une trouée complète* dans les places en assiégeant Landrecie. Dans cette situation, les alliés laissaient en arrière de leur droite le groupe de Condé et de Valenciennes, Maubeuge restant sur leur gauche. Ils franchissent les collines qui séparent les bassins de la Sambre et de l'Escaut, au moyen d'une longue caponnière de sept lieues, qui s'étend de Marchienne à Denain. Cette petite ville, organisée en place de campagne, est gardée par la division anglaise.

Villars, établi sur le flanc de la communication, fait une feinte contre la circonvallation de Landrecie; puis il tourne à sa gauche *Landrecie* *Bataille de Denain.* et franchit brusquement l'Escaut, attaque Denain, l'enlève et y détruit le pont des ennemis; 6,000 *hommes des garnisons* de Condé et de Valenciennes, vinrent aussi inquiéter Denain. Eugène *Condé, Valenciennes.* accourt; mais, privé de son pont, il est arrêté par le fleuve, et est forcé de lever le siège de Landrecie, après avoir perdu 20,000 hommes. Il se retire sur Mons, sans être poursuivi. Ce *Mons.* qu'il y a de remarquable, c'est que Villars passa l'Escaut en vue et malgré la place de Bouchain, qu'on venait de lui prendre. *Bouchain.*

Au bout de 3 jours de siège, Marchienne se rend aux Français *Marchienne.* qui s'emparent de tous les magasins des alliés, des parcs, des dépôts et de l'artillerie. Villars fait encore capituler Saint-Amand, autre *Saint-Amand.* dépôt fortifié, et y prend 6,000 hommes, 300 milliers de poudre. 300 caissons, 100 pièces d'artillerie de siège. Landrecie est sauvée après 16 jours de blocus : elle avait 4,000 hommes de garnison.

Un peu tard, il est vrai, Villars menace la communication d'Eugène. Celui-ci se dirige en hâte vers le Rhin. Il évacue la

Flandre entière. Le Quesnoy ouvre ses portes ainsi que Douay ; la petite place de Linange capitule ; Landau, qui a 8,000 hommes, est assiégée et prise après avoir perdu 4,800 hommes en 58 jours de tranchée (1). Villars passe le Rhin à son tour, et fait évacuer les lignes d'Etlingen, où Eugène s'était réfugié avec une armée réduite à 35,000 hommes. Ces événements amenèrent la paix d'Utrecht après le siége de Fribourg, dont on démolit les fortifications : elle résista peu à Villars victorieux.

<hr>

5me SECTION (2).

Campagnes de Marlborough

Si nous avions ambitionné le rôle d'historien, nous aurions, à la rigueur, dû d'abord examiner les places fortes sous Marlborough de 1702 à 1708 ; car ce fut lui qui seul commanda les troupes de la coalition en Flandre pendant ces années. Ce ne fut qu'en 1708 que l'armée d'Eugène vint se réunir à la sienne sur cette frontière. Cependant nous n'avons pas cru devoir mêler les services des places fortes sous le prince Eugène avec ceux qu'elles rendirent sous Marlborough ; car les forteresses, dans leur rôle, *expliquent, très-bien, le caractère des généraux* qui ont affaire à elles, et souvent même leur valeur est due tout entière à ces généraux assez simples pour s'y arrêter.

Chef de l'armée hollandaise-anglaise, Marlborough prend Kaiserswerth devant l'armée de Boufflers ; elle résiste 57 jours : il s'empare de Venloo, Grewenbroich, Liége, Ruremonde, Stewenwerth. Boufflers, s'étant imaginé que l'ennemi en voulait aux places du Brabant, y avait couru et avait laissé en prise celles de de la Meuse au Rhin. Nous avons déjà parlé *de ces feintes auxquelles donne-si souvent lieu un système de places vulnérables, des fausses manœuvres que ces places amènent, et du semblant d'initiative qu'elles favorisent.*

(1) On voit, comme nous l'avons dit, que les étrangers avaient formé de bons ingénieurs. Landau, organisé par Vauban, se défend bien contre nous.

(2) Le lecteur pourrait faire de cette section la 4me, la précédente prendrait le n° 5

La Chartreuse de Liége est prise en 3 jours. Elle est comme un fort détaché de la citadelle de cette ville, qui, elle-même, est livrée en trahison. Les alliés y saisirent une caisse militaire de deux millions de francs. Rhinberg, bloqué depuis 14 mois, est pris par la division prussienne. Le 24 avril, on assiége Bonn, qui capitule le 14 mai. Après 20 jours de résistance, *la garnison échange ses clefs contre sa liberté.*

Cependant, Villeroi et Boufflers perdaient leur temps à faire capituler Tongres et ses vieux remparts, renforcés par des ouvrages du moment. Ils se retranchent dans les lignes du Jaar, appuyés à Mastricht. Marlborough les force et prend par une attaque brusquée le fort Saint-Antoine, où les Français perdent 8,000 hommes; toutefois l'ennemi, repoussé à Ékéren, perd 3,000 hommes. La place de Gueldre, bloquée depuis longtemps, capitule, et l'ennemi, d'un autre côté, est forcé de lever le siége d'Anvers.

Les alliés attaquent Huy et s'emparent d'abord de trois forts détachés, Saint-Pierre, Saint-Joseph et Fort-Rouge. Ils y font 900 prisonniers; la place se rend peu de jours après.

Marlborough veut attaquer les lignes de la Méhaigne; mais les députés hollandais, à son armée, s'y refusent. Ils le forcent à prendre Limbourg, où 1,400 Français sont faits prisonniers, le neuvième jour. Sierck se défend bien contre les alliés.

Ce fut alors que, s'approchant du Rhin, le général anglais, ayant donné le change à Villeroi, passa subitement le fleuve à Coblentz, et marcha vers la Bavière. On croyait qu'il menaçait Trarbach, sur la basse Moselle, au moment que son avant-garde entrait à Heilbron. La doctrine a beaucoup vanté la position prise par Villars sous Sierck, ce n'était cependant que l'obéissance à une feinte. Pour faire ses adieux, Marlborough avait, en passant, enlevé le fort détaché de Saint-Martin devant Trèves; et une nuit qu'il était grande fête dans le camp retranché de Namur, pendant que les Français sont au bal, il arrive, attaque et emporte les retranchements. Chevaux, carrosses, bagages, argenterie, parcs, canons, tout fut pris; une partie des troupes s'enfuit dans la ville; le reste, composé 4 à 5,000 hommes, est tué ou fait prisonnier. Sur ces entrefaites les Français assiégent Huy, et peu après, Villars se porte sur l'Alsace et enlève les lignes de Wissembourg, qui, à cette époque, étaient tombées au pouvoir des alliés; car *les places et même les frontières fortifiées* peuvent servir également aux deux partis belligérants en remplissant ainsi un objet contraire à leur destination primitive. En passant, Villar s'empare de Sarrebourg.

Les alliés attaquent Haguenau; la garnison française se fait jour; elle était de 800 hommes et avait résisté 8 jours; elle rejoint l'armée de Villars.

Les lignes françaises sont de nouveau forcées par les alliés, du côté de la Flandre maritime.

M. de Broglie s'empare de la ville de Hagueneau; l'Alsace va être reconquise; au moins on pourrait l'espérer si les Français n'étaient pas d'éternels assiégeurs.

Marlborough accourt et fait lever le siége d'Huy.

Les Français font celui de la citadelle de Liége; Marlborough arrive, le fait lever, et prend Tirlemont.

Il attaque les lignes de Tongres avec 92 bataillons et 146 escadrons. Les Français y ont 100 bataillons et 146 escadrons. Ces lignes sont percées, et les Français éprouvent de grandes pertes. Ils se réfugient vers Mastricht, après avoir perdu 6,000 hommes, leurs bagages, leurs parcs, leurs magasins et hôpitaux. C'était le reste de leurs lignes du Jaar. Villeroi et l'électeur vont se retrancher au delà de la Dyle. Vauban défend Dunkerque par un camp retranché, et sa seule présence couvre les places maritimes. Le baron de Spaar, à la tête d'une division hollandaise, perce les lignes de Courtray où les Français perdent 3,000 hommes. D'un autre côté, l'électeur de Bavière couvrait Bruxelles par les lignes de l'Ich; Marlborough l'y fait attaquer, et il est repoussé. Les Français, en Alsace, forcent les lignes de la Moder.

Contraint par les députés hollandais, dont il se plaint sans cesse, Marlborough commence une nouvelle campagne en menaçant les places de la Moselle pour rappeler Marsin, qui avait passé le Rhin. En conséquence, l'armée alliée avance sur Boneff, et elle trouve l'armée française formée en bataille en arrière du village de Ramillies, occupant une trouée, la gauche derrière les marais de la Gètes, la droite derrière Blangies. Ramillies est un grand village encadré par des haies vives et épaisses; c'est une sorte de position fortifiée. Ce village est emporté, les deux ailes de l'armée sont coupées, la trouée est occupée par l'ennemi, qui gagne une bataille sanglante en moins de deux heures: tous les bagages et l'artillerie tombent au pouvoir des alliés. On fuit vers Bruxelles, *refuge: une vraie panique se déclare*, la fuite fut plus désastreuse que le combat même; la France perdit 25,000 hommes dans cette bataille. Marlborough avait 70,000 hommes, et Villeroi 80,000. Peut-être dira-t-on que l'armée de Villeroi n'était pas retranchée à l'aide *des travaux* des ingénieurs; mais le général français avait mis à l'abri sa gauche derrière des marais et elle fut inutile; le centre fut coupé absolument comme s'il eût été dans des lignes, produit de l'art, et le village de Ramillies était un vrai bastion saillant, central, et barricadé. Le soir même, les alliés s'emparent de Louvain de vive force, et de 500 hommes qui le défendaient. Ils marchent sur Bruxelles : cette capitale fortifiée capitule sans résistance.

Toutes les forteresses se décident après la victoire, et 20 d'entre elles ouvrent leurs portes au vainqueur : Dendermonde résiste 3 jours; Ostende est pris en 8 jours avec sa flottille; Menin en 17 jours; sa garnison, de 6,000 hommes, est conduite à Douay; Audenarde tient 5 jours; Ath, *cet enfant gâté de Vauban*, qui a 5,000 hommes de garnison, en perd 2,500 et se rend en 12 jours. Les assiégeants déclarèrent n'avoir perdu que 500 hommes devant cette place. *C'est là le chapelet qui défile, après avoir perdu le nœud de la victoire*, dont nous avons parlé dans nos *Considérations*. Il est à remarquer que toutes ces forteresses avaient été organisées par Vauban ! Mais la doctrine ignore que les places ne se défendent ni par leurs fortifications, ni par leurs garnisons : tout dépend d'une seule tête (1). C'est là une des infériorités radicales des remparts, une tête est si difficile à trouver !...

Courtray est prise sans résistance, ce qui force les Français d'évacuer les lignes qui s'y appuyaient. C'est à ce moment que mourut Vauban, affligé de tant de revers dus aux forteresses, fruit de ses conceptions.

Cependant Vendôme vient remplacer Villeroi. Il a quitté l'Italie peu avant la bataille de Turin, et a reçu des renforts de Péronne, Ham et de Saint-Pol. Ses troupes, augmentées des garnisons que les alliés ont renvoyées, occupent le camp et les lignes du Picton. Les deux armées font diverses manœuvres où Vendôme a quelques avantages; mais une attaque hardie de Marlborough vers Saint-Denis force les Français à repasser la Haine et à se retirer sur les lignes de Pont-à-Tressin, en perdant dans cette marche rétrograde et précipitée, 8,000 hommes, tant déserteurs qu'égarés, qui vont s'enrôler chez les alliés et augmenter leurs forces.

A l'aide d'intelligences, les Français reprennent Gand où se trouvent **6,000** alliés et de grands magasins. On imagina de distraire ainsi **15,000** hommes sous le comte de la Mothe, sous le vain prétexte *d'enlever la base primitive de l'ennemi*, comme s'il n'avait pas eu le choix de dix autres bases. On agissait ainsi dans le but de l'éloigner du siége de Lille : raisonnement doctrinaire et faux. Bruges et Plassendal capitulent et suivent le sort de Gand. L'armée française se campe près de Tournay dans les lignes de Pont-à-Tressin, où Marlborough l'attaque et la force à la retraite; elle se réfugie sous Lille et se retranche sur la Marque, au lieu de s'efforcer de prévenir la jonction des armées ennemies. Eugène s'avance alors à grands pas, et peu après il fait paisiblement dans Bruxelles sa jonction avec Marlborough, préparant le siége de Lille; que nous avons porté à la section 4e.

Tels sont les événements principaux arrivés par les forteresses, dans un laps de temps que nous avons subdivisé en 5 périodes, montrant le rôle des fortifications pendant les campagnes du prince Eugène : toutefois ce sont les quatre dernières sections qui sont les plus instructives.

Quelques professeurs, tendant à faire triompher le système doctrinaire, ont composé, dans leurs cabinets, de très-beaux bulletins et combiné de savants plans de campagne; ils ont, comme *Vertot*, rapporté les événements avec un thème tout fait à l'avance, s'efforçant de donner aux opérations militaires une liaison forcée, de manière à former une sorte de roman historique. Ce travail est pour eux très-commode, et cela d'autant plus, que beaucoup de personnes, hors d'état d'apprécier les produits de leur imagination féconde, accordent à ces auteurs une certaine réputation guerrière; et comme ils n'oublient jamais de jeter quelques flatteries aux pieds des grands, ceux-ci leur octroient de nombreuses faveurs; tandis que les auteurs véridiques et consciencieux, en rapportant un peu rudement, peut-être, les faits, venant à la traverse d'une fausse théorie, sont repoussés, bien que leurs avertissements puissent faire éviter des écueils dangereux pour l'avenir.

Quoi qu'il en soit, voici ce que nous apprennent les quatre dernières sections de ce chapitre, sur le rôle des places sous Louis XIV, depuis 1701 jusqu'à 1712. Elles donnent les proportions suivantes :

En Italie, sous le commandement d'Eugène tout seul. .	82 revers,	18 succès.	4,55:1.
En Allemagne, sous Eugène et Marlborough réunis. .	39	8	3,60:1.
En Flandre, sous ces deux chefs réunis également. . .	52	23	2,39:1.
En Flandre, sous Marlborough seul	50	12	4,17:1.
Totaux	213	61	3,51:1.

274

Si l'on suit Eugène en Italie, on reconnaîtra son activité, son audace. A ces qualités répond le chiffre 4,55 : 1. Une audace pareille distingue Marlborough, commandant seul la guerre de Flandre contre la France ; il arrive à 4,17 : 1. Quel développement de manœuvres, des rives de l'Océan au Rhin, du Rhin à l'Inn ! quelle impétuosité dans le général anglais ! et cependant ses troupes, formées de contingents hollandais, anglais, hanovriens, prussiens, sont de moitié inférieures à celles de Villeroi.

L'égalité dans les forces respectives des belligérants existe en Allemagne. Eugène et Marlborough réunis ont encore de grands succès, contre les Franco-Bavarois ; mais ici le terrain, plus montagneux, vient apporter quelque secours au rôle de la fortification, secours toutefois qui ne la fait pas briller davantage ; car on trouve les désastres caractérisés par 3,60 : 1.

En Flandre, les deux mêmes généraux triomphent aussi. Ils ont une légère supériorité numérique, il est vrai ; cependant le rôle des places reste de même désastreux à un haut degré, puisqu'il s'exprime par 2,30 : 1 ; il l'est pourtant moins qu'en Allemagne : toutefois la différence n'est pas telle qu'elle puisse permettre à la doctrine de poser en principe : *que les places aient sauvé la France;* car leurs chances s'élèvent encore à 2, 1/4 contre 1 ; aussi conduisent-elles au traité si honteux d'Utrecht.

On ne saurait nier que, dans cette période, le chiffre n'ait tendu davantage vers l'unité que dans les autres. Ce fait remarquable, vaguement compris par les doctrinaires, leur a fait tirer une conséquence absolue d'un fait particulier : ce qui sauva la France, ce fut la fausse manœuvre militaire d'Eugène à Denain; ce fut l'esprit doctrinaire hollandais; il ne faut pas non plus omettre l'influence de la politique, la chute de Marlborough, et surtout la mort de l'empereur, l'âme de la coalition.

Il ne faut pas oublier, également, la nature du théâtre de la guerre, où les places sont protégées par les eaux; les conflits de commandement, et la double action de Marlborough et d'Eugène, dont l'un retient souvent l'autre, et oppose le flegme à l'impétuosité, toutes choses qui vinrent, en aide au rôle des fortifications, et, malgré ces conditions si favorables, malgré la perfection des forteresses de Vauban, nonobstant la présence des plus célèbres ingénieurs de cette époque, les Dupuy, Valory, Coulomb, Lapara, Mesgrigny, et nonobstant des gouverneurs tels que les Surville, Albergotti, Montal, Boufflers, Laubanie, le système doctrinaire produit encore l'infériorité exprimée par 2,30 : 1. Il fallut même renoncer aux lignes et se présenter en plaine à Denain, passer de la défensive à l'offensive, et suivre les avis de Montesquiou, noble compagnon de Villars, c'est-à-dire changer de rôle avec Eugène.

En général, on a observé que les hommes du midi se défendaient avec plus de ténacité, derrière des obstacles ou des fortifications, que les habitants du nord, ou au moins avaient plus souvent recours à cet auxiliaire. Les Espagnols, les Italiens et les Turcs aiment à se claquemurer dans des ouvrages fermés, plus que les Russes, les Suédois, les Anglais ou les Danois. Cela tient-il, sous les rapports moraux et physiques, à la nature du climat? La haute température provoque-t-elle à la paresse? la doctrine n'aurait-elle pas porté aux pays tempérés ce qui ne semble convenir qu'à la zone torride?

En 1712, nous trouvons dans la Flandre le chiffre 2,30, et dans le même pays, en 1812, notre rapport s'est abaissé jusqu'à 3,60 : 1, à un siècle de distance, toutes circonstances doctrinaires à peu près égales d'ailleurs. De là nous pouvons apprécier la décroissance du rôle de la fortification : ce sont les mêmes places; mais quelle différence! les routes multipliées, les marais desséchés font que ce pays ne ressemble plus à lui-même. L'artillerie allégée, les manœuvres mieux connues et plus rapides sont autant de raisons pour expliquer cette décroissance dans l'influence des remparts, et pour *prévoir celle à venir* : et c'est au moment où ces causes prennent un nouvel empire, que nos darçonniens se hâtent de couvrir la France de nouvelles fortifications: *ils ne semblent pas comprendre leur siècle !*

Marlborough et Eugène furent-ils arrêtés par la puissance des forteresses en Belgique, en Allemagne et en Italie; à Turin, à Ramillies, à Hochstedt ou à Malplaquet? Qu'il y en ait ou qu'il n'y en ait pas, ce sont toujours les mêmes progrès. Villars, après Denain, est-il ralenti, arrêté un seul instant? Il exécute son mouvement rapide vers le Rhin au milieu des places des alliés. Ceux-ci ont *usé* leurs troupes à garnir leurs forteresses et les nôtres après leur chute. Quels beaux refuges que Pignerol, le Quesnoy, ou Ulm, après les batailles perdues! Ces places ne sont-elles pas réellement de moitié dans les conséquences désastreuses des retraites, et ne les ont-elles pas même provoquées par leurs fallicieuses promesses de sécurité?

On dit avec raison que les principes veulent que l'on n'attaque un pays que par une seule ligne d'opérations. Aller assiéger, à droite une place, à gauche une autre, c'est, à vrai dire, contrevenir à ces préceptes; c'est ébaucher un commencement de marche sur plusieurs directions diverses; c'est éparpiller son action et l'affaiblir, sans rien pousser à fond. Il fallait être Hollandais pour prescrire une telle conduite à ses généraux, et l'on ne doit pas s'étonner de voir Eugène et Marlborough réclamer avec chaleur contre une diffusion de forces, aussi mauvaise pour le parti offensif que pour le parti défensif.

Nous croyons, pour leur honneur, que les doctrinaires comprennent ces vérités aussi bien que nous; mais que, pour complaire au pouvoir, ils se répètent si souvent le faux principe qui les domine, qu'ils finissent par se l'inculquer à eux-mêmes : l'on a vu souvent un faiseur de contes s'identifier tellement avec les produits de sa propre imagination, qu'il finissait par se persuader la réalité des faits qu'il avait inventés; il était tombé de lui-même dans un véritable état d'hallucination.

Si nous nous reportons aux campagnes vigoureuses et brillantes dans lesquelles Marlborough commanda seul, nous voyons l'armée alliée fournir le chiffre 4,17. Il fait connaître combien peu le général anglais subissait l'influence de l'aménagement fortifié du sol; tandis que le chiffre 2,30 peut, jusqu'à un certain point, laisser penser qu'Eugène en éprouvait le contre-coup. Les doctrinaires ont donc pu se dire avec une apparence de raison : Puisque ce général *a été obligé de se traîner sur une route que nous lui avions semée d'épines,*

*cela prouve que nous pouvons créer un genre de guerre,
comme on crée un code dans les sociétés, et que les généraux seront contraints d'entrer dans cette voie;* mais
un tel raisonnement est complétement faux. Un code en
contradiction avec le cœur humain et l'essence des choses
ne peut rien produire de bon. De même, *un système
d'action en opposition avec les lois physiques et primordiales de la nature*, ne peut longtemps marcher contre
ces lois, ou il faudrait être sûr de ne jamais rencontrer
de Marlborough ni de Napoléon, mais toujours des
Mack ou des Cobourg, qui, même aujourd'hui, n'ac-
cepteraient pas votre champ de bataille de fabrique et
de contrebande.

Que nous fait cette métaphysique? nous diront nos antagonistes; vous ne pouvez nier que les places n'aient sauvé
la France sous Louis XIV. Eh bien! pourtant c'est ce que
nous nions : ce qui, en 1712, sauva la France, *ce fut la
bataille de Denain.* Il est vrai qu'elle fut donnée à *l'occasion*, (et nous employons ce mot *occasion* à dessein),
du siége de Landrecie; mais c'est parce qu'enfin Villars
sortit de ses éternelles lignes. Vous objecterez qu'une
victoire n'était pas probable avant 1712, et que ce furent
les siéges de Lille, Mons, Tournay, qui décimèrent les
alliés et rétablirent l'équilibre des forces; nous vous
répondrons, à notre tour, que ce sont là des conjec-
tures; les historiens citent plusieurs occasions où, si
l'on eût suivi les conseils de Berwick, Denain, c'est-à-
dire une bataille heureuse, se fût rencontrée bien plus
tôt : votre argumentation n'est donc qu'une simple phrase
sur laquelle on ne saurait asseoir aucun raisonnement
plausible; elle est aussi de la métaphysique, au lieu que
2,30 *contre* 1, *est un fait.* Une fois que l'on est entré dans
un faux système, dans une voie vicieuse, quelques éléments de ce faux système peuvent, sans doute, produire

des résultats satisfaisants, tels que celui de Landrecie ; *mais seulement satisfaisants dans la ligne de conduite que l'on a adoptée; car tout n'est pas mauvais dans une mauvaise direction de guerre.* C'est ce qui arriva à l'occasion de cette place, qui concourut à perdre Eugène, puisque Eugène voulut bien *s'adresser à elle*, sans y être obligé. Toutefois c'était contre l'opinion de Marlborough que le général des impériaux agissait. Ce fut même contre la sienne propre, si souvent manifestée à La Haye ; mais il y était forcé par les députés hollandais ; de même que Vendôme ou Villars étaient contraints de rester dans leurs lignes par l'ordre de Louis XIV.

Un fait historique incontesté, qui mérite d'être observé, c'est que, contrairement à l'opinion de Marlborough et d'Eugène, si souvent exprimée aux états généraux, les Hollandais voulaient se former *une barrière*, c'est-à-dire prendre des places. De son côté, que désirait le roi de France ? *user* les efforts de ses ennemis devant ses forteresses ; c'est-à-dire que les Hollandais faisaient précisément ce que souhaitait le monarque. Après cela, est-il donc si étonnant que ce dernier ait fini par un triomphe? Pour conquérir le pays, les alliés eussent dû agir précisément en sens contraire ; Louis désirait qu'ils fissent des siéges, il fallait s'en abstenir. Ce principe est de tous les temps : *Ne faites pas ce que votre ennemi désire*, disait Napoléon, *par cela seul qu'il le désire.* Et, quoi que l'on puisse espérer, l'on n'enfreint jamais impunément un des principes vitaux d'une action de guerre : dans ce cas la punition ne manque pas d'être immédiate, bien que, quelquefois, on ne sache pas démêler d'où provient la catastrophe, parce que l'on se laisse aveugler par de fausses théories.

L'armée française avait autour du champ d'action des

forces considérables. Les garnisons des places prises formaient 70,000 hommes *environ*; Louis avait encore, sur
le théâtre des opérations, d'un côté, les garnisons d'Arras,
de Saint-Omer, de Dunkerque, de Gravelines, etc., et, de
l'autre, celles de Maubeuge, de Namur, de Mastricht, formant une masse de plus de 100,000 hommes; ainsi, avec
l'armée de Villars, déjà forte de 100,000 hommes, il avait
sur cette seule frontière près de 200,000 combattants,
quand toutes les forces disponibles de ses adversaires
ne s'élevaient pas à plus de 150,000, même en y comprenant leurs garnisons. Est-ce cela la manière de rétablir
ce *fameux équilibre*, ou plutôt n'est-ce pas là le plus
sûr moyen de le détruire? et y a-t-il de l'exagération à
dire que Louis XIV *a été écrasé sous ses places fortes
comme Napoléon ?* Qu'on ne vienne pas invoquer la supériorité morale du prince Eugène et des autres chefs des
armées ennemies. Nos généraux valaient les leurs. Villars
avait la réputation bien établie d'être un chef habile;
Vendôme, en Italie, avait eu des succès contre Eugène;
Montesquiou, Broglie, Feuquière, Boufflers, Belisle,
etc., lieutenants généraux, avaient un mérite incontestable; mais tous étaient paralysés par le vice intrinsèque
du système qu'on leur prescrivait; *il a tué Napoléon !
et il tuera tous ceux qui s'y abandonneront* : puisse la
France nous entendre !

Pour faire valoir leur système, les doctrinaires, après
avoir exalté l'idée mère, vantent outre mesure les détails.
Les alliés, disent-ils, perdirent aux siéges de nos places
bien plus que nous : à cet égard, chacun fait *ses bulletins*,
les doctrinaires et les étrangers; mais qui pouvait connaître plus exactement les pertes faites dans les places
que ceux qui venaient de les prendre ainsi que les registres
matricules, et qui renvoyèrent ces garnisons à Cambray,
à Arras ou à Saint-Omer? *Ils ont eu aussi leurs histo-*

riens ; et voici ce que l'on trouve dans les rapports mêmes des généraux alliés :

FORCE DES GARNISONS.	PERTES DES GARNISONS.	PERTES DES ALLIÉS.
Lille. . . 15,000.	. . 9,000 la doctrine dit 4.3oo.	. . 13,000 la doctrine dit 18,000.
Tournay . 7,000.	Prisonniers de guerre, 7,000. . . .	. 2,000.
Mons . . 5,000.	. . 3,100. . .	. 1,700.
Douay . . 10,000.	. . 5,473. . .	. 2,142.
Béthune . 4,000.	. . 2,300. . .	. 1,500.
St-Venant . 1,300.	. . 300. . .	. 300.
Aire. . . 6,000.	Prisonniers de guerre, 6,000. . . .	. 2,000.
Bouchain . 5,300.	. . 1,480. . .	. 1,200.
LeQuesnoi. 5,500.	. . 2,000. . .	. 2,000.
Landrecie . 4,500.	. . Inconnu . . .	. Inconnu.
TOTAUX. 63,600.	36,656.	25,842.

Ainsi les siéges, loin d'avoir coûté aux alliés plus de soldats qu'à la France, leur en coûtèrent 1/3 de moins, sans compter les malheureux paysans qu'on arrachait aux villages pour construire les lignes ennemies, et dont un bon nombre périt de misère et de coups, ou par le feu des places mêmes. Après de tels faits, venez donc nous célébrer l'excellence d'un système qui, selon vous, permet de diminuer la force des armées, et reportez-vous à notre tableau n° 10.

Cent mille hommes assiégèrent Lille, où il n'y avait, dit la doctrine, que 10,000 hommes. Ce fait, d'un merveilleux presque cabalistique, si vanté par Darçon, de *un mis en équilibre contre dix,* n'est qu'une fantasmagorie jésuitique. Eugène avait dans son armée de siége seulement 40,000 hommes ; mais l'armée d'observation était de 60,000.

Si la garnison ne comptait que 10,000 soldats, Vendôme avait, en vue de la place, plus de 80,000 hommes escarmouchant chaque jour avec Marlborough, en sorte que la lutte réelle s'établissait entre deux armées égales à peu près, sur un champ de bataille de 5 à 6 lieues en carré. D'un autre côté 28,000 hommes seulement assiégèrent Mons, 15,000 assiégèrent Béthune, et ainsi des autres : le merveilleux du fait disparaît donc facilement. C'étaient deux armées aux prises, dont une avait retranché et immobilisé imprudemment une de ses divisions.

C'est de cette sorte de coups de pouce donnés sans cesse à l'histoire, que nous nous sommes plaint si souvent dans nos *Nouvelles Considérations militaires*. On torture la vérité dans ses détails comme dans ses masses; est-ce pour tromper son pays? Savez-vous pourquoi les alliés entreprirent tant de siéges (1)? La doctrine va vous l'apprendre par cette phrase : « *Désespérant de pénétrer en France, les alliés entreprirent une guerre de siéges,* » et c'est à l'occasion de l'attaque de Lille qu'elle a été écrite dans un mémoire manuscrit *fait pour*, prétendait-on, *l'instruction d'un prince*. Pourquoi donc les généraux alliés eussent-ils désespéré de pénétrer, puisque en 1708 ils venaient seulement de réunir leurs armées, et qu'ils n'avaient point encore essayé de le faire? Mais voici la phrase de ces alliés, et celle-là est raisonnable, on n'y trouve rien d'absurde : Marlborough et Eugène (2), *voyant Vendôme ou Villars bien postés derrière la Lys, l'Escaut ou la Scarpe, où sont des lignes formidables, portèrent, pour les déposter, leur initiative su telle ou telle forteresse;* cela leur réussit deux fois, à Ramillies et à Malplaquet.

(1) Manuscrit présenté au duc d'Angoulême

(2) *Conduite de Marlborough*, ouvrage imprimé à Londres sous ses yeux.

C'était croire ces deux grands hommes *un peu trop hollandais* que s'imaginer *qu'ils attaquaient les for-teresses pour la vaine satisfaction de les posséder*; mais c'était pour eux *cette initiative* contre les places, dont nous parlons dans nos *Considérations militaires* (1). Le siége de Landrecie ne fut qu'une *de ces fausses manœu-vres* que nous avons également signalées : puis voyez *quelles belles idées militaires la doctrine donne aux prin-ces, qu'elle se hâte d'attirer à elle !*

Allent, dans son histoire du corps du génie, cite bien deux ou trois lignes percées par les alliés ; mais il se garde bien, doctrinairement, de citer 20 autres de ces lignes qui furent aussi emportées; il passe sous silence celles du Jaar, de la Méhaigne, du Picton, d'Ipres, de Gand, de Courtray; celles de Warneton, d'Espierres, de Mastricht, de la Marque, de la Scarpe, de la Haines, de Pont-à-Wendin, de la Ronelle, d'Arleux, etc. : s'il n'oublie pas celles d'Arras et du Crinchon, c'est parce qu'elles furent favorables au système doctrinaire; mais les alliés écrivaient, de leur côté, des rapports destinés à leurs gouvernements respectifs, et savaient bien réparer ces omissions volontaires. *L'amour de la patrie ne con-siste pas à la tromper, mais à lui dire la vérité !*

Il est vrai que les alliés reculèrent devant les lignes d'Arras et du Crinchon. *Tout n'est pas toujours mau-vais dans un faux système*, et l'on a vu de bons ouvriers produire des chefs-d'œuvre, même avec de mauvais outils; mais que n'eussent-ils pas exécuté avec des instruments plus parfaits ?

Cependant si l'on eût suivi l'opinion de Marlborough, Arras eût été attaquée et prise, sans les lignes qui la cou-vraient; et ces lignes eussent été tournées sans le pivot

(1) Page 195 *Considérations militaires.*

d'Arras et le lien de Douay. Places et lignes sont donc les deux éléments de ce système *créé par Vauban*, et c'est une grande inconséquence de la doctrine, que d'adopter l'un sans l'autre. Elle fait bon marché des lignes et garde les places, ce qui semble une pétition de principes du fameux *jeu des places militarisées* de Darçon, que nous avons appelé *jeu des quatre coins* : en un mot, ainsi que nous l'écrivions, page 319 de nos *Nouvelles Considérations*, *il n'y a point de bonnes lignes sans places, et point de bonnes places sans lignes*, bien que les deux réunies ne soient jamais qu'un faible obstacle.

La doctrine serait beaucoup moins fière de sa prétendue invention, si elle réfléchissait *à son origine toute bourgeoise*. Ce fut Louvois qui la propagea, un peu, il est vrai, aidé par Vauban. Louvois redoutait l'influence des grands généraux qui pouvaient capter le maître. Les Turenne remportant de grandes victoires, les Luxembourg, les Créqui, le faisaient trembler. La doctrine fut dans ses mains *un moyen d'opposition*, plus qu'un système de guerre, et il lui importait que ce fût Vauban qui triomphât; celui-là du moins était modeste et peu ambitieux, au lieu que Turenne ou Luxembourg étaient plus difficiles à manier et dangereux pour son empire sur son roi. Toutefois Louvois ne comprenait pas Vauban. Celui-ci ne concevait pas les forteresses comme Darçon, ni comme Cormontaigne. Il n'entendait pas qu'elles fussent disposées en échiquier, ni *en jeu des quatre coins ;* il voulait qu'on les regardât comme les appuis *de lignes continues* et longtemps infranchissables. Ainsi, dans une lettre datée du 14 octobre 1675, il proposait *de fortifier Cassel, pour former*, disait-il, *depuis la mer jusqu'à l'Escaut une ligne continue.* Puis en 1687, dans sa lettre à Catinat, que nous avons citée dans nos *Nouvelles Considérations militaires*, il repoussait l'abus des fortifications : *Trop de places fortes* en *France*, écrivait-il, *est un inconvénient.* La modification des idées de Vauban, qui marche avec son temps, est très-remarquable ; car en 1706, *il signe, le 2 février,* un mémoire où il propose la cession et la suppression de beaucoup de forteresses : c'est le 2me mémoire du 3me tome des *Oisivetés* (1). Il a pour titre : *Des dépenses de la guerre sur lesquelles le roi pourrait faire quelques épargnes, et des places que le roi pourrait céder, et de toutes celles qu'il pourrait mettre hors d'entretien.* Cette succession de dates, 1675, 1687 et 1706, est très-significative ; mais un tel état progressif alarmait la doctrine, et, dans son *Histoire du corps du génie*, de 1805, Allent affirme : *Que si l'on remplissait le vœu de Vauban sur cette suppression de places, il n'en resterait presque plus sur la frontière du nord.* N'est-ce pas la doctrine prise sur le fait et en flagrant délit, qu'un tel aveu : *Que deviendrait donc une partie des emplois dont elle dispose* (2)?

Vauban a dû convenir avec lui-même qu'il avait pris *très facilement* ses propres forteresses ; il n'a pas pu méconnaître la prépondérance de sa nouvelle méthode d'attaque, et il a dû penser que l'ennemi saurait aussi former de bons assiégeurs. Il n'eût pas été le judicieux Vauban, s'il ne se fût aperçu que ses forteresses et ses lignes de 1675, quand les armées ne dépassaient pas 40,000 hommes, devenaient impuissantes depuis que la coalition disposait d'armées de 100,000 hommes réunis, et qu'elle soldait jusqu'à 300,000 hommes sur un vaste demi-cercle de frontières.

Vauban était patriote par excellence. Jadis il était en

(1) La Bibliothèque du comité des fortifications possède les tomes 1, 2, 3 et 7 des *Oisivetés* de Vauban ; les tomes 4, 5 et 6 paraissent perdus.

(2) Allent, *Histoire du corps du génie.* M. Arago, dans ses lettres au *Constitutionnel*, semble avoir oublié cette date du 2 février 1706 : du reste, elle ne dit que ce que faisait entendre la lettre de Vauban de 1687 : *Trop de places fortes en France est un inconvénient,* et cette série développée est tout notre ouvrage.

lutte continuelle avec les architectes ; mais, tous ensemble, ils ruinaient la France à l'envi : les uns pour des palais, les autres pour des bastions. Louvois, connaissant le goût de Louis XIV pour les bâtisses, poussait de tous côtés à l'érection de monuments, quels qu'ils fussent ; peu lui importait que ce fût Versailles, Marly, Maintenon ou Lille. Enfin Vauban s'aperçut de l'abus : les échecs des places fortes n'échappèrent pas à ses observations, et son mémoire *du 2 février 1706* nous semble une sorte *d'expiation* pour les centaines de millions qu'il avait prodigués, souvent même, malgré lui. Pour remplir le trésor, qu'il avait contribué à apauvrir, il produisit la *Dime royale*: voilà ce que nous osons dire, au risque du scandale, de commande, de ceux qui, tout en *feignant de respecter Vauban, défigurent son système*. Certes, Vauban avait fait un excellent dispositif de défense pour 1675 ; mais il arriva à reconnaître que ce système n'était plus à la hauteur de la force des armées, telle qu'elle était devenue après la rupture de la paix de Nimègues en 1687, et il en fut encore plus convaincu en 1706. Vauban, dit Allent, mourut d'une fluxion de poitrine en 1707. Cependant toute la France répéta que ce fut de douleur. Cette douleur même fait son éloge. Le spectacle de la déroute de ses propres conceptions ne saurait avoir été indifférent à son noble cœur (1).

---

(1) Voltaire, dans son *Histoire du siècle de Louis XIV*, stygmatise Feuquière du nom de *mécontent*. Il le peint comme un homme atrabilaire et jaloux de l'avancement d'autres lieutenants généraux. Certainement Feuquière, homme de talent, avait bien le droit de s'étonner de se voir préférer des généraux tels que les Marsin, les Villeroi, les Lafeuillade et tant d'autres, si médiocres ; mais si aujourd'hui on traduisait dans le langage militaire reçu les principes de ce général, on reconnaîtrait qu'il avait des idées très-justes de la guerre. Il est permis de douter que Voltaire fût compétent pour juger Feuquière, et nous sommes persuadé que les intrigants mêmes de tous les temps sont impuissants à étouffer la vérité tout en répétant le mot *Mécontent*. *Mécontent*, comme ailleurs on crie : *La clôture ! La clôture !*

Voici ce que dit ce général à l'occasion de ce que nous avons appelé la do-

Nous ne craignons pas de le redire, le mémoire daté
du 2 février 1706 et la *Dîme royale*, un des meilleurs ouvrages d'économie politique, ne sont que des expiations
des centaines de millions que Vauban a prodigués à ces
nombreuses places fortes dont tardivement il entrevoyait
l'impuissance. Longtemps il s'éleva contre Marly, ce favori sans mérite; contre Versailles, l'orgueilleux; et contre tant de monuments inutiles, aux frontons desquels on
lit, caché sous des guirlandes, le mot *despotisme;* mais
lui, l'homme consciencieux, pour compenser ce qui
était enfin, à ses yeux, devenu une erreur, il rechercha

trine darçonienne, et sur la lutte qui déjà, de son temps, s'était établie entre
elle, Turenne et Luxembourg : « Pour finir mes réflexions sur ces espèces de
« lignes, dans la vue de couvrir les pays, les empêcher de contribuer, ou même
« y renfermer une armée, j'ose assurer qu'elles ne peuvent trouver de consi-
« dération *que dans l'esprit d'un général borné* qui ne sait pas se tenir près de
« son ennemi et en sûreté par la situation et la bonté d'un poste qu'il se sera
« choisi, et qui se croit toujours commis *dès qu'il ne voit point de terre remuée*
« *devant soi.*

« Aussi n'avons-nous jamais vu que M. le Prince et M. de Turenne, les deux
« plus grands capitaines du dernier siècle, aient seulement jamais pensé à cette
« manière de faire la guerre. Ils étaient pourtant bien habiles et d'un génie su-
« périeur à tous les généraux de leur temps. Ces grands hommes se sont sou-
« vent, pendant des campagnes entières, maintenus à portée d'armées bien
« supérieures à la leur, et les ont empêchées de pénétrer dans notre pays sans
« aucunes lignes........ M. le maréchal de Créqui a soutenu des campagnes diffi-
« ciles et a ignoré l'usage des lignes; M. le maréchal de Luxembourg, qui a si
« glorieusement suivi ces grands hommes, et *contre le sentiment duquel* l'usage
« des lignes s'est établi en France, a toujours été persuadé que cet usage était
« pernicieux; et, pour quelque raison de commodité que ce pût être, il n'a
« jamais permis que son armée campât dans le dedans des lignes. »

(Mémoires de Feuquière, vol. III, page 159 - 161.)

« On a voulu faire un système nouveau d'une guerre défensive derrière des
« lignes d'une longue étendue de pays, et l'expérience a fait connaître la
« fausseté de ce système. »   (Mémoires de Feuquière, vol. III, page 137.)

Ce sont ces choses réprouvées par les plus grands hommes de guerre,
que l'on veut aujourd'hui renouveler comme étant admirables. Choisissez
donc entre Turenne, Luxembourg, Créqui et tous les hommes illustres d'un
côté, quand les Villeroi, les Lafeuillade, les Cormontaigne et les Darçon sont
de l'autre; ajoutez-y même Vauban, si cela vous convient, mais Vauban
de 1675.

de nouveaux moyens pour remplir les coffres qu'il avait tant contribué à vider.

Ce noble aveu, il ne pouvait le faire qu'implicitement. Il eût été trop dangereux de détruire brusquement la confiance établie en faveur d'un moyen de guerre tout créé, qui avait tant coûté depuis quarante ans, et qui, déjà réalisé, pouvait au moins promettre quelques chances heureuses. Cette circonspection est même un nouveau titre à la reconnaissance nationale, et sa gloire en est d'autant plus éclatante, qu'il abandonnait ses idées premières, les plus chères, pour s'élever jusqu'à la hauteur de la science des nouvelles manœuvres de guerre de Marlborough.

Non-seulement la doctrine n'a pas compris que Vauban progressait avec son temps, dans la grande guerre ; elle paraît n'avoir même pas suivi ses progrès dans son art comme ingénieur. Elle a abandonné la pensée inscrite dans Neuf-Brissach, et, *tout en affectant de prendre soin de la gloire du grand homme*, elle a démoli ses ouvrages à Belfort, à Metz, à Landau, à Besançon, et, dans une infinité de circonstances, elle a gâté ses meilleures combinaisons ; puis elle se vante de pratiquer les règles qu'il avait prescrites..... Dérision !

CHAPITRE VIII.

Rôle de la fortification en Espagne pendant la guerre de la Succession, sous
Berwick et Vendôme, ou invasion de Louis XIV en Espagne.

Actuellement transportons-nous sur un autre terrain,
et suivons les armées belligérantes dans des contrées
difficiles par elles-mêmes, et surtout couvertes de forts,
de places, et de châteaux. Ce nouveau tableau fera la
continuation de ceux que nous avons tracés sur la guerre
da la succession pour l'Italie, l'Allemagne et les Pays-bas.
Ainsi, après avoir suivi le rôle des remparts sur le Danube, sur le Rhin, sur la Meuse, l'Escaut et la Lys, nous
allons l'examiner sur l'Ebre et le Tage, et nous recon-
naîtrons si le proverbe sur l'illusion *des châteaux en
Espagne* est juste.

TABLEAU N° 35.

1704.
Santarem,
Segura,
Idanha,
Rosmaria,
Castel-
branco,
Portalègre,
Vigo pris
par les alliés,
Gibraltar
pris par les
Anglais

Se croyant sûr de sa nouvelle couronne, Philippe V, petit-
fils de Louis XIV, veut punir la cour de Lisbonne d'avoir accueilli son compétiteur, Charles d'Autriche. Il envahit le Portugal : toutes les places de l'Alentéjo lui ouvrent leurs portes,
sans coup férir ; il défait même un corps portugais appuyé à Cas-
telbranco, et s'empare de Portalègre ; les Anglais surprennent
Gibraltar. Le marquis de Las-Minas rassemble l'armée portugaise à

Almeïda, envahit l'Espagne par Los-Santos, et bat un corps franco-espagnol.

Castel-David. — Un autre corps portugais débouche sur l'Espagne par Castel-David et coupe Philippe de sa capitale; mais les Espagnols marchent sur Castel-David, s'en emparent et rétablissent leurs communications.

1705. *Barcelone.* — Une initiative plus dangereuse se prépare par la Catalogne. Les flottes anglaises transportent vers Barcelone une armée, composée d'Anglais, de Portugais et de corps espagnols qui ont pris parti pour Charles. Cette ville devient le centre des opérations des alliés. A cette époque, Philippe fait des tentatives inutiles sur Gibraltar, *Gibraltar.* et les Anglais, remarquables par la constance de leurs idées, tentent en vain de surprendre Ceuta sur la côte d'Afrique. La flotte *Ceuta.* *Badajoz secourue.* française, de 128 vaisseaux, et celle anglaise, de 122, s'étaient livrées sous les côtes de Malaga une bataille sans résultat.

Lérida et Taragone se donnent aux alliés, qui déjà ont une armée de 40,000 hommes. Saint-Sébastien et Valence imitent cet exemple. Cette dernière se livre à une terrible révolte accompagnée, selon son usage, de massacres et d'assassinats, et proclame Charles roi d'Espagne. Santander et San-Lucar en font autant.

1706. *Saragosse.* — Saragosse ne résiste pas et ouvre ses portes au prince autrichien. La moitié de l'Espagne se prononce contre Philippe V. Une armée anglo-portugaise débouche d'Alcantara vers Badajoz. Les trois armées ennemies forcent le maréchal de Berwick à se mettre en retraite sur Madrid; Ciudad-Rodrigo capitule. L'ennemi entre à Salamanque, et Philippe, sous l'escorte de Berwick, évacue Madrid et se retire sur Burgos et Vittoria. L'ennemi envahit l'Espagne par trois lignes d'opérations éloignées : aussi va-t-il finir par succomber.

Madrid tombe au pouvoir de l'armée portugaise-anglaise, qui s'y endort comme dans une nouvelle Capoue. Nous avons, déjà plusieurs fois, fait observer cet effet, qui est tel que l'on ne saurait dire *si c'est l'armée victorieuse qui a pris la capitale, ou si c'est la capitale qui a pris l'armée victorieuse.* Elle était de 36,000 hommes, dont 10,000 Anglais. Elle perdit en peu de temps autant qu'une bataille aurait coûté. Au bout de deux mois, 6,000 hommes étaient morts dans les hôpitaux.

Galloway, réfugié français, et le meilleur des généraux de l'armée anglaise, avait conseillé de marcher sur Burgos et de faire jonction avec l'armée de Catalogne. Cependant Badajoz avait résisté, Pénis- *Badajoz, Peniscola.*

cola avait repoussé les troupes de Charles. La réserve s'était ralliée à Berwick, et Philippe avait mis le siége devant Barcelone;
mais tout le pays étant en armes, chaque point était couvert de partisans et de guérillas. Après une longue attaque, soutenue par les
habitants, il fallut lever le siége de cette place importante à l'arrivée
d'une puissante flotte; on abandonna même l'artillerie dans les
tranchées : ce fut une véritable fuite.

Carthagène. — Carthagène s'insurge et se donne au roi Charles d'Autriche,
au moment où **15,000** Français sont accourus au secours de Philippe, qui rentre dans Madrid. Alcala est repris; mais Tolède tombe
au pouvoir de l'ennemi. Toutefois, en pleine retraite sur Valence,
les alliés sont, à leur tour, assassinés pas les paysans. Las-Minas,
Pétersbourg et Galloway sont en butte aux mécontentements des
partisans de Charles, autant que Berwick l'est à ceux des partisans de Philippe.

Madrid, Alcala, Tolède.

Pendant ce temps, les Anglais, qui ne s'oublient jamais, s'emparent des îles Majorque et Minorque : la capitale de Minorque, Port-
Mahon, repousse leurs attaques, pour un moment du moins.

Majorque, Minorque.

A cette époque le duc d'Orléans briguait le commandement de
l'armée française en Espagne. L'on sait ce qui lui arriva à Turin.
On surprit une correspondance avec les Anglais, où l'on convenait
de détrôner Philippe et de porter son parent au trône d'Espagne.
Il y avait des promesses de livrer Pampelune et Tortose, et au moins
d'ériger, en faveur du duc, un royaume de Valence, si l'on en croit
le marquis de San-Felipé, historien qui a décrit avec talent toutes
ces intrigues.

Alcantara, Ciudad-Rodrigo, Salamanque.

Les Anglais, toujours constants dans leur système de conquête
maritime, font une descente dans les Canaries, mais ils sont repoussés; déjà ils commencent à se défier de leurs partisans espagnols. Le duc d'Orléans remplace Berwick, les Français de Mahon
reprennent l'île Minorque et chassent les Anglais du plat-pays.

1707. Minorque.

Berwick, tout en attendant son remplaçant, avait marché de
Chinchilla sur Jecla, où était l'armée anglo-portugaise et s'était
dirigé sur Almanza. Et les alliés s'emparent de Villiena. Les ennemis se rencontrent à Almanza, où les alliés éprouvent une grande
défaite. Le duc d'Orléans, arrivé après la victoire, prend le commandement et va s'emparer de la place de Valence, qui résiste peu.

Villiena, Bataille d'Almanza,

Valence.

Le chevalier d'Asfeld se porte sur Xativa, qui est réduite en cen-
dres, après une belle défense.

L'armée franco-espagnole revient sur l'Èbre, détruit de nombreuses bandes de guérillas, rentre dans Saragosse, et prend Lérida, Tolosa et Denia d'assaut.

A cette époque, le général autrichien Daun fait la conquête du royaume de Naples. Trente places capitulent sans se défendre. Gaëte se rend en quelques jours, et Naples ouvre ses portes malgré les garnisons espagnoles de ses nombreux châteaux. C'était au moment de l'invasion de la France par Toulon que se passaient ces événements. Cette conquête du royaume de Naples a son pendant dans celle faite de ce pays par les Français en 1798. Toutes les places se rendirent de la même manière. Les Anglais font une descente sur les côtes de France. M. de Noailles accourt d'Espagne. Il part du Boulou, chasse les Anglais d'Agde et de Cette, et est rentré en Espagne le cinquième jour. L'importante capitale de l'Aragon, Saragosse, est prise sur l'armée alliée, qui y est presque détruite pour avoir voulu s'y appuyer.

Les Espagnols reprennent la place de Moura. Ils assiégent Ciudad-Rodrigo, précédée de quatre couvents extérieurs retranchés en ouvrages détachés qui sont emportés, et, le huitième jour, la place est enlevée d'assaut par Berwick.

D'Asfeld est repoussé à l'attaque de Dénia; mais Berwick s'empare de Lérida, après 7 jours d'attaque. Sa citadelle se défend encore 7 jours après. Dénia enfin est enlevé d'assaut. Ce serait ici le cas de noter la conquête de la Sardaigne par les Anglais et la défense fructueuse de la Sicile contre leurs débarquements; mais ce serait sortir de notre cadre : toutefois ils parviennent à se rendre maîtres de Port-Mahon, qui n'avait qu'une petite garnison française.

A la même époque, les Maures s'emparent de la place d'Oran, que les troubles de la Péninsule avaient forcé de délaisser sans secours. Le duc d'Orléans met le siége devant Taragone. Cette place, défendue avec fureur par ses seuls habitants, est prise en peu de jours.

D'Asfeld, avec son corps *destiné aux siéges*, s'empare d'Alicante; mais sa citadelle, bâtie sur un énorme rocher, résiste. Elle est attaquée par la mine, qui y obtient un vrai triomphe. Les mineurs creusèrent des galeries pendant six mois, et enfin, un beau jour, un immense rocher est lancé par un Etna factice. Tout tombe, tout s'écroule; c'est un tremblement de terre qui fait capituler cette citadelle.

Stharemberg essaie de surprendre Tortose; il échoue et perd du monde.

1709.
Venasque,
Balaguier.

La famine générale de cette année étend également ses ravages sur l'Espagne. Le duc d'Orléans est rappelé. Aguillard commande les troupes de Philippe. Les Espagnols se prennent de haine contre leurs alliés les Français, qui se retirent. Berwick était rentré en France et s'occupait d'organiser la défense des Alpes entre Barrault, Briançon et Montdauphin, ce qui lui a fait un grand honneur.

Barrault
Briançon
Montdauphin
dans les
Valois

1710.
Bataille de
Saragosse.
Madrid
évacué,
Fort détaché.

Philippe, avec ses Espagnols, a quelques succès sur la Sègre, au combat d'Alménara ; mais, appuyé à Saragosse, il perd une bataille et est obligé d'évacuer une seconde fois Madrid et le camp retranché élevé par Berwick près de cette capitale. L'armée autrichienne rentre dans Madrid au milieu de la froideur de ses habitants : Philippe se retire à Valladolid. Les partisans du roi enlèvent une foule de détachements alliés. L'Espagne est pillée par les deux partis. Vendôme a pris Venasque et Balaguier.

Venasque,
Balaguier.

Philippe, pour arrêter les secours venant du Portugal, se porte sur les frontières de ce pays. *Il fait fortifier le Tage* comme, à la même époque, *la France faisait fortifier l'Escaut, la Scarpe ou la Lys.* On élève des fortifications aux ponts d'Alcantara, d'Almaras et de l'Arzobispo, pour couper la communication de l'armée de Stharemberg, qui, dans Madrid, recommençait les scènes de plaisirs de l'armée de Las-Minas. *Madrid prenait encore une fois les armées ennemies*, qui finirent par manquer de vivres et par évacuer sans combat une ville qui ne reçoit plus d'approvisionnements.

Madrid
évacué.

l'Alcazar de
Tolède.

L'ennemi marche à Tolède et y brûle l'Alcazar, chef-d'œuvre d'architecture gothique. D'abord les Tolédans avaient accueilli les Bretons ; mais bientôt la conduite orgueilleuse de ces derniers exaspère les esprits, les rixes se multiplient, et les alliés portent la flamme et la dévastation dans cette cité célèbre qu'ils sont obligés d'évacuer.

Tolède.

Madrid.

Après la révolte de Tolède contre les Anglo-Portugais, le roi Philippe rentre dans Madrid et marche sur Talavera-la-Reyna.

Bientôt les deux armées se rapprochent. Vendôme, qui est accouru de Flandre, cherche une action décisive. Elle se présente bientôt à Villa-Viciosa.

Le corps anglais de Stanhope, fort de 10,000 hommes, était dans la ville de Brihuéga. C'est un gros bourg fermé de bonnes et hautes murailles flanquées de tours comme il y en a tant en Espagne.

où tout est forteresses, châteaux et donjons. Pour la facilité des cantonnements, l'armée portugaise est campée à Villa-Viciosa, à 3 lieues de là.

Vendôme ne perd pas un instant, il fait le blocus de Brihuéga pendant la soirée, et, la nuit suivante, il l'enlève d'assaut, et force toute l'armée anglaise à capituler. A la pointe du jour il est devant l'armée portugaise, lui livre bataille et la met en déroute. Elle était de 18.000 hommes, commandés par Stharemberg : ainsi 28,000 alliés, pour s'être confiés aux remparts de Brihuéga, sont battus par 20.000 Espagnols commandés par un seul général français. L'ennemi perdit 14.000 hommes, toute son artillerie, ses bagages, et se sauva en Portugal dans une complète désorganisation. Cordoue se rend à Vendôme, Gironne ouvre ses portes au maréchal de Noailles, victorieux sur le Ter ; mais, en Espagne comme en Flandre, la mort de l'empereur Léopold change de beaucoup l'objet de la guerre en appelant Charles au trône impérial. C'est une vraie victoire pour Louis XIV et pour Philippe. Vendôme meurt.

Les alliés essayent de surprendre Tortose : ils échouent. Les troupes de Philippe sont obligées de lever le siége de Campo-Major sur la frontière portugaise.

Depuis 7 mois, les alliés et les Catalans bloquent Gironne ; ils en ont même commencé le siége, mais Berwick le leur fait lever.

Toutes les troupes de Philippe réunies se portent sur Barcelone pour la punir de sa longue résistance. Les habitants et les guérillas catalans se sont réfugiés dans cette place grande et forte, appuyée par des flottes anglaises. Jamais la fureur et la rage ne déployèrent plus de violences et d'énergie derrière des remparts. Après mille trahisons, après mille paroles données et méconnues, il fallut capituler au bout de deux mois. En aucune circonstance l'impuissance des forteresses ne se manifesta davantage: 80 mille furieux, appuyés sur les plus forts remparts, perdant et reprenant chaque jour une lunette, un bastion ou une redoute, faisant retranchements sur retranchements, et déployant un art infini, une valeur sans égale, sont obligés de céder à une armée d'à peine 25,000 hommes. C'est Saragosse, de 1808, se rendant avec 50,000 hommes à une armée plus faible même que celle de Berwick ; avec cette différence que Barcelone était une des meilleures forteresses de l'Europe, tandis que Saragosse n'était pas même une place forte. Louis XIV vit sa race affermie en Espagne ; car il ne mourut que le 30 septembre 1715. Du reste l'on ne conçoit guère que les Français

15

aient fait tant de sacrifices pour consolider une dynastie qui, cent ans après, donnera contre eux le signal d'une guerre terrible.

Récapitulons à présent ce que nous enseigne l'Espagne, où, comme dans tous les pays du sud, la fortification semble être l'arme par excellence et où les populations sont réputées en tirer tant de force. Eh bien! l'Espagne, ce pays si montagneux et si harmonique avec ce genre de défense, nous donne de 1704 à 1714, pendant 10 années d'une guerre violente, 56 désastres ou affaires malheureuses avec les remparts, et 23 affaires heureuses, et nous fournit le rapport de $2,43 : 1$; c'est 2,43 contre 1. Or, dans nos *Essais sur de nouvelles considérations militaires*, page 61, nous avons, pendant la révolution française, pour une guerre d'une durée à peu près égale, constaté, en ce même pays, le rapport 2,40 contre 1, ou $2,40 : 1$.

Quoi! sur le même terrain en 1714, nous avons trouvé 2,43, et en 1814 nous trouvons 2,40? Quoi! avec les mêmes forteresses, sans que nos deux analyses aient été concertées en aucune manière, ni les résultats prévus d'avance, nous rencontrons, après l'espace d'un siècle, des données pleines d'analogie, des chiffres si concordants, *et il n'y aura pas dans cette similitude une cause secrète* qui a pu échapper à la doctrine? et il n'y aura pas là *un principe profond de la nature des choses qui triomphe de la volonté humaine, de tous les calculs et des intérêts de partis?* Repoussera-t-on toujours la vérité, et la doctrine continuera-t-elle à triompher devant des résultats qui la condamnent d'une manière si évidente?.... Pauvre France! il est vrai que :

> L'homme est de glace aux vérités;
> Il est de feu pour les mensonges.

Si l'on nous fait l'objection que nous portons contre

les fortifications la perte de la bataille de Villa-Viciosa, tandis que ce n'est pas aux remparts de Brihuéga qu'il faut attribuer cette déroute, mais à la maladresse de Stanhope, qui va y enfermer ses 10,000 hommes, nous répondrons que cette observation qui n'est pas sans apparence de vérité, est cependant captieuse. Il n'est pas très-étonnant qu'une armée de 28,000 hommes campe sur un espace de 3 lieues de terrain. Stanhope tenait l'avant-garde; les guérillas le talonnaient de tous côtés dans ses campements; il trouva de bonnes murailles pour se couvrir, une nuit, il en profita. Vendôme marche quand il le croit campé; Vendôme le coupe des Portugais et refoule tous ses avant-postes dans la place qu'il enlève d'assaut. Sur 20 généraux, 19 aujourd'hui, en Espagne, agiraient comme le général anglais. Est-ce qu'à defaut de Brihuéga Stanhope se fût retranché pour reposer commodément ses troupes? C'est donc réellement à cette place qu'il dut son malheur, autant qu'à l'idée fatale qu'il eut de s'y abriter.

Quand il s'agit de fautes commises au milieu d'une quantité considérable de faits analogues, il en est sans doute quelques-unes *qu'on aurait pu éviter*, si l'on eût agi avec plus de prudence ou d'une autre manière; mais les hommes sont toujours les mèmes: s'ils ne doivent plus faire telle faute, ils tomberont dans une autre, souvent même dans celle dont ils auront appris à se méfier le plus. Ainsi les fautes faites dans un siècle *se reproduisent ou s'équilibrent* dans le siècle suivant. Il serait donc irrationnel de retirer d'une masse de faits un événement quelconque, par le seul motif qu'on y a commis une erreur qui en a déterminé la malheureuse conclusion; il n'existe pas une seule bataille, pas un seul combat, pas un seul siége où l'on ne puisse découvrir une ou plusieurs fautes faites dans les rangs mêmes des victorieux. Il est vrai que souvent, eux ou leurs flatteurs ont l'art et l'adresse de les masquer, de les faire passer pour des traits de prévision et de génie. Si l'on voulait analyser les erreurs de Frédéric, ou de Daun (1); de Napoléon, ou de César, bon nombre de leurs succès devraient être tirés du rang des victoires et réciproquement. Jamais une bataille n'a été perdue sans que le général vaincu n'ait fait une faute ; seulement elle fut plus grande que celle de son adversaire, et cela se reproduira tant que la nature humaine restera identiquement la même. Celui-ci dira : J'ai été vaincu parce que tel ordre a été mal compris, tel autre mal exécuté ; celui-là se plaindra de la fortune, bref :

La fortune a toujours tort.

Espérons, toutefois, que les doctrinaires, nos futurs Vaubans, seront plus habiles que leurs devanciers, et feront changer les rapports que cinq siècles nous ont donnés, et qu'ils ne commettront pas plus de fautes qu'à Lyon, qu'à Paris, qu'à Belfort, qu'à Grenoble, et que dans d'autres lieux que nous pourrions nommer !

(1) Napoléon assure qu'aux fameuses manœuvres de Postdam, le vieux Frédéric riait de l'admiration des jeunes officiers étrangers pour le célèbre ordre oblique, ou manœuvre de flanc, attribué au roi de Prusse. Si à Lissa et à Rosbach les Prussiens en obtinrent de bons succès, elle causa leur désastre de Kol ne, et dans tout état de cause c'est une mauvaise opération. Marcher par le flanc devant une armée en bataille et trop près d'elle est une grande imprudence; il est vrai que dans les premiers cas Frédéric put, en raison du terrain, cacher la marche de ses troupes : ne manœuvre pas de flanc qui veut! C'est la mode aujourd'hui de parler des attaques de flanc, de conseiller de prendre des positions de flanc. On n'entend que cela jusque dans la chambre des députés. On voit bien que ces écrivains et ces orateurs ne sont pas militaires; car une marche de flanc est une des opérations les plus délicates, à supposer même que l'ennemi la laisse faire. Ce sont les armées les plus nombreuses qui en retirent les meilleurs avantages; tandis qu'au contraire elles sont très-dangereuses pour les armées peu nombreuses et sur la défensive.

CHAPITRE IX.

Examen du rôle de la fortification pendant les campagnes du maréchal de Saxe.

Le prince Eugène était mourant. L'année 1734 voyait commencer une nouvelle guerre contre l'Autriche. Villars disparaissait aussi de la scène militaire. Berwick donnait encore des preuves de talent ; mais un jeune étranger s'apprêtait à vouer son bras et son génie à la France. Louis XV avait adopté Maurice de Saxe, qui se montra digne de lui appartenir, bien que dès l'âge de 16 ans il eût fait ses premières armes sous le prince Eugène, en 1708, au siége de Lille.

Il se trouva chargé de l'héritage des grands principes de Gustave-Adolphe, passé successivement à Turenne, à Marlborough et à Luxembourg. S'il n'égala pas ses prédécesseurs, sa gloire est encore pourtant assez grande ; et tout en s'apercevant de la décadence de l'art, on reconnaît cependant qu'il avait recueilli quelques éléments de succès, et que la vraie science n'avait pas péri tout entière sous les coups de la doctrine. Ce n'est pas que, dans cette période, le maréchal de Saxe ait toujours été en chef. Belle-Isle, Maillebois, Soubise, Broglie, Noailles, eurent aussi divers commandements ; mais ces généraux n'eurent à peu près que des revers dont il ne faut pas s'étonner, car ils étaient complétement doctrinaires et suivaient les errements de Villeroi, ne sachant jamais que céder à leurs ingénieurs, qui tournaient tout en affaires de remparts.

TABLEAU STATISTIQUE N° 36.

Guerre d'Allemagne

1734.
Lignes
d'Etlingen.

L'armée impériale, sous le prince Eugène, était retranchée aux lignes d'Etlingen, forte de 35,000 hommes. Des abattis, des palanques, des fossés et des remparts la couvraient. Le maréchal de Berwick, avec 20,000 hommes, attaque cette position de dix lieues d'étendue, par trois points et en colonnes serrées; les remparts sont forcés, l'ennemi perd 10,000 hommes, cent bouches à feu, ainsi que tous ses bagages, et sauve ses débris sur Heilbron.

1735.

Après cette victoire, le maréchal fait le siége de Philisbourg, et *Philisbodei* y est tué d'un coup de canon, en tâchant, dit-on, de mettre d'accord un officier d'artillerie en contestation avec un officier du génie sur le placement de quelques batteries. La place se rendit, et la capitulation fut signée au commencement de 1736. Cette même année mourut l'illustre prince Eugène, à l'âge de 73 ans. A cette époque on fit une paix générale.

1742.
Passau,
Straubing,
Ratisbonne,
Lintz,
Steyer,
Ens,
etc.
6 places
prises.

Bientôt la guerre se rallume pour disputer l'empire à Marie-Thérèse. L'électeur de Bavière a des prétentions à la couronne impériale. L'Autriche, selon son usage constant, envahit la Bavière et prend toutes ses forteresses. Une armée franco-bavaroise arrive sur le Danube et les reprend en un clin d'œil avec la même facilité que les Impériaux. Les coureurs mêmes vont jusqu'à Mölk, à 5 lieues de Vienne, et y jettent l'épouvante.

Mais, au lieu de marcher sur cette capitale, soit par crainte de ses fortifications, soit qu'une telle entreprise dépassât la portée, ou la mode de ce temps, ou, si l'on veut, les usages habituels, et certainement par une faute incontestable de l'esprit doctrinaire, on se décide, *malgré la vive opposition de Maurice de Saxe*, à marcher, par la gauche, sur Prague; parce que l'électeur de Bavière voulait au préalable se faire couronner roi de Bohême. C'étaient le maréchal de Belle-Isle et les Broglie qui commandaient les troupes françaises. Regardant cette manœuvre comme fautive, Maurice *leur prédit des catastrophes :* ils n'en tiennent pas compte ; le cardinal de Fleury ordonnait. On marche donc sur la place de Budweiss, on la trouve évacuée par les Autrichiens ; à peine l'armée française est-elle sous Prague, que les Autrichiens réoccupent Budweiss, ce qui la sépare en deux corps : une moitié, restée à Lintz, sur le Danube, et l'autre enfoncée vers Prague, au milieu des défilés de la Bohême. Cette position des Autrichiens à Budweiss, où ils firent un camp retranché, fut très-importante ; car, pendant toute la guerre, les alliés ne réussissent jamais à relier leurs deux corps d'armées : et cette place *dans les montagnes* fut très-utile aux Autrichiens.

Trois mille hommes de troupes de ligne et 3,000 de landwher défendent Prague sous le général Ogylwy. On fait des démonstrations d'escalade *de divers côtés* au petit et au grand Prague ; la garnison ne sait à qui courir : enfin on escalade une courtine ayant 35 pieds de revêtement, mais point de contrescarpe. Ce fut Chevert qui monta à l'assaut le premier, suivi par le colonel Maurice de Saxe.

Il existe du prince Maurice une lettre très-remarquable, où il blâme le mouvement dans cette direction : il déclare *qu'il faut se rendre maître de Budweiss ; mais rester sur le Danube, y rester à cheval, en construisant une double tête de pont à Krems, et se porter sur Vienne ; que ce que l'on veut faire compromet les conquêtes faites sur le Danube, fait manquer la possession de la Bohême et prépare des revers* (1). Voilà un général anti-doctrinaire qui sait que Prague ne sera plus rien après la chute de Vienne, et qui propose d'une manière rationnelle *une double tête de pont* sur le fleuve, pour s'assurer des deux rives ; c'est parfaitement bien comprendre le rôle de la fortification ; c'est sentir que Vienne ne résisterait pas à une armée européenne comme à une armée turque, que Prague eût suivi le sort de la capitale ; que la possession des défilés de Budweiss et de la double tête de Krems entraîne le reste.

A la tête d'un détachement, Maurice de Saxe attaque Egra, qui capitule le huitième jour. C'était une place très-forte. Fourcroy *le doctrinaire* faisait partie des ingénieurs envoyés à ce siége. Le maréchal de Saxe nous apprend dans ses *Mémoires* que, d'après ses ordres, on suivit, dans l'attaque de cette place, une méthode toute différente de celle en usage jusqu'à cette époque, ce qui dérouta les ingénieurs.

Les Autrichiens forment une seconde armée de Hongrois et de leurs troupes d'Italie, pendant que la première tient Budweiss et

(1) Extrait textuel des *Mémoires du maréchal de Saxe.*

[marg. Munich, Lintz, Camp retranché.]

Tein, ainsi que la rive droite de la Moldau ; ils envahissent la Bavière, franchissent le haut Entz par les montagnes, et s'emparen de Munich, fermée de murailles ; puis ils attaquent l'armée du Danube retranchée au camp de Lintz : en quelques heures les ouvrages sont enlevés, toute l'armée est prise, tuée, ou capitule, ainsi que la place servant de *réduit* : ce fut un terrible désastre éprouvé par M. de Ségur, et qui fut d'autant plus honteux que le corps autrichien victorieux n'était également que de 15,000 hommes. Sans doute, devant un tel fait, l'on se rappellera les tableaux statistiques n°s 14 et suivants de notre publication de 1843.

[marg. Passau, Straubing, Ratisbonne, Augsbourg, Rain.]

Après la victoire, toutes les places capitulèrent, à l'envi l'une de l'autre.

Cependant MM. de Broglie et de Belle-Isle cherchent à étendre leur terrain autour de Prague ; les Autrichiens veulent les resserrer et assiégent Frauenberg. Les deux généraux s'y portent réunis, bat- *[marg. Frauenberg]* tent l'ennemi, le repoussent sur Budweiss, et délivrent cette petite place à mi-chemin du camp retranché des ennemis.

C'est alors que Frédéric II, coalisé avec la France, qu'il a solli- citée, entre en Bohême par le nord. L'armée autrichienne marche à *[marg. Czaslau.]* lui, s'empare de la petite ville fortifiée à l'antique, nommée Czas- lau. Les deux armées en viennent aux mains, et les Prussiens ga- gnent la bataille. Marie-Thérèse, vaincue, accorde au roi de Prusse toutes ses prétentions en Silésie ; il fait sa paix avec elle et laisse les Français et les Bavarois aux prises avec les Autrichiens. A cette politique reconnait-on l'auteur de l'*Anti-machiavel!*

La France effrayée envoie de puissants renforts sur le Danube, sous les ordres du comte d'Harcourt, et, plus tard, de Maillebois. *[marg. Augsbourg, Straubing, Ratisbonne, Munich.]* Toute la Bavière est reconquise, les Français rentrent à Munich, à Ratisbonne, à Straubing ; mais d'Harcourt est repoussé à l'attaque du camp retranché de Passau. De son côté Maillebois a fait de vains *[marg. Passau]* efforts pour secourir l'armée de Prague ; Budweiss est un obstacle, et tous les autres défilés de la Bohême sont gardés et remplis d'abat- tis. Cependant quelques détachements isolés ont surpris des passages. Si Belle-Isle a reçu des renforts, l'ennemi, également renforcé, a déjà cerné Prague. Des tranchées et des batteries de siége sont établies par l'armée qui a débouché de Budweiss, quand Belle-Isle, qui a 28,000 hommes dans la p e, tombe sur ces tranchées et force une armée de 80,000 hommes à lever le siége : il y avait 150 bouches à feu, dont 36 mortiers, en batterie contre la place. *[marg. Prague]* L'ennemi perdit plus de 1,500 hommes *dans une seule sortie :* car les sorties sont un grand moyen de soutenir les forteresses. Les Autrichiens, en même temps, attaquent Braunau, dont le maréchal de Broglie fait lever le siége. Braunau.

Peu après, Prague est de nouveau resserré par les Autrichiens ; la famine y fait des ravages considérables. Une armée nombreuse l'entoure et n'entend à nulle autre proposition que celle d'une capitulation honteuse. Le roi de France ordonne à son général d'évacuer la place, s'il se peut. Le soir du 16 décembre 1742, 16,000 Français sortent en silence de Prague, avec quelques canons de campagne ; on surprend une marche aux corps du blocus dispersés et affaiblis par les rigueurs d'un hiver extraordinaire, et l'on gagne en 10 jours la ville d'Egra, qui est à 40 lieues. Dans cette évacuation remarquable, Belle-Isle ne perdit que 4,000 hommes ; mais, en arrivant dans cette place, 3,000 hommes entrèrent aux hôpitaux et y périrent en peu de temps. Le jour même de l'arrivée de Belle-Isle à Egra, Chevert, laissé dans Prague avec 3.000 hommes et 3.000 malades, obtenait du prince Lobkowitz, une capitulation honorable. Le général autrichien accordait à 6,000 hommes ce qu'il avait refusé à 24,000. Prague.

Telle fut la fin d'une campagne dont les désastres avaient été prévus par Maurice, comte de Saxe, et la France doctrinaire y perdit, en un an, un matériel immense avec 100.000 hommes. Des trois armées de Belle-Isle, d'Harcourt et de Maillebois, à peine 20,000 hommes repassèrent-ils le Rhin, sans un seul canon, n'ayant pas même livré une seule bataille. Toute l'Allemagne fut perdue par le fait de deux fortifications, Lintz et Prague.

Qu'on ne croie pas que le corps du prince Lobkowitz fût si fort. Il n'était que de 25.000 Hongrois, presque tous de cavalerie légère ; tandis que la garnison était de 28,000 hommes. Cette scène ressemble à celles que nous avons indiquées dans nos tableaux, à partir de celui n° 14 (1).

Après un long blocus, Egra capitula sans siége et *faute de munitions* ; la double tête de pont de Delfingen se rendit sans combat, ainsi que toutes les autres garnisons françaises en Bavière. Egra.

Un corps d'armée bavarois, appuyé à Braunau et fortement retranché, est attaqué par le maréchal Khewenhuller. Les *troupes, frappées d'une panique*, fuient vers Braunau, leur réduit et leur refuge, et elles mettent bas les armes.

1 *Histoire de mon temps*, œuvres de Frédéric II, vol 2, page 8

Bataille
de Dettingen.

Cette année, M. de Noailles livre à Dettingen une bataille au roi d'Angleterre. Il retranche une partie de son armée derrière le Mein, dont une rive est hérissée de batteries. Une autre partie de ses troupes qui est postée sur l'autre rive du fleuve, attaque en tête et en queue l'armée anglaise aux abois ; mais celle-ci demeure victorieuse. Ce fut à la suite de cette déroute que les Parisiens se vengèrent des gardes françaises, en les désignant du nom *de Canards du Mein*, répondant par un mot plaisant au canon de l'ennemi.

1744.

Bâle.

Louis XV exprime des vœux pour la paix ; mais Marie-Thérèse, fière de ses succès, se refuse à toutes propositions et menace l'Alsace et la Lorraine : 4,000 chevaux se saisissent du pont de Bâle, un corps d'infanterie jette un pont vers Worms. Le comte Dubourg réunit rapidement les débris des trois armées battues en Allemagne, ainsi que les garnisons de l'Alsace, d'Huningue, Schelestadt, Brissach et de Strasbourg, et il empêche la jonction des divisions ennemies, qu'il force de repasser le Rhin. Cette opération très-belle a été célébrée par la doctrine, comme un des chefs-d'œuvre de son système (1).

Strasb[ourg],
Huning[ue],
Briss[ach],
Schelest[adt].

Sans nier ce bon résultat, nous voudrions bien savoir en quoi une telle opération vient appuyer les prétentions darçoniennes. Qui a contredit l'utilité des places fortes *dans des vallées telles que celles du Rhin ?* et sur les grands fleuves, là où la nature vient aider leur action. Toutefois, ici l'ennemi fait une manœuvre d'aventurier, et il est sévèrement puni par un homme habile. Est-ce que les places sont intéressées à cet événement ? *Les troupes étaient cantonnées dans les villages d'Alsace*, les états-majors dans les villes ; un officier alerte les rallie, l'ennemi est battu, et voilà tout : seulement les ordres sont portés de Strasbourg, fortifiée, comme ils auraient pu partir de Colmar, ville ouverte.

Louis XV accourait vers l'Alsace, quand il tomba malade à Metz. Toutefois la masse de ses troupes, se préparant à franchir les Vosges, décida l'armée autrichienne à se porter vers les Pays-Bas.

Furnes,
Ypres,
Menin,
La Kenock.

A cette époque, Frédéric veut arracher de nouvelles provinces à l'Autriche ; il renouvelle avec la France une alliance, par suite de laquelle il fait une invasion dans la Bohême. L'Autriche est

---

(1) Cet événement doit être reporté en l'année 1709. Ce fut le prince Charles, à la tête de 80,000 Impériaux, qui franchit le Rhin, à Spire, s'empara des lignes de Weissembourg, et entra dans les Pays-Bas. On garda l'Alsace avec des débris analogues à ceux que nous venons d'indiquer. Ce furent en 1744 d'autres débris qui furent rassemblés par le comte Dubourg. Au reste, comme nous ne cherchons que des chiffres, il importe peu qu'ils se trouvent en 1709 ou en 1744.

forcée de rappeler une partie de ses troupes de la Flandre, et les Français s'emparent de plusieurs forteresses, des partis nombreux sillonnent et font contribuer les Pays-Bas jusqu'aux portes de Gand.

Les ennemis se portent sur Lille ; le maréchal de Saxe reste à son camp retranché de Courtray, couvert par la Lys. Cette position, en arrière et sur le flanc des Autrichiens, quoique très-supérieurs, les fait rétrograder sans combat. *Camp de Courtray.*

Mais l'Angleterre, et surtout la Hollande, unies à l'Autriche, ont formé en Flandre une armée formidable. Le maréchal assiégeait Tournay; les alliés marchaient pour la secourir. Les deux armées se rencontrent dans la plaine de Fontenoi. Le maréchal de Saxe, très-inférieur, a couvert ses deux flancs de redoutes dont le canon force l'armée ennemie à se pelotonner en masse au milieu de la plaine sous la forme d'une sorte de carré. Cette masse marche sans que rien l'arrête, tout l'ordre de bataille français va être coupé en deux, quand quelques pièces de canon font une vraie brèche au milieu de cette agglomération redoutable, produit d'une cause imprévue ; alors la cavalerie de la maison du roi s'y précipite, la célèbre colonne est enfoncée, renversée, et les Français gagnent la bataille en faisant perdre aux alliés 15,000 hommes tués ou prisonniers. *Bataille de Fontenoi.*

Cette *victoire porte ses fruits :* Tournay capitule, Gand est pris avec 6,000 hommes et tous les magasins et dépôts de l'ennemi; Bruges ouvre ses portes ; Dendermund, Ostende, contenant tous les magasins anglais, suivent cet exemple; Nieuport, Ath et enfin la capitale fortifiée, Bruxelles, capitulent aussi sans coup férir. Malines est surprise, et les alliés vont se réfugier derrière les bords marécageux de la Dyle et de la Dimer. Les garnisons françaises, devenues inutiles à la défensive, se sont réunies, ont formé une seconde armée qui a franchi la Dimer à Tirlemont. Elle menace l'aile gauche des alliés, qui décampent et courent se retrancher sous la protection des remparts de Gertruydemberg, en laissant garnison dans Mastricht, où ils reviennent bientôt. *Gertruy-demberg.*

Anvers et Bréda capitulent après 5 à 6 jours d'attaque par les Français; Mons capitule en peu de jours, Louvain également, et le maréchal y établit ses dépôts ainsi qu'à Malines, *bien que ces places soient de peu de résistance ;* mais leurs canaux sont très-précieux et compensent les autres infériorités de leurs positions.

Le prince de Conti, à la tête de *l'armée dite de siége*, soumet Charleroi sans combat, et va se joindre au maréchal, qui s'établit à Mazy, en face du camp retranché des ennemis. Le comte de Lowendal prend Huy et enlève beaucoup de convois aux alliés ; les deux armées sont en présence sur les bords de la Méhaigne. Les places de Liége et de Dinant ouvrent leurs portes à de simples détachements. Cependant l'armée ennemie a passé la Meuse et vient camper vers la Chartreuse, non loin de Liége. Elle s'appuie à ce fort et prend une singulière position : elle était entre la France et l'armée du maréchal, qu'on aurait ainsi pu croire tournée et peut-être perdue ; mais, par contre, l'ennemi se trouvait également coupé. Peu rassurés, les alliés vont s'établir sous le canon de Mastricht, où ils se retranchent sur le terrain de l'ancien camp romain. De suite les Français investissent Namur, et la place, ainsi que la citadelle, sont rendues après un mois d'attaque.

Ensuite de ce brillant succès, le maréchal s'avance sur Mastricht, et fait diverses manœuvres qui inquiètent la retraite du camp de St-Pierre. Une canonnade force l'ennemi à décamper en toute hâte, et il se reporte sur la Chartreuse de Liége, qu'il tenait encore (1).

Le maréchal suit les alliés. *C'est son système de ne jamais quitter de vue l'armée ennemie, de la poursuivre à outrance et sans cesse.* Il arrive donc aussi sous Liége. Là, il trouve les Anglo-Impériaux fortement retranchés près de Rocoux, la gauche à Liége et à la Meuse, Rocoux au centre couvert de redoutes, la droite également appuyée d'ouvrages et défendue par des fourrés de bois nombreux et épais. Le maréchal canonne *avec une puissante artillerie* la ligne de l'ennemi ; Rocoux est enlevé ; les Anglais, comme à Fontenoi, se forment en un grand carré ; 8 canons ouvrent cette colonne ; la cavalerie française y pénètre, et tous les autres corps pris à revers sont culbutés. Tout fuit en déroute après une perte de 8,000 hommes et de 50 canons. Les Français perdirent 3,000 soldats ; les deux armées étaient de 45 à 50,000 hommes chacune.

Les Anglais ayant fait une descente en Bretagne, on fut obligé d'affaiblir l'armée du maréchal. Un jour, de telles diversions deviendront plus fréquentes et plus dangereuses en raison des progrès de la navigation à vapeur. Quoi qu'il en soit, la vivacité des opérations se trouve ralentie. Les Français redevinrent un

---

(1) Il est bon de faire remarquer, une fois pour toutes, qu'en décrivant les manœuvres principales qui conduisirent les armées devant les fortifications, nous n'avons pas eu l'intention de faire une histoire stratégique complète. Il s'exécuta une foule de mouvements intermédiaires que nous avons omis, comme étant étrangers à notre but, qui était principalement d'amener des noms destinés à composer nos tableaux.

peu doctrinaires : cela est assez naturel aux petites armées quand elles n'ont plus rien à craindre. La victoire de Rocoux, pendant l'absence d'une partie des troupes du maréchal, portait ses fruits; Lécluse, Issendick, le Sas-de-Gand, d'un côté; Philippe-Ville, Hulst, Axel, de l'autre, capitulent en un instant ; tout tombe aux pieds du vainqueur. Les places, garnisons, magasins, dépôts, arsenaux ont été conquis à Rocoux, c'est le prix de la victoire. A voir ce cataclysme de bastions, l'on croirait que nous *recopions quelques chapitres de nos Essais sur de nouvelles considérations militaires de 1843.* Tant les faits sont identiques, tant la vérité est de toutes les époques!

Peu à peu les deux armées belligérantes reçoivent de grands renforts. Celle de l'ennemi s'est développée entre Bréda et Mastricht, fortifiant cette immense ligne, à l'imitation du système suivi dans la guerre de la Succession. Le duc de Cumberland s'est-il changé en Villeroi, ou en Cobourg ?... Mais une nouvelle armée française part de Metz et vient s'établir sur le flanc droit de l'aile gauche de l'ennemi, campé sous Mastricht. Cette nouvelle armée se retranche aussi sur la Dyle. Pour empêcher les alliés de s'introduire entre ses deux corps, le maréchal marche à Tongres et rallie l'armée de Lorraine. La gloire du maréchal n'est pas due *au hasard,* elle lui fut acquise par ses bonnes manœuvres (1).

L'ennemi se hâte de se réfugier de nouveau dans le camp retranché de Mastricht. Il pivote autour de cette place. Dans un de ses mouvements, il y assure sa gauche ; sa droite s'appuie à un ancien château fort remis en état, et occupé avec du canon; son centre est couvert par le village de Lawfeld entouré de retranchements ; les intervalles sont garnis de redoutes. Jamais on ne prit plus de précautions. Le duc de Cumberland repousse l'attaque des Français sur Lawfeld; mais sa gauche est refoulée *sur la place* ; bientôt les assaillants pénètrent entre les redoutes, Lawfeld est tourné et pris à revers ; la bataille est gagnée par le maréchal. L'ennemi perd 11,000 hommes et 25 canons, et va de nouveau, en passant la Meuse sur le pont de la ville, se réfugier au camp de César, qui sauve ses débris.

Le général français crut devoir respecter cette position ; *mais, pour en tirer l'ennemi, il attaque les places.* C'est cette initiative dont nous avons parlé déjà plusieurs fois, aussi bien que de ces

---

(1) A moins que ce ne soit un de ces hasards dont parle M. Guizot.

nombreuses et fausses (1) manœuvres que les places inspirent souvent à leurs possesseurs ; c'est cette initiative si fâcheuse , qu'Eugène et Marlborough employèrent avec tant d'art contre Vendôme
et Villars, de 1708 à 1712 , ainsi que nous l'avons fait remarquer
dans notre chapitre 7. En général, c'est une faute militaire grave
que de morceler son armée quand rien ne vous y force. Peut-être
dira-t-on que l'armée française était trop inférieure à celle des alliés
pour espérer de l'affamer ou de la prendre dans Mastricht : quoi
qu'il en soit, le maréchal envoya la moitié de ses troupes au loin
assiéger Bergopzoom, sous les ordres de Lowendal, son lieutenant
général.

Cette place, qui communique avec la mer, est protégée par une
flottille. Forte par elle-même, elle est encore couverte par un camp
retranché occupé par un corps de 20,000 hommes. L'ennemi,
inquiet, a peur d'y être cerné ou forcé. En conséquence, il l'évacue
et y laisse une garnison de 10,000 hommes. Bergopzoom , livrée à
elle-même, est assiégée. *Cette fois, et contre l'ordinaire* , l'attaque
se fit sur deux bastions et une seule demi-lune. Au bout de 28 jours,
on avait achevé la descente de fossé; la demi-lune est tournée et
enlevée par la gorge quoique bien revêtue, et la place capitule, livrant aux Français un superbe matériel.

Pendant le siége, l'ennemi attaqua un corps de l'armée d'observation , retranché au village de Woude , et il fut repoussé avec perte.

Après la victoire, les places se rendent : outre Bergopzoom, le fort
Lillo, sur l'Escaut, au-dessous d'Anvers, et le fort Frédéric capitulèrent.

L'ennemi avait envoyé Schwartzemberg avec 20,000 hommes
pour renforcer le camp de Bergopzoom , mais sans succès ; il avait
été repoussé dans ses diverses tentatives.

L'autre moitié de l'armée française se tenait sur le qui-vive au
camp retranché de Tongres, observant celui des alliés à Mastricht ;
pendant qu'une foule de partis français parcouraient les Pays-Bas
hollandais, et les faisaient contribuer au milieu d'autres partis ennemis qui venaient jusque sous Bruxelles, et pillaient à leur tour.

Le général de Louis XV, pour tirer l'ennemi de Mastricht menace Bréda et ses lignes. Le duc de Cumberland croit avoir le
temps d'y courir, *il quitte son |camp retranché* , et la place est
de suite investie par le maréchal, *qui a obtenu l'objet de ses ma-*

(1) *Essais sur de Nouvelles considérations militaires* page 195

nœuvres habiles. Le 25 avril, la tranchée est ouverte. Le 27, les flèches des glacis sont prises, et le 7 mai, *une garnison de 15.000 hommes, ayant 300 bouches à feu, capitule après 22 jours de résistance :* c'était une véritable armée approvisionnée pour un an. Où trouver une plus déplorable combinaison doctrinaire? L'armée assiégeante ne comptait pas une force de 30,000 hommes (1). C'était à peine 2 contre 1.

Cette succession de désastres, arrivés, tous, derrière des remparts, coûta aux alliés 100,000 hommes et amena la paix, qui fut signée le 18 octobre de cette année. La France, par une générosité comparable à une faiblesse (2), n'en tira aucun avantage. Le sang et les finances des peuples ne furent pas même compensés. Il paraît que, dès cette époque, elle était déjà *assez riche pour payer sa gloire.* Se moquera-t-on toujours d'elle !

Quoi qu'il en soit, le maréchal de Saxe vit de son temps 76 affaires principales sous des fortifications importantes ; on était en pleine théorie doctrinaire, bien que lui-même la repoussât et n'en fît pas usage. C'était Fourcroy, dont on a fait un grand homme, qui se trouva à à la tête du mouvement rétrograde des vrais principes militaires. Pendant l'espace de 7 ans, les maîtres des remparts reçurent sous leur protection 59 échecs et n'éprouvèrent que 17 succès ; c'est le rapport de 3,46 contre 1.

Et à présent, si l'on examine ce nombre 17 avec un peu d'attention, il sera facile de remarquer qu'il n'est pas uniformément réparti entre les deux armées :

(1) Frédéric assiégea Prague parce qu'il y avait 70,000 hommes dans cette capitale, et que, dit-il, il était bien tentant de se saisir d'une telle armée. Une raison semblable a pu engager le maréchal de Saxe à assiéger Mastricht : nous avons cité, à cet égard, ce que répondit César dans une situation analogue. Si une forteresse recéle beaucoup de richesses, celles-ci portent quelquefois à ne pas négliger de s'en emparer.

(2) Comme à Mogador.

les succès, bien qu'assez rares, obtenus avec les fortifications, sont presque tous en faveur *de l'armée française
offensive*, tandis que les déroutes sous les fortifications
sont toutes du côté de l'armée alliée *sur la défensive*.
N'avons-nous pas dit vingt fois, dans nos *Considérations
militaires*, qu'effectivement *les fortifications rendent plus
de services à l'agresseur qu'au défenseur?* Si la doctrine
ne dédaignait pas l'étude, elle reconnaîtrait que son
rôle est bien plus beau que celui dont elle se contente;
la fortification de campagne, trop négligée, pourrait
être pour elle une source abondante de gloire.

La force des deux armées agissantes était rarement
au-dessus de 60,000 hommes. Que l'on ajoute à celle des
alliés la masse de ses garnisons, et l'on jugera que, sur
le champ des opérations, elle était double de l'armée
française au delà de nos propres frontières.

Jamais le maréchal de Saxe n'attendit l'attaque dans
ses retranchements. On le voit, sans doute, se fortifier
sur la Dyle et occuper plusieurs autres camps retranchés;
circonvaller ses attaques de places; se fortifier sur la
Dimer et devant Bergopzoom. Il retranche un camp à
Tongres, pour observer celui de Mastricht, où l'ennemi se
trouve en force; mais s'il agit avec cette prudence, c'est
comme positions d'attente plus tranquilles contre les
partis qui rôdent autour de lui. Toujours il sort de ses
lignes et prend l'offensive, quoique inférieur à son ennemi.
Aucune place n'a ralenti sa marche; une seconde armée
cerne et attaque les forteresses qu'il a dépassées; et s'il
en reste sur son front, en les menaçant alternativement,
il inspire à ses ennemis une *foule de fausses manœuvres*,
tantôt sur Bréda, tantôt sur Gertruydemberg ou sur
Bergopzoom : jamais nos principes n'ont été confirmés
d'une manière plus puissante que par les campagnes du
maréchal de Saxe.

Bruxelles, capitale fortifiée, n'est d'aucun poids dans la balance. Elle capitule comme la bicoque d'Axel, sans plus de frais, et elle livre aux Français des richesses militaires considérables : caisses, magasins, arsenaux, dépôts, et toutes les ressources du pays. Qui nous dit que la trahison, ou même une panique, ne livrera pas la capitale de la France? L'empereur Napoléon prit Vienne en 1809 ; il y saisit des masses de poudre, fer, plomb, cuivre ouvré ou en barres, en quantité suffisante pour équiper une armée de 200,000 hommes. Il s'empara également d'un nombre considérable de fusils, sabres, pistolets, lances, casques, cuirasses, etc. Qu'on se souvienne de ce que Amsterdam livra aux Français en 1795 : toute l'armée de Pichegru se trouva, en 8 jours, équipée, chaussée et habillée à neuf ; toute l'artillerie fut remplacée et attelée, parce que Amsterdam, capitale, contenait *tous les dépôts de l'armée hollandaise ;* mais les doctrinaires ne veulent pas comprendre ces vérités. Paris est une si agréable garnison ! Dresde, capitale fortifiée, équipa l'armée de Frédéric après la bataille de Molwitz ; Munich ravitailla l'armée autrichienne dix fois. Copenhague donna une flotte aux Anglais, et tous les arsenaux, des armées de terre et de mer : *s'il est sage de réunir ses troupes, l'expérience démontre qu'il est également sage de morceler ses magasins, et surtout d'éviter de les amonceler dans les capitales. Il ne faut pas mettre tous ses œufs dans le même panier ;* mais daignera-t-on nous écouter ! D'un côté, les souvenirs du républicanisme de 1793 habilement exploités, les terreurs d'une guerre étrangère jetées çà et là avec art ; puis d'un autre côté une certaine pente vers le despotisme, jointe peut-être à la nécessité de vivre que chaque système porte avec lui, effaceront nos avertissements.

Si la doctrine pense que les fortifications *positives*

entrent pour quelque chose dans les plans de campagne , nous lui dirons que les fortifications *négatives* y
entrent pour beaucoup plus. C'est parce que Bruxelles
n'était pas fortifié en 1815 , que sa capitale était ouverte , que Wellington fut vainqueur ; car à coup sûr,
si cette place eût encore été couverte de ses anciens
bastions , Napoléon n'eût point précipité l'attaque de
l'armée alliée : c'est l'espoir d'entrer dans Bruxelles
qui lui fit faire cette opération hâtive. En général la
doctrine se contente d'aperçus qu'elle tourne en sa faveur, et ne descend point au fond des choses : *l'espoir
de prendre la capitale de l'ennemi engage souvent à des
opérations hasardées. Un si haut prix porte à risquer
quelque chose pour y arriver*, et alors on fait des
fautes qui peuvent être décisives : réfléchissez à 1814 !
Si au contraire l'on est certain que cette capitale se
défendra ou que l'on sache qu'elle peut le faire , la prudence exige que l'on marche contre elle toujours rallié ,
sans pour cela être obligé de marcher beaucoup plus
lentement. Lorsque Napoléon avança sur Vienne, en
1809 , il ne fit qu'un saut de l'Inn à cette capitale,
ayant toute son armée dans la main ; il n'y eut pas 24
heures d'intervalle entre l'arrivée de l'avant-garde et
celle de son dernier corps. On ne saurait trop admirer
cette belle marche ; mais si Vienne eût été une ville ouverte, cette avant-garde seule se fût d'abord portée contre
elle, et le prince Charles l'eût probablement écrasée. Les
remparts de Vienne ôtèrent à l'Autriche toute chance
de salut !

CHAPITRE X.

Campagnes de Frédéric le Grand, et guerre de Sept Ans, etc. (1).

TABLEAU STATISTIQUE N° 37.

1re SECTION.

Conquête de la Silésie. — Invasion en Moravie.

Frédéric II part subitement de Berlin, arrive à Crossen au milieu de l'hiver, bloque Glogau, qui résiste. Il surprend la petite république de Breslau et s'empare de cette ville. Il prend Ohlau, qui a 400 hommes de garnison, et le château d'Ottmachau ; il investit Brieg qui a 1,200 hommes ; elle résiste, et il en forme le blocus. Il bloque aussi la place de Neisse, s'avance sur Troppau, s'empare du chateau de Glatz; et met son armée en quartiers d'hiver, le long des frontières de la Silésie.

Glogau est assailli de vive force par 5 colonnes d'attaques et enlevée. L'armée autrichienne se masse sous Neisse. Le roi y marche et bat Piccolomini sous Brieg. Cette ville est assiégée et prise en 8 jours : la place se rendit avant l'attaque de son chemin couvert : elle contenait *de grands magasins*. Oppeln se rend également. Neisse, place très-forte, tient, pour la forme, 12 jours et capitule.

---

(1) Napoléon a résumé les campagnes de Frédéric. Nous ne prétendons pas ici refaire l'ouvrage du grand homme, ni imiter ce qui est inimitable. Notre analyse est plus restreinte et se borne aux fortifications. Du reste elle était faite avant la publication des *Mémoires de Sainte-Hélène.*

Le roi investit Glatz; il y a un instant de trêve entre les deux partis; mais bientôt la guerre se rallume, et Glatz capitule après 10 à 12 jours d'attaque : tout tombe à l'envi devant les Prussiens.

Le roi envahit la Moravie, s'empare d'Olmutz et menace la capitale fortifiée Brünn. Les partis prussiens entrent à Znaim et vont jusqu'à Stokerau, près de Vienne, où tout est dans la terreur. C'est à cette époque que la Bavière et la France alliées envahissaient la Haute-Autriche et la Bohême, et qu'elles perdaient une armée de 15,000 hommes à Lintz : c'était même par diversion pour sauver Lintz que le roi de Prusse attaquait la Moravie; mais l'armée saxonne abandonne Frédéric; *elle est sujette à cela.* Frédéric évacue donc la Moravie, entre en Bohême, livre la bataille de Czaslau aux Autrichiens, les bat, les force à la paix et à la cession de la Silésie. Le roi, ainsi satisfait, abandonne ses alliés les Français et Bavarois qu'il a poussés à la guerre.

2ᵐᵉ SECTION.

Invasion en Bohême.

Désirant récupérer d'anciennes provinces, les Autrichiens battent les Français en Alsace ; Frédéric déclare la guerre à l'Impératrice par diversion en faveur de Louis XV. Il pénètre en Bohême en remontant l'Elbe, prend le château de Teschen qui commande au fleuve, arrive devant Prague, le 10 septembre, et s'empare du fort détaché de Ziska. Prague avait 15,000 hommes de garnison, et elle capitule ! Le roi débouche de cette ville, prend Frauenberg, Budweiss et Tabor, avec leurs défenseurs; mais tous les villages du pays sont évacués par ordre venu de Vienne. Les Prussiens manquent de vivres et sont obligés de faire retraite, laissant des garnisons dans ces places, qui sont reprises par les Autrichiens. Tabor résiste 4 jours, Budweiss 8, et le roi y perd 3,000 hommes. Frauenberg est évacué faute d'eau; les Autrichiens avaient coupé le canal des Fontaines. Cette place est sur une hauteur.

Les Prussiens sont surpris dans le fort de Pardubicz : toutefois ils repoussent l'ennemi et parviennent à se retirer sur Prague, qu'ils essaient de couvrir en défendant les chemins de la Silésie. Ils ont une garnison à Kollin, qui repousse l'attaque des Autrichiens. Cette ville est entourée d'anciennes murailles auxquelles les Prussiens ont ajouté des travaux de campagne. L'armée du roi était en ligne défensive, le long de l'Elbe, et de Kollin à Pardubicz, à l'imitation du système autrichien que nous verrons toujours échouer ; cette ligne fut tournée, et bientôt l'armée prussienne fut refoulée sur Prague.

Bien que le combat de Friedrichsham soit étranger aux affaires prussiennes, il est trop remarquable pour n'être pas rapporté ici. Les Suédois et les Russes étaient en guerre pour la Finlande. 20,000 Suédois posent les armes devant 27,000 Russes, bien que les premiers fussent établis dans un fort camp retranché à Friedrichsham (1).

Quoiqu'il en soit, les Autrichiens passent l'Elbe à Solnitz. Le roi va être tourné. Il lève sa ligne, conservant garnison à Kollin, Pardubicz, Brandeis et Nienbourg ; mais la Saxe s'est déclarée contre la Prusse, les vivres sont rares, le roi évacue Prague le 29 novembre et ensuite toute la Bohême.

Frédéric, dans l'*Histoire de mon temps*, dit une chose très-remarquable et que le lecteur ne doit pas oublier : *Il est bien difficile de faire la conquête de la Bohême, parce que l'on n'y trouve pas de places fortes tenables* (2). Singulière propriété des places *de faciliter la conquête des pays* : nous l'avons fait déjà observer dans nos *Nouvelles considérations militaires* ; il dit aussi : *Une armée est un édifice dont le ventre est la base ;* cette vérité lui fit évacuer la Bohême ; parce que le manque de forteresses l'empêcha de se procurer des vivres. *Le roi est maître d'un peu de places fortes qui sont en Bohême, il prend la capitale fortifiée,* et pourtant c'est comme s'il n'avait rien, il est obligé d'évacuer le pays, attendu qu'il est dépourvu de forteresses!... au delà de la capitale.

A leur tour, les Autrichiens entrent dans les États du roi et envahissent la Silésie. L'armée se masse autour de Neisse et marche à l'ennemi. Les Autrichiens, défaits en détail, rentrent en Moravie avec perte de 3,000 hommes dans la place de Ratibor, sur l'Oder.

(1) Il faut remarquer qu'en même temps, Suédois et Russes, en Finlande ; Autrichiens et Français, sur le Danube, et cela, la même année, assistent à de semblables désastres sous des fortifications. Les lieux et les hommes ne prévalent donc point contre la nature des choses : nous avons assez démontré que les temps sont également impuissants pour la modifier.

(2) OEuvres de Frédéric. *Histoire de mon temps*, vol. 3, page 141. Tout notre ouvrage n'a tendu qu'à la démonstration de cette vérité, que la doctrine a obscurcie par les efforts les plus désespérés.

Plomnitz.

cette place fut forcée, et son pont se rompit sous le poids des fuyards. Un autre échec, à Plomnitz, poste de campagne, augmenta encore leurs désastres.

Cependant une armée autrichienne, supérieure, débouche de nouveau sur la Silésie. Le roi bat en retraite sur Schweidnitz, *ville non encore fortifiée*. Landshut et Réichenau tombent au pouvoir de l'ennemi. Frédéric franchit avec 70,000 hommes le Striegau, renverse le corps saxon, bat les Autrichiens et remporte la victoire de Friedberg. Les vaincus fuient vers la Bohême.

Landshut
et bataille
de Friedberg.
Reichenau.

Ligne agit
Kœnig gins
à Pardbic

Les Prussiens entrent dans ce royaume, poussent jusqu'à Kœnigsgratz, et trouvent l'ennemi retranché sur une ligne entre cette place et Pardubicz ; ils sont repoussés : ces deux villes, outre leurs anciennes murailles, avaient été couvertes d'ouvrages de campagne faits avec soin par les ingénieurs autrichiens.

Cependant, en arrière des belligérants, des corps autrichiens avaient surpris Cosel ; alors le roi abandonne la Bohême et court cerner cette place ; il l'assiége et la prend en 7 jours, en y faisant 3,000 prisonniers. Les Prussiens y perdirent 45 hommes.

Surprise
de Cosel.
Cosel
assiégée.

Le prince Charles de Lorraine attaque Neustadt. Cette petite place de campagne résiste à ses efforts répétés : la dernière tentative fut régulière et par tranchées. 10,000 Autrichiens, après 5 jours, y font brèche ; les Prussiens la secourent ; mais les canaux qui conduisent l'eau aux fontaines de la ville avaient été coupés ; ses défenseurs l'évacuèrent donc avec 1,500 hommes, en ruinant les ouvrages.

Neus ...

Neustadt
démolie.

Le roi, avant d'abandonner la Bohême et pour faire sa retraite paisiblement, attaque les Autrichiens, forts de 40,000 hommes, à Sorr, dans leur camp ; car c'est l'art de leurs troupes de se bien camper. Frédéric triomphe, et ayant éloigné l'ennemi il quitte la Bohême, pays, ajouta-t-il, où il *n'y a pas moyen de vivre parce qu'il n'y existe point assez de places fortes, et qu'en général le peu que l'on y trouve sont petites, rares, n'ayant pour défense que de faibles murailles.*

Bataille
de Sorr.

Dans cette espèce de jeu de barres, les Autrichiens suivent les Prussiens à leur tour et s'emparent de Gœrlitz. Les Prussiens rattaquent cette place et font environ 700 prisonniers et prennent un grand magasin, aussi bien qu'à Zittau, en sorte que l'ennemi rentre en Bohême après avoir perdu, sans livrer de batailles, plus de 5,000 hommes, dans une foule d'actions de détail sous des fortifications.

Alors le roi pénètre en Saxe, prend Guben et Leipzig, qui possède

Zittau,

Gœrlitz.

Guben,

Torgau,

Meissen,

Leipzig.

un magasin ; cette ville est presque brûlée. Torgau, Meissen, tombent au pouvoir des Prussiens sans combat.

Meissen est démolie par les Prussiens *pour ne pas y employer de garnison*, en suite de quoi le roi marche sur Dresde. Cependant l'armée saxonne occupait la Nouvelle-Dresde sur la rive droite de l'Elbe ; le prince d'Anhalt se porte sur cette capitale par Wilsdruf. Le général ennemi passe l'Elbe et vient à Kesseldorf, d'où il s'appuie à Dresde dans le but de la couvrir. D'Anhalt l'attaque et est victorieux. L'armée saxonne se réfugie dans la ville après avoir été forcée dans ses retranchements.

Le duc de Lorraine, arrivé trop tard avec ses Autrichiens, *selon leur habitude*, ne voyant rien de mieux à imaginer que de faire évacuer la place de Dresde, se retire en Bohême. Les Saxons le trahissent et traitent avec Frédéric qui entre dans leur capitale, sans coup férir, suite de la victoire ; enfin la paix se signe avec l'électeur le 25 décembre de cette année.

Frédéric, qui a envahi la Moravie et soumis toutes les places fortes, sauf Brünn, la capitale fortifiée, est pourtant obligé d'évacuer sa conquête. Toutefois il a rempli, au début, son objet principal. Il a gagné la Silésie, et les Autrichiens qui y possédaient Breslau, Glogau, Cosel, Neisse, Glatz, Brieg, etc., ne peuvent sauver cette province. Frédéric y a pris, à l'aide de ces places autrichiennes, un pied solide et à toujours. Tel est le spectacle remarquable de cette première guerre qui réalise la pensée du grand roi, à savoir : *que pour faire la conquête certaine d'un pays, il faut qu'il soit défendu par beaucoup de places fortes :* c'est ce qu'il a dit, et c'est ce qui est arrivé en Silésie (1), dont il est resté le maître.

Frédéric envahit la Bohême dans sa seconde campagne ; Prague, la capitale fortifiée, tombe en ses mains sans

(1) *Histoire de mon temps*, par Frédéric II, vol. 2, page 263. On ne dira pas sans doute que nous forçons le sens de la phrase de la citation, qu'on retrouve plusieurs fois dans le même ouvrage. Que répondra la doctrine à un prince comme le grand Frédéric ?

résistance. Le pays ne lui offre, en outre, que 3 ou 4 postes mal fortifiés ; eh bien ! malgré la supériorité de ses forces et celles de son génie, il est contraint d'évacuer ce royaume, parce que, dit-il, *il est très-difficile de faire la conquête d'un pays qui n'a pas de forteresses.*

Le roi finit cependant par triompher des deux alliés, en faisant en un clin d'œil la conquête de la Saxe, *qui est défendue par un grand nombre de places*, à commencer par Dresde, capitale fortifiée. Ainsi quatre contrées sont envahies par lui : la Silésie et la Saxe, la Moravie et la Bohème ; *les deux premières ont beaucoup de forteresses, et sont subjuguées ; les deux autres en ont peu, et sont sauvées.* Et un tel contraste n'apprendra rien à la doctrine? Et la France ne verra pas le danger de s'abandonner à la manie fortifiante? Malheureuse France !

On ne peut pas avancer que les places fortes obligèrent Frédéric à se retirer de la Bohème, puisqu'il avait pris toutes celles existantes. Peut-on dire aussi qu'ayant enlevé toutes celles de la Moravie, moins Brünn, cette circonstance détermina sa retraite? Ce qui le força à retourner en arrière, ce fut le changement de parti de l'armée saxonne qui passa aux Autrichiens : 20,000 hommes qui le quittaient pour se joindre à l'ennemi rompaient la proportion primitive de la différence de 40,000. L'armée prussienne se trouvait alors réduite à moins de 30,000 hommes, était embarrassée en outre par la difficulté de se procurer des vivres, faute de forteresses.

Ne voit-on pas, dans la seconde campagne, l'initiative des Autrichiens sur Cosel renverser tous les projets du roi et le forcer à se retirer de la Bohème, et n'avons-nous pas fait une remarque analogue maintes fois, dans nos *Essais de 1843*? Cette initiative dérangea tous ses plans.

Dans cette guerre, le rapport des désastres aux succès sous les fortifications est exprimé par 3,70 : 1, et tous ces désastres sont du côté des maîtres des forteresses. A coup sûr, le but de Frédéric, en envahissant la Moravie et la Bohème, n'était pas d'y rester ; mais son objet était de prendre beaucoup pour avoir quelque chose à *rendre et à garder* après la paix : il devait donc tôt ou tard finir par une retraite.

Mais, qu'importe aux darçoniens l'opinion du grand Frédéric ? que leur importent les opinions de Turenne, de Marlborough, de Maurice et de tous les généraux illustres ? Un désir de quelques intéressés veut que l'on fortifie, vite ils s'évertuent à entasser pierres sur pierres, Ossa sur Pélion, Pélion sur Ossa, oubliant que le plus mince Jupiter foudroiera en un instant leurs ruineuses murailles. Qui sait si les trois quarts de ceux qui poussent à cette manie ne la désapprouvent pas au fond, et pourtant ils s'y complaisent. Il faut convenir que la France est bien forte, puisqu'elle a résisté à ses propres enfants qui depuis tant de siècles la déchirent à l'envi. Quel pays en Europe eût résisté si longtemps aux coups de la seule doctrine ?

2ᵐᵉ SECTION.

Guerre de Sept Ans.

L'Autriche voulait reprendre la Silésie. Sa politique réunit contre le faible royaume de Prusse, la France, la Russie, la Saxe et la Suède. Frédéric, pour résister, s'allia avec l'Angleterre et le Hanovre. Pour défendre la Silésie, il pensa que le meilleur moyen était de s'emparer des provinces autrichiennes ; mais il se rappelait la trahison précédente de la Saxe. Il résolut donc d'empêcher qu'elle ne lui nuisît à l'avenir et de prendre Dresde, qui lui offrait un centre riche et lui donnait pour chemin le fleuve de l'Elbe.

1756.
Dresde.
Camp de Pirna.

Il envahit en conséquence inopinément ce pays et s'empare de la capitale fortifiée, sans coup férir. Toute l'armée saxonne forte, d'environ 24,000 hommes, se réfugie dans un camp retranché appuyé à la forteresse de Pirna. Ce camp est malheureusement trop étendu pour de telles forces. Pendant ce temps, le duc de Richelieu *Port Mahon.* assiégeait Port-Mahon dans l'île de Minorque, et l'enlevait aux Anglais par une escalade vigoureuse ; ce fut l'un des plus beaux faits d'armes de cette époque.

Durant le blocus du camp de Pirna, une partie de l'armée prussienne entre en Bohême pour couvrir cette opération, en se servant du cours de l'Elbe pour voiturer son matériel. Au préalable *Teschen.* elle s'empare en 3 jours du fort château de Teschen, qui commande le fleuve. Toutes les autres places de l'électorat *suivent le sort de la capitale.*

Torgau, Wittenberg, Sonnenstein. Cependant l'armée autrichienne, campée au confluent de l'Adler, dans l'Elbe, était retranchée dans un camp très-fort. Les Prussiens, ne voyant pas jour à l'attaquer, cherchent à le tourner. *(Camp sur l'Adler.)*

Le maréchal Braun prend le commandement de l'armée de Marie-Thérèse et tâche de débloquer les Saxons en s'avançant vers Prina, à Budin. Un de ses corps descend l'Elbe et se porte sur Schandau.

Bataille de Lowositz. L'armée autrichienne, appuyée au fleuve et défendue par les murailles de Lowositz, occupant surtout des collines coupées par une suite de petits murs en gradins séparant les vignes, est attaquée et battue par les Prussiens, qui franchissent plusieurs fossés considérables, de plus de 50 pieds, pour aborder l'ennemi. La *(Kœnigstein.)* ville de Lowositz même fut emportée de vive force, et l'on y fit 9 bataillons prisonniers. Le maréchal Braun se retira à Budin et fit couper le pont de l'Elbe à Leutméritz, gardant cette place par un détachement considérable fortement retranché.

Pirna. *Redoute de Padoli.* Dans le temps que ceci se passait, les Saxons, toujours bloqués au camp de Pirna, faisaient des tentatives *pour en déboucher* en passant l'Elbe sur différents points ; mais les redoutes prussiennes et surtout celles de Lillieustein foudroient leurs bateaux et arrêtent *(Rocher de Lillienstein.)* leurs colonnes. *Les vivres manquaient au camp de Pirna.* L'armée saxonne met bas les armes, au nombre de 17,000 hommes. Les Prussiens prirent 80 bouches à feu. Après cet événement les armées entrèrent en quartiers d'hiver, et le roi forma ses troupes en cordon, *(Cordon défensif.)* gardant les débouchés de la Bohême, à Ausche, Oelsnitz, Basberg, Freyberg, Dippodiswalde, Seyda, Franenberg, Ensifidel, Geishubel,

Lœhlendorf, Bischofswerda et Raudzen, selon sa méthode; aussi bien qu'à Zittau, Hirschfeld, Ostritz, Marienthal, Gœrlitz, Lobau, Creiffenberg, Lorschberg, Landshut, Friedland, Neustadt, etc. (1)

La France, en guerre avec l'Angleterre, fit le projet de s'emparer du Hanovre en pénétrant en Westphalie. Frédéric avait proposé aux Anglais de faire avancer l'armée hanovrienne jusqu'au delà du Weser, en mettant une forte garnison dans Wesel, persuadé que le siége de cette place *occuperait pendant longtemps* l'armée française *doctrinaire*. Sur le refus du roi d'Angleterre, qui ne comprend pas cette manœuvre et qui veut défendre le Weser, le roi fait sauter une partie des remparts de Wesel, cette place *étant trop éloignée* du centre de ses opérations. Il y a ici deux choses remarquables : d'abord, l'idée que Frédéric avait que les Français perdraient du temps à assiéger Wesel (2) ; secondement, l'idée de ne point soutenir une place *loin de son armée*. Quoi qu'il en soit, les Français entrent à Wesel et réparent ses fortifications. Les troupes prussiennes se retirèrent à Bielfeld, où elles se retranchent ; mais elles sont, peu après, forcées d'abandonner ce camp, qui se trouve tourné.

L'armée prussienne, au printemps, entre en Bohême sur 4 lignes d'opérations, selon de mauvais principes. Elle s'empare du château de Teschen, sur l'Elbe, après une résistance de 4 jours. Le camp autrichien de Budin est tourné, et les retranchements évacués. Après le passage de l'Eger et la perte de plusieurs magasins, les Autrichiens se retirent sur Prague, capitale fortifiée. D'un autre côté, le corps de Béverne, dirigé par une autre route, attaque et force le camp retranché de Reichenberg, défendu par 28,000 hommes contre 20,000. Le rocher de Guldenëls est forcé par un autre corps prussien, qui va tourner par son extrême droite le nouveau camp de Libenau ; ce corps s'empare du magasin de Kosinaos retranché.

L'armée autrichienne, forte de 75,000 hommes, est battue sous

<hr>

(1) Il faut remarquer ce grand emploi des fortifications dans les montagnes aussi bien que le cordon de postes de campagne qui vient d'être indiqué, et se reporter à nos *Nouvelles considérations militaires*, page 320. Mais il ne faut soutenir de tels postes que contre les troupes légères.

(2) Bien souvent les étrangers ont agi comme Frédéric proposait de le faire en cette occasion, et ils ont, contrairement à leur système, construit des échiquiers de forteresses comme en 1815 en Belgique. On a pu penser qu'ils suivaient nos principes: mais la vérité est que, connaissant notre ardeur as siégeante, ils nous ont servis en conséquence.

les remparts de Prague. L'ennemi perd 24,000 hommes. 40,000 hommes *sont refoulés* dans la place; le reste, coupé du corps principal, se jette dans les champs et dans les bois, et va rejoindre l'armée de Daun, qui, de la Moravie, accourait pour délivrer la capitale de la Bohème.

Les Autrichiens font de fréquentes et vigoureuses sorties de la place; mais elles sont repoussées, notamment celle contre la redoute prussienne de Podoli. Déjà le bombardement avait occasionné de nombreux incendies : *les vivres manquaient dans cette grande ville*, quand le maréchal Daun, avec une armée nouvelle, livre la bataille de Kollin et défait les Prussiens, qui sont repoussés des hauteurs retranchées où sont établis les Autrichiens.

Alors le roi lève le siége de Prague, et son armée, battue, repasse l'Elbe à Nienbourg; celle de siége à Altbunzelau, et le reste à Leuthméritz, où elle campe derrière des retranchements et en impose à l'ennemi, déjà étendu jusqu'à Leipa.

Les Autrichiens coupent la communication entre les deux camps prussiens par leurs nombreuses troupes légères, et s'emparent d'une garnison de 4 bataillons à Gabel. Zittau, bombardée, tombe également au pouvoir de Daun; et toute l'aile droite de Frédéric se retire sur Bautzen. Ensuite le roi évacua Leuthméritz et arriva à Pirna. Le camp fortifié sur le mont Schréckenstein est enlevé à l'arrière-garde prussienne, et elle évacue les postes d'Aussig et de Teschen; mais elle garde les montagnes sur les frontières de la Saxe et de la Bohème.

Cependant le roi, pressé d'aller au secours des corps opposés aux Français d'un côté, et aux Russes de l'autre, débouche de Bautzen, et n'ose attaquer le camp de Daun sur l'Eckartsberg en s'avançant par Bernstadt et Gœrlitz; mais il est obligé de courir contre les Français, ce qui amène la bataille de Rosbach, que nous avons comprise dans les guerres de Hanovre, à la section suivante.

Pendant l'absence du roi, le prince de Bevern campe, avec l'armée de Silésie, près de Gœrlitz, place sur la Neisse. Les Autrichiens forcent son camp de Holtzberg. Bevern, ainsi entamé, se retire sur Lignitz en s'affaiblissant de 15,000 hommes dans le but de renforcer les garnisons de la Silésie, *ce que blâme fortement le roi* (1). Daun

____

(1) *Histoire de la guerre de Sept Ans*, page 195. Le duc de Bevern faisait la même faute que Vendôme, en 1708, avant le siége de Lille; il en reçut une punition analogue : Frédéric blâme beaucoup cette conduite.

suit les Prussiens vers l'Oder et pousse leur armée jusque dans
Breslau. Ceux-ci se retranchent sur la Lohe et s'appuient à la place.

Le roi, vainqueur à Rosbach, se dirige vers la Silésie pour
secourir le duc de Bevern. Un de ses corps, pour couvrir sa marche, pénètre sur les frontières de la Bohême et s'empare du magasin autrichien de Leuthméritz. L'armée principale chasse l'ennemi
de Bautzen, dont il s'était saisi. Les Prussiens reprennent Gœrlitz;
mais là on apprend la chute de Schweidnitz, qui tomba par suite
de la perte du fort de Bœgendorf et des redoutes qui environnaient
la place, enlevées de nuit et d'assaut, après **14** jours de tranchée.
La garnison, de **9** à **10** mille hommes, resta prisonnière; ensuite les
troupes réunies des Autrichiens se portent sur Breslau, enlèvent le
camp retranché de la Lohe et font en **2** jours capituler la place. Le
duc de Bevern se retire sous le canon de Glogau, ou plutôt son général en second, lui-même étant resté prisonnier (1).

Cependant le roi arrive à tire-d'aile, rallie l'armée battue, et s'empare de Neumarck, ville fermée, où est la boulangerie autrichienne,
en y faisant **800** prisonniers. Après avoir culbuté deux régiments
ennemis, l'armée prussienne s'avance à Lissa, où elle trouve l'ennemi appuyé de Breslau, et remporte une victoire signalée. L'armée autrichienne se sauve, une partie en *panique* sur la place qu'elle
avait conquise, le reste jusqu'en Bohême. **17,000** hommes réfugiés
dans Breslau sont cernés par **14,000** Prussiens, et capitulent, le quatorzième jour, livrant ainsi un grand matériel et d'immenses magasins. Cette bataille coûta **40,000** hommes aux Autrichiens.
Lignitz, place fortifiée, capitule après **4** jours de tranchée (2); elle
est démolie, et les armées entrent en quartiers d'hiver, *retranchées
en cordon* sur leurs frontières respectives.

Pendant ces manœuvres, les alliés pensent porter un coup fatal au
roi en s'emparant de sa capitale ouverte; les mouvements qu'ils
firent faire à **25,000** hommes, dans ce but, après s'être emparés
du fort de Pegau et de Leipzig, furent une fausse manœuvre qui leur
coûtera cher; Berlin, occupée deux jours seulement, en fut quitte
pour une contribution de **600** mille écus, et fut bientôt évacuée.

De leur côté, les Russes s'emparaient de Grodno, assiégeaient et

---

(1) Voir notre tableau n° 14 des *Nouvelles considérations militaires* :
Breslau fut le prix de la victoire de Lissa.

(2) *Guerre de Sept Ans*, 1er volume, page 248. Elle était en dehors des lignes
défensives de l'Oder.

Memel.

prenaient Mémel, après une attaque de 8 jours, avec l'aide d'une flotte combinée. Incontinent l'armée prussienne repassa le Prégel, se retira sur Wélau et perdit Intersbourg; puis, voyant les Russes s'avancer sur Kœnigsberg, le maréchal Lehwald jugea à propos de livrer la bataille de Jœgerndorf, où il fut battu. L'ennemi s'était retranché dans des bois épais couverts d'abattis; car des troupes inhabiles, comme étaient les Russes, s'imaginent devoir recourir aux obstacles matériels, bien que plus nombreuses. Après cette victoire, le général Apraxin, content de son essai, rentra en Pologne; d'ailleurs la cour de Saint-Pétersbourg ne voulait qu'affaiblir la Prusse et non l'accabler.

Intersbourg, Tilsit, Grandeuz.

Bataille Jœgrdrf

Vers le nord, les Suédois s'étaient emparés d'Anclam, de Demmin et du fort de Pénémund. Bientôt l'armée de Lehwald, libre par la retraite des Russes, se porta contre ses nouveaux ennemis, reprit Anclam et Demmin, sans peine, et poussa leur armée sous Stralsund et Rugen: toutefois le fort de Pénémund se défendit plusieurs semaines. Lehwald, débarrassé des Suédois, se porte au secours des Hanovriens et fait une inutile tentative sur Zell; mais il prend Haarbourg vis-à-vis Hambourg, au moment où le duc de Cumberland rompait la capitulation de Closter-Sewen, selon la méthode des Allemands, quand ils traitent avec les Français, souvent dupes de leur crédulité.

Anclam, Demmin, Pénémund.

Anclam, Demmin.

Haarbourg.

Vainqueur à Lissa, le roi, au printemps, se propose de tirer des fruits de son succès. Il s'empare de Troppau et de Jœgerndorf, puis il campe à Laudshut et Friedland, couvrant le siége de Schweidnitz. La tranchée ayant été ouverte le 2 avril, la place capitula le 16, par la prise d'assaut d'un fort détaché, *la potence* et la chute du fort de *Lau.* La garnison était de 6 à 7,000 hommes, et fut prisonnière. Pendant ce temps, l'armée autrichienne, sous Kœnigsgrœtz, se mettait lentement en mouvement, selon sa coutume.

1758.

Troppau, Laudshut, Schweidnitz, fort détaché.

Le roi, en conséquence, marche par Troppau sur Olmutz en Moravie; et selon sa méthode de plusieurs lignes d'opérations, un second corps y marcha par un autre point. Olmutz est investie, et l'on ouvre la tranchée pendant que les corps autrichiens se massent sous Brünn.

Camp d'investissement d'Elmutz percé à Prosnitz.

Le maréchal Daun accourt pour les renforcer et délivrer la place. La ligne fortifiée d'investissement est forcée, un secours de 1,200 hommes pénètre dans la place par Prosnitz, avec des munitions qui manquaient dans la ville.

Devenu actif, Daun attaquait, chaque nuit, les divisions prussienne. Pendant ce temps, cheminait un grand convoi prussien parti de Troppau. Les nombreuses troupes légères des Autrichiens s'embusquent dans les montagnes, attaquent le convoi et finissent par le prendre dans les gorges de Domstedt. Le siége d'Olmutz est levé, le trente-quatrième jour. Le roi, voyant les montagnes entre lui et la Silésie trop bien occupées, *change sa ligne de retraite*, et entre en Bohême par Konitz et Leitomischel, où il s'empare des magasins ennemis. Les Prussiens enlèvent les retranchements de Kœnigsgratz défendus par 7,000 hommes. Là les Autrichiens ayant cessé leur poursuite, le roi passa l'Elbe, et se couvrit de Kœnigsgratz et du fleuve. A leur tour, les Autrichiens ayant franchi l'Elbe, on fut obligé d'évacuer Kœnigsgratz, reprise sur l'arrière-garde prussienne, qui alla camper à Landshut, après des pertes notables.

Pendant que les Prussiens faisaient une pénible retraite, les Russes avaient pénétré jusqu'à l'Oder. La petite armée du général Dohna s'établit à Franckfort. Le roi vole à son secours avec un détachement par Lignitz et Crossen. Les Russes s'emparent de Landsberg et bombardent Kustrin, qui résiste. Frédéric, arrivé dans cette place, *n'en peut déboucher*, et va passer l'Elbe plus bas, les Russes lèvent le siége de Kustrin et se concentrent à Zorndorf, ayant leurs bagages *retranchés au moyen des chariots* à peu de distance de leur ligne et gardés par 5,000 grenadiers. Le roi, fidèle à sa méthode souvent dangereuse, fait une longue marche de flanc, tourne l'armée russe formée en grand carré, l'attaque et reste vainqueur. Il prend 103 canons et fait perdre 15,000 hommes à l'ennemi, qui rentre en Pologne par Landsberg, abandonnant ses redoutes, ses lignes et ses abattis; mais les Russes sauvent leur camp retranché et leurs bagages.

D'un autre côté, le prince Henri avait sur les bras toute l'armée ennemie occupant la Saxe. Le roi se hâta de le rejoindre. Le prince de Deux-Ponts et les troupes des cercles menaçaient Dresde, renforcés par le corps de Haddick. Cette armée assiége Sonnenstein, qui capitule avec 1,400 hommes. En même temps Daun, *éternel assiégeur*, qui pensait à attaquer Neisse, voyant les Russes retirés, se porte à dos du prince Henri sur l'Elbe, vers Pilnitz; mais l'arrivée du roi dérange les projets de l'Autrichien, toujours si lent dans ses opérations. Frédéric campe autour de Bautzen, où était sa boulangerie centrale; puis il va s'établir au camp de Hochkirchen, où il se retranche et où il est battu par Daun, l'attaque ayant commencé, précisément, par le point le plus fortifié de la position. Après cette déroute les Prussiens se retirent au camp de Bautzen ; les Autrichiens les suivent, et s'étant retranchés à Cannewitz et Wurchen, ils empêchent le roi de courir délivrer Neisse, assiégé par un corps détaché. Daun a pris Gorlitz.

Inquiet pour ses places, le roi se décide à faire un mouvement sur Neisse par Neudorf, Leichenau et Ischnitz. Daun suit l'armée prussienne par une marche parallèle. Le roi attaque Gorlitz qui capitule, et les deux armées, se suivant constamment, arrivent dans les environs de Laubau. Le siége de Neisse était commencé ; le général autrichien de Harsch attaquait le fort de Prusse ; mais l'arrivée du roi le force à la retraite, après des travaux de quelques jours.

Cependant Daun, par une habile contre-marche, avait quitté brusquement l'armée du roi et s'était rabattu sur l'Elbe. Il s'empare de Pirna et en occupe le camp retranché. Il y a en Prusse et en **Saxe** une foule de camps dont on ne ruine jamais les ouvrages à l'instar des anciens *Oppida gaulois*. Ce sont comme des pierres d'attente que l'on peut perfectionner en peu de jours, au moment du besoin. Daun prend Eulembourg ; mais Torgau et Leipzig résistent aux troupes de l'Empire, qu'il a détachées à l'effet de s'en emparer. D'un autre côté, un corps russe attaquait Colberg, qui se défendait vigoureusement et forçait l'ennemi de lever le siége, après 26 jours de résistance.

Neisse délivrée, le roi était accouru à la suite de Daun sur Dresde. Celui-ci, s'approchant de cette capitale, entra même dans le faubourg de Pirna, qui fut brûlé ; mais voyant le roi si proche, le général autrichien alla hiverner en Bohême, après avoir perdu le Sonnenstein, dont Frédéric fit *raser les fortifications*, selon une méthode qu'il avait prise de Gustave-Adolphe.

Au nord, les Suédois avaient été battus à Fehrbellin. On leur enleva Ruppin et Prenzlow, ainsi que Hessenstein. A cette époque, toutes ces villes étaient encore fermées de murailles et de tours enveloppées souvent de fossés larges, profonds et marécageux, très-capables de résister aux troupes en campagne. C'étaient les restes de ces nombreuses places en partie ruinées par les Suédois pendant la guerre de 30 ans.

Au commencement de cette année, l'armée du prince Henri franchit le Peterswald et entre en Bohême. Une de ses colonnes pénètre par le Basberg, où l'ennemi retranché, fort de 2,500 hommes, est tourné et pris ; puis les magasins de Saatz sont ruinés, ainsi que ceux de Budin, après quoi cette colonne rentra en Saxe. Faisant quelques jours plus tard une entreprise analogue, le prince se porte sur Cronach, attaque

*Camp de
Landsberg,
Zwiestein,
Damberg,
Schberg,
Bareuth.*

l'armée des Cercles au camp de Münchsberg, qui fut évacué après
quelques pertes. Mais pendant ces opérations, qui conduisirent les
Prussiens vers Bareuth, Nurnberg et Bamberg, les Autrichiens
faisaient une invasion en Saxe, où ils se firent battre de nouveau à
Wolkestein, après plusieurs attaques de postes retranchés où ils
perdirent 3,000 hommes et leurs magasins.

Cependant les deux grandes armées du roi et de Daun étaient
en présence sur les frontières de la Silésie et de la Bohême. Le roi
développe au loin la sienne entre Landshut et Friedland, pendant *Landshut.*
qu'un de ses détachements ruinait les magasins russes vers la
Vistule. Laudon, à la tête des troupes légères autrichiennes,
*Greiffen-
berg.
Neustadt.* attaque le poste de Greiffenberg et y prend 800 Prussiens. Un autre
corps débouché de Moravie enlève Neustadt. Le roi se venge sur un
corps de pandours en retraite, qui perd 800 hommes, retranchés
Ziegenhals sur les rochers de Ziegenhals; et il retourne à Landshut en se
ralliant.

Daun débouche en Lusace, direction de Dresde. Le roi laisse
à Landshut le corps de Fouquet, et va s'établir au célèbre camp
de SchueUckseiffen, les Autrichiens s'étendant sur les hauteurs
de Laudau. En même temps, selon leur méthode pendant cette
guerre, les Russes débouchaient tardivement de la Pologne. Le comte
de Dohna avec son armée marche sur Landsberg au-devant d'eux;
mais il est repoussé sur Zullichau. Cette ville est tournée par les *Zullichau.*
Russes, qui viennent par derrière les Prussiens camper dans les
défilés de Kay, où Dohna et Wedel furent battus. Les Russes fran- *Bataille de
Kay.*
Crossen. chirent l'Oder et prirent Crossen. Les Prussiens se réfugièrent à
Sawada après une perte de 5,000 hommes. Sawada n'est pas une
ville fortifiée, mais les défilés de Kay avaient été couverts d'abbatis
par les Russes. Le roi porte un corps au soutien de son armée battue
dans le but de *sauver Francfort*. Il arrive à Sagan, mais un corps
autrichien, celui de Laudon, marchait aussi sur Francfort pour se
Francfort. joindre aux Russes, qui venaient de prendre cette forteresse. Le roi
Guben. chasse les Autrichiens de Guben; mais, malgré lui, ceux-ci, dans
leur retraite, parviennent à la route de Mulrose et se dirigent sur
Francfort. Frédéric, arrivé sur l'Oder, fait évacuer Mulrose. Cependant, à peine il s'est éloigné, qu'Haddick réoccupe ce poste et le
coupe de Berlin. Cette situation délicate décide le roi à attaquer les
Russes, quoiqu'ils aient retranché un champ de bataille derrière Francfort. Appuyé à cette place sur la rive droite de l'Oder,
près de Kunersdorf, Soltikow reçoit le combat. Il est victorieux, et

les Prussiens, qui avaient fait, selon leur habitude, une longue marche de flanc devant l'ennemi, perdent 10,000 hommes, 80 canons et 3,000 prisonniers. La perte des Russes fut de 24,000 hommes. Bataille de Kunersdorf.

Pendant la bataille, un détachement fait mal à propos par Frédéric, qui croyait enfermer l'armée russe, s'empara de Francfort sur la rive gauche ; mais il fallut l'évacuer pour suivre la retraite. Le soir, le roi, qui n'avait pu parvenir à rallier 10,000 hommes de ses troupes, repassa l'Oder et campa à Reitwein. On a admiré le triomphe des Prussiens dans la guerre de Sept Ans ; il faut convenir qu'il fut indépendant de leur fait : Soltikow n'avait qu'à poursuivre le roi, le soir de sa victoire, et c'en était fini à jamais du royaume de Prusse. Toutefois il ne faut pas attribuer le bonheur du roi à la fortune seule ; Soltikow était timide ; les Russes se défiaient de leurs talents encore bien nouveaux, et ils ne connurent l'accablement des Prussiens que le lendemain de la bataille. Déjà ceux-ci avaient franchi l'Elbe, et dès lors il n'était plus temps de profiter de la victoire. Les Russes manquèrent à ce principe de la guerre qui veut qu'on *ne laisse pas respirer un ennemi vaincu* ; car, quel que soit le désordre qui se soit glissé dans une armée victorieuse, celle battue est, à coup sûr, dans un état de dissolution bien plus grand : il est donc sage de ne pas la laisser se rallier. C'est là une des causes principales des succès de Condé et de Napoléon. Francfort. Francfort.

Ce ne furent pas là les seules infortunes du roi. Torgau et Vittemberg capitulèrent devant l'armée des Cercles ; Berlin était menacé de bien près par Haddick à Mulrose : les Russes avaient passé l'Oder à Francfort. Daun pouvait avancer du côté de Landshut. M. Deville attaque le poste retranché de Conradswald et est repoussé par les Prussiens avec perte de 1,300 hommes. Cela donna au roi le temps de respirer. Torgau. Vittemberg. Conradswalde.

De son côté, le prince Henri suivait Daun : il arriva à Sagan, envoya un détachement à Sorau, qu'il fut obligé peu après d'évacuer ; mais, pour rappeler l'ennemi en Bohême, le prince envoya un fort détachement ruiner les magasins autrichiens de Bœmisch-friedland, ainsi qu'à Gabel, qui fut enlevé d'assaut, et où l'on fit 600 prisonniers. Zittau fut pris également avec ses magasins et sa garnison autrichienne. Sorau. Bœmisch-friedland, Gabel, Zittau.

Cependant Daun avait profité de la déroute du roi et du départ de la Saxe du prince ; il s'était approché de Dresde prenant, en passant, Bautzen. Le siége est mis devant la capitale, qui a une Bautzen. Prise de Dresde.

garnison de 15,000 hommes, et qui capitule après 5 jours avec d'immenses dépôts accumulés par les Prussiens spoliateurs de la Saxe. Un de leurs corps accourait de Berlin pour secourir Dresde en s'emparant de Torgau par surprise ; mais il arriva trop tard pour sauver la capitale saxonne. Ce corps se porte sur Meissen, pendant qu'une partie de l'armée des Cercles essaie de reprendre Torgau et et se fait battre près de cette place par la division de Finck, qui entre en Bohême en prenant 2,500 Autrichiens au camp de Basberg. Sur ces entrefaites, l'armée russe s'avançait vers la Silésie. Le roi marche à Sagan, se rallie au prince Henri, et *court sauver Glogau*. Puis il se retranche à Linkersdorf. Quoique très-inférieur aux 90,000 Russes et Autrichiens, il prépare une manœuvre de nuit pour battre ces derniers ; mais à la pointe du jour, Russes et Autrichiens, tout a disparu : l'armée ennemie s'est retirée, frappée d'une panique, sur la rive droite de l'Oder et ruinant son pont. Dans cette situation Frédéric marche sur Glogau, passe le fleuve, et va reconnaître les Russes campés à Kuttlau : là, il y eut quelques escarmouches ; après quoi les ennemis se retirèrent vers la Pologne au milieu de leurs ravages accoutumés. Par suite de cette retraite le corps de Laudon abandonné se trouve compromis, et pour rentrer en Moravie il se voit obligé de marcher par Cracovie.

Le roi étant demeuré malade à Glogau, son armée prit le chemin de la Saxe. Pendant que le prince Henri restait à Gœrlitz, Daun s'était approché de lui, et avait surpris par une attaque de nuit une de ses divisions campée à Hoyerswerda ; elle avait perdu 1,500 hommes. Le prince continua sa route pour passer l'Elbe au pont de Torgau, celui de Meissen étant détruit, et pour se rallier à l'armée du roi, au moment où le général autrichien passait lui-même le fleuve à Dresde et marchait sur Torgau.

Pendant quelques jours, les deux armées se manœuvrèrent entre Torgau, Vittemberg et Duben, de telle sorte qu'après quelques échecs Daun revint sur Dresde camper à Plauen et au Vinderberg : aussitôt les Prussiens se portèrent sur Meissen, s'en emparèrent et en refirent le pont ; de là ils marchèrent sur Dresde, qu'ils désiraient reprendre ; mais Daun s'était retranché dans un poste inexpugnable. Le roi, dans l'espoir de le déposter par des incursions en Bohême, lance, à cet effet, divers détachements sur les frontières de ce pays, pour inquiéter la retraite des Autrichiens.

En conséquence, le corps de Finck fut porté sur Freyberg, et de là il prit poste à Maxen, sur les montagnes de la Bohême. Il

Teplitz, Dux, Aussig.

pousse un détachement qui prend Aussig, Teplitz et deux postes fermés contenant des magasins et des garnisons.

Maxen.

Daun, pour se venger, détache, à la sourdine, 40,000 hommes qui vont cerner Maxen. Finck est attaqué et surpris. 16 bataillons et 35 escadrons, formant 14 à 15,000 hommes, posèrent les armes : voilà ce que produisit le grand désir de Frédéric *de reprendre Dresde* couvert par une armée de près de 70,000 hommes.

Cependant le roi continue à faire occuper Freyberg, qui est retranché et couvert par la Mulda, rivière très-encaissée et qui n'a que trois ponts aussi retranchés. Un corps autrichien qui tente le passage de laMulda est repoussé par l'armée prussienne.

Lignes sur la Mulda bis Freyberg.

Zehaila.

Un autre corps prussien retranché à Zehaila est attaqué sur la rive droite de l'Elbe par le corps autrichien de Beck; ce poste est enlevé sur 3 bataillons prussiens; mais ceux-ci ayant reçu un secours de 12,000 hommes, firent à leur tour évacuer les postes autrichiens de la ligne de la Weistritz à Pretschendorf et Frauenberg, en respectant le camp de Dippodiswald, très-fort par lui-même. Bientôt l'hiver suspend les combats, et les deux armées, celle prussienne à Wilsdruf, celle de Daun à Plauen, restent dans leurs camps en face l'une de l'autre, cantonnant dans les villages voisins de leurs retranchements, où elles se respectent mutuellement.

Pretschendorf. Frauenberg.

Dippodiswald bis

Wilsdruf Plauen bis

Les malheurs de Kunnersdorf avaient forcé le roi d'affaiblir le petit corps qui était devant les Suédois : aussi en profitèrent-ils en prenant Anclam, Demmin, Ukermund, Swinenmud, Vollin, Swinenmunder-Schautz, Passewalk, etc. ; c'était une vraie guerre doctrinaire et une chasse au pain. Cependant un détachement *de la garnison de Stettin* se lança sur eux et les battit, leur reprit Passewalk, les chassa de Printzlow et de toutes les autres places et postes que nous venons de nommer. La ville d'Anclam de nouveau est surprise par une attaque de nuit; Demmin leur est enlevée avec la caisse suédoise, et cette armée s'enfuit, selon son usage, vers Stralsund sans être poursuivie, après avoir reperdu toutes ses conquêtes, sauf la place de Penamund, qu'elle garda encore quelque temps.

Penamund, Anclam, Demmin, Ukermund, Vollin, Swinenmud, Swinenmunder-Schautz, Passewalk, Demmin, Anclam, Printzlow, Wollin, Ukermund, Zeitz, Swinenmunder-Schautz.

Stettin bis

Stralsund bis

Penamund bis

Pendant l'hiver, le poste prussien de Zeitz, retranché, fut surpris par les troupes légères autrichiennes, et perdit 150 cuirassiers ; le reste se sauva sans bagages et sans chevaux. Profitant de la mauvaise saison, les Cosaques surprennent Schwedt et s'emparent de la personne du prince de Wurtemberg et de celle du prince Ferdinand : mais ils les lâchèrent moyennant rançon. En Lusace, le poste de

Schwedt. 17 noms de places reprises doivent être ici répétés.

Cossdorf garde par un corps de cavalerie, repoussa les troupes de Beck et fit 200 prisonniers autrichiens. Dans la haute Silésie, Laudon commandait 40,000 Autrichiens. Il s'empare de Neustadt. Le cantonnement de M. de Gotlz est obligé de se retirer sous Neisse. Une fausse manœuvre pour secourir Breslau fit perdre aux Prussiens le poste de Landshut ; mais, mieux informés, ils le rattaquèrent et y rentrèrent ; alors Glatz fut assiégée. Pendant ce temps Laudon, avec 20,000 hommes, cerna les 10,000 Prussiens retranchés à Landshut, et força ce corps à capituler, sauf 2,000 hommes qui parvinrent à se faire jour, en sorte qu'il n'y eut que 8,000 hommes de perdus pour Frédéric.

Le roi, en Saxe, ne sachant plus comment sauver Glatz, la clef des montagnes, tâche d'attirer Daun à sa suite. Il franchit donc l'Elbe à Zéren et pousse devant lui les Autrichiens de Lascy. Répondant à cette initiative, Daun avait passé l'Elbe et marchait parallèlement à l'armée prussienne vers la Silésie.

Les deux ennemis tâchaient de se surprendre des détachements. Dans cette manœuvre, Daun s'empare de Gœrlitz ; *la garnison de Bautzen*, ayant fait une pointe, défit les coureurs (1) en plusieurs rencontres.

Ces petits succès des Prussiens sur Lascy donna au roi l'idée de rebrousser chemin et de courir sur Dresde pendant que Daun était plus avancé que lui ; en conséquence, la majeure partie de ses forces repassèrent l'Elbe et vinrent cerner la capitale, donnant la chasse aux troupes des Cercles, qui évacuèrent les environs et le camp de Plauen ; mais assiéger une telle place sans canons était une entreprise mal dirigée : la place résista. Au bout de 5 jours Daun, éclairé sur cette contremarche, revient aussi sur cette ville. Il attaque le retranchement du Cerf-Blanc et y bat un corps prussien. Ainsi Frédéric avait perdu son temps, et Glatz avait capitulé. Jamais places *à prendre ou à sauver n'avaient inspiré de plus fausses manœuvres* que celles-là ; *le salut des places fut un des tourments de Frédéric pendant toute cette guerre.*

Un ouvrage détaché taillé dans le roc, nommé *la Grue*, est

(1) Gœrlitz, Bautzen, Zeitz, Schwedt, etc., n'étaient pas de puissantes forteresses ; mais toutes avaient encore d'anciennes murailles, fossés, bastions, etc., et furent organisées en places de campagne. De telles places résistent à des troupes qui n'ont pas ordinairement de canon de siège, mais seulement de l'artillerie de campagne.

emporté de vive force par les Autrichiens ; suivant les fuyards, ils entrent pêle-mêle avec eux dans la ville et s'en emparent. Frédéric *accusa les jésuites*, à peu près avec la même raison que ceux-ci *accusent Voltaire et Rousseau*, de tout ce qui arrive. La place avait une garnison de plus de 4,000 hommes ; elle fut prise en 5 jours, quoique très-forte. Le roi, qui a levé le siége de Dresde, repasse l'Elbe, et les deux armées reprirent leur marche parallèle vers la Silésie, Daun par Gœrlitz, le roi par Ratibor, toujours suivi par Lascy, escarmouchant sans cesse avec son arrière-garde.

Camp de Plauen.

De son côté, Laudon avait mis le siége devant Breslau ; mais le prince Henri le lui avait fait lever ; car ce qui distingue les Autrichiens dans cette guerre, *c'est leur manie d'assiéger*. Quoique trois fois supérieurs aux Prussiens, ils ne savaient jamais se réunir et frapper un grand coup : aussi projettent-ils d'attaquer Schweidnitz et Neisse.

Breslau levé.

Dans cette situation le roi marche sur Goldberg ; mais l'arrivée de Daun dérange son projet : en conséquence, il se porte sur Liegnitz pour passer le Katzbach. Il n'avait que 30,000 hommes contre 90,000. Dans ce danger, il résolut *de décamper tous les jours* en se fiant à la lenteur autrichienne. Daun faisait le soir un beau projet d'attaque sur la position *qu'il voyait* ; à la pointe du jour, ses troupes en mouvement ne trouvaient plus personne. *Au milieu de la pénurie du chef prussien, un doctrinaire se fût retranché : le roi changea de place*. Dans un de ces changements, les Prussiens enlevèrent Goldberg d'assaut par une surprise.

Goldberg.

Pendant ces belles manœuvres, les Russes arrivaient à l'Oder et le franchissaient à Auras : 20,000 hommes de Czernichef se rallient à Laudon devant le prince Henri. De son côté, le but du roi était de réunir ses deux armées ; il quitte son camp de Leignitz durant la nuit, et repasse le Katzbach. Pendant cette marche, ses colonnes tombent inopinément sur l'armée de Laudon, aussi en mouvement pour le tourner et rejoindre Daun. Ce fut le combat appelé la bataille de Liegnitz, où Laudon en marche, surpris dans un terrain étroit, perdit 10,000 hommes. Quel fut l'étonnement de Daun d'apprendre cette affaire à la pointe du jour ! il veut alors attaquer le camp, où toute la droite prussienne le repousse ; mais le roi avait rouvert sa communication par Parchewitz et Neumarck sur Breslau.

Bataille de Liegnitz.

Le corps russe qui était avancé à Lissa repasse l'Oder : le prince Henri le suivit à Vinzig et envoya 12,000 hommes couvrir Glogau ; avec le reste il rejoignit l'armée du roi, qui *marcha pour sauver*

Schweidnitz. Après avoir ainsi écarté les Autrichiens, il campa sous cette place, qui est délivrée. Un détachement prussien courut à Striegau, d'où il délogea un corps autrichien retranché. Ici Frédéric remarque que les Prussiens sont plus propres à l'attaque qu'à la défense (1).

Le roi essaie de tourner Daun par une marche hasardeuse, faite devant son armée; celle-ci le harcelle. Il emporte le poste retranché de Hohengiersdorf, mais la prudence le force à borner son entreprise à ce petit succès.

Enfin, après bien des manœuvres, fort belles, de la part du roi, si inférieur en troupes, Daun imagina une diversion sur Berlin pour écarter l'ennemi de Schweidnitz. 20,000 Russes avaient repassé l'Oder à Benthen. Les troupes des Cercles, pendant l'absence du roi, reprenant courage, débouchèrent de Nossen et poussèrent la division prussienne du général Hulsen sur Stréhla; elles attaquèrent même le camp retranché de Durenberg et y éprouvèrent du dessous. le duc de Wurtemberg, frère du prince du même nom, au service de Prusse, amena des renforts au duc de Deux-Ponts; alors les Prussiens, trop inférieurs, évacuèrent Stréhla et se réfugièrent à Torgau.

Dans cet état de choses, les deux généraux des Cercles marchent sur cette place, qui capitule avec une garnison de 800 hommes; elle contenait de grands magasins. Ensuite, ils se portent sur Wittemberg, qui se rend après 10 jours de siége; de sorte que peu à peu ils s'ouvraient la route de Berlin, vers laquelle se dirigeait aussi un corps russe débouchant de Benthen.

A cette nouvelle, le roi se met en route pour sauver sa capitale; d'un autre côté, Werner et le prince de Wurtemberg, qui étaient, l'un devant les Russes à Colberg, l'autre devant les Suédois à Passewalck, s'avancent aussi en hâte sur Berlin et arrivent dans cette ville avant les coalisés.

A cette époque, la capitale était encore fermée d'antiques murailles flanquées de tours; on avait couvert les portes et les barrières de flèches en terre, palissadées. Tous les dépôts prennent les armes; les vétérans, les retraités, les convalescents des hôpitaux sont remis en activité, et les généraux ont pu former un corps de 21,000 hommes : mais ce qui est très-remarquable, c'est que l'on n'employa aucun habitant. Czernichef, Lascy et le duc de Deux-Ponts qui avaient 38,000 hommes cernent Berlin. Le prince de Wurtemberg a quelques brillantes affaires contre eux ; mais les coalisés jettent des obus dans la ville ; le feu prend dans quelques quartiers ; il fallut enfin traiter , au bout de 3 jours , d'une capitulation. Les troupes prussiennes se retirèrent sur Spandau.

Dans leur colère , les alliés se proposaient d'incendier Berlin. Ils en furent détournés par l'ambassadeur de Hollande ; on se contenta de faire payer par les magistrats une contribution de 6 millions (1).

Cependant Frédéric accourait à tire-d'aile , menaçant de couper les Russes, de l'Oder, et les Autrichiens, de Torgau et de Dresde. Une terreur panique frappe les alliés, et au bout de 4 jours Berlin est évacué. Les Cosaques et les Saxons avaient pillé Charlotenbourg , Sans-Souci , Postdam et les maisons royales. Les Russes repassèrent l'Oder à Schwedt et à Francfort, et Lascy, l'Elbe à Torgau. Le roi, sachant sa capitale délivrée, marche sur Torgau sans entrer même dans ses palais bouleversés. *Mais cette chute de Berlin va amener la délivrance de la Prusse !* Daun avait suivi le roi comme son ombre. Le prince de Deux-Ponts, ayant passé sur la rive gauche de l'Elbe, évacue la place de Vittemberg. Le roi franchit aussi ce fleuve en partie par Magdebourg, et fut rejoint par les troupes qui s'étaient retirées de Berlin. L'armée des Cercles s'enfuit sur Duben et Leipsig , après avoir reçu un échec à Oranienbaum. Duben fut forcé , quoique défendu par un bataillon de l'armée des Cercles. Les Prussiens y ajoutèrent de nouveaux ouvrages pour en faire un magasin. Après avoir repoussé l'armée des Cercles au delà de la Mulda, repris Leipzig, Mersebourg, Weissenfels, sans faire la moindre difficulté , ainsi que des approvisionnements précieux, le roi tourna sur Torgau, où Daun s'était retranché avec toutes ses troupes. Cette position compromettant Berlin, *la mère nourricière des Prussiens*, qui en tiraient toutes sortes d'équipements, Frédéric, quoique inférieur de moitié, livre une célèbre bataille, où l'ennemi avait 400 bouches à feu en batterie , et plus de 90.000 hommes contre 45.000. L'armée autrichienne , défaite et frappée d'une *panique*, se jette dans Torgau et y repasse l'Elbe. Le lendemain les Prussiens s'emparent de la place et d'un

(1) L'événement de la prise de Berlin mérite d'être remarqué : la place ne fut pas forcée, elle capitula ; et le faux mouvement que cet appât inspira aux alliés leur coûta le désastre de Torgau et toutes ses conséquences qui sauvèrent la Prusse. La doctrine comprendra-t-elle ce fait ?

matériel considérable, et font 6,000 prisonniers. Dans cette fatale journée, les Autrichiens perdirent 20.000 hommes et 50 canons. Daun se retira sur Dresde et s'y fit traiter de graves blessures reçues dans le combat. Meissen tomba au pouvoir des Prussiens (1) *par suite de la victoire.*

Pendant cette campagne sanglante, il se passait divers événements en Silésie. Laudon avait livré deux assauts à Cosel et avait été repoussé. Un secours, donné à propos à la garnison, le força de lever le siége de cette forteresse.

Aussitôt que la fin de l'hiver eut permis aux troupes d'entrer en campagne, Laudon, en Silésie, vint camper à Seitendorf. vis-à-vis le corps de Goltz, se préparant à des siéges. Daun fit occuper Zittau par un détachement de 16,000 hommes. Le *roi avait fait couvrir Glogau* par M. de Goltz avec 12.000 hommes en face du chemin des Russes. On fit un camp retranché sous Colberg, et le roi se dirigea vers la Silésie. Laudon décampe et va se retrancher à Hauptmannsdorf près Braunau, retranchant aussi les postes de Silberberg et de Warta en avant de son corps principal, dans le but d'en éclairer les approches.

Du côté des Russes, on assiége Colberg. 15.000 Prussiens défendent son camp retranché sous les ordres du prince de Wurtemberg, et Butturlin marche sur Breslau. Le roi, se rapprochant de l'Oder, tâche de se tenir entre les Russes et les Autrichiens ; il occupe donc le camp de Pulzen ; mais Laudon menaçant Neisse, le roi s'en rapproche et enlève un détachement de pandours retranchés dans Munsterberg. A l'approche du roi, Laudon se sauve à Hennersdorf. Cependant l'armée russe avait insulté le faubourg de Breslau au delà de l'Oder. Le roi fait surprendre 6.000 Autrichiens dans Neustadt et poursuit le reste jusque sous le canon du camp retranché de Hennersdorf, puis il campe avec son armée à Oppersdorf, faisant un nouveau détachement pour couvrir Breslau ou Brieg selon l'occurrence ; mais les Russes, revenant sur le faubourg de Breslau, tâtent de nouveau cette place et sont encore repoussés par *une sortie.* Laudon ayant levé son camp avançait du

---

(1) Frédéric fit à la bataille de Torgau sa fausse manœuvre accoutumée ; mais la marche oblique d'un de ses corps était couverte par des bois, et il combattait pour sauver Berlin : ce grand but légitimait son désespoir. D'ailleurs Daun n'avait pas laissé *de fond* à son champ de bataille ; il s'était placé comme adossé à une place forte, il ne put manœuvrer. Ses deux lignes étaient serrées dos à dos l'une sur l'autre.

Camp de Kunzendorf.

côté des Russes sur Walstadt. Ceux-ci, qui avaient passé l'Oder à Leubus, s'efforçaient de leur côté de rejoindre Laudon; puis, s'étant retranchés au camp de Kunzendorf, ils repoussèrent la cavalerie prussienne. Au milieu de ces mouvements, un corps autrichien parvint à se rallier à Butturline. Le roi campe retranché à Klein-wandris ; mais, malgré d'habiles manœuvres , il ne peut empêcher la jonction des deux armées. Tourné dans son camp de Walstadt et inquiet pour Schweidnitz, Frédéric va occuper la fameuse position de Bunzelwitz , tirant de la place qu'il veut couvrir les munitions nécessaires à son armée.

Camp de Kleinwandris. Camp de Walstadt.

La montagne de Bunzelwitz fut retranchée avec soin, on y développa 460 pièces d'artillerie et 182 mines. Le mamelon de Wurben qui la surmonte, aussi fortement retranché, en forme comme la citadelle. Le pourtour de la montagne est précédé de larges marais ; des fossés profonds, des remparts épais et élevés, une forêt de palissades, avec plus de 50,000 hommes, défendaient cette espèce de place d'armes. Les villages de Bunzelwitz et de Jauernick, retranchés également, en étaient comme les forts détachés. Avec 90,000 hommes, Laudon et Butturline vinrent former le cercle autour du camp, qui fut enveloppé, sauf le côté de Schweidnitz, occupé par un second camp lié au premier.

Camp de Bunzelwitz et de la Tukendorf.

Après quelques tentatives sur les villages , les deux armées alliées levèrent leurs quartiers et se séparèrent au bout de 10 jours, rompant ainsi un blocus circulaire peu intelligent, au milieu d'un désaccord complet entre les deux généraux assaillants.

Poste retranché de Koublin. Posen.

Frédéric alors envoie un fort détachement qui ruine les magasins de Koublin au delà de l'Oder, ce qui décide Butturline à se retirer en Pologne, laissant Czernichef avec 20,000 hommes à l'armée de Laudon.

Schweidnitz.

Cependant les magasins de Schweidnitz s'étant épuisés , le roi va s'établir sous Neisse, quand, par un coup de main hardi, Laudon, toujours vif, s'empare de Schweidnitz. Pendant un bal, le général autrichien, une belle nuit, lance sur la place 4 colonnes d'attaque ; un officier italien et 500 prisonniers autrichiens ont conspiré ;

Forts détachés.

les forts de Lau et de Bœckendorf sont assaillis et pris ; la trahison ouvre une porte ; un magasin à poudre saute, et la place est enlevée malgré ses 3,000 hommes. *Inquiet* pour Breslau , Brieg et Neisse, le roi vient camper à Stréhlen . à portée de secourir ces trois places : *car presque tous ses mouvements étaient commandés par le salut de ses forteresses , ce qui dérangeait tous ses projets.*

A la même époque les Russes assiégeaient Colberg, une deuxième fois. Ils prirent une redoute trop éloignée de la place et la reperdirent. Un renfort de 12,000 hommes vient appuyer le corps de 15.000 hommes qu'ils ont déjà devant cette place. Ils battent à Stargard et à Treptow des détachements du camp retranché qui tentent de faire des vivres *dont Colberg manque ;* et ils reprennent le fameux ouvrage détaché de Drénow; alors les troupes du camp essayent une *trouée et parviennent à se faire jour ;* après quoi la place, aux abois, capitule.

Vers les rives de la Baltique la guerre s'était animée un peu davantage. Il existe dans le pays une foule d'anciennes petites forteresses qui ne laissent pas que d'offrir des points de résistance au canon de campagne; les Suédois, qui faisaient la guerre pour ainsi dire en amateurs, s'y établissaient ; mais Colberg pris, sa garnison, restée libre, est envoyée contre eux et arrête bientôt leurs progrès. Ils sont battus à Golnow, à Lœcnitz et à Friedland, où ils s'étaient retranchés ; mais arriva l'époque où, selon leur usage, ils se retirèrent pour hiverner à Stralsund, après s'être défendus par un détachement retranché à Malchin, qu'ils évacuèrent ensuite volontairement (1).

Pendant que Frédéric avait affaire aux Russes et à Laudon, le maréchal Daun était avec la grande armée en Saxe, n'entreprenant rien d'important : toutefois, faisant passer l'Elbe à un détachement, il empêcha l'armée du roi de communiquer avec celle du prince Henri, qui fit occuper Torgau en force, afin de couvrir Berlin. Cette capitale, à cette époque, n'avait *que deux bataillons de milice pour garnison, tandis que si elle eût été fortifiée, il eût fallu une armée pour la garder :* or Frédéric manquait de troupes, à tel point qu'à plusieurs époques sa propre armée fut réduite à 40 ou 50,000 hommes.

Cependant Haddick, du camp de Dippodiswald, va camper à Freyberg. Le prince Henri fait fortifier le sien au Pretersberg pour protéger celui de Katzenhauser. Daun marche sur l'armée prussienne pendant que Haddick bordait la Mulda, rivière très-difficile à cause de son encaissement. De leur côté les Prussiens se fortifient sur l'autre rive. Mais, dans cette situation, l'armée des Cercles força Altenbourg de telle manière que l'armée prussienne se trouvait très-resserrée entre les montagnes et l'Elbe.

En Silésie, le poste prussien retranché de Rothen-Sirben repousse l'attaque d'un détachement ennemi ; ce point, avec Canth, couvrait les abords de Breslau et de son camp retranché, où s'était retiré le gros de l'armée prussienne. A ce moment il arriva un événement *sauveur de la Prusse*. Le nouvel empereur de Russie, Pierre III, prit parti pour Frédéric, et ses troupes, cantonnées autour de Glatz, abandonnent la cause de Marie-Thérèse et envoient à l'armée prussienne le corps de Czernichef, fort de 20,000 hommes. De plus, la cour d'Autriche, sous un vain prétexte d'économie, et se croyant sûre de ses conquêtes, licencia en Silésie 20,000 hommes, dont la plus grande partie alla s'engager chez les Prussiens : car l'armée royale était presque toute formée de déserteurs, d'étrangers, et de gens racolés dans les petits États allemands. Le roi se trouvait donc avec 80,000 hommes aussi fort que le maréchal Daun, qui, cette année, commandait en Silésie.

Un corps prussien, au camp d'Heyders-Dorf, devant Neisse, est battu par les Autrichiens; mais les Cosaques enlevaient chaque jour les grandes gardes du camp de Daun au Pitschenberg.

En Saxe, par prudence, Serbelloni, avec l'armée impériale, se tenait autour de Dresde, n'osant l'abandonner à elle-même. Il était campé à Chemnitz, Freyberg, Dippodiswald, au Windberg et à Flauen. Il avait en outre retranché les rives de la Mulda, de sorte que cette capitale fortifiée était encore environnée d'une suite de positions retranchées ; tous ces ouvrages appuyés à la haute chaîne de la Bohême, et enveloppés sur leur front par l'encaissement de la Mulda, formaient comme *une sorte de petit royaume doctrinaire* (1).

Cependant le prince Henri force la ligne de la Mulda. Les redoutes des montagnes sont enlevées par les Prussiens avec une rare valeur. L'ennemi évacue Valdsheim, Freyberg, Nossen, et se retire sur Dippodiswald avec perte de plus de 3,000 hommes et de beaucoup de matériel. En un seul jour, le travail de plus de *six* mois avec la pelle et la pioche fut effacé. L'armée prussienne s'établit alors à Freyberg, et pose son camp au Pretschendorf, qu'elle fait retrancher ; après quoi elle marche sur Chemnitz. Mais cette place était évacuée, et l'ennemi s'était réfugié en Bohême par Zwickau et Marienberg, et en partie sur Barenth. Cependant toute la droite de Serbelloni cherche à se venger ; elle attaque la ligne

(1) Ce vaste camp-retranché des Autrichiens peut être comparé à celui de Wellington devant Lisbonne, en 1810 et 1812, désigné sous le nom de Torrès Vedras. On voit que le prince Henri fut plus entreprenant que Masséna

du camp de Pretschendorf à Frauenstein, sur un grand front. Les troupes autrichiennes sont battues et perdent encore 3,000 h.

En Silésie, le grand projet du roi était le siége de Schweidnitz. Au préalable il fallait déloger l'armée de Daun, bien retranchée au camp de Pitschenberg et de Zobten : on le tourna; mais les Prussiens éprouvèrent un échec à l'attaque du nouveau camp autrichien de Kunzendorf et y perdirent 1,200 hommes.

En même temps, un corps prussien se portait sur Braunau par Landshut. Daun, craignant d'être coupé des montagnes par sa gauche, évacue le camp retranché de Kunzerdorf et va occuper un autre camp très-étendu, ou plutôt une chaîne âpre dont les défilés de Berkesdorf et de Leutmansdorf sont les seuls passages, hérissés de rochers inabordables et défendus par des corps autrichiens de 12 à 15,000 hommes retranchés jusqu'aux dents : c'était une chaîne qui enveloppait toute la plaine de Schweidnitz et couvrait cette place.

Les Prussiens, partant du camp de Bunzelwitz, attaquent les deux lignes, les emportent successivement, font plus de 4,000 prisonniers et prennent 40 canons. Le roi pénètre enfin sous Schweidnitz, cerne cette place et en couvre le siége par les lignes retranchées de Peila sur une suite de collines. Daun, pour la sauver, tente plusieurs attaques sur le camp prussien, et il est si mal reçu, qu'il se retire. Schweidnitz résista 60 jours. Griboval la défendait; Lefèvre l'attaquait. Le jeu des mines y fut remarquable ; on y fit usage, pour la première fois, des globes de compression. La garnison de 10,000 hommes en perdit 1,000, et les Prussiens 2,500. Daun rentra en Bohême après des échecs successifs qui lui coûtèrent plus de 25.000 hommes. Le gouverneur de Schweidnitz avait, avant le siége, proposé d'*évacuer la place, dans tant de jours :* le roi s'y refusa. Il fit le raisonnement que nous avons déjà plusieurs fois noté dans nos *Nouvelles considérations militaires ;* il se dit : *Je rendrais par là 10,000 hommes à Daun : je serais obligé de mettre 4,000 hommes dans la place : donc je donnerais aux Autrichiens une supériorité de 14,000 hommes sur moi. Je veux bien de Schweidnitz, mais à la condition que la garnison sera prisonnière; car, par là, je reste supérieur à Daun de cette différence.*

Pendant le siége de Schweidnitz, le prince Henri, en Saxe, avait toujours affaire à l'armée des Cercles du prince de Stolberg et à celle de Serbelloni. Des corps prussiens entrent en Bohême;

forcent les retranchements d'Einsedel, font évacuer ceux de Basberg, et contraignent l'armée des Cercles à se retirer sur Barenth.
Un autre corps prussien se porte sur le camp retranché de Tœ-
plitz, mais il est battu et perd 400 hommes.

Ainsi repoussé, le prince de Stolberg marcha de Barenth sur
Caden, et vint rejoindre Haddick sous Dresde; puis, réunis, ils se
portent sur le camp retranché de Pretschendorf et emportent les
ouvrages de Tharant; mais ils en furent chassés le lendemain.
Cependant les Autrichiens s'emparèrent de Sayda et s'approchè-
rent de Freyberg; c'est pourquoi, évacuant le camp de Pretschendorf, qui était tourné, le prince Henri alla s'établir au camp
retranché de Freyberg; mais la position était trop étendue de ce
point à Meissen en passant par Nossen et bordant la Mulda; d'ailleurs ce camp était fortifié imparfaitement : on n'avait pas trouvé
assez de paysans ni assez d'outils pour exécuter les travaux (1).
Ce n'était pas les armées *qui, du temps de Frédéric, fortifiaient
les camps*; on ne les usait pas à cela. Une idée différente a été
adoptée en France. Nous faisons travailler nos soldats au risque
de les rendre gauches comme des paysans.

L'armée impériale chasse les Prussiens du camp de Hartmansdorf
qui couvrait Freyberg; ceux-ci reviennent à la charge et le reprennent. Toutefois Haddick ayant tourné Freyberg, le prince
Henri se résolut à l'évacuer promptement et alla s'établir sur le
Voglsberg. Les alliés vont se placer précisément dans l'ancien camp
prussien de Freyberg, avec le but de s'y défendre à l'aide de ses
retranchements.

D'un autre côté un corps prussien tenait le camp de Meissen
et venait d'être renforcé par 12.000 hommes arrivés de Silésie.
Le prince Henri, se trouvant ainsi le plus fort aux portes de
Dresde, faisait des entreprises; mais, craignant pour cette capitale, Daun envoya au général Haddick un renfort égal à celui qu'a-
vaient reçu les Prussiens, de manière qu'elle n'eut plus de risques

---

(1) En 1812 et 1813 ce furent les paysans qui firent les immenses travaux
que Napoléon exécuta en Allemagne. En France, il y a des questions qui
reviennent tous les dix ans. Quelques écrivains prennent feu et ont des
raisons magnifiques pour les représenter : celle des soldats employés aux
travaux est du nombre. Il faut bien qu'elle pèche par quelques points ; car on
l'abandonne toujours après quelques années de pratique. Sans doute qu'il est
bon de faire travailler le soldat quand on ne peut faire autrement; mais les
oppositions des colonels ont aussi leur côté vrai.

a courir , *bien que les Autrichiens redoutassent sans cesse qu'elle
ne tombât au pouvoir de l'ennemi.*

Par suite de ce mouvemet le prince Henri passe l'Elbe et attaque
la ligne de la Mulda , quoiqu'en s'étendant outre mesure. Les retranchements de Waltersdorf sont enlevés , et il avance sur Freyberg , où il rencontre l'armée combinée du prince de Deux-Ponts
et de Serbelloni dans les retranchements de cette position.

Les Prussiens attaquent résolument , emportent les redoutes et
entrent à Freyberg. L'ennemi perdit dans cette bataille 8,000 h.
tués et prisonniers , 30 bouches à feu et beaucoup d'équipages.

Haddick se hâte d'envoyer des secours au prince de Stolberg, commandant l'armée des Cercles en déroute sur Bamberg. Les camps
retranchés de Plauen et de Frankenstein sont évacués, les troupes
des Cercles gagnent les montagnes de la Bohême. Les Prussiens
poursuivent et brûlent les magasins de Staatz. Le roi , voyant
l'armée de Daun affaiblie, accourt de Silésie, fait attaquer le camp
de Landsberg, et Haddick battu s'enfuit. Ce fut la dernière action
de cette guerre , qui fut close à l'avantage de Frédéric par la paix
de Hubertsbourg, qui se signa cette même année.

Pendant la guerre de Sept Ans, les belligérants ont
combattu 301 fois sous l'appui de la fortification, par
armées en masse, ou par divisions. Sur ce nombre d'affaires, 228 ont été malheureuses pour ceux qui se sont
servis de l'auxiliaire des retranchements, places, camps,
lignes ou postes; et 73 ont été heureuses; c'est le rapport
de 3,13 contre 1 , plus de 3 contre 1.

20 grandes forteresses seulement existaient sur le
champ de bataille, qui s'étendait de la Baltique aux
frontières de l'Autriche, et de la Fulda à la Vistule:
c'est à peu près le même théâtre que celui parcouru
par Gustave-Adolphe et par Napoléon. Cependant les
opérations principales de Frédéric se sont passées des
rives de l'Oder à celles de l'Elbe. Son champ de manœuvres, bordé à l'est et à l'ouest par ces deux fleuves,
l'était au nord par la Baltique, et au sud par les monta-

gnes de la Moravie et de la Bohême. Il avait très-peu de forteresses dans l'intérieur de ce quadrilatère; mais il possédait en têtes-de-pont, sur l'Oder, Stettin, Glogau, Francfort, Breslau, et dans le voisinage vers les montagnes, Neisse, Schweidnitz, Brieg, Cosel et Glatz. Sur l'Elbe il avait Dresde, Torgau, Vittemberg, Magdebourg, et, dans le voisinage, Spandau; Colberg pourrait être compté comme faisant partie de la ligne de l'Oder. Le roi n'assiégea que quatre places : Schweidnitz, Dresde, Olmutz et Prague. Les Autrichiens et leurs alliés firent au contraire beaucoup de siéges et finirent par être vaincus. Il est à noter que Frédéric triompha précisément *à l'instant où ses ennemis s'étaient emparés de la plupart de ses forteresses.* Tous ces faits sont exactement semblables à ceux que nous avons reconnus dans notre ouvrage de 1843, à l'égard de l'Espagne.

Il faut ici signaler un emploi très-intéressant de la fortification, c'est celui des camps retranchés. Aucune guerre antérieure ne présente autant d'établissements de ce genre. C'est comme une méthode de guerre, pour ainsi dire nouvelle, que Frédéric imita des Autrichiens, et particulièrement du maréchal Daun; et c'est ce grand nombre de camps retranchés sur des montagnes abruptes, qui s'y prêtent tant, qui produit la masse principale des faits dans notre rapport de 3 : 1.

Les Autrichiens, à cette époque, montrèrent une grande timidité; ils n'osaient attendre les Prussiens en plaine. Leurs troupes, moins bonnes pour l'attaque, se soutenaient mieux perchées incessamment sur les sommets rocheux de la Lusace, de la Bohême ou de la Moravie. La source même de ce système annonce qu'il est contraire aux bons principes; car il vint d'armées à cette époque sans énergie et sans patriotisme, mal organisées et toujours conduites par des généraux médioeres. Toutefois elles étaient très-bien éclairées par une nuée d'excellentes troupes légères, les Croates, les Hongrois et les pandours; c'était là leur bon côté. On a vu cependant les Autrichiens quelquefois plus vigoureux.

Tout l'art de Frédéric consistait à tenir les nombreuses armées de ses ennemis séparées, à les écarter du centre de son royaume, et à conserver ses propres corps sur des lignes intérieures. Il fit des manœuvres très-dangereuses à Rosbach, Kollin, Lissa, Torgau, Zorndorf, et en général dans toutes ses batailles, c'est-à-dire des marches de flanc devant un ennemi déployé. Il est vrai que quelquefois il cacha ces mouvements hasardés, sachant bien devant qui il agissait, ses adversaires étant toujours très-lents dans leurs résolutions et dans l'exécution. C'est ce que l'on appela l'*Ordre oblique*. Cet ordre, si c'en est un, est presque toujours une faute capitale, et l'on a abusé trop souvent de ce que l'on appelle opérations de flanc.

Aucune forteresse, si ce n'est Colberg, Olmutz et Schweidnitz, ne résista au delà de 15 jours. Toutes périrent par la chute de leurs *forts détachés*; ce qui mérite d'être remarqué par ceux qui fortifient Paris selon ce système (1).

Le grand succès de Frédéric doit être attribué, en partie, au bonheur de quelques événements fortuits : l'avénement de Pierre III au trône de Russie, son renversement hâté, et la pénurie financière de l'Autriche, qui licencia une partie de ses troupes d'une manière si intempestive ; puis il fit la guerre à trois femmes, Marie-Thérèse, Élisabeth, et la Pompadour.

(1) On a feint de croire que notre ouvrage n'avait que Paris en vue, et l'on pouvait avoir ses raisons pour cela. Mais son objet est plus vaste, nous attaquons le système entier de l'emploi *doctrinaire* des remparts.

18

Le but de la guerre pour les alliés était de ravir au roi de Prusse quelques provinces. Les Autrichiens voulaient la Silésie; la Saxe voulait quelques provinces vers la Lusace; les Russes désiraient la Prusse royale; la France voulait trouver les Anglais en Hanovre. La Suède ne demandait rien. Personne ne prétendait partager la vraie Prusse. Ces alliés ne pensaient chacun qu'à conquérir *leur part* c'est-à-dire, des provinces frontières. De son côté, Frédéric désirait les tenir sur ces mêmes frontières : ainsi ils voulaient *tous la même chose.* Les ennemis de Frédéric obéissaient au mouvement qu'il imprimait, et c'était lui qui et donnait réellement *le ton* à la guerre. Ses antagonistes agissant selon ses propres impulsions, il devait triompher malgré ses nombreuses erreurs. Les alliés oublièrent ce double principe : *Ne faites jamais ce que votre ennemi désire : là où il y a beaucoup de forteresses, passez outre.*

Berlin, la capitale, n'était plus, à proprement parler, fortifiée. Les ennemis pénétrèrent deux fois jusqu'à elle; mais cela leur coûta cher à Rosbach, à Torgau et à Lissa. Le roi défendit cette ville, laissée sans garnison, par des manœuvres. Ce fut heureux pour lui qu'elle n'eût point de remparts; car alors il eût dû y laisser de fortes troupes, et souvent il en manqua, même quand Berlin était livrée à elle-même. Comme il le dit, bien qu'elle fût la *mère nourricière* de ses armées, si Berlin eût été fortifiée, cela eût concentré sur ce seul point *toutes les ambitions des alliés;* tandis que, ville ouverte, elle ne tenta que des corps de partisans; elle était presque oubliée ou regardée comme sans influence décisive : c'est ce que ne comprend pas la doctrine à l'égard de Paris : si Berlin *fortifiée* eût été prise, *la Prusse eût été partagée* irrévocablement!

Sur 301 affaires, dans lesquelles la fortification a joué un rôle, 228 ont été perdues, et 73 gagnées; mais ces

chiffres ne distinguent point quels sont les nombre afférents à chaque belligérant, et l'on pourrait venir nous dire
que celui qui a été battu fut celui qui avait perdu le plus
de combats sous les remparts ; nos tableaux, massés
dans ce sens, peuvent répartir exactement les pertes et
les succès, et montrer l'illusion de cette objection.

Dans tout combat il y a toujours un vainqueur. Il en
est de même de toute péripétie devant les fortifications :
a-t-on repoussé l'ennemi de ses propres remparts, vive la
fortification ! a-t-on enlevé les remparts de l'adversaire, vive encore la fortification ! *e sempre bene.* Aussi la
doctrine assure-t-elle que la fortification *est toujours utile,
toujours heureuse pour quelqu'un*, d'où elle conclut son
excellence absolue ; car, dit-elle, on ne saurait échapper
à ce dilemme. C'est absolument comme si l'on disait :
toute bataille donne la victoire à l'un des généraux ; or
pour être victorieux il faut avoir des talents ; donc tous
les généraux qui ont été victorieux étaient des hommes de
talent : et pourtant l'on en a vu qui ne justifiaient pas
cette conclusion. Mais quittons le vague de la discussion.

Les Prussiens
ont triomphé. . .   41 fois dans leurs propres fortifications. ⎫
Ils ont forcé. . 105 fois les alliés dans les leurs.   ⎬ 146
                                                                ⎭
Les Autrichiens ou alliés
ont triomphé. . .   32 fois dans leurs propres fortifications. ⎫
Ils ont forcé. . 123 fois les Prussiens dans les leurs.   ⎬ 155
                                                                ⎭

On reconnaît d'abord, que les totaux sont à peu près
les mêmes pour les deux belligérants ; puisque la différence
entre 146 et 155 est peu importante. Ensuite, dans ces deux
masses, les affaires minimes et celles considérables sont
partagées également entre les deux armées, avec cette observation que les alliés ont toujours été au moins *trois* contre *un*. Quoi qu'il en soit, ne peut-on pas dire que le secours

prétendu , obtenu par la fortification, est représenté pour les deux armées par deux sommes égales ; qu'en les faisant disparaître, en quelque sorte, du terrain, les deux armées seraient restées dans les mêmes termes, et qu'elles pouvaient alors s'épargner la façon et la dépense de leurs ouvrages , *comme nous l'avons remarqué* dans nos *Nouvelles considérations militaires* de 1843 ?

Il est visible qu'une grande partie des malheurs de Frédéric provinrent de l'initiative que prirent ses ennemis *contre ses forteresses*. La nécessité d'y courir *dérangeait à chaque instant ses projets*. Il fallait porter secours à Colberg, à Neisse , à Cosel, à Glatz, à Breslau , à Schweidnitz. Il fallait délivrer Custrin , Glogau ; secourir Dresde ou Magdebourg ; faire des marches forcées étonnantes ; et tout cela ruinait ses troupes. Presque toutes les batailles qu'il a perdues ont été livrées dans ses mouvements pour couvrir ses forteresses, qui lui ont, ainsi, coûté plus cher qu'elles ne valaient.

Souvent Frédéric décampait quoique occupant des postes très-forts. A ses masses toujours faibles, il imprimait une grande vitesse, et *compensait le nombre par le mouvement* ; un doctrinaire eût cru atteindre à cette compensation *par quelques remparts de plus*. Cette remarque est de Frédéric lui-même, un peu avant la bataille de Lignitz.

Il est à noter que, pas plus à Berlin qu'à Dresde, la population ne prit les armes pour défendre ces capitales. Cet exemple *mérite d'être médité ;* Paris fera-t-il de même ? Presque toutes les places furent prises par suite de la chute rapide *de leurs forts détachés*, telles que Glatz, deux fois Schweidnitz, Colberg, Breslau, Prague, etc. Que répondront, à ces faits, les doctrinaires qui fortifient Paris selon ce système de forts détachés ?

Frédéric connaissait si bien le génie *assiégeur* des

doctrinaires français, qu'il proposa (1) au roi d'Angleterre d'amener l'armée hanovrienne sous Wesel. C'était une occupation qu'il leur préparait, *comme un os à ronger*, selon l'expression de Darçon. Cela devait sauver le Hanovre. « Ce n'est, selon Frédéric, ni la fortification, « ni le nombre des soldats, qui défendent les places ; tout « dépend de la tête et du courage de ceux qui y com- « mandent (2). » Ce Prince ne se cachait pas sur notre manie d'assiégeurs, dans laquelle il s'efforçait de nous entretenir (3). Il pouvait y trouver ses avantages (4). *La force des armées françaises, écrivait-il, consiste dans les siéges ; le Brabant et la Flandre sont le théâtre de leurs exploits, parce qu'ils y peuvent étaler l'art de leurs ingénieurs. Ils réussissent mieux dans la guerre de siége que dans celle de campagne* (5). C'est comme s'il eût dit : *Messieurs les Français, je vous conseille de ne pas venir à Iéna, à Friedland, à Austerlitz ou à Wagram ; vous ferez bien mieux de vous tenir cois et de rester dans vos avantages. Pendant que vous aurez la bonté de vous croire destinés au rôle de poliorcètes, nous autres, nous prendrons la Pologne, l'Italie, Venise, Gênes, la Poméranie, la Finlande ;* et la France a donné dans ce piége ! elle s'est lancée, à corps perdu, dans la doctrine ! *delenda Carthago.* Ainsi Wellington a conseillé de fortifier Paris... Ennemi généreux !

<hr>

(1) Vol. 1er, page 129, guerre de Sept Ans.

(2) Vol. 1er, page 246, id.

(3) C'était le conseil d'un ennemi.

(4) *Histoire de mon temps*, page 82, tome 2.

(5) En admettant, pour un instant, que cela fût vrai à l'époque où Frédéric écrivait ce passage, cette supériorité de la France n'était pas due à la qualité naturelle de ses troupes. C'était une supériorité acquise et purement accidentelle qui devait disparaître le jour où les étrangers auraient des ingénieurs équivalents : chose très-facile, puisque l'étude est permise à tous et partout. La véritable supériorité est seulement celle qu'une nation tire de ses *qualités naturelles* : celles-là sont inimitables et ne s'inculquent jamais.

Il est incontestable, nous répètera la doctrine, que Prague, en 1757, et que Olmutz, en 1758, ont sauvé l'Autriche, car elles amenèrent la délivrance de la Bohême et de la Moravie avec l'aide de Brünn; donc les places fortes sauvent les empires; et comme Prague et Brünn sont deux capitales, donc il faut fortifier les capitales. Nous répondrons d'abord que Brünn est une ville du 4e ordre, moins populeuse qu'Angers ou le Mans; qu'il en est de même de Prague. Ces deux forteresses ne sont comparables ni à Metz ni à Strasbourg ni à Lille pour la grandeur; ainsi l'on ne peut rien en inférer pour engager à fortifier Paris ou Londres, et leur titre de capitales ne signifie rien.

En outre, il est plus que probable que ce qui sauva la Bohème en 1757, ce fut *la victoire de Kollin* obtenue à 20 lieues de là par Daun, comme Valmy sauva Paris. Ce qui sauva la Moravie ce fut l'affaire de Domstedt; mais si l'on assure que les siéges amenèrent les désastres des Prussiens, et qu'en définitive ils furent dus à Prague et Olmutz, nous ajouterons que, dans nos *Nouvelles considérations militaires*, nous avons précisément démontré que les places fortes, *quand elles sont en petit nombre*, reprennent effectivement une partie de leurs avantages. Or la Bohème ne comptait que 4 places fortes: Prague, Budweiss, Teschen et Egra; la Moravie n'en comptait qu'un nombre aussi restreint: Zenaïm, Olmutz et Brünn. Oui, Prague et Olmutz *contribuèrent* au salut de l'Autriche, mais ce fut précisément parce qu'il y avait peu de forteresses dans ces pays; tandis que la Saxe qui en a beaucoup, la Silésie qui en est entourée, furent conquises en une seule campagne. Est-ce qu'une telle comparaison n'est d'aucun poids aux yeux des hommes sensés? Et ne reconnaitront-ils pas que c'est dans ces termes que l'Autriche fut sauvée par ses forteresses?

Frédéric n'avait de places fortes que sur les fleuves et dans les montagnes ; l'intérieur de la Prusse n'offrait que Spandau , le reste formait têtes de pont et magasins, et bien lui en prit. Il est vrai que ce pays était encore très-pauvre , peu peuplé , presque sans routes et sans industrie. Dans une telle situation les magasins sont bien plus nécessaires, et plus la civilisation fait de progrès, moins ils deviennent indispensables , sans être toutefois à proscrire ; et l'on peut dire aussi : *autres temps, autres forteresses.*

Nous n'avons pas *arrangé nos résultats à plaisir.* C'est Frédéric lui-même qui a écrit tous les noms que nous avons enregistrés. S'il signale beaucoup de fautes faites dans l'usage des remparts , nos antagonistes peuvent y chercher ou bien y voir la matière de faux-fuyants. Ils peuvent appeler à leur aide toutes les expressions dubitatives, et prétendre qu'à présent l'on est bien plus habile dans le maniement des ramparts ! opinion présomptueuse ! Sommes-nous donc supérieurs à nos pères les Vauban , les Cormontaigne et les Darçon dont ils se sont permis de démolir les ouvrages , comme on démolira ceux de Lyon ou de Paris ? S'imaginent-ils que la postérité sera plus respectueuse de leurs œuvres qu'ils ne l'ont eux-mêmes été de celles de leurs devanciers ? l'exemple de tant de siècles est-il perdu pour eux , et peuvent-ils nous faire croire que l'on ne fera jamais de fautes ? Certes on en fera, il n'en faut pas douter , *et les rapports resteront les mêmes de siècle en siècle ;* en sorte que celui 3,211, se reproduira , sur le même terrain , dans dix comme dans cent ans , comme en 1762 , et en remontant, comme celui 3,33 de l'année 1066.

Le système de Frédéric consistait à n'avoir qu'un petit nombre de places fortes reliées par l'Oder, l'Elbe, ou les montagnes de la Bohême. N'est-ce pas là la disposition des lignes de notre vieux Vauban? Oh! qu'il y a loin d'une telle organisation à la folle conception des prétendues places militarisées de Darçon et à l'inconcevable échiquier de Cormontaigne!

Sans contredit, les forteresses *sont d'un excellent usage à la guerre*; mais, nous le répétons, il faut que le nombre en soit limité; autrement elles affaiblissent les armées. Pour faire la conquête de la Bohême, disait Frédéric, *il se présentait une difficulté : on ne trouve dans ces contrées que peu de villes, encore sont-elles petites et ont-elles la plupart de mauvaises murailles* (1). Est-ce que cela signifie autre chose que ceci : *un pays qui a peu de places fortes est difficile à conquérir*, ou bien : *un pays qui a beaucoup de places fortes est facile à conquérir?* On ne dira pas que cet aveu fut une boutade d'un homme mécontent des places fortes; il est répété jusqu'à trois fois; mais c'est qu'il y a bien loin de Frédéric à Darçon, et encore plus loin du grand homme aux doctrinaires, bien qu'ils ne soient pas même des Darçon !

Gustave-Adolphe, dans l'espace de deux ans, sur le même théâtre que Frédéric pendant la guerre de Sept Ans, a eu 390 fois affaire aux fortifications, qui ont donné 5 chances 3/4 contre 1. Mais d'abord, le terrain de l'Allemagne avait été, entre les deux époques, *nettoyé*

(1) *Histoire de mon temps*, vol. 2, pages 116, 141, 263. Nous avons répété plusieurs fois ces citations dans ce qui précède, parce qu'elles sont très-importantes et jugent supérieurement le système doctrinaire.

On remarquera que dans la guerre de Sept Ans Frédéric n'employa pas une seule ligne, sauf celles déterminées par l'Oder et l'Elbe, tandis qu'en suivant la marche des Autrichiens, on les reconnaît toujours postés derrière d'immenses lignes de leur création : lignes de la Mulde, de Berkesdorf, de Leutmansdorf, de Basberg, de Kœnigsgratz, de Plauen, d'Einsiedel, de l'Adler, etc., et des milliers de camps retranchés. Au lieu que Frédéric n'en prit à demeure que trois ou quatre : à Breslau, Peila, Buzelwitz et Colberg. Quelle différence de méthode et de résultats !

de beaucoup de forteresses, et la civilisation avait déjà
amélioré le pays en faisant disparaitre un certain nombre
de petites principautés. Puis Gustave était bien plus
audacieux que Frédéric ; ainsi rien d'étonnant dans la
différence de 3 à 5. De plus, il faut remarquer que le
jeune héros suédois combattit dans les plaines comprises
entre le Mecklembourg et la Saxe, tandis que Frédéric
se tint toujours dans les montagnes et dans les chaînes
qui, d'un côté, ferment la Moravie et la Bohême, et de
l'autre la Silésie, la Lusace et la Franconie. Est-il étonnant, après cela, que les places fortes, ou plutôt les
fortifications, *aient eu plus de chances favorables* sous
Frédéric que sous Gustave ? Du temps de Napoléon on
retrouve 4 contre 1. Nous pouvons le répéter encore
ici, si notre livre des *Essais sur de Nouvelles considérations militaires* n'était pas résulté des guerres de la
révolution française, nous le retrouverions tout entier
dans les campagnes de Frédéric. Ce sont les mêmes faits,
les mêmes principes, et les mêmes conclusions.

Nous ne voulons point passer sous silence une observation que nous avons déjà faite : c'est que, dans notre
nombre de 73 affaires heureuses, nous avons même
compté les services douteux et contestables de certaines
fortifications, de ces services moraux qui sont plus qu'é-
quivoques ; ainsi, plusieurs fois nous avons enregistré le
nom de Stralsund comme refuge des Suédois, bien que
jamais les Prussiens ne s'en soient même approchés de
plus de 30 lieues. Nous avons porté, dans le même sens,
Glogau, Breslau et plusieurs camps abandonnés volontairement pour l'exécution d'opérations d'une autre
nature. C'est ainsi que nous sommes arrivé au chiffre,
presque forcé, 73, afin que l'on ne pût pas nous reprocher d'avoir omis aucune circonstance qui puisse être
comptée à valoir sur les fortifications, et il est probable

que sans cette attention consciencieuse, au lieu du rapport 3,12 : 1, nous eussions dépassé celui de 4 : 1 ; mais c'est par la bonne foi que nous combattons les mauvaises doctrines. On aura beau faire, beau s'agiter, argumenter, jamais on ne parviendra à obscurcir la vérité qui est dans nos paroles et dans nos écrits.

———

4me SECTION.

Guerre de Hanovre, épisode de la guerre de Sept Ans.

Il est curieux de lire dans les œuvres de Darçon les éloges emphatiques des résultats de l'emploi de la fortification pendant les guerres de Hanovre ; mais il ne l'est pas moins de lire dans les mémoires de Napoléon la critique rationnelle de la conduite des généraux français pendant ces guerres, trop fameuses par la honte qui en rejaillit sur la France. Ce fut là l'école où les doctrinaires fabriquèrent leur système. Les Fourcroi, les Darçon, les Saint-Paul, etc., coopérèrent à ces campagnes déplorables, si bien caractérisées par Napoléon ; et, malgré tant de revers, ils ne furent point éclairés sur une théorie qui bouleversait toutes les idées de Vauban. Ce qu'il y a de plus déplorable encore, c'est que, bien loin de comprendre ce renversement des bons principes, ils s'imaginaient qu'ils ne faisaient que développer les idées du grand ingénieur.

Les généraux de cette époque sont, sans contredit, responsables des revers de Louis XV. N'ayant aucune idée militaire, croyant l'étude au-dessous d'eux, ils s'en rapportaient aux prolixes mémoires de MM. les doctrinaires, hérissés de termes nouveaux pour eux ; et, pour ne pas avouer leur ignorance, ils suivaient servilement des conseils qu'ils ne comprenaient pas, et qui devaient les précipiter dans d'immenses désastres.

Voici la guerre qu'ils ont réellement dirigée sous les noms de Clermont, de Contades ou de Soubise. Voyons ce qu'elle produisit, et, par ses résultats funestes, sachons apprécier leurs faux principes (1).

Au commencement de 1757, cent mille Français passent le Rhin et se portent sur le Weser, dans la direction du Hanovre. Le maréchal d'Estrées était chef de cette brillante armée. Celle des Anglais et Hanovriens, sous les ordres du duc de Cumberland, était assemblée à Bielfeld, la gauche en l'air au village d'Hastenbeck, et la droite appuyée à Hameln. Après une action aussi mal engagée que mal soutenue, l'ennemi abandonne son champ de bataille et s'avoue vaincu. Hameln ouvre ses portes ; Minden capitule, et le duc de Cumberland se laisse acculer à l'Elbe, sous Stade, où il signe une capitulation.

Cependant la cour remplace d'Estrées par Richelieu, à la suite d'intrigues de femmes. Celui-ci consent à la ridicule capitulation de Closter-Sewern. Bien d'autres places se rendent : Munden, Brunswick, Hanovre, etc.

Richelieu détache M. de Soubise sur la Saxe, avec 25,000 hommes. Il va rallier près d'Erfurth l'armée des Cercles contingents des princes allemands, et quelques corps autrichiens, sous le prince de Hildbourg-Hausen, fort de 25,000 hommes, menaçant Magdebourg.

Frédéric quitte l'armée de Silésie, rallie divers corps, forme une armée de 25.000 hommes, prend Pégau, de même que Hall, où Turpin est fait prisonnier avec 350 Français. Il s'empare de

---

(1) Nous avons analysé les écrits mêmes de Frédéric de préférence à ceux des historiens postérieurs ; mais nous n'avons pas eu la prétention de faire une histoire des guerres de Hanovre. Notre but a été seulement de motiver l'arrivée des belligérants, sous les diverses fortifications nommées dans les relations.

Naumbourg,
Leipzig,
Naumbourg sur la Saale, après avoir battu un corps français, et se porte dans la direction d'Erfurth.

Gotha.
Erfurth.
L'avant-garde de Soubise battue à Gotha recule, évacue tout le pays, et se fait battre de nouveau à Erfurth. Frédéric entre dans cette place ; le château du Pétersberg est déclaré neutre : c'est la cita- *Le Pétersberg* delle d'Erfurth.

Erfurth.

Erfurth.
Richelieu, se croyant tranquille du côté du Hanovre, avance sur Magdebourg par Langsalsa. Frédéric, menacé d'être coupé de l'Elbe, évacue Erfurth, et vient camper sur l'Eskartzberg, belle position non loin de Dresde. Là il apprend la prise de Berlin par le général Haddick ; il y court. Le corps de partisans évacue la capitale, en se contentant d'une contribution de 2 millions. Le roi s'arrête à Torgau, tête de pont. *Torgau*

Weissenfels,
Hall,
Mersbourg,
Leipzig,
Lignes de
la Saale.
Pendant son absence, Soubise marche de nouveau sur Erfurth et arrive sur la Saale ; mais le roi, revenu à Leipzig, franchit la *Leipzig* Mulda et bat l'avant-garde de Custine ; il force la ligne de la Saale, et emporte Weissenfels de vive force, ainsi que Mersbourg et Hall. Il refait les ponts de la Saale, que les Français ont brûlés dans leur retraite.

Soubise se replie sur le camp de Saint-Michel qu'il a fait fortifier, *Camp de* d'où il repousse l'avant-garde du roi. Celui-ci cherche à le tour- *St-Michel* *près de* ner en se portant sur Braunsdorf. Le général français se dirige *Rosbach* *Mersbourg.* sur la Saale par Mersbourg. Dans cette marche, le roi le côtoie et lui dérobe ses mouvements. Sa seule avant-garde tombe près de Rosbach sur les têtes de la colonne française en marche. Soubise est battu, perd 10,000 hommes et 150 canons. *Il est fait maré-* *chal de France* à Erfurth, où il s'est sauvé avec l'armée des *Erfurth* Cercles, qui partagea la honte du nouveau Varon, sans en partager les profits (1).

1758.
Mais la perte de Schweidnitz rappelle Frédéric en Silésie. D'un autre côté le prince Ferdinand de Brunswick reforme l'armée capitulée à Stade, et il se met en mouvement contre 80,000 Fran- *Verden,* *Hoya,* çais qui ont envahi la Westphalie. Il prend Verden et Hoya. Brê- *Brême,* me est évacué par le comte de Saint-Germain. Hanovre est repris *Hanovre,* *Brunswick,* avec un régiment. Brunswick et Wolfenbuttel sont évacués par *Wolfen-* *buttel.* M. de Clermont, qui a remplacé Richelieu.

Les Français, devant 30,000 hommes de contingents, évacuent

(1) Frédéric remarque que d'Estrées, vainqueur à Haslenbeck, fut destitué, et que Soubise, battu à Rosbach, fut fait maréchal de France.

encore Lippstadt, Hamm, Munster, et abandonnent par Wesel toute l'Allemagne, sans combat. Ils vont cantonner sur la rive gauche du Rhin : *telle fut la première déroute doctrinaire.*

Alors le jeune prince de Brunswick, Ferdinand, jette un pont à Emmerick sur le Rhin, prend Clèves, bat Clermont retranché à Crefeld, fait capituler Dusseldorf et Ruremonde, dont les garnisons sont prisonnières. *Il bat la garnison de Wesel*, qui se portait sur Emmerick pour détruire son pont; mais au milieu de ses succès ce prince apprend que Soubise est entré en Hesse; il repasse, en conséquence, le Rhin et marche sur ce pays.

L'armée française, qui s'était retirée devant lui jusqu'à Cologne. remarche en avant; Clermont avait été remplacé par Contades.

Pendant ce temps, Soubise, qui s'était retiré à Hanau, avait été joint par 15,000 Wurtembergeois. Le prince d'Isenbourg, qui n'avait que 7,000 hommes, avait éprouvé un échec de la part des 45,000 hommes de Soubise, et s'était retiré vers Marbourg, puis sur Eimbeck. Les Français étaient entrés à Marbourg, ainsi qu'à Gœttingue, Munden et Nordheim, sans résistance.

Le principal but de Contades et de Soubise était de faire leur jonction. Le premier avait pris Bruggen; il en est chassé. Le prince Ferdinand avait pour objet de tenir les deux armées séparées, et se postait toujours entre elles. La garnison de Ruremonde s'était échappée à travers les postes français, et les Anglo-Hanovriens avaient évacué Dusseldorf volontairement.

Contades borde la Lippe jusqu'à Dorsten. Le prince Ferdinand. qui a reçu un renfort de 12,000 Anglais, porte un corps de 9,000 hommes au delà de la Lippe, à Paderborn, de manière à s'établir entre Contades et Soubise. Celui-ci marche en avant et s'empare de Cassel, capitale de la Hesse et de Gœttingue; mais à cette nouvelle de l'occupation de Paderborn, il évacue Munden et Nordheim, et se retire par Fritzlar, cherchant à battre le corps d'Isenbourg. qui lui barre le chemin de la Lippe.

M. de Contades est repoussé à l'attaque d'Halteren. Chevert alors est détaché à Sœst pour rallier Soubise. Le prince d'Isenbourg, pressé entre Chevert et Soubise, se dégage et fuit derrière la Fulde, en suite de quoi, les deux armées françaises entrent en communication sur une ligne oblique à la Lippe. Toutefois le prince d'Isenbourg avait reçu un échec à Lutterberg, où il avait perdu 2,000 hommes et 16 canons; puis il s'était jeté au loin sur Moringen par Gœttingue. On fit à Versailles grand bruit

de ce petit succès. Bientôt le prince Ferdinand évacue Munster, et
y laissant garnison, et vient à Lippstadt, chasse Chevert de
Sœst et sépare de nouveau Soubise de Contades. Soubise fait un
grand détour et rallie de nouveau Contades, en même temps que
le prince d'Isenbourg, franchissant le Weser, se rallie à Ferdinand à Sœst. Les deux armées françaises se trouvent de nouveau
séparées. Soubise effrayé évacue Cassel, abandonne sans combat la Hesse, et se sauve jusqu'à Hamm.

Contades fait franchir la Lippe à M. d'Armantières avec 15,000
hommes. Celui-ci se porte sur Munster qu'il assiège et qui se défend
bien ; mais un corps de Lippstadt marche sur lui. Il lève le siége
et revient sur Contades, qui, de son côté, évacue tout le pays et
se retire sur la rive gauche du Rhin, par Wesel : *c'est la seconde
retraite* ou plutôt *la seconde déroute doctrinaire.* A présent que voilà
deux années de suite que l'armée française est chassée de toute
l'Allemagne, sans une seule bataille, que dire de Darçon, qui affirme que ce fut aux places fortes que la France dut de se maintenir
cinq ans en Allemagne (1)? C'est ainsi que cet auteur défigurait
l'histoire.

Il ne restait plus que la place de Marbourg, où se trouvait un
détachement français. Ferdinand la fait attaquer, et elle capitule en
peu de jours ; puis il se porte contre Minden.

M. de Contades, avant sa retraite, laisse prendre, devant son
armée si supérieure, une place forte, comme Minden, qui a 5,000
hommes de garnison.

Ainsi cette campagne, où Richelieu, Clermont et
Contades ont, avec Soubise, plus de 100,000 Français
et 25,000 Saxons et Wurtembergeois, et occupent toutes
les forteresses, entre autres Hameln, Minden, Nienbourg sur le Weser ; avec Wesel, Dusseldorf et Cologne
sur le Rhin ; puis Cassel, Hanau, Francfort et une foule
d'autres places sur la Lippe, ne se termine que par
une honteuse retraite, sur cent lieues de terrain.
On ne dira pas que cela fut le résultat des grands talents du général ennemi. C'était ce même Ferdinand de

<hr>

(1) *Considérations militaires de Darçon*, page 165.

Brunswick, qui fut vaincu plus tard à Valmy et à Iéna,
On ne dira pas que l'armée française était inférieure,
elle était double; qu'elle était mal composée, car c'était
une des plus florissantes qu'ait eues la France; qu'elle était
lâche, car elle combattit toujours avec valeur. Elle avait
d'excellents lieutenants généraux, d'Armentières, Chevert,
Stainville, Broglie, etc. Elle n'était ni novice ni découragée; car elle avait triomphé sous d'Estrées et Richelieu
l'année précédente. Elle était toute française, tandis que
les 50,000 hommes de Ferdinand étaient formés de contingents anglais, hanovriens, brunswickois, prussiens,
et de prisonniers enrégimentés, etc.

Si elle avait Clermont, Contades ou Soubise pour chefs,
le nombre plus que double de troupes compensait bien
la faiblesse du commandement; il est vrai qu'elle possédait les Darçon avec leur accompagnement de forteresses, dont on porta le nombre jusqu'à 30, en y ajou-
tant encore une foule de châteaux. C'était bien assez
de ce levain pour aigrir et faire fomenter le système
jusqu'à détruire ces généraux eux-mêmes. *Il a bien
fait périr Napoléon!* à plus forte raison devait-il les renverser.

1758-59.

Comme l'année précédente, le prince Ferdinand prévient les
Français et entre le premier en campagne. Contades est vers Wesel,
et Broglie à Francfort. Le prince Henri, avec une petite armée
prussienne, était en Saxe. Il envoie un corps vers le nord de sa
position. Le prince Ferdinand, de son côté, en dirige un vers le
sud, et ces deux détachements se rencontrant forment une armée
qui chasse les corps autrichiens et l'armée des Cercles de la place
d'Erfurth; puis elle reperd cette place en l'évacuant. Ferdinand
porte toute sa gauche sur Cassel, capitale de la Hesse. Le prince
Henri prend de son côté Meinungen. D'Armantières alors attaque
le prince Henri, conjointement avec les Autrichiens, mais ils sont
repoussés du camp retranché prussien à Walingen. Camp de Walingen.

Ferdinand s'empare de Fritzlar, Francfort et Hanau, ruine tous les magasins français dans ces places, et, avec toute sa gauche et son centre, attaque Bergen, village retranché près Francfort ; mais Broglie survient avec toutes ses troupes, Ferdinand est battu et perd beaucoup de monde. Contades, voyant le corps ennemi principal ainsi occupé en Hesse, débouche de Cologne en force et vient rallier l'armée de Broglie à Giessen, d'Armantières couvrant Wesel avec 20,000 hommes. Fritzlar, Cassel, Munden, Beverungen tombent en leur pouvoir avec les magasins alliés. Ferdinand se retire sur la rive droite de la Lippe. Contades l'y suit et prend Paderborn ; les deux armées restant séparées par le fleuve. On voit par là que le prince Ferdinand n'était guère plus habile que ses antagonistes, et faisait avec eux une sorte de partie de barres : c'était entre eux à qui courrait le plus fort. Mais c'est que Ferdinand s'était emparé des 30 places françaises, *et elles produisirent leur effet, même chez les alliés*, qui y mirent, à leur tour, de nombreuses garnisons ; et ces places, instruments aveugles, réagirent contre eux comme elles l'avaient fait à l'égard des Français, nuisant ainsi, par un naturel malheureux, à leurs amis et à leurs ennemis.

Ferdinand avait son quartier général à Lippstadt, et occupait la place de Hamm, où s'arrêta sa retraite. Alors *il rassemble tous ses détachements* des environs de Munster et ceux qui étaient devant Wesel, et marche sur Contades à Paderborn. Celui-ci décampe et va gagner les sources de l'Ems en passant la Lippe en sens contraire.

Mais Broglie tend, vers la droite, du côté du Hanovre. Il surprend 1,500 hommes dans Minden sur le Weser. Cette marche force Ferdinand à continuer sa retraite, au nord, sur Osnabruck. Alors d'Armantières court sur Munster, l'assiége et la prend en peu de jours. Cette place était sans rapports directs avec le champ d'opérations, et par conséquent étrangère aux affaires.

Contades se porte sur le Weser, campe à Munden, et occupe les deux rives du fleuve. Ferdinand, rallié, débouche d'Osnabruck, remonte le Weser, et vient fortifier le village de Tonhausen à une 1/2 lieue de Minden, sur la rive gauche. Cet appât attire Contades vers sa gauche ; il attaque les retranchements et est repoussé. Broglie, le long du Weser, et appuyé à Minden, attaque mollement. Toute l'armée française est battue et se réfugie dans Minden, y passe le Weser, étant coupée de la France, et se jette du côté du Hanovre, en laissant 5,000 hommes dans la place, qui capitule le lendemain. Les Français fuient sur Cassel, devenu leur refuge.

D'Armantières lève le blocus de Lippstadt, accourt à Cassel pour renforcer les fugitifs qui évacuent cette capitale sur Marbourg, en y laissant garnison. Puis la Hesse est complétement abandonnée. Cassel capitule devant un partisan. Les places françaises de Ziegenhayn, Fritzlar, Marbourg se rendent avec leurs garnisons, de 300 à 1,000 hommes chacune. Les Français s'efforcent ensuite de se rassembler sur la Lahn, où ils retranchent leur camp. Broglie occupe Wetzlar, d'où il prend le commandement en chef, Contades étant destitué. *Voilà la* 3e *fuite* et les résultats de l'occupation d'une trentaine de forteresses.

Cependant il restait au nord, dans Munster, un corps français en communication avec Wesel. Avant de franchir la Lahn, Ferdinand veut l'attaquer et nettoyer le pays. D'Armantières a fait un immense détour, a passé sur la rive gauche du Rhin; il le repasse à Wesel, court sur Munster et en fait lever le siége : marche ridicule qui fait perdre un temps considérable à son corps nombreux. Toutefois des renforts arrivent au détachement de Ferdinand. Le siége est repris; d'Armantières, trop faible, l'abandonne, et la place capitule en peu de jours : tel est l'usage que les Français de cette époque faisaient de leurs troupes. A quoi donc pouvait être utile Munster, à 100 lieues de la Lahn, et pourquoi y perdre une garnison de 3,000 hommes? mais telle est la doctrine!

12,000 Wurtembergeois étaient venus renforcer Broglie; ils formaient détachement à Fulde. Un jour de bal, les portes de cette ville sont enfoncées par une division des alliés; les Wurtembergeois, surpris, sont battus et chassés; ils regagnent leur pays, et la gauche de Ferdinand est complétement affranchie sur la Lahn.

Cette affaire met en l'air toute la droite des Français; ils quittent la Lahn et font *leur quatrième retraite* sur Francfort. Giessen, la seule place qu'ils aient conservée sur la Lahn, est bloquée par l'ennemi.

Toute l'Allemagne est évacuée par une armée de 150,000 hommes, qui possède 40 places fortes, et qui n'a en tête qu'une armée de 70,000 hommes, formée de contingents sans consistance naturelle. Giessen capitule ensuite; c'était la dernière des places occupées par l'armée française.

C'est ainsi que se vérifia cette jactance de Darçon sur la prétendue ténacité donnée à l'armée française par ses forteresses: cette armée, dit-il, *séjourna en Allemagne, malgré des fautes et des revers.*

Au commencement de 1760, Ferdinand a reçu un renfort de 7,000 Anglais et de 7,000 alliés. Il réunit son armée à Fritzlar. Les Français avancent à Friedberg, ayant les Saxons à leur droite dans le pays de la Fulde. Broglie vient camper sur l'Eder, menaçant la Hesse, route du Hanovre. Ferdinand respecte cette position très-forte, et pour *déposter Broglie, il fait au loin des démonstrations sur Wesel.* Alors le général français avance sur Ziegenhayn; le prince, de son côté, s'en approche. Les Français entrent à Marbourg. Saint-Germain, tranquille sur Wesel, accourt, avec sa division, par la direction d'Unna, sur la Dimel, par Corbach. Broglie vient au-devant de lui aussi sur Corbach, où était l'aile droite des alliés, commandée par Sporken. Ferdinand, de son côté, accourt sur le même point avec son centre. Ces 4 corps, ralliés deux à deux, se rencontrent en ce lieu, et Broglie y est victorieux. Tel fut le combat honorable ou la bataille de Corbach.

Le général français détache sa gauche sur Paderborn; Sporken y court, et enlève 3,000 hommes des partisans de Glanbitz, qui sont surpris à Kirchayn. Ce succès est payé par un échec à Wolkmarsen. Ferdinand, en pleine retraite, va couvrir Cassel. M. de Muy, avec sa division, occupe Warbourg, coupant ainsi Ferdinand de Lippstadt, en défendant la Dimel; mais, entouré dans cette position isolée, il est battu et perd 4,000 hommes et 20 canons. Pour obtenir ce résultat, le général ennemi s'est éloigné de Cassel. Broglie s'en empare sans siége. Les Saxons se portent sur Gœttingue, occupent la ville, en sont chassés, perdent 600 hommes, et se retirent sur Munden. Les Français, en arrière de leur ligne, assiégent et prennent 600 alliés dans Ziegenhayn.

Cependant Broglie, toujours possédé de son idée fixe, la conquête du Hanovre, rassemble ses détachements, et, laissant l'armée alliée sur sa gauche, se porte de ce côté par sa droite. Il avait retranché plusieurs petites places, dans l'intention doctrinaire *de couvrir ses derrières et de maintenir sa communication avec Cassel;* mais le général ennemi lance dans l'intérieur de ses lignes une foule de corps légers et de partisans, qui enlèvent du premier choc 500 Français retranchés dans Zierenberg, l'ennemi continuant d'occuper Warbourg par un détachement.

Pendant que Broglie marchait ainsi en avant, Bulow se jette sur ses derrières dans un pays montagneux; il prend Marbourg et la boulangerie française. M. de Fersen, à son tour, est surpris par Stainville, à Corbie, et tout son petit corps est fait prisonmer. Il y eut encore d'autres surprises du même genre, celle de Wangenheim et d'Uslar, etc. Le comte de Lusace et les Saxons s'emparent de Gœttingue, que les Français réparent et renforcent.

A cette époque, Ferdinand s'affaiblit, sous le faux prétexte de faire une diversion. Il envoie un corps ouvrir la tranchée devant Wesel: mais M. de Castries, détaché par Broglie, fait avorter cette entreprise. Le jeune prince héréditaire de Prusse, qui avait passé le Rhin, avait été repoussé à Closter-Camp, où les Français s'étaient retranchés, et lui avaient fait perdre 1,200 hommes. Cet échec le décida à repasser sur la rive droite du Rhin, ce qu'il fit avec peine, ses ponts de Burick ayant été emportés par une crue du fleuve.

Cependant, l'hiver s'approchant, Ferdinand, après avoir fait enlever Duderstadt au corps de Stainville, va prendre ses quartiers d'hiver derrière le Weser, et pour la première fois les Français prirent les leurs dans la Hesse, qui leur fut abandonnée. Ils portent leur quartier général à Cassel; mais, à coup sûr, ce résultat ne fut pas dû aux forteresses occupées par Broglie, ainsi que le prétend Darçon; il doit être attribué aux ridicules diversions tentées par le prince Ferdinand, qui morcela ses troupes de manière qu'étant faible partout il ne pouvait plus faire aucune entreprise sur les cantonnements français.

Cette année, les Français ont 180,000 hommes contre les 80,000 de Ferdinand, mais ils ont plus de 60.000 hommes dans les places.

M. de Broglie établit un camp retranché sous Cassel. Gœttingue est fortifiée. Quantité de petits forts et châteaux sont réparés et augmentés. Ce sont des lignes en long, en travers et en large, depuis Gœttingue jusqu'à Francfort, depuis Gœttingue jusqu'à Wesel. 7,000 Prussiens de l'armée du roi renforcent Ferdinand.

A l'entrée en campagne, les alliés se portent sur Gœttingue; mais ils n'osent l'attaquer et se retirent. Les renforts prussiens menacent les derrières des Français sur Eisenach. Lukner même pousse le corps de Stainville et les Saxons. L'intérieur des lignes françaises est inondé d'ennemis. Les convois sont pris, Fritzlar même est enlevé en vue du camp de Cassel. A cette nouvelle, le général français perd la tête. Il évacue toute la Hesse, devant de simples partisans. Il fuit sur Hanau et gagne le Mein en désordre, *pour la 5me fois.*

Le prince Ferdinand montre son génie: au lieu de marcher, il assiége à la fois Cassel qui a 6,000 hommes, Ziegenhayn, Marbourg, et fait attaquer Giessen; mais toutes ces places résistent à l'ennemi avec valeur ; car dans cette guerre la valeur ne faillit jamais, c'était le système qui était faux.

Le jeune prince de Prusse s'étant avancé près de Francfort, perd 900 hommes. Broglie commence à se calmer ; il remarche en avant, enlève le corps qui assiégeait Ziegenhayn. Ferdinand est une seconde fois en pleine retraite, mais on ne chauffe point la poursuite, et Broglie se contente de ravitailler Marbourg et les autres places délivrées. Puis, satisfait de ce coup de force, il se retire de nouveau sur le Mein : *c'est la 6ᵐᵉ fois* que 100,000 Français évacuent un vaste pays devant une armée d'environ 60,000 hommes de toutes nations. *[Ziegenhayn.]*

Cependant l'éternel Soubise était à Wesel et menaçait Munster. Ferdinand envoie un corps pour couvrir cette place ; il fait également couvrir Paderborn, et le printemps approchait.

Soubise se porte sur Dortmund ; Broglie marche sur la Dimel, contre Sporken. Le Français vient à Unna, le prince de Prusse à Hamm. Condé, à la tête de l'avant-garde, reçoit un échec ; mais Soubise est inabordable dans son camp retranché d'Unna, quoique également en butte à Sporken. Alors Broglie descend par les sources de la Lippe, mais Sporken s'échappe vers le Weser par Hamm, et les deux armées françaises font leur jonction sous Paderborn, que l'ennemi abandonne en y laissant toutefois garnison. Pendant ce temps, le fameux partisan Freytag désolait l'intérieur des lignes françaises, et prenait plusieurs convois importants. *[Dortmund. Hamm. Hamm. Paderborn. — Camp. d'Unna ?]*

Ferdinand retranche un camp entre la Lippe et l'Aspie, garnit Lippstadt de 6 à 8 bataillons de Sporken. Les deux maréchaux y sont repoussés à l'attaque du village de Willinghausen, et ils perdent 6,000 hommes. *[Batailles de Willinghausen. Camp. qui l'Aspie.]*

Mécontents l'un de l'autre, les deux maréchaux se séparent. Soubise va sur la Rhür, Broglie à Paderborn : le premier poussé par le prince de Prusse, le second ayant en tête le prince Ferdinand. Broglie tenait de Paderborn au Weser et perdait son temps à fortifier Hœxter.

C'est une remarque à faire : les plus *fortificateurs des généraux étaient* Contades, Clermont, Soubise, Broglie, Belle-Isle, Villeroy, etc., etc. Est-ce que cela ne suffirait pas *pour faire juger la doctrine?* et réciproquement, ce système n'est-il pas la mesure du génie de ces généraux : *Hommes et système, tous étaient harmoniques.*

Pour inquiéter davantage Broglie et l'empêcher *d'assiéger*

Hameln, Ferdinand fait une diversion dans le pays de Waldeck ; Broglie fait un détachement correspondant. Les Français y reçoivent un échec à Stedtberg, et l'armée alliée va retrancher un camp à Reilkirchen, lieu célèbre par la défaite de Varus.

Lukner bat M. de Belsunce près d'Hœxter ; puis le prince Ferdinand rallie tous ses corps, se porte sur les derrières de Broglie, qui fait faire face, en arrière, à la division de Stainville. Voulant se rouvrir une communication, Broglie attaque Horn et est repoussé par les Anglais, qui défendent cette petite forteresse. En même temps il préparait le siége d'Hameln.

De son côté, Soubise, sur la Lippe, est obligé de lever le siége de Hamm ; Dorsten est bloqué par les alliés et capitule. Ils menacent Wesel ; c'est pourquoi Soubise, par diversion, *car c'est la guerre aux diversions*, envoie assiéger Munster, qui lui résiste ; puis il court sur Wesel pour le sauver.

Dans cet état, le prince de Prusse abandonne son projet sur cette place ; mais son éloignement avait permis à Broglie de prendre l'offensive ; il s'avance à Eimbeck, vers Hanovre. Ferdinand fait une fausse manœuvre : la moitié de son armée va sur la Dimel, l'autre moitié reste sur le Weser. Il est bien vrai que sur la Dimel il était sur le flanc gauche de Broglie ; mais Stainville sauve Cassel en se jetant dans le camp retranché de cette place, en sorte que cette menace n'eut aucun succès.

L'autre corps des alliés se dirige sur l'importante position de Munden. On rappelle les troupes détachées à Munster ; le duc borde en masse la Dimel et s'avance une seconde fois sur Cassel. Broglie arrive en hâte au secours, et alors les alliés rentrent dans le pays de Waldeck et bordent l'Eder, fort en arrière de l'armée de Broglie, menaçant de la rejeter vers l'Allemagne.

Sans comprendre cette position dangereuse prise par le prince Ferdinand, Broglie marche en avant vers Hanovre, il étend sa droite, au moyen du corps saxon, jusqu'à Brunswick qui capitule. Il assiége et prend aussi Wolfenbuttel. Lukner, accouru trop tard, attaque vainement la 1re de ces places et est repoussé. Ainsi l'assiégeur Broglie perd son temps et diminue ses troupes. Cependant il porte la division de Stainville à Jessen ; il a fortifié Duderstadt et occupé Eimbeck. Chabot gardait les défilés de Eschershausen. Ferdinand, voulant déposter l'armée française avant l'hiver, franchit le Weser, mais il est repoussé à Huve. Les Français le

Brunswick,
Wangelstadt.

poursuivent et sont battus, à leur tour, sur les hauteurs de Wangelstadt.

Le général français s'effraie de cet échec. Il évacue en hâte les rives de la Heim et du Weser, évacue Eimbeck, Duderstadt, Huve, et rentre en Hesse, où il prend pour la seconde fois ses quartiers d'hiver, après une retraite confuse, la septième.

1762.

Au commencement de **1762**, les Français abandonnent le faux système de deux lignes d'opérations. Ils n'ont plus qu'une seule armée de **157** bataillons complets et de **159** escadrons. Le prince Ferdinand n'a que **92** bataillons et **61** escadrons, environ **70,000** hommes contre **150,000**.

Sabbabourg,

Ce prince, rassemblant de bonne heure son armée à Brackel, se porte sur la Dimel et s'empare du château de Sabbabourg. Soubise, car c'est encore lui, rassemble la sienne sous Cassel et porte les Saxons à Gœttingue. Les alliés passent la Dimel. La droite, le centre et la gauche des Français sont attaqués à la fois. Soubise, de nouveau en retraite sur Cassel, est battu à Wilhelmsthal,

4 châteaux
occupés
par les
Français.

à l'aile de Stainville. Les alliés, en passant, prennent trois ou quatre vieux châteaux, réparés et munis de garnison, *car il y en avait à tous les coins de routes*, comme en Espagne en 1812. Soubise envoie Rochambau couvrir Ziegenhayn, et avec Broglie il s'établit à Lutterberg, arrêtant son mouvement rétrograde, Combat du
Lutterberg qui était le huitième.

Les alliés avancent sur cette position défendue par des redoutes. Ils y sont battus et se retirent avec perte, fuyant à leur tour.

Le prince, pour se venger, envoya les partisans de Lukner au loin en arrière des Français. Ils désolent leur fameuse communication fortifiée, de Cassel à Francfort, par Ziegenhayn, hérissée de postes

Fulde,
Amœnebourg
Fulde,
Amœnebourg
4 châteaux,

retranchés. Ils perdent Fulde, Amœnebourg, et, dit l'historien, *une foule de petits châteaux*, dont nous ne tenons pas compte, tout en le remarquant. La communication est coupée. Soubise,

Schewalen,

pour la rétablir, retranche le poste de Schewalen, qui est encore enlevé par Lukner.

De son côté, Condé, coupé de Broglie, était sur la Lippe et s'efforçait de se rouvrir une route pour le rejoindre. Il assiége Hamm, mais ayant été repoussé il fait un grand circuit en remon- Hamm

Ulrichstein.

tant la rive droite du Rhin, s'empare du château d'Ulrichstein,

Hon.
Friedwald,
Hirschfeld.

passe Hon, et arrive à Hirschfeld pendant que Soubise, allant au-devant de lui, prend le château de Friedwald ; ce qui rouvre la communication de Broglie avec le Mein. Le prince vient occuper Giessen et Marbourg.

A ce moment, le prince Ferdinand manœuvrait pour tourner de loin la droite et la gauche française. Ce fut une faute que les Français vont lui faire comprendre dans une 1re attaque sur leur ligne. D'Estrées venait de remplacer Broglie.

L'armée française était dans une singulière position : développée sur une ligne de plus de 50 lieues, elle formait un immense demi-cercle, un peu irrégulier. La gauche, commençant à Marbourg, s'étendait sur Giessen et la Lahn ; le reste était en ligne par Hersfeld, Melsungen, Ziegenhayn, Cassel, Munden, Gœttingue, jusqu'à la Fulde. Le prince Ferdinand bordait la Dimel presqu'au centre de cette ligne doctrinaire de bataille, dont tous les points étaient fortifiés. Dans le principe, l'ennemi avait imité cette dispersion inouïe. Avant que Condé pût entrer en ligne, le prince Ferdinand avait fait plusieurs tentatives inutiles sur Giessen, et attaqué la division Lewy sans succès ; mais bientôt resserrant ses mouvements il bat Soubise à Wilhelmsthal. Celui-ci évacue Gœttingue, jette 24 bataillons dans Cassel et se retire, par Hirschfeld, sur Fulde. Toute la ligne française est en pleine retraite et par morceaux. Elle fuit jusqu'au Mein. Condé se retire par Butzbach, jusqu'à Francfort. Fritzlar est pris, mais Condé s'établit un instant à Friedberg. Attaqué par l'aile gauche ennemie, il la repousse avec gloire ; Giessen, Marbourg, Ziegenhayn capitulent ; Cassel qui a une garnison de 12,000 hommes, capitule aussi au bout de 22 jours : c'est une déroute complète, la neuvième. Tous les magasins sont pris ; on fit 60 lieues en quelques jours pour gagner le Mein, Hanau et Francfort, en laissant sur les chemins plus de 20,000 hommes, les équipages, les magasins et une partie de l'artillerie. Tel fut le résultat de l'attaque de 70,000 alliés sur 150,000 doctrinaires retranchés, ce qui termina, comme par un coup de foudre, ces fameuses guerres du Hanovre qui coûtèrent 500 millions et 200 mille hommes à la France, en déversant sur elle le mépris des autres peuples. Telle fut la guerre conduite d'après les phrases, les mémoires et les principes des Fourcroy et des Darçon. Qui donc s'étonnerait de nous voir les combattre *sous l'empire d'une sainte indignation !!!*

Que l'on ne s'étonne donc point que, pour éviter à son pays tant de honte et de revers sanglants, une voix patriotique s'élève pour faire comprendre aux générations futures tous les dangers du système doctrinaire, et combien il est *irraisonnable* de faire de Paris un champ de bataille de pierres : puisse-t-elle ne pas être prophétique !

A présent résumons notre double budget. Pendant cette guerre déplorable où brillèrent, à leur manière, les Darçon, les Fourcroy et tout le bataillon sacré des doctrinaires, les armées luttèrent 206 fois sous l'appui des remparts; et quel que soit le nom des vainqueurs ou des vaincus, il y eut 163 défaites sous les fortifications, et seulement 43 succès. Ici, remarquons-le avec étonnement, ce fut l'armée double qui se retrancha le plus souvent, et ce fut elle qui éprouva presque tous les échecs fortifiés dans l'énorme proportion de dix contre un, bien que le rapport de nos deux masses ne soit que de 3,80 contre un, 3,80 : 1, *près de 4 contre un.*

Napoléon a flétri à grands traits la conduite militaire des chefs de nos armées d'alors, presque tous promus au suprême commandement par la voie de l'ignorance et de l'intrigue. Nous laissons volontiers aux philosophes le soin de comparer ce temps au nôtre, et de conjecturer ce qui arriverait si la France était forcée de soutenir une grande lutte. Mais espérons ! Dieu protége la France ! et il faut bien qu'il en soit ainsi, car les hommes ont largement travaillé avec une incroyable constance à la perdre par de fausses doctrines. Et qu'on ne vienne pas s'excuser sur les grands talents du général ennemi; car il fit bien des fautes et entreprit des manœuvres souvent contraires aux bons principes. On est donc absolument fondé à penser que ce fut le système de guerre adopté par les Français qui portait avec lui un vice destructeur. Broglie et Soubise, Clermont

et Contades avaient d'excellents lieutenants généraux,
mais ils s'en rapportaient aux conseils doctrinaires ; ce
fut là la cause de nos malheurs : puis l'on viendra nous
parler de l'illustre Cormontaigne, du savant Fourcroy,
du célèbre Darçon ! Est-ce qu'Erostrate aussi n'a pas
acquis une célébrité funeste ?

Les guerres de Hanovre ne durèrent que 5 ans Il
s'y passa 206 affaires sous les fortifications ; le champ
d'opération était compris entre la Lippe, le Mein, le
Rhin et le Weser ; c'était un petit parallélogramme
en comparaison du champ de bataille de Frédéric,
bordé par l'Oder, l'Elbe, la Baltique et les montagnes
de la Bohème et de la Moravie : et pourtant, malgré
cette immense différence de surface, Frédéric n'eut que
301 affaires fortifiées sur un terrain 4 fois plus étendu ; mais c'est que Frédéric avait bien d'autres idées
militaires. S'il eût été Soubise, ou Broglie, la maison
de Brandebourg n'existerait plus ; et il y a longtemps aussi que la France serait partagée, si au lieu
des Turenne, des Luxembourg ou des Napoléon, elle
eût constamment confié ses armées à des doctrinaires,
toujours prêts à se mettre en évidence. On s'imagine
souvent qu'une révolution se produit par suite d'un fait
actuel. Non, c'est toujours de longue main qu'elle se
prépare, et ses causes réelles sont de faux principes
passés comme vérités, bien qu'ils ne soient que de
purs mensonges.

Voici le jugement de Napoléon (1) : « On a construit

---

(1) Volume 8, pages 114 et 116, et, à côté de ce jugement de Napoléon,
mettons les phrases de Darçon, page 165. Après avoir vanté le beau système
et les services de Wurtzbourg, Hanau, Ziegenhayn, Francfort, Gœttingue,
Cassel, Mulhausen, Marbourg, Giessen, Fritzlar et autres, cet auteur ajoute :
« Or, il est remarquable que, nonobstant des fautes de tous genres, des projets
« versatiles et des batailles perdues, toutes ces places et postes servirent
« à nous maintenir inébranlablement jusqu'à la paix, et sans que personne

« un grand nombre de places fortes dans la guerre de
« Hanovre pour servir de bases d'opérations aux armées
« françaises, qu'on a ainsi affaiblies par des garnisons,
« ce qui n'a fait que rendre plus faciles et plus éclatants
« les succès du prince Ferdinand. Le système suivi alors
« est l'art de faire battre de grandes armées par de
« petites. » *C'est celui de la doctrine.*

Nous l'avons déjà fait observer, et nous le répétons encore : nous avons compté en faveur des fortifications non-seulement des résistances absolues à des attaques effectives, mais encore des services douteux et plutôt moraux qu'exprimables. Si une place a permis à une armée de se réfugier au delà d'un fleuve en prêtant sa tête de pont, si un camp retranché a imposé du respect à l'ennemi qui a craint de l'attaquer, s'il s'est arrêté faute de canon devant tel point fortifié : eh bien, nous avons porté ce fait à valoir pour le budget des succès, tandis que pour celui des défaites nous n'avons pu compter que des faits, des échecs positifs. Si nous n'avions pas été si large, si partial, oserons-nous dire, pour faire valoir les positions retranchées, nous n'aurions pas trouvé 4 contre 1, mais 5 contre 1, et probablement au delà.

La doctrine, peut-être, va nous dire : Nous accordons que l'on ait fait abus des lieux fortifiés; mais nous n'agirons plus ainsi, nos principes aujourd'hui sont très-différents. Vous avez des principes différents, dites-vous? Soit, et tant mieux : alors ce n'est pas contre vous, doctrinaires modernes, que nous écrivons. Mais si vos théories sont changées, *il n'y a pas bien longtemps,*

<hr>

« se doutât alors des causes premières d'un pareil phénomène. » Voilà pourtant comme la doctrine écrit l'histoire : On fit 9 retraites désastreuses : telle est la vérité.

car vous agissiez en Espagne , de 1808 à 1814 , comme les Darçon de 1757 à 1762 ; vous agissiez comme eux en Allemagne en 1812 et 1813 , en France en 1814 ; en Algérie vous ne faites que *du Darçon tout pur*, heureusement que c'est contre des Bédouins !

Et comment vous croire? est-ce que la France entière n'est pas *darçonnée* depuis 100 ans et à demeure? est-ce que vous ne l'avez pas *ornée* de la triple ceinture de Cormontaigne et de ses zones fantastiques? est-ce que cette France tout entière ne proteste pas contre vos dénégations ? Et ce malheureux Paris , brochant sur le tout, qu'est-il devenu, si ce n'est du pur *darçonnisme?* Nous vous défions de n'être pas ramenés, malgré vous et vos prétendus nouveaux principes, au même système de défense que celui jadis développé dans la guerre de Hanovre, où l'on eut le talent de changer une offensive de fait en une défensive ridicule et misérable. *La disposition matérielle exécutée vous conduira, malgré vous et à votre insu, aux manœuvres fausses qui firent battre, pendant 5 ans, 150,000 hommes par 70,000 h. moins braves qu'eux !*

Si nous rassemblons les divers chiffres que viennent de nous donner les guerres des 2 sections précédentes , qui en réalité ne font qu'une seule et même guerre, nous trouvons sous Ferdinand, 163 revers , 42 succès ;

sous Frédéric, 228 73
———————— ————————
391 115

ainsi les chances générales sont ici de plus de *trois* contre *un*, 3,40 : 1.

Frédéric, dans ses *Instructions militaires*, a écrit: *Je ne ferai jamais retrancher mes armées si ce n'est pour entreprendre un siège* (1), *et, dans ce cas même , je pré-*

<hr>

(1) *Instructions militaires de Frédéric à ses généraux*, article 22.

*fère une armée d'observation à un camp retranché (1).
Cela provient de ce que celui qui attaque reste maître de
ses mouvements (2) et peut les faire avec plus de liberté
et de hardiesse. Un retranchement étant forcé, toute l'armée est découragée et prend la fuite. Les retranchements
vous empêchent de profiter de vos avantages. Il faut bien
se garder de mettre les troupes dans un terrain où elles
ne peuvent agir (3).* Il faut remarquer ici que, même
dans la guerre de Sept Ans, il fut fort rare que Frédéric
retranchât ses camps, bien que Daun le fît toujours. Cela
ne lui arriva que trois ou quatre fois ; mais il fut habile
à choisir ses postes. C'est ainsi qu'il se fortifia à Bunzelwitz, à Hohenkirken ; quant au camp de Peila c'était
une contrevallation pour le siége de Schweidnitz.

Si nous voulions extraire des œuvres de Frédéric tous
les principes de guerre à l'endroit de l'emploi de la fortification, nous referions nos premier et quatrième chapitres des *Considérations militaires* qui rappellent exactement les mêmes règles que celles recommandées par
Napoléon, en sorte que les principes de ces deux grands
hommes sont identiques et parfaitement d'accord avec la
masse des faits que nous avons enregistrés ; mais une telle
répétition serait sans objet et ne convertirait point les
doctrinaires. En effet, pour leur honneur, comme militaires, on peut penser qu'ils connaissent aussi bien que
nous la vérité de nos principes. Quel est donc le motif
secret qui empêche que les armées françaises ne les pra-
tiquent ? Est-il difficile à deviner !

(1) *Instructions militaires de Frédéric à ses généraux*, article 8
(2) *Id.*, article 22.
(3) *Id.*, article 22.

CHAPITRE XI.

Révolution d'Angleterre.

Déjà nous avons analysé quelques guerres civiles, pour reconnaître le rôle de la fortification pendant le cours de ces luttes intestines, qui renversent les dynasties pour en élever de nouvelles, ou modifier profondément la nature des gouvernements. Sous ce rapport l'Angleterre mérite un chapitre particulier. C'est un terrain encadré dans des limites à peu près infranchissables. Ce qui s'y passe est en quelque sorte à l'abri de toutes les influences étrangères, et il est intéressant d'y suivre les services des places fortes. Nous prendrons donc pour les étudier la première et la dernière scène de ce grand drame, qui mit sur le trône d'Angleterre une nouvelle famille étrangère. Il semblerait que ce peuple est destiné à obéir à des princes toujours nés au milieu de nations qui ne sont point du sang breton, et qu'il ne se trouve dans son sein aucun homme digne de la couronne.

TABLEAU STATISTIQUE N° 38.

1re SECTION.

Guerre civile; renversement de la famille Stuart.

Une lutte s'était ouverte entre Charles 1er et son parlement. L'un et l'autre remirent aux armes la décision de leurs prétentions opposées. Le roi *abandonne sa capitale* et va s'établir à Yorck. Après avoir rassemblé une armée, il se dirige sur Londres; mais le gouverneur de Hulst, arsenal important, lui refuse l'entrée de la place. Charles arrête son mouvement sans que cela fût nécessaire; c'était l'esprit du temps. Il retourne donc à Yorck, puis transfère son quartier général à Nottingham. De tous côtés, cavaliers ou partisans du roi, têtes rondes ou parlementaires, réparent ou relèvent les remparts des villes et châteaux, et l'on ajoute aux anciennes fortifications. L'Angleterre se hérisse de forteresses nouvelles ou d'anciennes rétablies et réparées.

Le roi essaye de surprendre Hulst et Coventry; mais ses espérances sont déçues. Pendant ce temps, l'armée parlementaire se formait à Northampton; celle du prince s'avance à Shrewsbury; l'ennemi marche sur Worcester, et les deux partis demeurent en présence, pendant plusieurs semaines. Essex commandait les parlementaires.

Fatigué de cette inaction, le roi fait un mouvement sur Londres; Essex l'imite de son côté, et va couvrir la capitale, dont la population se hâte de construire des coupures dans les rues et devant les portes. On obstrue les passages par des chaînes, on répare les vieilles murailles d'octroi et l'on y ajoute de nouvelles défenses : des tambours, des palissades, etc., sont élevés avec rapidité. On multiplie de tous côtés des barricades, de manière à rendre difficile à une petite armée l'entrée d'une grande capitale, dont les habitants sont mus par des idées religieuses puissantes.

Le roi, plein d'ardeur, attaque Essex posté à Edgedhill. Les troupes novices du parti populaire balancent quelque temps les efforts des cavaliers : toutefois les parlementaires s'avouent vaincus en abandonnant le champ de bataille, et se retirent sur Warwick *en découvrant* Londres. Le roi, au lieu de s'y porter, se rend à Oxford, grande place de son parti. Il en fait son centre de mouvement et une sorte de capitale momentanée.

Banbury, Abington, Heneley ouvrent leurs portes aux troupes royales, et la garnison de Reading s'enfuit à leur approche, en sorte qu'Essex paraît coupé de Londres. On entre en pourparler pour traiter, mais sans succès.

Le roi, marchant toujours sur Londres, arrive à Brentfort. Ses troupes ne sont plus qu'à sept lieues de la capitale. La population se lève en masse; les corporations prennent les armes, malgré les nombreux partisans de Charles. Mille petits corps d'armées se forment dans chaque province, et l'on se bat de tous côtés. Les troupes royales, d'abord plus expérimentées, ont l'avantage; mais peu à peu les autres s'aguerrissent, des chefs se forment, et la lutte devient plus vive et plus incertaine que jamais.

Essex ne perd pas de temps. Il parcourt le pays, assiége Reading, qu'il prend en 10 jours. Le colonel Cromwel, ardent et habile, lancé dans l'ouest, s'empare de Chichester, Winchester, Malmesbury, Tewksbury, Chepstow, Monmouth, Hereford. Le roi commence à craindre même pour Oxford. Des complots royalistes échouent dans Londres, et exaspèrent les parlementaires compromis.

Dans le nord, l'armée de Fairfax est défaite à la bataille Atherton-Moor. William-Waller, autre général parlementaire, éprouve deux échecs à Landowne, et Bristol est enlevé d'assaut par les cavaliers, ainsi que Dorchester, Weymouth, Portland, Barnstaple, Bedford. Taunton Bridgewater et Bath ouvrent leurs portes aux troupes du roi; Oxford *triomphe partout dans les forteresses.*

Les parlementaires perdent une nouvelle bataille à Roundwey-Down. Waller, qui était entré sans coup férir dans Oxford, l'évacue, et le quartier général du roi y rentre avec la même facilité, les parlementaires l'ayant évacuée à leur tour sans combat.

Cependant, dans Londres, les meneurs de Westminster sont compromis, et *cela augmente leur énergie.* Ils s'allient avec l'armée écossaise, forte de 21,000 hommes, qui entre en Angleterre. Toutefois, il se fait encore des propositions d'accommodement; mais les deux partis étaient également tenaces, selon le caractère anglais. Dans la capitale, d'ailleurs, des rassemblements de furieux, enflammés par les idées religieuses, envahissent les salles du parlement. Des bandes de femmes même forment des groupes hostiles. On les repousse par la force, plusieurs sont tuées. *Un comité de sûreté* se forme; il donne un grand élan aux enrôle-ments. En peu de jours, une nouvelle armée de 14,000 hommes sort de Londres et va délivrer Gloucester, assiégée par les troupes royales, depuis plus d'un mois. Elle était défendue par 1,500 hommes.

Le roi se porte de nouveau sur Londres, sans jamais y arri-ver; car les parlementaires s'emparent de Newbury. *Il se croit arrêté par cet obstacle*, et là, les deux armées se livrent une grande bataille où les troupes royales, battues par l'armée d'Essex, perdent plus de 3,000 hommes. Reading, *par suite de la victoire*, ouvrit sans coup férir ses portes au général parlemen-taire.

De nouvelles communications sont ébauchées pour faire la paix. Charles avait espéré opposer un simulacre de parlement rassemblé dans Oxford à celui de Westminster; mais ce fut sans résultat; il avait horreur, même du nom, d'une telle assemblée. Il appelle des secours irlandais que Fairfax défait à Nantwich, au moment de leur débarquement; et le lord Newcaslte, général royaliste au nord, est poussé et cherche un refuge dans la place d'Yorck, après avoir été battu par William-Waller.

Cependant le bouillant prince Robert, neveu du roi, avait fait lever le siége de Newark; mais le roi, dans Oxford, va être blo-qué par les deux corps d'Essex et de Manchester. Il s'en échappe, et une partie de son armée *va assiéger* Lyme, place importante : *on ne conçoit guère comment Lyme lui eût rendu Londres.* Le prince Robert court délivrer Yorck; entré dans la place, il sort sur les assiégeants avec son imprudence ordinaire, et est battu à Marston-House, avec ses 20,000 hommes. Ce fut la cavalerie de Cromwel, sous les ordres de Fairfax, qui eut tous les honneurs de cette journée.

L'armée d'Essex s'était portée sur Exeter; mais elle avait échoué devant cette place. Les deux généraux royalistes abandon-nent Yorck à son sort, et en retirent leurs troupes. La garnison se défend encore 15 jours avec valeur, et capitule ensuite, *faute de vivres.*

Le siége de Lyme avait été levé par les royalistes, à l'approche de l'armée d'Essex, qui s'était emparé de Weymouth et avait repris Barnstaple, Tiverton et Taunton. La reine s'enfuit à Fal-mouth, qui résiste aux parlementaires; puis elle s'embarque pour aller réclamer les secours de la France.

Le roi, après la défaite de l'armée de William-Waller,
part d'Oxford à tire-d'aile et se porte dans l'ouest sur Essex.
Celui-ci, qui n'était pas aimé à Londres, ne reçoit ni recrues
ni argent. Dans cet état d'abandon, voyant que le roi est près
de l'atteindre, il cherche un asile dans les défilés de Cornouailles,
pays dévoué aux cavaliers. Il est battu en détail et acculé à la
mer, *dans la petite forteresse de Fowey. Toute son infanterie
capitula;* mais sa cavalerie s'était fait jour. Charles reste ainsi
doublement victorieux de deux armées qui n'ont pas su agir sur
une seule ligne d'opérations.

Le prince qui avait si bien manœuvré, sans s'en douter, peut-être,
ne sait pas profiter de son heureuse opération. Au lieu de marcher
sur Fairfax, qui commandait la troisième armée, il va sommer Ports-
mouth, Plymouth, Lyme, qui lui répondent par des coups de canon.
Toutefois, peu après, Plymouth est remis aux troupes royales,
par la trahison du gouverneur.

A cette époque le jeune et fidèle Montrose avait soulevé dans
le nord de l'Écosse les highlanders. Bientôt, à l'aide de corps
irlandais, il avait formé une véritable armée en faveur du roi,
pendant que les troupes écossaises étaient en Angleterre. Deux
fois il avait remporté de brillantes victoires sur les corps presbytériens restés dans le pays. Il avait pris Perth et enlevé Aberden
d'assaut : déjà même il s'approchait en vainqueur d'Edimbourg.
Le roi, sachant que l'armée écossaise est rappelée pour sauver la
capitale du nord, marche sur Londres, mais avec lenteur. A ce
moment les 3 corps d'Essex, de Manchester et de Waller, forts de
24,000 hommes, se rallient et couvrent cette ville contre les
20,000 hommes de l'armée royale. La lutte s'établit près de Newbury. En l'absence d'Essex, c'était le général, lord Manchester,
qui commandait les troupes parlementaires. La bataille fut
longue et sanglante sans être décisive : toutefois le roi, le lendemain, se retira sur Oxford, et l'on parlementa de nouveau;
mais la nouvelle d'une grande victoire, gagnée par Montrose
dans le comté d'Argyle, à Inverlochy, rendit le roi plus exi-
geant, et tout fut, une seconde fois, rompu à Uxbridge.

Le parlement, instruit par l'expérience, *réunit enfin ses trois
armées* en une seule. Le roi *au contraire* envoie le jeune prince
de Galles, avec un corps séparé, faire la guerre dans l'ouest.
Fairfax, seul général en chef du parlement, fait tourner Oxford
par la division de Cromwel, et vient lui-même cerner cette nou-

velle capitale royale. Cromwel, toujours vigoureux, attaque les royalistes. Il s'interpose entre Oxford et l'ouest. Il enlève la place de Blechington après avoir battu l'ennemi à Islipbridge, Vitney et Bambtonbusch. Le roi, près d'être bloqué dans Oxford, en débouche et court se rallier au corps du prince Robert, qui se portait au secours de Chichester, assiégé. Cette place est débloquée; Oxford l'est également, parce que, voyant le roi sorti de la ville, Fairfax quitte ses environs et s'avance sur Traunton, assiégé par le jeune prince de Galles. Cette place est ainsi délivrée.

Cependant l'armée écossaise d'Angleterre, effrayée des progrès de Montrose, a repassé la frontière. D'un autre côté, le roi a regagné par Chichester la communication avec les secours irlandais, et se porte sur la riche place de Leicester, qui est prise d'assaut. Le jeune prince de Galles remet le siége devant Traunton, qui résiste encore. *Comme on le voit dans cette guerre de doctrinaires, on entreprenait à la fois, chacun de son côté, dans dix provinces éloignées, un nombre prodigieux et ridicule de siéges,* et de petits détails bien éloignés de l'objectif principal : c'était de la pure doctrine à la hauteur de la science du temps. On croyait que pour *prendre Londres, il fallait passer par Plymouth ou Yorck, quand c'était l'inverse qu'il fallait faire :* Plymouth eût suivi Londres dans sa chute.

Faisant, peut-être sans s'en douter, des progrès dans la science, Fairfax se décide à chercher le roi *partout où il pourra le rencontrer.* Il rappelle à lui la division de Cromwel et d'autres plus éloignées, et marche à Northampton. De son côté, le roi, apprenant les dangers de sa capitale, d'Oxford, accourait pour la délivrer ; car les parlementaires qui y sont entrés, l'ont évacuée pour la seconde fois, sur l'annonce de l'arrivée de l'armée royale.

Les deux armées, fortes chacune d'à peu près 24,000 hommes, s'avancent l'une vers l'autre, sans éclaireurs et sans bien connaître leurs directions respectives. Bientôt, d'une manière inopinée, elles buttent l'une sur l'autre dans l'ordre de marche. Aussitôt on se forme, on prend une ligne de bataille telle quelle : d'abord la cavalerie du roi, plus nombreuse, obtient quelques avantages ; mais l'impétueux prince Robert pousse avec une folle ardeur ceux qu'il a renversés. Il s'éloigne du corps de bataille. Cromwel, plus calme, commandait la cavalerie parlementaire, mieux disciplinée. Il saisit alors habilement le temps de l'éloignement de

— 307 —

la cavalerie royale, charge à son tour, renverse l'aile qui est devant lui, se rabat sur le centre de l'armée ennemie, tombe sur l'artillerie et écrase l'infanterie. Artillerie, parcs, équipages, drapeaux, tout est pris. Le prince Robert s'aperçoit, mais trop tard, de son imprudence. Il revient sur le champ de bataille et est renversé à son tour : 5 à 6,000 royalistes sont tués; 5,000 sont prisonniers; le reste fuit en jetant ses armes, et un champ de bataille ensanglanté demeure au pouvoir de Fairfax. Le roi fait ferme, mais il est entraîné et se sauve avec 2,000 chevaux, seuls débris de sa brillante armée, avec lesquels il erre encore pendant quelque temps en diverses provinces. Telle fut la fameuse bataille de Naseby, qui brisa la couronne de Charles et peu après lui coûta la vie.

Bataille de Naseby.

Nous pourrions terminer ici notre rapide analyse; car les derniers efforts des cavaliers furent à peine aperçus : toutefois *la victoire entraîna avec elle* la reddition d'une foule de places, et il est bon au moins de les nommer.

Beaucoup de partisans du roi l'abandonnent. Des bandes de cavaliers sans chefs se répandent sur le pays qu'elles pillent, et sont en butte aux paysans, *club mens*, qui se sont rassemblés contre les voleurs des deux armées. Quelques partis sortaient d'Hereford, qui tenait toujours pour le roi, et se jetaient sur les petites villes, les mettant à contribution.

Hereford.

Charles, avec à peine 1,500 chevaux, errait de ville en ville, traqué de tous côtés par les parlementaires. Le prince Robert s'enferme dans Bristol, jurant de la défendre jusqu'au dernier soupir, et il la rend au premier assaut. Cette place jusque-là avait résisté à toutes les attaques. Enfin Charles parvient jusqu'aux environs d'Yorck, espérant se réunir à Montrose. Déjà il a réussi à rassembler 3 à 4,000 hommes; mais la fortune aussi a trahi le jeune héros écossais et renversé les dernières espérances du malheureux roi.

Bristol.

Jusque-là, Pontefract et Scarborough ont résisté à toutes les attaques des Écossais parlementaires; ces vaillantes garnisons, bloquées depuis longtemps, *manquent de vivres* et capitulent. David Leslie, qui commande contre Montrose, s'empare de Carlisle. Le général royaliste, cependant, avait triomphé à Kilsyth; c'était sa septième victoire; mais ses highlanders, après un succès, couraient cacher leur butin dans les montagnes. Vainement Montrose venait-il de se rendre maître de Bothwel, de Glascow et d'entrer à Edimbourg : il est surpris presque seul dans une forêt. Battu, poursuivi, il erre à son tour dans les

Pontefract et Scarboroug.

Carlisle.

Cromwel, Glascow, Edimbourg

solitudes profondes calédonniennes, devant les troupes de Leslie, qui de tous côtés recherchent ses asiles. Edimbourg est retombé au pouvoir des presbytériens sans coup férir, nonobstant ses murailles et son château.

Bientôt l'armée écossaise rentre en Angleterre. Elle assiége Hereford, et se porte sur Doncaster, où le roi a déjà réuni un corps de 5 à 6,000 hommes. Forcé d'évacuer la place, tout son rassemblement se dissipe en un instant.

Tant de revers démoralisent Charles. Il ne sait plus où porter ses pas: dans l'espoir de traiter, il accourt à Oxford, presque la seule ville qui lui reste, et y entre avec 1,500 chevaux; les Écossais s'emparent de Doncaster et le poursuivent dans sa fuite.

Cependant, sur les côtes du sud-ouest, deux corps royalistes, sans consistance, subsistaient encore. Chester, Worcester, Hereford, Oxford, ainsi que Newark, Sligo, sont restés fidèles et ont résisté aux parlementaires. Le roi se porte vers les côtes pour hâter les secours d'Irlande; mais le lord Hopton, sur les frontières de Galles, est attaqué par Fairfax et poussé avec ses 3,000 hommes dans le petit port de Torrington, où, acculé à la mer, il est obligé de capituler. Asly, autre lord fidèle, se dirige vers Oxford. Le roi sort de la place pour venir au-devant de lui; mais cette division est assaillie par le colonel Morgan, qui la défait entièrement, et Asly demeure prisonnier. Le jeune prince de Galles, poussé à son tour, se voit enfin obligé de s'embarquer et de gagner l'île de Silly. Désespéré, le roi rentre dans Oxford: il ne lui reste plus que 400 cavaliers. Dans son embarras, il suit le conseil de M. de Montreuil, ambassadeur de France; il court se jeter dans les bras de l'armée écossaise, et celle-ci le vend au parlement d'Angleterre! (1)

D'un autre côté, Cromwell fait capituler les places qui ne se sont pas encore rendues. Elles ouvrent leurs portes sans résistance au nombre de 15 à 20 dès les premiers jours, telles sont: Bridge-Water, Bath-Scherborn, Dewizes, Winchester, Basing-House, Tiverton, Moumouth, etc., etc. Newark avait été assiégée par les Écossais, aussi bien que Hereford, Yorck, etc., et s'étaient rendues.

Pendant deux ans, Charles fut traîné de prison en prison, de l'île de Wight au château d'Hulst, de là à Windsor et à Londres, d'où il fut conduit à l'échafaud, le 9 février 1649, correspondant

(1) Napoléon avait probablement oublié ce trait historique en 1815, quand il se livra à la foi britannique.

au 29 janvier de l'année anglaise de ce temps : triste exemple
donné aux nations, qui plus tard fut payé par la tyrannie de Cromwell et par l'usurpation de Guillaume de Nassau, ainsi que par bien
des révolutions calamiteuses en Angleterre et sur le continent.

Pour former nos analyses, nous nous sommes attaché
plus spécialement aux écrivains primitifs et contemporains des événements : ce sont les militaires, rendant
compte eux-mêmes de leurs propres campagnes, que
nous avons consultés, et, à leur défaut, nous nous sommes
adressé aux meilleurs historiens.

Beaucoup ont écrit, sans aucun doute, sous l'empire
de certaines préoccupations : ici un système à faire pré-
valoir ; là un roi à flatter ; ailleurs un capitaine à pré-
coniser dans l'espérance de sa reconnaissance. Toutes ces
préoccupations tendent à voiler la vérité. Mais peu, que
nous sachions, se sont faits courtisans d'objets matériels,
tels que des affûts, des chariots ou des bastions, et les
auteurs, quand ils s'en occupent çà et là dans leurs livres, ne
font qu'en rapporter le nombre ou le résultat, parce que
ces objets ne donnent ni pensions, ni palmes, ni couronnes.

Pourtant, l'histoire des bastions, celle des canons,
celle des chariots ou de tel autre instrument, explique-
rait très-souvent une foule d'événements. Beaucoup de
philosophes se creusent la tête pour placer dans les faits
moraux les causes de bien des révolutions, de chute de
dynasties, de partage d'empires, quand ces causes sont
sous leurs yeux et qu'ils n'ont qu'à regarder autour
d'eux pour les apercevoir.

On a attribué la chute de Napoléon à ses idées gou-
vernementales et despotiques. On a dit qu'il avait détruit la liberté, qu'il avait sapé peu à peu toutes les
bases de son trône. On a fait de profonds raisonnements
à cet égard ; et Napoléon ne s'est perdu que par les places

fortes. Le jour de la bataille de Leipzig, il avait 400,000 hommes inutilisés en garnisons. Eh bien ! le renversement des Stuarts ne tient également qu'au système doctrinaire et aux bastions, qui portèrent Charles Ier à adopter de faux principes de guerre. Au lieu de marcher, il s'arrête devant des bicoques : au lieu de rallier ses corps, il les divise dans la vue de se rendre maitre des forteresses ennemies, ou de soutenir les siennes. Rien ne manquait à Charles, les hommes, l'argent, le dévoûment des cavaliers ; il était homme d'esprit et militaire distingué, et il employa si mal tous ces éléments de succès, il était si doctrinaire en un mot, qu'il périt *maladroitement* par les mains de parlementaires la plupart incapables, remplacés par Cromwel, qui seul profita du succès.

Fairfax, au contraire, conduit par ce dernier regarda les bastions comme complétement secondaires. Ayant peu étudié la science de la guerre, il entra dans les rangs sans les préjugés inculqués par une prétendue instruction militaire. Il n'y parut qu'avec les intuitions qu'inspire un jugement sain. Fairfax devint général, comme Marceau, Hoche, Moreau ou Kléber, en puisant tous ses principes dans un sens droit et en s'abandonnant aux impulsions de la nature. Charles succomba parce qu'il *était doctrinaire*, Fairfax triompha parce qu'il ignorait *qu'il y eût une doctrine*.

Charles jouissait de tous les avantages ; il avait un seul but fixe. Au fond, les parlementaires ne savaient ce qu'ils voulaient ou avaient des volontés croisées. Les cavaliers étaient les plus exercés et les plus braves entre les Anglais. Les parlementaires inhabiles n'étaient guère en général audacieux ; et, nonobstant cette comparaison complétement en faveur de la cause royale, la doctrine empoisonna toutes les sources de prospérité dont elle disposait.

Quoi qu'il en soit, dans cette guerre civile de six ans de durée, les remparts concoururent à 56 défaites et à 33 succès : c'est le rapport de 1, 70 : 1 ; d'où nous pouvons encore conclure pour cette lutte intestine, comme pour celles du même caractère qui précèdent, que le rapport tend toujours à se rapprocher de *l'unité*. Il paraît donc certain, comme déjà nous l'avons fait remarquer, que le rôle de la fortification a toujours été plus important dans les guerres civiles que dans les autres.

Qu'on ne dise pas que de tels résultats sont arrangés à la main en groupant les chiffres avec art : jamais dans nos analyses nous n'avons pu d'avance prévoir les totaux résultants de l'addition de nos deux colonnes, et ces totaux seuls nous ont conduit à l'inconnu que nous cherchions.

Et surtout qu'on ne lise pas dans le rapport 1,70 : 1 plus qu'il ne contient. Malgré un appui plus satisfaisant que dans les grandes guerres, la fortification donne encore près de deux chances désastreuses contre une avantageuse, c'est-à-dire deux sur trois, tant son infériorité est profonde, même dans la guerre civile !

Remarquera-t-on cette concordance des mêmes résultats obtenus. Ici, c'est la lutte de Charles et de Cromwel ; là, c'est celle du prince Édouard contre Guillaume. Ailleurs, dans des pays différents, au milieu d'une autre race d'hommes, à des époques souvent éloignées, se retrouvent toujours des rapports analogues ; c'est constamment pour la guerre civile 1,500 : 2 dans les chances ; et s'il s'agit de luttes d'armées contre armées dans les guerres internationales, un rapport presque toujours aussi constant s'offre à nos regards. Dans la guerre défensive, les chances s'expriment par 2 et 3 contre un ; dans les guerres d'invasion c'est 4 5 et 6 contre un, et ces mêmes rapports ont été trouvés dix fois, à des dis-

tances de plusieurs siècles, et dans des états de mœurs,
d'usages et de langues différents; en France, en Allemagne, en Italie, en Espagne, en Asie, en Afrique, aux
États-Unis ; partout, au 14ᵉ siècle comme au 19ᵉ.

Et malgré cette uniformité de résultats, cette concordance de faits, la doctrine viendra nous répéter (1) : « Vous
« avez ployé l'histoire à [vos idées particulières ; vous
« avez défiguré les principes militaires pour les faire
« cadrer avec votre aversion pour la fortification. »
Nous répondrons : Vous aimez les fortifications parce
que vous espérez qu'elles vous procureront de l'avancement. Peut-être aussi les aimez-vous parce que l'on vous
a élevés dans cet amour et que c'est le produit de votre
éducation ; mais à coup sûr ce n'est pas chez vous le
résultat d'une saine critique. Lisez l'histoire, et vous y
apprendrez la vérité ; alors, comme nous, abjurant des
théories captieuses, vous reconnaîtrez les erreurs et les
déceptions dont on a nourri votre jeunesse ; vous verrez
qu'un examen attentif et consciencieux doit faire éva-
nouir des préjugés que le seul intérêt personnel peut
s'efforcer de propager et de maintenir.

Ne redoutez point le protestantisme militaire : la foule
peut bien adopter des idées et des principes tout faits et
prescrits par l'ordonnance. Cela est très-commode; mais
quand tout marche, tout progresse autour de nous,
craignez de vous trouver, un jour, inférieurs sur le
champ de bataille ; il y va de l'avenir de la France !
Charles Iᵉʳ avait 80 forteresses : il eût été sauvé, malgré
ses fautes, s'il n'en eût possédé que 10 !

Jamais Charles ne put entrer à Londres, bien que cette
capitale ne fût plus entourée que de murs d'octroi. Il

ne put même en approcher qu'à une distance de 7 lieues.
Les parlementaires eurent soin constamment de se placer entre la ville et lui. Paris fut ainsi sauvé, en 1792,
par la bataille de Valmy dans les plaines de Châlons. Y
fût-il même entré, comment y eût-il pu demeurer, au
milieu d'une révolution religieuse, quand bien même il
y aurait possédé plusieurs bastilles comme la tour de
Londres, avec laquelle il ne sut pas s'y maintenir? Ceux
qui proposent d'entourer les capitales de remparts, se
trompent ou trompent les peuples. Il ne peut jamais
sortir de là que le despotisme, ou une révolte et une
révolution qui les abat, jusqu'au moment où, relevés,
à force d'astuce, ils finissent par reproduire le même
cercle d'événements. A coup sûr ceux qui arrivent à
de si déplorables succès, doivent prodigieusement se
railler des nations qui se laissent séduire par de faux
raisonnements; et ce qu'il y a de plus cruel, c'est qu'ils
doivent regarder les approbateurs de pareilles dispositions comme des dupes.

2ᵐᵉ SECTION.

Descente de Charles-Édouard, le dernier des Stuarts, en Angleterre.

Lorsque nous avons rédigé nos *Nouvelles considérations militaires*, nous avions porté nos investigations
dans tous les temps, dans tous les siècles, et sur tous les
terrains historiques.

Si nous nous y étions attaché particulièrement aux
guerres de la révolution française, c'est que, les exemples et les faits étant contemporains de la génération
actuelle, nous pensions qu'ils seraient plus frappants et
que les principes qui en découleraient seraient reçus et

compris plus facilement. Nous avions même, çà et là, cité quelques-uns des événements antérieurs comme pouvant, subsidiairement, nous donner des appuis nouveaux ; c'est ainsi que les analyses comprises dans les dix chapitres précédents ont été étudiées, ainsi que celles qui suivront.

Dans cette section 2ᵉ du chapitre 11, nous allons examiner un événement singulier : il s'agit de l'invasion la plus extraordinaire peut-être des temps modernes, et d'une guerre soutenue par des peuples encore restés dans les errements du moyen âge, les highlanders ou montagnards du nord de l'Écosse ; et nous verrons si nos principes sont renversés, bien qu'il s'agisse de troupes qui se servaient encore du bouclier et de l'arbalète.

Rien n'est plus remarquable dans l'histoire moderne que l'invasion d'un grand royaume par un particulier ; car depuis longtemps les rejetons des Stuarts, sur la terre d'exil, n'étaient pas autre chose, et Charles était presque encore enfant, sans fortune et sans suite. Il n'y a rien de comparable à cette entreprise que le débarquement de Napoléon rentrant de l'île d'Elbe.

1745. En juin 1745, un bâtiment du commerce, nommé *la Doutelle*, débouqua de la Loire. Il portait un jeune homme plein de bravoure et d'ardeur, accompagné seulement de quelques domestiques. Il prit sa direction vers le nord et fut bientôt rejoint par un autre brick qui marcha de concert avec lui. Arrivés sur les côtes d'Écosse, les deux bâtiments furent chassés par un vaisseau de guerre anglais, *le Lion*, de 54 canons ; mais ils lui échappèrent, et faisant force de voiles, ils allèrent bientôt débarquer leurs passagers à la pointe de l'Écosse, dans le petit hâvre d'*Eriska*. C'était le jeune Charles-Édouard, le dernier des Stuarts, qui tentait la conquête de la Grande-Bretagne, et essayait de ressaisir une couronne portée par Guillaume III, petit-fils d'un usurpateur.

Ce jeune héros avait pour fortune une somme de 4.000 louis, et pour armée environ 50 hommes, et pourtant peu s'en fallut que

son entreprise ne réussît. Un seul instant il manqua de résolution,
et contre sa propre raison, il écouta un conseil pusillanime ou
perfide qui hâta sa perte ; en un mot il fut *doctrinaire* malgré lui.

A peine débarqué, il est rejoint par quelques lairds fidèles à
leurs anciens souverains. Bientôt une partie de leurs clans highlanders ou montagnards, borders ou habitants des plaines de la
frontière du sud, armés de sabres ou claymors et de quelques mauvais fusils de chasse, de piques, d'arbalètes et de faux, rejoignent
leurs chefs, et le jeune prince se porte rapidement sur la capitale
fortifiée, sur Édimbourg dont les montagnards, au nombre de
1,200, escaladent les remparts. La citadelle leur résiste.

Le général anglais, Coxe, accourt avec une petite armée régulière
de 2,500 hommes, deux régiments de cavalerie et 12 canons. Ces
troupes anglaises avaient été tirées en partie du Hanovre et revenaient de Fontenoy ; c'est dire qu'elles étaient exercées. Charles-
Édouard sort de sa capitale, marche vers la plaine de Preston avec
2,000 hommes. Il n'a ni cavalerie, ni artillerie. Il avance sur l'armée
anglaise qu'il trouve retranchée sur une pente douce, couverte par
des marais et par un fossé profond.

Pendant la nuit et sans bruit, les clans des Macgrégor, des
Macdonald, des Cameron, des Appien-Stuart, etc., franchissent les
marais. Bientôt ils passent le fossé, et, couverts de leurs petits bou-
cliers, ils tombent sur les bataillons anglais, se jettent au-dessous
des lignes des baïonnettes des régiments et se glissent sous le
ventre des chevaux. Les ennemis sont rompus, la cavalerie des
ailes mise en fuite ; les Écossais sont victorieux. Une sorte de
faux emmanchée à revers, coupait les têtes des ennemis dans les
rangs avec une étonnante rapidité. Les highlanders, avec le champ
de bataille, gagnèrent des armes modernes et toute l'artillerie,
qu'ils employèrent ensuite.

A peine la victoire était-elle obtenue, que tous les clans disparurent et coururent déposer leur butin au sein de leurs montagnes:
mais bientôt on les vit accourir de nouveau avec une nuée de
compagnons avides de partager les dépouilles de l'ennemi et de
nouveaux dangers, et une armée réelle se porta sur la ville de
Stirling, dont elle s'empara, sans avoir toutefois les moyens suffisants pour prendre le château.

Après bien des contradictions dans le conseil des lairds, le jeune
prince l'emporte et fait adopter la marche sur Londres. Ses troupes
sont bien armées, bien organisées. Il a un corps de 500 hommes

de troupes françaises. Il a ramassé des fonds dans les caisses publiques. Des dons patriotiques ont augmenté ses finances. Les highlanders sont braves et affectionnés. Il est plein d'espérance. Un parti jacobite d'Angleterre, et jusque dans Londres, lui fait de grandes promesses et l'invite à hâter ses opérations.

Prenant sa route par les rives ouest de l'Angleterre, il marche sur la place de Carlisle, dont il s'empare. Puis il assiége la citadelle. Déjà c'est faire de la doctrine. Il laisse dans cette place 300 hommes. C'était trop ou trop peu : 300 hommes, c'était un grand affaiblissement de ses troupes régulières et exercées.

On avance toujours par la même côte. On s'empare de toutes les villes qui se trouvent sur la route, et l'on évite une armée de 10,000 hommes commandée par le maréchal de Wade. Édouard franchit la Mersey ; il s'empare de Manchester et pousse à Derby avec 8,000 hommes et 1.500 Français. Dans cette ville, il apprend l'arrivée du duc de Cumberland près de Derby avec une armée de 20,000 Hollandais revenant des guerres de Flandre.

Pendant que ceci se passait, un détachement de l'armée de Wade reprenait Édimbourg, en sorte que le jeune prince se trouvait entre deux armées ennemies. Cette situation effraye le conseil, et, malgré les larmes et les supplications du jeune chef, la retraite est décidée. On était à 20 lieues de la capitale. Un fort parti en Angleterre n'attendait que l'entrée dans Londres ; Guillaume avait toutes ses voitures attelées pour l'évacuer : les hommes seuls manquèrent à la fortune des Stuarts.

On devait s'attendre à ce qui arriva. Toute l'armée des highlanders, jusque-là étonnamment admirable de discipline, se dissipa pendant la retraite ; à chaque événement, on les voyait courir vers leurs montagnes et y déposer leur butin. Peu à peu cette armée se reforme, et retourne bravement au combat.

Dans sa retraite, Charles-Édouard retombe dans le système doctrinaire. Il fait le siége de la citadelle de Carlisle, et il y laisse ses troupes les plus régulières, le noyau de son armée, 1,000 Français.

Il ne se contente pas de cette première erreur, il assiége avec son armée la citadelle de Stirling, mais tous ces forts sont bien armés et ont de bonnes garnisons. Aussi perd-il son temps et ses détachements.

Cependant Halwey, nouveau général anglais, que la flotte a pourvu de puissants moyens, débouche d'Édimbourg sans attendre

6.000 Hessois qui arrivaient par mer. Il se renforce d'une légion
de landwher, garde nationale, ou volontaires levés dans la capitale de l'Écosse, et s'avance contre l'armée de Charles, qui, aux
10.000 Anglais, ne peut opposer que 6,000 hommes. Le général
ennemi choisit une bonne position dominante. Son aile droite est
retranchée dans de grosses cassines ou fermes, dont les murs épais
et les bâtiments ont été crénelés. Son artillerie est belle et bien
servie, et sa cavalerie nombreuse. Ses troupes revenaient de Fontenoy et avaient fait partie de cette fameuse colonne qui faillit
arracher la victoire au maréchal de Saxe.

Les highlanders abordent ces troupes aguerries ; l'aile droite est
emportée, la ligne rompue ; 1,200 hommes sont jetés sur le
carreau. Le reste s'enfuit abandonnant armes, bagages et artillerie.
Charles ne perdit que 40 hommes, tant l'attaque fut vive et sou-
daine : il n'avait que 8 canons et 300 chevaux.

Le prince veut profiter de la victoire ; mais le conseil des lairds
est encore là. Les clans des Macgrégor, des Macdonald, des
Appien-Stuart, des Cameron sont, disent-ils, plus forts dans leurs
montagnes, il faut y transporter la guerre. On court donc, malgré
lui, vers Iwerness, au milieu des lacs, des landes, des rochers et
sur les bords de la mer du Nord, *triste moyen pour conquérir
Londres.*

Mais trois armées battues ne se découragent point. Le duc de
Cumberland va chercher l'ennemi vers Iwerness. Des routes sont
tracées et construites au milieu de ces montagnes presque inconnues
aux Anglais, qui y construisent plusieurs forts ; la mer leur fournissait des vivres et des munitions abondantes. Le duc de Cumberland marche à Culloden avec 10,000 hommes d'élite, qu'il range en
bataille sur une vaste lande, complétement découverte et sans
fossés.

L'armée écossaise s'est formée en bataille entre deux lacs, ses
flancs bien appuyés, ses derrières touchent aux murailles de la
place d'Iverness, le front est couvert de marais, de fossés et d'obstacles naturels rendus plus solides par l'art. Les Français de Louis XV,
on le sent, dirigent ces travaux. Ils ont porté la doctrine avec eux.
Ce changement dans les pratiques des deux armées est très-signi-
ficatif ; il va amener des résultats désastreux ; car l'armée du jeune
prince, serrée, pour ainsi dire, entre les parois d'une boîte, y perd
toute la liberté de ses mouvements.

Dans une allocution à son armée, le duc de Cumberland explique à ses Hessois, à ses Hollandais et aux Anglais, *que toute retraite leur est impossible;* que tous les clans sont en armes autour d'eux; qu'une déroute au milieu de ces rochers, de ces marais et de ces lacs est leur perte; *qu'il faut vaincre ou mourir, et qu'il n'y a aucun refuge possible.*

L'armée écossaise se lance, selon son habitude, avec impétuosité sur l'ennemi; mais, débouchant sans étendue, elle trouve trois épaisses murailles de baïonnettes. La première est renversée; mais la seconde rompt les troupes assaillantes. La cavalerie les prend à revers, l'artillerie les foudroie : tout tombe, tout est culbuté. Un petit nombre se sauve à Iverness sous la protection des carrés français, qui capitulent, le lendemain, et rendent la place au prince anglais.

Les vainqueurs trouvèrent sur le champ de bataille 30 canons, 2,500 fusils et 37 barils de poudre, avec 32 fourgons attelés. Toute l'armée écossaise fut détruite, les prisonniers furent massacrés, et plus tard tous ceux qui avaient pris parti furent livrés aux bourreaux dans toute l'Angleterre.

Quant au jeune prince, il parcourut en fugitif les îles Hébrides, et ne termina son odyssée, pleine d'aventures, qu'à la fin de septembre 1746, qu'il parvint sur les côtes de France : tel fut le dernier effort des Stuarts.

Quel est le rôle des fortifications dans cette sorte de guerre civile de dix-huit mois de durée? 16 fois la fortification est en jeu : 9 fois elle a une influence malheureuse pour le parti qui prétend s'en appuyer, et 7 fois elle l'aide avec avantage. C'est le rapport de 9 à 7, c'est celui de 1,28 : 1, un et un tiers contre un.

Ainsi, encore dans cette entreprise, l'emploi de la fortification se rapproche d'une égalité de chances, observée déjà dans d'autres guerres civiles. Nous avons vu le même résultat se reproduire en France de 1649 à 1654, et en Angleterre de 1640 à 1646. Cette succession de faits, tous analogues, doit donc nous faire penser, avec raison, que les principes doctrinaires n'ont été inspirés que par les guerres civiles, ou par celles du moyen âge qui n'étaient que des guerres civiles légalement organisées, et au milieu desquelles s'élevaient mille conflits entre les grands vassaux et le roi, ou entre ces vassaux eux-mêmes, souverains au même titre que leur suzerain suprême. C'est ce que nous avions remarqué plusieurs fois dans nos *Nouvelles considérations: La guerre doctrinaire n'est que celle des petites armées du moyen âge; son système a été irrationnellement transporté dans les grandes invasions et dans les luttes internationales. Il n'y a entre ces temps déjà loin de nous et les actions modernes aucune sorte d'affinité ni d'harmonie quelconque, et ce système ne répond en aucune manière aux nécessités de notre époque.*

Dans cette guerre, la capitale, Édimbourg, fortifiée, défendue par un fort château, perchée sur un haut rocher, tomba alternativement aux mains des vainqueurs. Toujours, comme le dit Napoléon, la capitale se décide d'après l'événement. Il manquait au prince Édouard des vaisseaux, et Louis XV ne sut faire aucun effort en faveur du prétendant, quand l'intérêt de la France le demandait. Les princes dynastiques de cette époque étaient ainsi faits. Ils croyaient qu'on était trop heureux de les posséder, ils ne voyaient qu'eux seuls dans l'État. Napoléon en était arrivé à ce point, et pourtant la France existe encore !

Edimbourg est au fond d'une belle baie. Les Anglais restèrent maîtres du port de Leith, en avant de cette ville, tandis que le jeune Édouard, étant sans flotte, ne pouvait recevoir ni munitions, ni renforts de France.

Le trident de Neptune est le sceptre du monde.

Que l'on remarque l'allocution du duc de Cumberland à ses troupes, qu'il a placées dans une position telle, *qu'il leur faut vaincre ou mourir : plus de refuge,* leur erie-t-il. Vérité que nous avons proclamée dans nos *Essais sur de nouvelles considérations militaires* (page 188). Ainsi tous nos principes se trouvent confirmés de nouveau.

Cette guerre, indépendamment de ce qu'elle était guerre civile, et, par ce motif, favorable aux forteresses, se passa dans des montagnes et entre de petites armées. On devait donc s'attendre à ce que le rôle des places y fût plus avan-tageux, et c'est ce qui arriva.

Bien que Londres ne fût plus une ville fortifiée, jamais Charles-Edouard ne put pénétrer jusqu'à elle, pas plus que le duc de Brunswick ne pénétra dans Paris. Est-ce que Bruxelles, en 1815, était une place de guerre! et pourtant Napoléon n'y put arriver. Berlin même fut dé-livrée, par de simples manœuvres, des mains des alliés pendant la guerre de Sept Ans. Supposez donc Rome, Na-ples, Madrid, Lisbonne fortifiées, et dites-nous si elles eussent été sauvées comme elles le furent. L'ennemi en général défend mieux une capitale, ou une ville tombée en son pouvoir qu'une place qui lui appartient, et ce fait est d'expérience; il serait même facile d'en donner d'excel-lentes raisons. L'armée étrangère et l'armée nationale ne sont pas alors sous les mêmes conditions : l'une peut tout sacrifier, l'autre, par devoir, doit tout ménager.

Il y a quelque chose de plus sûr que les bastions pour défendre les grandes capitales, et ce quelque chose con-siste dans les masses, dans les difficultés de l'occupation. Les garder, y vivre, résister aux séductions est plus diffi-cile qu'on ne le croit, et l'on doit y regarder à deux fois avant de s'embarquer dans une si gigantesque entreprise. Aussi comparez ce qui est arrivé aux capitales ouvertes, telles que Moscou, avec le sort de Vienne, de Naples, de Venise, de Varsovie, fortifiées, qui restèrent asser-vies pendant longtemps. Le meilleur système pour défendre une capitale, c'est de marcher à l'ennemi, c'est de l'en éloigner et non *de l'attirer* sous l'asile prétendu de remparts dangereux. On peut *défier la doctrine de citer une capitale* dont la défense *directe* ait sauvé l'empire, sauf le cas de Vienne; mais Vienne était assiégée par une armée turque, c'est-à-dire par une armée sans consistance et dont l'artillerie de siége avait été interceptée sur le Danube.

Charles Ier s'arrête en 1641 devant Hulst, devenue son épouvantail. Vite la doctrine, saisissant la balle au bond, vous dit : Vous voyez bien, Hulst sauva Londres ! mais il n'y a là qu'une de ses subtilités ordinaires. Charles ne s'arrêta que devant un de ses propres préjugés. Il fût entré à Londres s'il eût tourné Hulst en la faisant observer par un petit détachement. Quatre jours étaient assez pour cela, et Hulst eût ouvert ses portes le jour même de l'entrée du roi à Londres. Plus tard il n'y avait plus aucun espoir de pénétrer jusqu'à cette capitale. Quelques jours avaient suffi pour la mettre hors d'insulte.

Un pareil événement n'a rien de surprenant. Il faut faire la part du temps où les choses arrivent, et descendre dans les résultats de l'éducation d'une époque. Charles-Édouard en 1745 a déjà des idées militaires plus avancées. Ni Carlisle, ni Stirling, ni Leith, restées sur ses derrières, ne l'effrayent. Il veut pousser sur Londres ; mais les lairds écossais ont encore les idées du moyen âge. Ils se croient aventurés en laissant des forteresses derrière eux, et n'osent poursuivre une marche triomphante. Cumberland, avec son armée à Derby, les frappe, il est vrai, d'une panique bien plus certaine que celle de Stirling, parce que les armées seules sauvent les capitales, quand elles ont assez d'intelligence pour ne pas aller s'embarrasser dans les mille difficultés inhérentes aux cités trop étendues.

Il faut croire, pour l'honneur de la France, que la loi

de l'embastillement a été vivement disputée, et que peu de voix ont concouru à faire fourbir cette véritable épée de Damoclès. Sans rechercher les motifs de l'entraînement qui a pu produire le vote définitif, nous avons des raisons de croire que plusieurs de ceux qui y ont contribué comprennent maintenant leur imprudence ; et s'ils se vantent encore d'avoir fait un si funeste présent à leur patrie, ils ne le font, que poussés par un triste amour-propre. Que l'on n'oublie point qu'en politique, comme à la guerre, *toutes les fautes se payent tôt ou tard.* Nous n'ajouterons ici rien autre chose. Qu'on juge entre Londres ouverte et sauvée, et Édimbourg fortifiée et deux fois perdue.

CHAPITRE XII.

Guerre de l'indépendance de l'Amérique, sous Washington.

Nous allons rechercher le rôle de la fortification sur une terre nouvelle, au milieu des solitudes profondes de l'Amérique, et au sein d'une société naissante. Nous commencerons ce travail par l'examen des campagnes des Américains-Anglais contre les Français du Canada; puis nous passerons la guerre de l'indépendance des États-Unis. Ces deux événements détachés, mais dont l'un est pour ainsi dire le préliminaire de l'autre, nous obligeront à partager notre analyse en deux sections.

TABLEAU STATISTIQUE N° 39.

1re SECTION.

Guerre du Canada.

Entre les vastes solitudes qui séparaient le Canada français de la colonie aussi française de la Nouvelle-Orléans, sur le golfe du Mexique, se trouvaient les frontières des colonies anglaises. Des détachements d'Indiens, aidés de quelques pelotons français, ruinaient tous les établissements naissants de nos rivaux; et, à mesure de leurs progrès, les gouverneurs pour Louis XV bâtissaient des orts dans les principaux défilés et aux embouchures des rivières, dans le grand fleuve de l'Ohio. C'était déjà le système doctrinaire déployé dans toute son abondance au milieu des forêts (1).

Les Anglais ne demeurent pas en reste de forts et de crimes commis par leurs Indiens. Ils bâtissent aussi sur une ligne de plus de 200 lieues, au fur et à mesure qu'ils avancent, depuis le Potomac jusqu'à la Caroline du Sud, une série de 24 forts, malgré l'*avis* du colonel Washington, qui soutenait que ces ouvrages étaient trop éloignés, que les Indiens passeraient entre eux, qu'ils seraient impossibles à approvisionner et absorberaient les troupes disponibles. Mais lord Laudon, au lieu de l'écouter, fait élever 23 forts sur les débouchés de la chaîne des Alléghany et jusqu'au cours de l'Ohio.

Les Français troublent ces travaux. Un de leurs détachements s'empare du fort Wills-Creck : ce fut la première action de cette guerre.

Washington pénètre alors dans les forêts avec un corps de 800 hommes, pour aller attaquer un prétendu fort Duquesne français très-difficile à trouver. C'est dans cette expédition qu'il rencontra le jeune Jumonville, porteur d'une lettre du gouverneur du Canada à celui de la Nouvelle-Angleterre. Il était accompagné de 40 Indiens et d'une dizaine de Français, pour le protéger et trouver son chemin à travers des solitudes trois ou quatre fois grandes comme la France. Le détachement de Washington attaque à l'improviste les voyageurs ; ils sont pris ou tués, et Jumonville est de ces derniers. On a pendant longtemps accusé les Anglais d'assassinats : toutefois un historien moderne s'efforce de montrer cet événement comme un *malentendu*, un cas fortuit ; ses coréligionnaires et amis, les Anglais, n'ont pas eu, dit-il, de mauvaises intentions ; l'escorte de Jumonville a été prise pour un parti ennemi. Croyons-en donc cet auteur.

Quoi qu'il en soit, Washington continue à s'enfoncer dans les forêts, à la recherche du fameux fort Duquesne, et en chemin il fait bâtir le fort des *Grandes-Prairies* ou de la *Nécessité*, où il laisse 400 Indiens. Ce fort avait environ 50 mètres de côté.

Mais à peine est-il établi, qu'un détachement français s'en empare et le rase. La garnison obtint la liberté de se retirer au fort

Fort de Wills-Creck.

1755.
Fort des Grandes-Prairies.

---

(1) États policés, contrées sauvages, pays fertiles ou arides, montagnes ou plaines, marais ou rochers, la doctrine n'a qu'une seule méthode, c'est de développer des remparts : c'est là son alpha et son oméga

de Wills-Creck déjà relevé, et qui prit alors le nom de fort William, en l'honneur de Pitt.

Washington, repoussé, perdit dans cette expédition presque toutes ses troupes, son canon et ses équipages ; mais on ne lui en vota pas moins des remerciements. Un peu plus en arrière, on éleva le fort Cumberland.

Un nouveau corps anglais, fort de 1,500 hommes, est équipé et mis sous les ordres du général Braddock, toujours en quête du fort Duquesne. Des routes sont percées à travers les Alléghany et au milieu des bois : enfin l'on trouve l'objet désiré. Les Français sortent du retranchement avec 250 hommes et 600 Indiens , et s'avancent à une lieue de leur ouvrage, jusqu'au bord de la Monongahla , que les Anglais ont franchie. Le combat s'engage , et ces derniers sont repoussés. Ils perdent près de 800 hommes , leurs canons, leurs bagages , et se retirent au loin sur le fort de *Gist*, qu'ils avaient bâti pendant leur marche ; puis ils regagnèrent le fort Cumberland , sans être poursuivis : Washington avait guidé l'expédition.

C'est alors que recommencent les déprédations des partis indiens sur les frontières de la Virginie ; mais Washington entreprend une troisième expédition dans ces immenses solitudes. On se fait une place centrale à Winchester. On répare les anciens forts. On en bâtit de nouveaux ; et enfin, avec un corps de 6,000 hommes, on se met en mouvement contre le fort Duquesne. Après une marche de six mois, quel fut l'étonnement du chef anglais, on ne trouva, au lieu d'un fort, que quelques fossés commencés, quelques bouts de tranchées et des restes de baraques brûlées ! Les Français avaient évacué ; mais les Anglais, appréciant la position, y bâtirent un fort réel qu'ils nommèrent le fort Pitt.

Ils avaient enfin atteint les rives du fleuve de l'Ohio. Ils tenaient la communication des Français entre leurs colonies du Canada et de la Nouvelle-Orléans. D'ailleurs les victoires navales obtenues par les Anglais , et leurs succès dans d'autres colonies et sur le continent, forcèrent bientôt la France à leur abandonner le Canada par un traité que l'on a toujours reproché à Louis XV.

**Nous ferons peu d'observations sur cette guerre, laquelle se passe dans des forêts presque inconnues, entre de petits corps qui se cherchèrent souvent sans se trouver ; cependant l'opposition *anti-fortiste* de Washington, contre des gouverneurs doctrinaires, mérite d'être remarquée, et sa persévérance à attaquer le fort Duquesne est également instructive ; car ce furent les maîtres de ce fort qui furent vaincus, bien qu'ils l'eussent démoli à la 3ᵉ expédition, au moment de l'arrivée de l'ennemi.

2ᵐᵉ SECTION.

Guerre de l'Indépendance.

Nous ne pouvons, dans un ouvrage du genre de celui-ci, entrer dans tous les détails qui amenèrent cette guerre. Les colonies anglaises, établies depuis 100 ans, avaient obtenu des chartes ; la métropole s'était interdit le droit de lever des impots sans leur consentement ; mais l'Angleterre oublia ces libertés et franchises. Elle porta les lois du timbre, inconnues jusque-là aux Américains ; elle imposa le thé et exigea d'autres contributions. Les colonies refusèrent de se soumettre, formèrent une association contre les produits des manufactures anglaises, et suspendirent leurs payements aux fabricants de Londres. Les troupes anglaises lancées contre les communes, abusent et pillent. Tous les colons s'arment. De petits combats ont lieu, et enfin de chaque côté tous les corps se réunissent en armées. Les milices, exercées pendant la guerre du Canada, enferment l'armée anglaise dans Boston. Elle était de 10 à 12,000 hommes. Les Américains, encore mal armés et mal équipés, formaient un corps de 14 à 15,000.

1775.
Bataille de
Lexington
et
bataille de
Bunkershill.

Ces derniers se retranchent dans des lignes devant les remparts de Boston. Entre ces deux fortifications a lieu une vive escarmouche connue sous le nom de bataille de Lexington, où l'armée américaine est battue. Cependant peu à peu les milices éloignées s'avancent, et Boston resserré plus étroitement par les lignes de

Boston.

Cambridge, est bombardé. Les bombes tombent jusque dans le port et menacent la flotte, ce qui décide le général Gage à évacuer la ville où entre l'armée américaine, après avoir été deux fois repoussée à Lexington et à Bunkershill. *Le possesseur de la place perd la campagne.*

Pour empêcher tout secours anglais de venir du Canada, des

corps américains, sous les généraux Arnold et Montgommery, entrent en Canada, pénètrent entre les grands lacs ; Québec résiste; Montréal est pris Montgommery; est tué, et Arnold réunit les deux corps, qui interceptent toute communication des Anglais avec les États insurgés.

Le général Howe a remplacé Gage et a dirigé la flotte vers New-Yorck. Long-Island était fortifié avec soin. Cependant les vaisseaux de l'amiral, frère du général, pénètrant entre cette île et la place, font taire les batteries et les culbutent avec quelques bordées. 30,000 Anglais ont affaire à 24,000 Américains ; mais ceux-ci sont subdivisés dans le camp retranché de Long-Island, au nombre de 13,000 et de 11,000 dans New-Yorck.

Le débarquement des Anglais se fait malgré le feu de l'île. Avec 15,000 hommes ils attaquent les retranchements. 5,000 Américains y sont pris ou tués. Ainsi repoussé, Washington évacue ses lignes de la presqu'île à Broocklyn, et rentre dans New-Yorck de peur d'être tourné par la flotte, qui, ayant déjà pénétré dans le fleuve, bat le terrain entre la ville et ses lignes. Bientôt New-Yorck est bloquée et assiégée par la flotte et par l'armée anglaise réunissant leurs efforts.

La place est bombardée avec violence. Washington l'évacue. il remonte le cours de l'Hudson et va se retrancher ; mais la flotte, de son côté, continuant de remonter le fleuve, dépasse de nouveau ce retranchement. Il faut en rétablir un autre plus haut avec perte de 400 hommes. Ce fut alors que, ne voyant plus moyen de se maintenir sur la rive gauche et près du fleuve, Washington avance dans les terres, et forme un camp retranché sur les hauteurs d'Harlem. Dans cette situation, l'armée ennemie complète son débarquement et vient attaquer ces nouvelles lignes en tournant encore leur position avec la flotte. L'armée américaine soutient péniblement le combat. La nouvelle position des vaisseaux la contraint de s'enfoncer davantage dans les terres, et d'établir un nouveau camp retranché entre l'Hudson et la rivière d'Est.

Le général Howe est repoussé à l'attaque de ce camp; mais, faisant rembarquer son armée, il remonte l'Hudson encore plus haut, et derechef, exécutant son débarquement, il tourne cette nouvelle position. L'armée anglaise attaque le fort Washington défendu par 5,000 hommes; il est enlevé d'assaut, quoique muni de 60 canons. L'ennemi y saisit de riches magasins. Il est à remarquer que Washington avait donné l'ordre *d'évacuer ce fort*. ordre qui n'avait pas été exécuté. vu la solidité du poste. La flotte l'avait canonné, et l'armée de terre l'assaillit avec tant de vivacité, qu'il ne put résister. Washington n'était pas toujours bien obéi par ses généraux, un peu républicains. L'armée américaine y eut 2,800 prisonniers de ses meilleures troupes.

Cependant la flotte anglaise continuait de remonter le cours du fleuve ; Washington remontait de son côté la rive gauche, sans perdre de vue l'ennemi un seul instant, selon les bons principes de la guerre. Il escortait, pour ainsi dire, l'armée ennemie.

Bataille de Chaterston. — La flotte se dirigeant sur New-Rochelle, il est forcé de camper sur les hauteurs de Chaterston, où il se retranche. L'armée anglaise débarquée attaqua ces lignes, et les Américains furent enfoncés. Après avoir éprouvé ce rude échec, les débris de leurs troupes coururent se retrancher sur des hauteurs en arrière de celles-là. Les Anglais ne jugèrent pas à propos de renouveler leur mouvement offensif, et respectèrent le nouveau camp. Il règne jusqu'à cet événement, dans les ordres du jeune général américain, une sorte de vague. Il semble n'être pas bien sûr de ce qu'il entreprend et de ce qu'il doit faire. On dirait d'un homme *qui étudie* l'art de la guerre, dont il n'a pris dans les livres que les premiers rudiments. Ainsi il donne des ordres peu positifs d'évacuer le fort *Fort Léc.* — Léc, aussi ne sont ils pas exécutés à propos ; ce fort fut occupé par les Anglais et tout le matériel pris, entre autres 50 bouches à feu ainsi que des magasins considérables et plus de 800 hommes. Après ces revers l'armée indigène démoralisée se retire, ou plutôt fuit vers New-Brunswick, abandonnant à l'ennemi toute la province de New-Jersey : c'est alors que le général Howe courut sur Philadelphie, la nouvelle capitale de la république naissante.

Prévoyant cette attaque, Washington porte les débris de ses troupes à la défense de la Delaware ; mais le corps américain du général Léc venait de se faire battre ; lui-même était prisonnier, l'armée était réduite à 4,000 hommes.

Rh. d'Island. — Pendant que ceci se passait si malheureusement de ce côté, la flotte anglaise effectuait un débarquement à Rhod-Island. Cette île, couverte de fortifications, défendue par 6.000 hommes, fut emportée et tout le corps américain fait prisonnier. Dans l'effroi général, le congrès insurrectionnel évacua Philadelphie et se convoqua à Baltimore.

Cependant un élan général se manifeste dans toutes les colonies. Des secours nombreux arrivent à l'armée. Elle reprend courage, et Washington, *cessant tout à coup son système de retraites et de retranchements, passe au rôle offensif.* Remarquant que l'armée anglaise s'est un instant cantonnée dans deux points retranchés et voisins, Trenton et Princeton, pour se mettre à l'abri des rigueurs d'un rude hiver, il y marche au milieu d'une nuit obscure, tombe sur Trenton, l'enlève de vive force et y fait prisonniers 2,000 Hessois avec toute leur artillerie. Le reste parvint à s'échapper.

L'armée anglaise a entendu le canon de l'attaque; elle quitte Princeton et court à Trenton; mais elle y trouve Washington bien posté et couvert par la place; elle l'attaque sans succès.

Quelques jours après, non content de son double triomphe, Washington, par une marche de nuit, se porte sur Princeton. L'armée de Howe est surprise une seconde fois. Les retranchements sont emportés et la place est escaladée, nonobstant les prompts secours des cantonnements voisins, qui empêchent seuls une défaite générale des Anglais.

Philadelphie, munie de bonnes fortifications, renforcées de nouveaux ouvrages ajoutés par Washington, était attaquée par l'armée anglaise. Ces travaux ont fermé l'espace entre la Delaware et la rivière de Schuykill. L'attaque des Anglais est d'abord repoussée par cette ligne, et la place momentanément sauvée. Cet échec força Howe, pendant l'hiver, à se cantonner sous New-Brunswick, où il se mit à couvert derrière des retranchements.

Après 6 mois de campement en ce lieu, et de fréquentes escarmouches, Howe rembarque son armée et fait diverses descentes sur plusieurs points des côtes. Ses troupes se livrent avec fureur au pillage, à l'incendie et à toutes les horreurs qui ont allumé entre les deux peuples une haine immortelle. Elles exercent des cruautés inouïes comme elles l'ont fait si souvent, malgré le jargon philosophique du cabinet. Que l'on demande à l'Afganistan, au Mysore, au Cap et à tant de nations si nous les calomnions?

A cette époque, le général Burgoyne amène du Canada de puissants secours à l'armée anglaise; et, après plusieurs évolutions marquées chacune par la destruction de plusieurs villes, la flotte ennemie rentre dans l'Hudson et à New-Yorck. Une seconde fois elle pénètre dans la Delaware, puis revient dans l'Hudson; nous ne saurions suivre toutes ces manœuvres, toutes ces feintes, toutes ces entreprises; car nous n'avons pas pour objet de faire l'histoire politique, morale ou stratégique de cette lutte. Notre but a été seulement de lier suffisamment les actions de guerre, qui ont eu lieu sous les fortifications, avec la série des opérations militaires générales.

On conçoit aisément toutes les sollicitudes de Washington et tous les travaux des troupes américaines formées de milices et contingents des divers États, souvent un peu volontaires et soupçonneuses, livrées même quelquefois à des rivalités fâcheuses, toujours mal armées et manquant le plus ordinairement de munitions. Il fallait suivre sur terre les mouvements rapides d'une flotte arrivant à l'improviste sur des points inattendus; recevoir le choc d'armées plus nombreuses, bien aguerries, parfaitement exercées, et recevant à chaque instant d'Europe tous les renforts nécessaires.

Bataille de Brandywine.

Cornwallis a remplacé Howe. Son armée débarque au cap d'Esk et attaque l'armée américaine, fortement retranchée à Brandywine. Les lignes sont forcées, les Américains se retirent sur Chester avec une perte de 800 morts et autant de blessés et de prisonniers. Ce fut à cette bataille que donna un premier secours de quelques volontaires français, et que la Fayette fut blessé assez grièvement à une jambe.

Bataille de Germantown.

Cornwallis tourne toutes ses vues vers la conquête de la capitale; il avance vers Philadelphie. Washington fait tous ses efforts pour la couvrir, et les deux armées se rencontrent à Germantown, près de cette ville. Cette fois les Anglais s'étaient retranchés dans le château de Chews-House : vainement les Américains ébranlent la première ligne; ils finissent par être repoussés avec une perte de 1,000 à 1,200 hommes.

Fort Miffling.

Prise de Philadelphie, capitale fortifiée. Forts détachés.

L'armée anglaise ne tarda pas à paraître sous Philadelphie. Les deux adversaires font, autour de cette place et de son camp retranché, une foule de manœuvres. De nouveaux ouvrages avaient été encore ajoutés; mais le fort Miffling, clef de la position, est emporté; la flotte anglaise est prête à tourner toute la ligne des Américains, et Washington, obligé de reculer de 14 milles, abandonne la place à elle-même. Les Anglais l'assiégent en forme, prennent le fort détaché nommé de la Merced, et forcent la place à capituler.

Capitulation de Saratoga.

Pendant que Cornwallis se rendait maître de la capitale, un autre de ses corps recevait un rude échec dans la Caroline du Sud. Le général Burgoyne s'était laissé pousser par les troupes du pays dans la place et le port de Saratoga. Cette division, forte de 5,000 hommes, est obligée de capituler et de se rendre prisonnière des Américains avec un riche matériel.

Camp de Willy-Forges.

Du côté de la capitale, l'ennemi marche sur le camp retranché de Washington, à Willy-Forges; il l'attaque après plusieurs escarmouches, mais il est repoussé avec perte. Nonobstant la chute de Philadelphie, Washington ne se décourageait pas. Francklin lui-même, envoyé de l'Union à la cour de Versailles, prétendant *que ce n'étaient pas les Anglais qui avaient pris Philadelphie, mais que c'était Philadelphie qui avait pris les Anglais.* Ainsi nous avons vu dans d'autres guerres la chute des capitales produire cet effet sauveur. Prague, Madrid, prirent aussi les armées saxonnes et anglaises en 1631 et 1706-1710. Ce fut Lisbonne qui prit l'armée de Junot en 1808 ; et, en 1812, la puissante armée française fut la proie de Moscou ; mais de telles considérations philosophiques paraissent au-dessus de l'entente de la doctrine : déjà nous avons touché quelque chose de cette vérité dans nos *Considérations militaires*, page 296 : ces capitales furent autant de Capoues absorbantes. Nos précédentes analyses reproduisent vingt fois les mêmes faits : *de capitales ouvertes devenues mortelles à leurs vainqueurs, et de capitales fermées devenues l'écrou rivant la victoire des envahissants et causant la chute de l'État.*

Jusqu'ici les Anglais ont un grand avantage ; leurs flottes nombreuses soumettent les côtes, pénètrent dans les fleuves, pendant que les Américains n'ont que quelques bricks armés. Ils font toutefois de nombreuses prises de bâtiments de transport et de commerce ; mais les flottes françaises viennent enfin se montrer dans ces mers. Elles commencent à balancer celles de la Grande-Bretagne, et déjà l'armée anglaise, menacée dans ses détachements, se voit incertaine sur les projets de ses ennemis.

La France venait de traiter avec les Américains. Un corps de 5,000 hommes était débarqué à Boston, sous les ordres de Rochambeau, Vioménil, la Fayette, Chastelux, etc. ; 20,000 Anglais étaient à Philadelphie et 10,000 à New-York, pendant qu'à Willy-Forges l'armée de Washington ne comptait que 12,000 hommes : mais la flotte française, sans oser, faute d'eau, *disait-on,* entrer dans l'Hudson ou dans la Delaware, menaçait d'y bloquer l'escadre anglaise, qui avait bien su y pénétrer. Dans cette perplexité, lord 
Cornwallis jugea qu'il était temps de rassembler toutes ses forces : *il évacua* Philadelphie avec des troupes énervées (*c'est ainsi qu'une capitale est délivrée*), et doctrinairement il les concentra dans New-Yorck, suivi par l'armée américaine. Clinton venait de succéder à Cornwallis. Dans ces mouvements mêmes, les deux armées se rencontrèrent à Monmouth sans qu'aucun des partis pût s'attribuer la victoire. Clinton continua sa retraite sur New-Yorck, toujours poursuivi par les 12,000 hommes de Washington. Ce fut alors que se fit la jonction avec le corps français et avec de nouveaux renforts des colons

L'armée anglaise avait franchi l'Hudson. Elle avait, peu aupa-ravant, évacué **Rhod-Island** et elle l'avait réoccupé, parce que cette position commande l'embouchure du fleuve. 6,000 hommes s'y sont retranchés avec tout l'art possible; mais les vaisseaux français y font un débarquement. L'île est enlevée, les forts pris, et toute la division anglaise est faite prisonnière. New-Port est aussi conquis sur la côte; et, pour assurer son blocus de New-Yorck, Washington porte son armée à quelque distance pour nettoyer le pays; car les deux Jersey étaient inondés des partis déprédateurs de la garnison de New-Yorck.

Devenant plus ferme, plus habile dans ses principes de guerre, Washington assaille le fort de West-Point, qu'il emporte en faisant 600 prisonniers et s'emparant de toute l'artillerie. 100 Anglais y périrent.

L'armée américaine assaille avec succès le fort de Stony-Point, mais elle évacue ses ruines. Washington devient général expérimenté; il ménage ses détachements. Il se jette sur le fort de Pauls-Hoock et l'enlève également, cernant ainsi la position maritime de New-Yorck couverte de forts détachés et doctrinaires comme Paris. Pour mieux arrêter les courses de l'armée de New-Yorck, et pour donner à la marine française vers l'embouchure de l'Hudson plus d'assurance, le général américain fait fortifier Stony-Point, Verplantk-Point et Kings-Perry. Clinton a envoyé de New-Yorck des divisions pour les attaquer, mais elles sont vigoureusement reçues et repoussées. Ainsi les deux partis belligérants ont précisément changé de rôle; jusque-là, sauf la bataille de Trenton, c'est l'armée anglaise qui a conservé la grande offensive; Washington n'a fait que des retirades derrière des remparts où il était toujours battu; mais c'est lui qui attaque à présent; il prend les forts où les Anglais se cachent à leur tour, et, à son tour, il rallie la victoire sous le drapeau de l'Union. Ce n'est pas qu'il méprise l'art de l'ingénieur, seulement il ne le prodigue plus comme jadis; il en fait un judicieux emploi, sans écraser son armée ni la morceler. Les Américains manœuvrent : les ennemis ont changé de rôle. *La victoire n'est pas une capricieuse* comme on le prétend, *elle est pour celui qui agit avec sagesse*; et pourtant Clinton a 30,000 hommes, lorsque Washington n'a que 12,000 Américains et 5,000 Français; car ce fut à cette époque seulement que l'armée française se rallia entièrement aux troupes de la jeune république, et que New-Yorck fut resserré de toutes parts, et enfin de très-près.

Pendant que ceci se passait sur les rives et aux embouchures

Rhod-Island.

New-Port.

1779.
Fort de
West-Point.

Fort de
Stony-Point.

Fort de
Pauls-Hoock.

Forts
détachés.

Stony-Poo...
Verplant...
Point t...
Kings-Fe...

1780.

de l'Hudson, un corps américain combattait dans la Caroline du Sud une forte armée anglaise que la flotte y avait conduite. Cette armée avait en vue éventuelle de s'emparer de cette province, qui communiquait avec les colonies françaises de la Nouvelle-Orléans. **Peu** à peu le corps américain, s'élevant à plus de **6,000** hommes, avait été refoulé dans la place maritime de Charles-Town. La flotte française de d'Estaing était éloignée et avait été attaquer les colonies anglaises de la Jamaïque, ou secourir celles françaises de ces quartiers. Charles-Town fut obligé de capituler avec toute l'armée américaine devant une force de **18,000** Anglais ou plutôt d'Hanovriens et de Hessois, car jamais les nationaux Bretons ne font réellement la guerre ; ce sont toujours des étrangers qu'ils achètent de leurs souverains, et qu'ils sacrifient.

Les deux flottes antagonistes reparaissent sur les côtes de New-Yorck. Celle de France est renforcée par l'amiral Térany pour contrebalancer les renforts anglais de la flotte de l'amiral de Graves ; mais New-Yorck est serrée de plus près par l'armée combinée américaine et française. Le fleuve est fermé aux vaisseaux ennemis. La place demande à traiter, quoique défendue par **25,000** hommes et seulement attaquée par **19,000**. Cette proportion entre les assiégeants et les assiégés *a déjà fait l'objet de nos fréquentes remarques*.

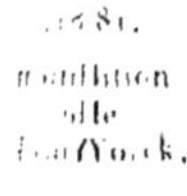

Cette vaste cité, déjà si riche et si populeuse, est forcée de capituler, *faute de vivres*, au moment où la paix, signée entre la France, les États-Unis et l'Angleterre, permet à l'armée anglaise une évacuation tranquille.

Les progrès de Washington dans la science de la guerre, pendant ces célèbres événements, ne peuvent échapper à personne. On doit remarquer que l'armée américaine, toujours battue derrière ses retranchements, depuis 1775 jusqu'à 1778, adopta un autre système de guerre, se tint en plaine à son tour, et se porta à l'attaque. **Au contraire les Anglais**, jusque-là assaillants, se mirent à prendre la méthode doctrinaire, bien qu'ils fussent constamment très-supérieurs aux Américains. Ce furent Cornwallis et Clinton qui firent ce notable changement ; tandis que Howe avait toujours conservé la liberté de ses mouvements. La victoire en même temps changea de drapeau. Toutes nos études précédentes nous montrent constamment les mêmes résultats.

Sans doute les réflexions de Washington furent pour beaucoup dans l'adoption d'un nouveau genre de guerre : toutefois il fut le résultat positif d'une délibération expresse du congrès, et l'on trouve en effet dans l'histoire de la révolution américaine de *Mayer*, auteur contemporain (1), présent au milieu de l'armée de Washington, cette phrase : *Il était résulté de tous ces désastres cette vérité incontestable pour les Américains : qu'ils ne devaient plus désormais n'avoir que des villes sans remparts. Les Anglais,* ajoutait le congrès, *n'avaient pris pied en Amérique qu'à l'aide des forteresses du pays, et ne s'y maintenaient que par ce moyen. On venait d'observer qu'ils ne retenaient leurs conquêtes que quand elles étaient couvertes par des murs.* (Page 125, année 1784.)

Eh bien ! qu'on lise sans préoccupation nos *Considérations militaires*, à la page 300, l'on y verra que notre ouvrage n'est que le développement de cet acte du sénat américain, où tant d'hommes illustres surent créer une puissance nouvelle et un peuple nouveau. Car, nous l'avons dit, les principes doctrinaires ne sont ni capables de créer ni même de maintenir aucun empire.

Si maintenant nous totalisons nos deux budgets, nous trouvons 29 affaires principales malheureuses sous l'appui des fortifications, et seulement 14 heureuses. Si nous en élaguons la guerre du Canada, et que nous nous arrêtions uniquement à celle de l'Indépendance, nous aurons 26 d'un côté et 13 de l'autre ; c'est-à-dire que la distribution des chances est comme 2,00 : 1.

Mais cette guerre fut dans ses commencements une

______

(1) A Genève, 1787 ; *des Ligues.... et révolution de l'Amérique.*

vraie guerre civile; ce ne fut que peu à peu qu'elle changea de caractère. Elle eut lieu le long de grands fleuves et surtout dans les chaînes de montagnes d'un pays très-accidenté, surtout très-coupé, et en partie couvert de vastes forêts, le plus souvent sans routes et sans chemins. C'était un terrain presque encore vierge, dont les populations étaient rares et souvent établies à d'immenses distances les unes des autres. Cette double circonstance convient parfaitement aux guerres du moyen âge, et, bien que l'emploi des retranchements y ait été suivi de fréquents désastres, la fortification y a eu pourtant plus de résultats favorables. Elle n'y donne que le rapport de 2 à 1, au lieu de celui de 5 contre 1, trouvé pour la fin du 18e siècle et le commencement du 19e dans la vieille Europe.

Qui contestera que cela ne soit complétement en harmonie avec nos *Nouvelles Considérations militaires?* Il s'agit ici d'une guerre de montagnes entre de petites armées qui ne sont jamais supérieures à 30,000 hommes. La fortification y est mieux appliquée, et toutefois c'est quand Washington y a moins recours, qu'il triomphe!

Du jour où les généraux anglais se changèrent en doctrinaires, on put juger de la petitesse de leur génie militaire, et l'on dut prévoir que l'Angleterre perdrait l'Amérique. Un hasard seul pouvait sauver sa domination sur ce pays; Louis XIV, il est vrai, trouva le hasard de la mort de l'empereur Léopold, et Frédéric, celui de l'assassinat de Pierre III; mais il s'en rencontre rarement de pareils!

On doit, du reste, peu s'étonner des premières erreurs du grand Washington. Il avait commencé la guerre avec le fonds de connaissances que l'on puisait alors dans les livres. Les théories de guerre s'apprenaient dans les œuvres des ingénieurs français de l'époque, tels que Noizet, Saint-Paul ou quelques autres du même genre. On croyait posséder l'art quand, à l'aide du dessin, on avait

tracé sur le papier des fronts à la Cormontaigne ou quelques lignes en zigzag, comme aujourd'hui encore, quand
on a fait des courbes horizontales, des échelles de défile-
ment, et autres figures de géométrie descriptive bien levées
et enluminées avec goût. On ignorait peut-être que tous ces
petits artifices de topographie étaient plutôt capables *de
tromper que d'instruire* dans la science si difficile de la
guerre. Cependant, dans la guerre du Canada, l'on voit
que le jeune colonel Washington a une étincelle du feu
sacré dans son noble cœur. Il résiste à la *darçonomanie*
du général Loudon, et l'on comprend qu'un jour il de-
viendra un guerrier habile et un homme illustre. Aussi
ses trois dernières années montrent-elles des faits militaires dignes des beaux jours de Turenne; et, s'il a été un
Thésée, formant un empire nouveau, et un Solon, pour
sa patrie, il en a été aussi le Fabius.

Ce n'est pas que l'art de l'ingénieur, pas plus que l'art du
dessin, soit méprisable; au contraire, souvent avec leur aide
on fixe la pensée; mais il ne faut pas qu'ils usurpent sur
cette pensée, et se fassent objet principal au lieu de rester simple instrument. Combien n'en a-t-on pas vu qui
prétendaient à la palme de la poésie pour avoir su réunir
des mots sonores et bien alignés, comme on en a vu se
croire militaires pour avoir su combiner des figures plus
ou moins bizarres et produire des lignes symétriques sur
une feuille de dessin ou sur un champ de manœuvres
de garnison! C'était même là un des talents de la doctrine,
elle se plaisait à ces combinaisons topographiques qu'elle
donnait pour la science de la guerre; combinaisons faciles, séduisantes, et qui souvent engagent les États dans de
ruineuses entreprises, aussi bien que dans des dispositions militaires prématurées et souvent désastreuses.

CHAPITRE XIII

ou

RÉSUMÉ ET CONCLUSION.

Nous venons de traverser cinq siècles pour arriver aux guerres de la révolution française ; nous nous sommes transporté des rives du Rhin à celles de la Vistule. Nous avons franchi les Alpes et les Pyrénées , parcouru l'Allemagne, l'Italie et l'Espagne. Franchissant les mers, nous avons touché la terre d'Angleterre , exploré les forêts d'Amérique , reconnu les marécages et les collines, en interrogeant les lieux, les temps, les hommes. Les rois, les héros tour à tour nous sont apparus : Dunois , La-hire , Xaintrailles, Charles VII , Jeanne d'Arc , Charles le Téméraire , François 1er , Henri IV , Gustave-Adolphe , Turenne, Luxembourg, Condé, Créqui , Eugène, Marlborough, Villars, Catinat, Washington , et tant d'autres encore. Tous ont mis en évidence l'impuissance du système que nous avons désigné sous le nom de *Doctrinaire*, et qui n'a été soutenu que par quelques militaires de la force des Mack, des Villeroi ou des Darçon.

La guerre d'invasion et offensive , la guerre civile et celle défensive, ont été les hauts renseignements qui nous ont permis d'apprécier un moyen d'action qui , pour être sagement apprécié, n'aurait besoin que d'être mis en regard des seuls instincts qu'inspire la nature des choses à l'homme sensé.

Quel que soit celui des chapitres précédents auquel on veuille plus particulièrement s'arrêter, il est remarquable qu'il présente identiquement tous les résultats et tous les principes que nous avons déduits du seul examen des guerres de la révolution française dans nos *Essais sur de nouvelles considérations militaires* de 1843; en sorte que ce premier ouvrage n'est qu'une des scènes du grand drame que nous venons d'esquisser. Si l'on consulte la page 27 de cette première publication, et qu'on lise attentivement les conclusions de la page 388, l'on reconnaîtra que tous nos nouveaux chapitres en masse, et chacun d'eux en particulier, démontrent comment Darçon était dans l'erreur, et combien ses partisans, nos doctrinaires modernes, préparent à la France de *déceptions et d'infortunes*.

Dans leur aveuglement, ils n'ont eu pour ressource que de nier qu'ils fussent *Darçonniens*, c'est-à-dire qu'ils eussent le but d'organiser pour la défense du pays une suite de points fortifiés, formant une zone, dite militaire, au milieu de laquelle l'armée nationale combattrait celle des envahisseurs et manœuvrerait développée devant, derrière, à côté ou dans l'intérieur des places ou lieux fortifiés. « C'est, disent-ils, pousser contre nous une « argumentation qui porte à faux, en ce sens qu'elle combat un système *mort-né qui n'a point de sectateurs* (1). »

(1) *Spectateur militaire*, 15 octobre 1843. On peut objecter que cette négation est singulière, puisque toute la frontière de France est ainsi organisée, et l'on a exprimé l'action combinée des places avec celle des armées. *le jeu des forteresses*. Tout est jeu actuellement: on a le jeu des forteresses, le jeu de nos institutions, le jeu de la Bourse, etc., etc., et le jeu de la France, mais ne serait-ce pas elle qui serait jouée?

Cette zone militaire, ajoutent-ils, est de votre crû et de votre invention.

Admettons, pour un instant, que cela soit vrai, de la génération actuelle. Personne ne niera qu'une telle zone n'ait été ainsi organisée par les anciens ingénieurs. *Les places de France, toutes encore disposées de cette manière*, attestent, au moins pour le passé, l'exactitude des reproches que nous avons faits à cette école que nous avons appelée *la Doctrine*. Eh bien ! aujourd'hui même, nonobstant cette amélioration prétendue dans les esprits, *nous l'allons prendre en flagrant délit de Darçonisme*, malgré ses fallacieuses dénégations.

Par exemple, considérons un instant la position de Paris, place forte, telle qu'on l'a constituée. Il était, sans doute, naturel de penser que les plus saines idées militaires reçues, les grands principes de Vauban seraient appliqués à une immense capitale, comme celle de la France; et cependant il n'en est rien. A part le mérite du maçon que l'on s'empresse de faire admirer aux simples, cet échafaudage ne semble-t-il pas l'œuvre de *Darçonniens*, c'est-à-dire de doctrinaires ? En effet, on bâtit une enceinte de 15 à 20 lieues de développement, et on l'environne de 20 à 25 forts; mais ces petits ouvrages représentant des carrés et des pentagones de 120 à 130 mètres de côté, sont éloignés de 1,500 à 6,000 mètres de l'enceinte, c'est-à-dire, comme le proclamait un député, qu'ils sont à une distance telle de la place et entre eux, qu'ils ne peuvent être protégés par le canon de la ville ni par celui de leurs collatéraux. On comprendra que dans cette situation, dit le rapporteur, « ces forts, ne pouvant « recevoir aucune protection efficace de l'artillerie de « l'enceinte, *sont, pour ainsi dire, abandonnés à leurs « propres forces et exposés à être attaqués en même temps*

« sur tout leur pourtour (1). » Or, nous le demandons, *n'est-ce pas là exactement cette ligne de forteresses circulairement établies, formant une zone militaire absolument pareille à celle qui est développée sur nos frontières?* Qui ne voit là un système de vingt petites places disposées autour d'un point central, et une zone militarisée, *vrai cercle de Popilius*, duquel ne doivent plus sortir les armées *darçoniennes* immobilisées. Ces petites places sont absolument disposées à l'instar de celles de la frontière ; c'est l'application d'un système que vous repoussiez le 15 octobre, que vous stygmatisiez vous-mêmes le 24 février, et que pourtant *vous exécutez aujourd'hui !* Faux système pour faux système, nous croyons que celui de la frontière est encore moins dangereux que celui du Paris actuel. Du reste, ce n'est pas ici le lieu d'examiner les autres fautes commises dans cette œuvre *nationalicide*. Plus tard, cela sera fait, et la pauvre France jugera ce que peuvent coûter de sang, de larmes et d'argent, des idées mal digérées. Ici nous n'avons pour objet que de convaincre de Darçonisme nos fortificateurs.

Si nous examinons d'une manière générale ce que l'histoire nous apprend de l'influence des fortifications donnée aux capitales, nous voyons en 1066 les effets funestes de ce prétendu moyen de défense. L'armée anglaise, combattant *pro aris et focis*, est anéantie sous les murailles de Londres, et Guillaume tire de cette ville ses plus sûrs moyens de conquêtes. De 1380 à 1480, Paris, pris et repris par des révoltés et livré à

_____

(1) Rapport de M. Allard, député, séance du 25 février 1844. Au reste on ne pouvait faire une critique plus sévère de cette composition.

Il n'a pas fallu faire une grande dépense de génie pour l'établissement des forts ; car, malgré la diversité des terrains, ils semblent tous faits sur le même patron, à peu près comme les petits pâtés d'une même fournée.

l'étranger, reste pendant 18 ans capitale anglaise. Ce n'est qu'après avoir fait verser des torrents de sang, qu'il est enfin délivré et que la France cesse d'être une province saxonne. Henri III est chassé de sa capitale fortifiée, et il faut six ans pour que Henri IV y rentre. Pendant 5 ans, Louis XIV voit les portes de Paris fermées devant lui et il faut encore livrer des batailles pour les voir se rouvrir. Ainsi Paris *fortifié* fut près de 30 ans dans des mains ennemies, tandis que Paris, en 1814, *non fortifié, ne resta pas 3 mois* au pouvoir d'une immense coalition. Les remparts d'une capitale sont le plus puissant moyen que l'on puisse employer pour paralyser les efforts de la politique, qui, unis aux jalousies des coalisés, finiraient en peu de temps par la dégager sans combats : l'expérience le prouve. Berlin, Madrid non fortifiées sont bientôt évacuées. Il en arriva ainsi de Londres de 1641 à 1649 ; pendant 6 ans, Charles Ier fait de vains efforts pour pénétrer jusqu'à elle, et elle n'était plus fortifiée ; mais fût-il parvenu à y entrer avec son armée, il eût été obligé de l'abandonner : tant l'esprit du temps avait été enflammé par les idées de réformation religieuse [1].

N'est-ce pas une action *impolitique* de venir dire à la France : « Nous savons, les populations et l'armée « savent que la chute de Paris entraîne celle de la France. « La soumission de Paris entraînerait l'anéantissement « de la patrie. Les époques fatales de 1814 et de 1815 « ont montré le chemin de Paris aux étrangers, et leur « ont appris comment, *par leur seule présence sous ses*

[1] Quand, en 1346, Edouard, roi d'Angleterre, débarqua son armée, et traversa la Normandie, depuis la Hougue jusqu'à Saint-Cloud et Boulogne, les remparts de Paris, bâtis par Philippe-Auguste, étaient tombés et abandonnés ; en un mot, Paris n'était plus fortifié ; et cependant Edouard, cernant cette capitale, n'osa pas l'attaquer. Il attira Philippe de Valois jusque sur la Somme, et le vainquit à Crécy.

« *murs*, la guerre vient se terminer subitement (1). »
On a varié ce thème alarmiste sur tous les tons, et cependant on vient nous dire que Paris, quoique non fortifié, avait en 1814 tous les moyens possibles de se défendre. *Il manqua un homme à ma patrie !* s'écrie-t-on.

Il faut convenir qu'une telle opinion est peu flatteuse pour ces héros dignes de Sparte, qui, un contre dix, livrèrent la célèbre bataille de Paris; mais que leurs ombres généreuses se consolent, la postérité proclamera qu'ils ne manquèrent ni de tête ni de cœur, alors que leurs contempteurs seront oubliés depuis longtemps.

S'il manqua des bastions à Paris en 1814, ce fut un grand bonheur. Huit jours plus tôt ou plus tard, une armée de 600,000 hommes y fût certainement entrée, et les alliés alors n'eussent plus voulu entendre à aucun arrangement. Paris fortifié les eût rassurés contre de nombreux ferments d'insurrection qui, gagnant la France entière, menaçaient d'en faire une nouvelle Espagne. S'il manqua un homme en 1814, il y eut peut-être en 1841 quelques discours de trop dont il serait à craindre que le retentissement ne portât le découragement dans tous les cœurs, ainsi que le faisait ce cri de détresse de 1793, *ce fameux sauve-qui-peut :* espérons que notre noble France saura encore produire des héros, des Charles, des Henri et des Louis qui sauront l'arracher des mains de ses ennemis.

Bien que l'on ait prétendu établir un système de forts en avant de la nouvelle enceinte de Paris, il est difficile, au fond, de discerner et de savoir *ce qu'est cette composition amphibie.* Cela forme-t-il une ceinture de petites places, ou bien est-ce une grande place précédée de forts détachés, ou encore, un camp retranché ayant l'immense inconvé-

nient d'être sans profondeur pour manœuvrer, restant ainsi
en butte à l'artillerie ennemie, sous le coup d'une attaque
décisive par des colonnes nombreuses et résolues ? *Résolution qui deviendrait pour elles le vaincre ou mourir* (1).

Quoi qu'il en soit, cette composition, sans aucun
précédent dans les pratiques connues des ingénieurs,
et qui, en réalité, est sans nom, a par contre beaucoup
de vices. Elle détruit même l'avantage qu'ont plusieurs
parties de l'enceinte d'être en ligne droite. Le canon
d'un groupe de fronts, par exemple, voulant défendre à
toute volée un des forts, enverra une bonne partie de ses
boulets sur le fort voisin, et criblera en même temps
l'ouvrage qu'il voudra protéger. Le tir de la plus grosse
artillerie est tout à fait incertain quand il faut atteindre
un but fixe au delà de 2,000 mètres; mais cela devient
complétement indifférent pour tirer sur une masse de
maisons, parce qu'alors tout coup est bien pointé.

En fait de forts détachés, il y a beaucoup d'exemples
dont l'historique semble être ignoré des doctrinaires qui
ont fortifié Paris. Nous allons les leur rappeler, ayant
eu soin de les enregistrer dans nos tableaux, au moins
en grande partie. Un homme consciencieux pourrait
en faire lui-même un nouveau tableau statistique très-
instructif et fort curieux s'il voulait se donner la peine

1) Napoléon, à Ste-Hélène, a écrit, assure-t-on, que si Paris en 1814 eût été
fortifié, les étrangers n'y fussent pas entrés. L'on peut se demander comment
il est possible qu'un si profond général ne se soit pas aperçu plus tôt de l'importance d'une mesure qui devait décider de sa couronne. Cette opinion exprimée après l'événement, nous a toujours paru un moyen de pallier le résultat
désastreux de son mouvement sur Vitry, qui ouvrit aux ennemis la route de
Paris. Dans tous les cas, Napoléon ne parla jamais que d'une enceinte.

Sans contredit, l'empereur était bien supérieur aux généraux alliés. Au
milieu d'eux se trouvaient cependant des hommes capables : Bernadotte, Blü-
cher, Wintzgerode, etc., n'étaient pas trop novices, et leurs troupes, victorieuses depuis 15 mois, dans 10 batailles rangées, étaient fort bonnes et ne
manquaient pas d'entrain. L'on peut donc croire que les forts actuel ne les
eussent point arrêtés, et qu'une fois tournés ils se fussent rendus.

de revenir en arrière et de philosopher avec nous, un moment, sur ce genre de moyens.

Pour ne pas être trop long, nous ne remontrons ici qu'au temps de Gustave-Adolphe, et nous citerons la prise facile des forts détachés devant Usedom, Démmin, Magdebourg, Donawerth, Walf, Oppenheim, etc. De là, passant aux guerres sous Turenne, nous citerons les forts détachés enlevés devant Philisbourg, Fribourg, Paris, Nordlingue, etc. Arrivant ensuite au temps de Luxembourg, nous constaterons les plus importants exemples du danger et de l'impuissance de ce genre d'ouvrages, au fort de Kehl, au siége de Luxembourg et de Mayence ; mais ce sont surtout les prises des forts *Guillaume* devant Namur, des redoutes de *Charleroi* par Vauban, et des forts *Coquelet*, *Terranova* et de la *Casotte* par Cohorn, au second siége de Namur, qui méritent d'être remarqués ; ainsi que l'enlèvement des forts devant Huy, Trèves, et devant plusieurs autres places importantes.

Si nous examinons ensuite la guerre de la Succession, nous verrons que les forts détachés ont encore causé de nombreux désastres devant Pignerol, Mantoue, Verue, Kehl, Donawerth, Toulon, Douay, Huy, Namur, Ciudad-Rodrigo, Alicante, etc.

L'époque de Frédéric n'a pas été moins féconde en expériences malheureuses des pièces détachées, à Namur, à Mastricht, à Liége, à Bergopzoom et à Anvers, comme aussi à Pirna, Prague, Schweidnitz, Glatz, Colberg, Neisse, Torgau, etc. Si à ces nombreux exemples, on ajoutait ceux que nous avons passés sous silence et ceux que nous ont fournis les campagnes de la révolution française, on comprendrait que nous formerions un tableau de plus de 200 noms de places fortes devant lesquelles les forts détachés ont amené des catastrophes. Cela posé, que ne doit-on pas craindre devant Paris, où se trouveront 25 forts placés à 3 et 6,000 mètres les uns des autres, et à 2 à 6,000 mètres de l'enceinte, au milieu d'un fourré de maisons abattues et de décombres résultant d'un (1) état de siège. Combien ne doivent-ils pas courir risque d'être surpris ou attaqués isolément ! *nous le répétons*, ces forts n'ont pas été étudiés. Ils sont comme jetés au hasard et se ressentent de l'espèce d'engouement et de précipitation qui les a fait élever 2). On est convenu qu'ils ne voyaient rien autour d'eux, qu'ils apercevaient *à peine le sommet des clochers de Paris.* Un député (3) ne nous a pas laissé la peine d'en faire la critique, il s'en est chargé lui-même.

Que peut-on espérer de petits carrés de 120 à 130 mètres de côtés, sans eau, sans manutention, dont les bastionnets étroits, à angles aigus, peuvent à peine porter du canon, et dont les fossés sont sans contrescarpes ? On y a mis, dit-on, des casemates; mais si ce sont des abris pour la garnison, ce sont aussi des abris pour l'ennemi, et ce n'est guère l'usage d'établir des ouvrages dont quelques parties soient hors d'atteinte des feux de l'enceinte en arrière. Nos anciens ne plaçaient jamais de tels forts à plus de 2 ou 400 mètres des places; encore fallait-il qu'ils fussent dans des positions *inaccessibles;* mais, à l'imitation des médecins de Molière, *nous avons changé tout cela* et porté nos forts jusqu'à 6,000 mètres.

(1) Ceux qui ont voté les fortifications se sont laissés entraîner à l'idée du moment, et nous semblent le jouet d'une hallucination. ils ont oublié les vers du bon La Fontaine: *En toute chose il faut considérer la fin.*

(2) Il paraît aujourd'hui que leurs auteurs en sont moins satisfaits: il nous semble, il est vrai, qu'ils remplissent mal la pensée, secrète cause de leur érection. On les a beaucoup éloignés de l'enceinte pour rassurer la population, qui pouvait n'y voir qu'un moyen de la bombarder *en familles*, en sorte qu'ils ne bombarderont qu'à demi. On les a trop rapprochés de l'enceinte dans le cas désespéré où il faudrait en faire un camp retranché contre l'ennemi du dehors, parce que ce camp n'a pas assez de fond, en sorte que la place que ces forts occupent, place mixte, ne satisfait à rien: *C'est le juste milieu*

(3) M. Allard.

Les nouveaux ouvrages ont, ajoute-t-on, 10 mètres d'escarpe ; eh bien ! que l'on récapitule dans nos tableaux toutes les fortifications qui avaient une élévation égale à celle-là et même supérieure et où l'escalade a réussi, l'on formerait un nouveau tableau très-peu rassurant sous ce point de vue, surtout dans un pays où les constructions sur 18 et 20 mètres de hauteur sont communes. Nous mettons en fait que, si un ordre était publié autour de Paris, de requerir toutes les échelles qui surpassent 10 mètres, en 24 heures on en aurait à sa disposition 2,000, dût-on les payer 500 fr. la pièce, et des couvreurs habitués à les manier ne manqueraient pas. Figurez-vous une armée de 400,000 hommes, ayant 1,200 canons de parc et de campagne, et établissant en batterie, en une nuit, 200 pièces de 12 et de 16 contre l'un des forts dont même on aperçoit jusqu'à 2 et 3 mètres de revêtement, et cela au milieu de la fusillade de 10,000 tirailleurs placés dans les ruines des maisons environnantes. Qui donc, d'entre les militaires, croira qu'un tel ouvrage puisse tenir un seul jour (1)?

A présent que l'on pèse l'influence morale d'un premier échec et de la perte d'un seul fort du haut duquel l'ennemi verra 3 mètres, et plus, des murailles de l'enceinte ! Ainsi, un premier pas le conduira à un autre : et cette seule crainte fera capituler une place sans com-

(1) Ajoutez-y l'émotion morale, le manque de vivres, une population en arrière exaspérée, et la crainte de la trahison, et peut-être aussi des chefs se hâtant de mettre ordre à leurs affaires particulières, comme cela s'est vu en 1814.

On a dit que l'on ne dépenserait que 140 millions ; mais ils sont déjà dépassés, et l'on a laissé un demi-front à faire au débouché de chacune des 30 portes : c'est une affaire de 15 millions ; et les portes elles-mêmes ne coûteront pas moins de 15 autres millions. A-t-on compté sous le titre de bâtiments militaires les casemates et casernes-réduits, c'est aussi de la fortification ; et il y en a peut-être pour 10 millions ; puis viennent 18 millions pour les canons ; ensuite il faudra faire des arsenaux, des Canon ville, et tout cela atteindra bien près de 200 millions

munications avec les ouvrages détachés. Il est même à croire que l'emploi d'une artillerie si nombreuse ne sera pas indispensable. Une fois qu'un des forts sera coupé de la place, selon la méthode que Vauban mit en usage à Charleroi et à Namur, ce fort capitulera certainement : son voisin, dès lors compromis, l'imitera, et ce fameux chapelet se défilera en entier (1).

Cette composition nous semble, au total, inexplicable, quand bien même un jour, par une pensée aujourd'hui secrète, on relierait les forts actuels par une ligne continue, ou qu'on les renforcerait par une suite de nouveaux forts, achevant le quinconce, l'échiquier ou le casier, chefs-d'œuvre des conceptions de Cormontaigne ou de Darçon.

La confiance où vivent les promoteurs d'une si fatale résolution serait réellement plaisante, si elle n'était déplorable. Quoi ! ils s'imaginent que l'étranger *tremble* à l'aspect de ces véritables joujoux qu'ils appellent les forts de Paris? Quand on veut faire commettre une faute à son ennemi, on l'applaudit, on le flatte, on vante son génie : puis, quand elle est faite, on le raille, on le montre au doigt : c'est ce que nous avons laissé entrevoir, et c'est ce qui arrive aujourd'hui. Des quatre points cardinaux, et surtout de l'ouest, nous pleuvent des quolibets, du reste bien mérités. Soyez donc fiers d'avoir procuré *à votre patrie ces beaux remparts*, ou plutôt ces chaînes et ces canons qui ne seraient bons qu'à foudroyer ceux que l'on a déclarés *faubouriens* et à les mitrailler, s'ils se refusaient aux exigences d'un pouvoir qui se serait laissé entraîner dans une mauvaise voie : et vous, Chambres, délibérez sous les obus et les bombes !

(1) Le système part toujours d'une hypothèse fausse, sans laquelle ses principes ne seraient pas même présentables. Il présuppose une puissante énergie chez les hommes; or c'est là une utopie. Il serait bien plus rationnel de se placer dans une hypothèse contraire

Les Autrichiens ont démoli les remparts de Vienne. Voit-on les Anglais, les Prussiens, les Russes fortifier leurs capitales? ces peuples savent trop bien que les remparts, fussent-ils des chefs-d'œuvre, ne servent à rien. En vain, les armerait-on de canons et de mortiers : ce n'est pas avec cela que les places se défendent, c'est avec *des idées !* Or ces idées ne sont plus aux fortifications : la civilisation *les a tournées*, anéanties. C'était bon au moyen âge. Louis XIV, plus avancé que nos fortificateurs, Louis XIV, qui eut 10 ans devant lui pour fortifier Paris, aima mieux aller chercher son salut à Denain que de marcher contre son siècle ; mais aussi, c'était un grand roi !

Vous calomniez, s'écrieront-ils ; nous n'avons pas les funestes pensées que l'on nous prête. Nos remparts ne sont point destinés à mitrailler le peuple, et un gouvernement qui en viendrait là serait perdu. Ils ne sont que l'expression d'un *garde à vous*, un moyen d'intimidation tout paternel qui ne sera jamais appliqué, parce qu'on aura la prudence de ne pas s'y exposer, et qu'on restera tranquille. Soit ! mais lisez donc notre histoire des fortifications dans les 5 siècles précédents, et dites-nous si vos prévisions sont fondées. N'y a-t-il pas eu autant de révoltes dans Paris fortifié que dans Paris ouvert? Or la triste nécessité de s'en servir ne peut manquer de se présenter : tout gouvernement veut vivre, et sera contraint d'y avoir recours. Vous aurez beau vous efforcer de faire *faire le mort à vos remparts*, un beau jour, sans vous en douter, ils se réveilleront pour vous et malgré vous, et peut-être aussi contre vous !

Savez-vous comment la doctrine écrit l'histoire? si Cormontaigne, avec franchise, avoue *que les citadelles sont destinées à contenir les bourgeois*, un orateur, qui n'ose effacer la phrase, l'arrange, la déguise ; c'est vrai, dit-il ;

mais, *pour compléter la pensée de l'auteur*, il faut ajouter : *quand cette bourgeoisie veut forcer la garnison à capituler*. Quoi! jamais, dans aucun autre cas, cette citadelle ne sera employée? *jamais elle n'exigera rien* ; ni contributions, ni vivres? mais c'est une bénédiction qu'une telle citadelle : *oh ! le bon billet qu'a la Châtre!*

Et pas une voix généreuse ne s'est élevée contre cette extension calculée de la vraie pensée de Cormontaigne! Nul n'a réclamé en faveur, au moins, de la logique. Il faut que la Providence ait contre nous de bien sinistres desseins, pour qu'on se rende à de semblables paroles. L'on conçoit qu'un peuple se laisse convaincre par une suite de principes justes, sages et bien exposés ; mais quand il cède à des idées inconsidérées, à des discours en manière de propos interrompus, l'on ne peut que trembler sur son sort à venir.

Peu à peu, et pourtant encore assez promptement, la vérité se fait jour. Malgré de vains déguisements, la pensée des remparts de Paris commence à percer ; et, si comme on le dit aujourd'hui, il y a là un fait accompli, hâtez-vous de le changer : ce changement sera aussi un fait accompli plus rationnel, et souvenez-vous de l'avertissement du bon La Fontaine :

> Voyez-vous cette main qui par les airs chemine ?
> Un jour viendra, qui n'est pas loin,
> Que ce qu'elle répand sera votre ruine.
> De là naîtront engin à vous envelopper,
> Et lacets pour vous attraper.
> Enfin mainte et mainte machine
> Qui causera dans la saison
> Votre mort ou votre prison :
> Gare la cage ou le chaudron !

Mais revenons à nos tableaux statistiques, et cherchons à en extraire quelques-unes des vérités et des principes dont ils peuvent être la source. Faisons une somme générale de tous les rapports précédents, à l'instar de ce que nous avons établi dans nos *Essais sur de Nouvelles Considérations militaires* de 1843. En un mot, faisons notre double budget.

RÉSUMÉ.

CHAPITRES.	SECTIONS.	DATES.	NOMS PRINCIPAUX.	NATURE DE LA GUERRE.	Résultats malheureux.	Résultats heureux.	RAPPORTS.
Ier.	»	1066 à 1072	Guillaume le Bâtard.	Invasion.	20	6	3.33:1
II.	1re	1380 à 1385	Charles VI.	Invasion anglaise.	14	5	2.80:1
	2e	1408 à 1436	Charles VII.	Invasion anglaise.	88	24	3.67:1
	3e	1437 à 1478	Louis XI et Charles le Téméraire.	Invasion.	46	16	2.87:1
III.	1re	1515 à 1547	François Ier.	Invasions.	72	27	2.66:1
	2e	1547 à 1559	Henri II.	Invasions.	37	8	4,62:1
	3e	1560 à 1573	Charles IX.	Guerre civile.	40	21	1.90:1
	4e	1574 à 1589	Henri III.	Guerre civile.	32	13	2.46:1
	5e	1589 à 1594	Henri IV.	Guerre civile.	28	17	1.64:1
IV.	»	1630 à 1632	Gustave-Adolphe.	Invasion.	332	58	5.73:1
V.	1re	1636 à 1649	Turenne.	Invasion.	28	11	2.54:1
	2e	1649 à 1654	Turenne.	Guerre civile.	9	11	0,82:1
	3e	1656 à 1658	Turenne.	Invasion.	33	13	2,53:1
	4e	1667 à 1675	Turenne.	Invasions.	82	19	4,32:1
VI.	»	1675 à 1697	Luxembourg.	Invasions.	84	26	3,23:1
VII.	1re	1683 à 1717	Eugène.	Invasions en Turquie.	8	7	1,14:1
	2e	1690 à 1706	Eugène.	Invasions en Italie.	82	18	4.55:1
	3e	1701 à 1734	Eugène et Marlborough.	Invasions en Allemagne	29	8	3.63:1
	4e	1704 à 1713	Eugène et Marlborough.	Invasion en Flandre.	46	21	2,19:1
	5e	1702 à 1708	Marlborough.	Invasion en Flandre.	50	12	4,17:1
VIII.	»	1704 à 1714	Vendôme, Berwick.	Invasion en Espagne.	56	23	2,43:1
IX.	»	1731 à 1747	Maréchal de Saxe.	Invasion en Flandre et en Allemagne.	74	17	3,60:1
X.	1re	1740 à 1742	Frédéric.	Invasion en Silésie.	14	4	3,50:1
	2e	1744 à 1745	Frédéric.	Invasion en Bohême et en Silésie.	32	10	3.10:1
	3e	1756 à 1762	Frédéric.	Guerre de Sept Ans.	228	73	3,12:1
	4e	1757 à 1762	Ferdinand.	Guerres de Hanovre.	157	40	3,91:1
XI.	1re	1641 à 1649	Charles Ier.	Guerre civile.	56	33	1,69:1
	2e	1745 à 1746	Charles-Édouard.	Guerre civile.	8	6	1,23:1
XII.	1r	1754 à 1757	Washington.	Canada, guerre civile.	3	1	3.00:1
	2e	1755 à 1781	Washington.	Amérique, guerre civ.	25	13	1,92:1
	»	1792 à 1815	Napoléon et la République.	Révolution française.	2388	647	3.69:1
TOTAUX.		440 ans.	. . . .	4201	1208	3,56

5409

Ce qui donne la proportion 4201 : 1208 :: 3.56 : 1.

C'est-à-dire 3.56 chances malheureuses contre *une* chance heureuse, ou près de 4 contre 1.

Ainsi, pendant le long espace de temps qui s'écoula entre 1380 et 1815, en mettant de côté cette foule de châteaux féodaux dont les possesseurs avaient les uns contre les autres des querelles et des guerres sans cesse renaissantes, les forteresses les plus importantes en action pendant les grandes luttes des (1) souverains et des nations, ont donné 3,56 *chances défavorables contre une heureuse ;* chiffre de force majeure, et qui, à lui seul, viendrait détruire toutes les objections les plus subtiles, puisqu'il a été donné par un laps de temps considérable, pendant la durée duquel tous les éléments de la défensive étaient les plus favorables, tels que : imperfection des armes, pays mal civilisés, absence de routes, de culture ; pays coupés de forêts, de marais, et médiocrement peuplés : toutes circonstances avantageuses aux forteresses.

Comment ne reconnaîtrait-on pas que ce ne saurait être par hasard que l'on trouve contre la défense fortifiée les chiffres 5,73. 4,62. 4,32. 4,17 accolés aux noms des Gustave, des Turenne, des Marlborough, des Frédéric et de tant d'autres, que l'histoire célèbre pour leur génie et la vigueur de leurs entreprises ? Serait-ce aussi par hasard que nous retrouverions cette constance de chiffres bas, 0,82. 1,90. 1,14. 1,28. 1,69 dans le cours de toutes les guerres civiles, et qu'entre ces deux termes ou limites, des nombres intermédiaires viennent exprimer, pour ainsi dire, le degré de gloire des généraux moins audacieux ou même timides?

(1) Nous avions également analysé les guerres sous Charles VIII et sous Louis XII. Au lieu des nombres 4201 et 1208, nous trouvions 4551 et 1295, c'est-à-dire des nombres produisant un rapport à peu près égal au précédent. Un tel rapport s'est constamment reproduit : ne suffirait-il pas pour juger du système doctrinaire, à moins que l'on ne prétende que c'est dans [ces termes seulement que l'on peut sauver les empires, en oubliant, toutefois, comment la Pologne, Venise, l'Italie et Napoléon ont péri, ainsi que tant d'autres ! Pour ne pas allonger démesurément notre travail, nous avons cru devoir supprimer les règnes de Charles II et de Louis XII.

Quoi! ce serait fortuitement que les Berwick et les Vendôme, en Espagne, de 1704 à 1713, auraient fourni le rapport 2,50 : 1 ? et pendant qu'en 1813, après un siècle, ce même pays, immobile, aurait donné 2,50 : 1 ? ce serait par hasard que l'Allemagne, en 1704, aurait donné le chiffre 3,60, quand elle présente sous Frédéric le Grand, en 1760, ceux de 3,91—3,12, et sous Napoléon, en 1813, celui de 3,69 ? Quoi! Villars, Luxembourg, Maurice de Saxe, Créqui, en Belgique, ont fourni 3,60 et 3,32, et ce serait fortuitement, par hasard, qu'en 1794 ce même pays aurait donné 3,60 ?

A qui pourrait-on faire croire que de tels rapprochements, de telles similitudes soient le produit fantastique de l'art de grouper les chiffres, et d'une violence exercée sur l'histoire de cinq siècles? Dans quel but essayerions-nous d'abuser nos concitoyens et de fausser l'histoire; avons-nous inventé des noms, des faits, des événements pour en grossir nos colonnes? Eh bien ! ne faites aucune attention aux conclusions que nous avons tirées des tableaux statistiques, chargez-vous, vous-mêmes, des déductions, et jugez !

Non, ils ne sont point l'effet du hasard, ces chiffres 5 et 4 devant les grandes invasions menées vigoureusement et avec audace, ni ceux 3 et 2 devant des armées moins nombreuses, 2 et 1 devant les petites armées, pas plus que les chiffres 1 et 0,8 pendant les guerres civiles. Nos observations sur les différences de résultats dans les pays de plaines ou de montagnes ne sont point des illusions. Les chiffres ont suivi *à la piste* et les hommes, et la configuration du sol, et les climats. En les étudiant, avec soin, et en faisant une analyse *logique* des faits, l'on reconnaîtrait les influences qu'y ont apportées les civilisations diverses et les masses. On verrait la faiblesse des remparts se manifester pendant les invasions, et leurs services se révéler dans les guerres civiles, et cela chez tous les peuples, dans tous les âges et dans toutes les contrées : somme toute, l'infériorité de la guerre de remparts, exprimée par 3,56, nous démontre que l'homme social s'est écarté de la *nature des choses*, et qu'il a méconnu ses qualités aussi bien que ses plus chers intérêts.

La doctrine ne manquera pas d'alléguer que nos tableaux sont absolus et qu'ils ne relatent aucunes circonstances atténuantes d'une foule de désastres ; ici, une erreur ou la politique ; là, un chef ignorant ; ailleurs, *la pluie ou le beau temps* : est-ce donc que tous ces accidents ne se sont pas également présentés en modification de la colonne des succès, et là où l'on proclame un triomphe, on eût dû peut-être enregistrer une défaite. Dans les grandes masses de faits, les cas fortuits, en bien ou en mal, se balancent, et il ne reste plus que les résultats qui proviennent de la nature même des choses. Vous êtes plus habiles que nos pères, dites-vous, plus habiles que Vauban, et vous saurez éviter bien des fautes ! Nos pères en disaient autant des leurs, et cependant les fautes n'ont pas diminué depuis 500 ans.

Croyez bien que si vous évitez telles ou telles fautes, *vous tomberez dans d'autres* d'un genre différent, peut-être ; mais c'est là toute la modification ; en sorte que d'année en année, de siècle en siècle, elles viendront encore s'équilibrer ; vous retomberez de nouveau dans nos chiffres absolus, et vous retrouverez encore terme *inévitable* et froudroyant, 4 contre 1 !

Un darçonien nous dira : Votre opinion sur l'emploi des remparts n'est pas bien raisonnée. Quoi ! vous repoussez un moyen de guerre, un instrument qui, de votre aveu même, conduit au nombre considérable de 1,208 succès ! Cet instrument est-il donc si méprisable ? Mais allons un

peu plus avant. Quel est donc le chasseur qui conserve-
rait un fusil, faisant long feu 4,201 fois sur 5,409 coups?
ne se hâterait-il pas de chercher une meilleure arme? Vous
nous présentez, avec complaisance, le nombre 1,208, *mais
de grâce regardez à côté*, et n'oubliez pas celui de 4,201.
Au reste, c'est toujours ainsi que les plus chauds partisans du système ont établi leurs preuves ; ils se sont complu
à rapporter les bons succès, et ont passé les revers sous silence : c'est de cette façon qu'ils ont raconté l'histoire !

Si, au lieu de porter dans la colonne donnant le nombre 1,208, les noms des forteresses qui, quoique prises,
ont pourtant offert une résistance réelle, nous n'eussions
voulu n'y admettre que les noms de celles qui ont définitivement empêché l'ennemi d'y entrer, alors, au lieu du
rapport 4.200 à 1,200, nous en eussions obtenu un
approchant de 5,000 à 100, c'est-à-dire qu'au lieu de
4 contre 1, ou environ, nous aurions 50 contre 1. Quelle
est donc cette arme qui, sur 50 coups, manque le but 49
fois? et peut-on sensément conseiller aux nations de jouer
leur salut à une loterie si défavorable!

Qui sait si ces chances aventureuses n'ont pas leurs
charmes, et si certaines personnes ne les recherchent
pas avec complaisance? Comment s'expliquer autrement
cette constance malheureuse de certaines assemblées qui,
en telle ou telle affaire, ayant à choisir sur 20 directions,
s'arrêteront précisément à la seule et unique mauvaise,
en repoussant les 19 autres qui offraient des avantages?

Cette effrayante proportion de 50 contre 1, gravée non
numériquement, mais au moins instinctivement dans l'esprit des peuples, sous la forme du proverbe, qui dit : *place
assiégée, place prise*, aurait dû faire réfléchir et rendre un
peu plus circonspect sur l'emploi d'un moyen de défense
qui fait passer aussi souvent sous le joug ceux qui
l'emploient.

Mais de quelle importance peuvent être ces vérités pour ceux qui ne font que de la fortification politique, de la fortification de parti, de la fortification dynastique ou prétendue telle ; est-ce qu'ils comprennent qu'elle causa l'exil de Charles VII, de Henri III, de Louis XIV ; et qui ne doute pas qu'il s'en fallut de bien peu qu'elle ne fît de la France une province anglaise, et qu'un jour elle ne puisse réaliser des événements aujourd'hui essentiellement menaçants.

Alléguerez-vous que votre système se présente au moins sous une apparence séduisante, et qu'il n'y manque que la sanction de l'expérience ; quoi ! vous manquez du sceau de l'expérience ! que disent donc la conquête de l'Angleterre, nos retraites d'Italie, les désastres de Louis XIV et de Napoléon ? ne sont-ce pas là des expériences ? Perdez-vous de vue les guerres d'Hanovre, celle de l'indépendance de l'Amérique ! Faut-il vous transporter dans l'Afganistan, à la Chine ? dans quelles contrées vous faudra-t-il enfin chercher des exemples ? Si 500 ans de preuves ne sont pas suffisants, remontez alors à Alexandre, à Annibal, à César ; n'allez même que jusqu'à Clovis. Eh bien ! c'est le même spectacle ! tout tombe sous les ruines des tours et des places fortes. Mais ne portez pas si loin vos pensées rétrospectives : que diriez-vous d'une compagnie de chemin de fer dont les locomotives *éclateraient* tous les jours, au nombre de 4 sur 5 ? Eh bien ! le système darçonien est dans une condition analogue ; ici, les machines sont les forteresses, et la zone militarisée c'est le rail-way ; seulement, au lieu de quelques voyageurs sacrifiés, les victimes s'élèvent souvent à des centaines de mille hommes !

Au total, pour que la théorie doctrinaire fût en quelque sorte valable, il faudrait retourner au moyen âge et aux époques où elle a pu donner le rapport 1 : 1, et même celui 0,50 : 1 ; mais pour notre temps il n'y faut plus penser, à moins que l'on n'invente une autre nature humaine, une autre terre et d'autres instruments qui obtiennent des rapports plus favorables ; à moins de vivre sur un globe fantastique ; car à présent, sur notre planète prosaïque et sublunaire, *la loi irréfragable du destin* se trouve dans notre rapport 4 contre 1. Il n'y a aucun espoir d'y échapper.

Mais, dira-t-on, est-ce qu'il n'existe pas des exemples avantageux aux remparts, et l'avenir ne peut-il pas aussi nous présenter des chances heureuses, ne fût-ce qu'une seule, dans une guerre d'invasion pendant laquelle une coalition, après avoir pris, annulé ou bloqué nos 182 forteresses, viendrait se briser sur la 183e, sur Paris ? Quand il s'agit de créer des moyens de futur salut pour un grand peuple, à quel ordre d'idées est-il sage de s'adresser ? à l'expérience probablement, au calcul des probabilités ; la raison doit écarter des faits exceptionnels, comme celui de Vienne, et n'examiner que l'ensemble des faits généraux : or l'histoire nous les montre dans Paris, Londres, Copenhague, Stockolm, Varsovie, Rome, Constantinople, le Caire, le Kremlin, Amsterdam, Venise, Séville, Naples, Bruxelles ; dans Alise, Palmyre, Ninive, Ecbatane, Babylone, Jérusalem, Carthage, Mexico, Séringapatam, Canton, etc. ; c'est-à-dire dans l'antiquité, dans le moyen âge, comme dans les temps modernes ; en faut-il davantage pour éclairer les nations sur le sort réservé à celles qui ne savent rien apprécier ?

Trois circonstances que l'on peut appeler primordiales concourent à donner plus de faveur au rôle des remparts, et tendent à approcher plus ou moins *de l'unité* le rapport tiré de notre double budget. Ce sont : 1° la guerre dans les montagnes ou dans les pays difficiles ; 2° les petites armées ; 3° la guerre civile. Notre tableau résumé démontre ces influences de principe. Trois circonstances également puissantes éloignent ce rapport de plus en plus de l'unité, et rompent toujours davantage l'équilibre : 1° la nature non accidentée du terrain ; 2° la force considérable des armées ; 3° la grande guerre offensive ou d'invasion. En mettant de côté toutes les influences de l'art, ces six données, combinées une à une ou plusieurs à plusieurs, rentrent dans ce que nous appelons *la nature des choses*, et peuvent offrir une immense variété de résultats, où, le succès ou la défaite dépendent de l'habileté qu'on a de les ranger en sa faveur ; il faut que le chef intelligent aille, pour ainsi dire, se placer sous leur sphère d'action et *dans leurs eaux*.

Mais cette variété de résultats peut encore être multipliée par une autre série de causes qui peuvent aussi être rangées au nombre des primordiales : telles sont ce que l'on appelle l'honneur des armes ou la bonne renommée des troupes et celle de leur chef ; la nature de l'état monarchique ou républicain, et son organisation ; la fixité du but qu'on se propose ; sa proportionnalité avec les moyens que l'on possède. Il faut aussi faire notablement entrer en ligne les passions humaines, la haine, la colère, l'amour de la patrie ou bien l'indifférence, sans oublier la portée des forces humaines qui n'ont qu'une mesure restreinte, et dont il ne faut pas non plus omettre les besoins de repos et d'alimentation.

Enfin, il existe d'autres causes secondaires également nombreuses, qui généralement moins puissantes, sont, en quelque sorte, le produit d'une extrême civilisation : telles sont la perfection de l'artillerie, un mode rationnel de recrutement, une bonne administration, la richesse des empires, les talents des officiers, l'instruction des corps, leur nombre. Ce sont tous ces divers éléments combinés, mis en œuvre tous ensemble ou séparement, qui composent une victoire. Non, il n'est point de hasard à la guerre! S'il en était autrement, pourquoi donc ce hasard aurait-il constamment tant de partialité pour les Condé, les Turenne, les Luxembourg, et répudierait-il les Villeroi, les Mack ou les Cumberland? Ah! si l'on comprenait mieux les grands hommes et les illustres généraux, l'on ne dirait pas que *la victoire est le produit du hasard et de la force brutale?* l'on verrait que ce hasard chérit exclusivement les héros.

Mais il serait souverainement injuste de reprocher des idées fausses sur la science très-profonde de la guerre, à qui n'a pu en faire l'objet de ses réflexions habituelles. Beaucoup de personnes en parlent ou en *causent;* mais un petit nombre seul peut le faire d'une manière *pertinente.*

Il se peut que la distinction phraséologique des deux catégories de principes que nous venons d'énumérer, soit difficile ; mais elle n'en existe pas moins. Plusieurs de ces principes découlent de la nature même de l'esprit humain ; d'autres dépendent d'une sorte de dynamique corporelle ; quelques-uns sont purement le produit d'une civilisation plus ou moins avancée. Les premiers sont immuables comme la nature ; les autres varient comme toutes les créations sociales.

Nous voyons Guillaume de Normandie, au XIe siècle, donner le rapport 3,33, exprimant l'infériorité de l'emploi des remparts, et au XIXe Napoléon produire 3,69. C'est que ces deux hommes, héros aux mêmes titres, ont également pénétré dans le cœur humain, et ont sondé avec un égal succès toutes les profondeurs *de la nature des choses.* Ils ont appelé à leur aide, d'une manière égale ou presque égale, les principes de la première catégorie, en même temps qu'ils ont su l'un et l'autre rallier autour d'eux les principes de la seconde, mais afférents à leurs époques respectives. Guillaume, avec ses Normands et l'espèce de ses armes, avait sur les Saxons la même supériorité que Napoléon, avec ses immortelles légions, sut se procurer contre les coalisés. Ces supériorités de flèches et de catapultes contre catapultes et flèches se trouvaient *dans la même proportion* que celles des fusils et des canons du guerrier moderne sur les fusils et les canons des alliés : en sorte que chacun des princes que nous citons avait relativement à ses antagonistes des avantages proportionnels, ce qui a procuré à l'un et à l'autre à peu près les mêmes rapports : 3,33 et 3,69.

Un Villeroi, un Mack, un Cobourg, un Marsin, bien que ne comprenant pas les principes découlant *de la nature des choses*, pourraient, par exception et par bonheur, trouver autour d'eux les avantages variables de la seconde catégorie, et triompher pour un instant : dans ce cas cette dernière catégorie serait entrée en lutte avec la première ; mais de tels succès, d'ailleurs fort rares, ne seraient dus qu'à l'action d'une civilisation plus avancée, qui leur aurait procuré une artillerie plus parfaite, une instruction meilleure, ou une masse plus considérable de combattants. Cependant, il faut le répéter, ces succès ne peuvent être que très-éphémères ; car les principes primordiaux reprennent vite le dessus sur ceux que l'on peut appeler factices ou conventionnels.

Avec le concours simultané de ces deux ordres de principes, la victoire n'est pas douteuse ; mais il y a cette différence, que tous les avantages du second peuvent s'acquérir par une heureuse imitation, par des efforts de civilisation que l'on peut rendre égaux à ceux de son antagoniste ; tandis que les principes du premier ordre, que nous désignons sous le nom de *force des choses*, sont les fils d'une déesse, quand les autres ne sont que les faibles enfants d'une simple mortelle. Le génie seul sait se mettre sous l'empire des premiers, quand on peut *acheter* les seconds : ceux-là nous ont donné les chiffres 5 et 6 ; ceux-ci n'ont pu arriver qu'à 2 et 3 , et ont même baissé jusqu'à 0,80.

Pour démêler les causes qui ont amené le triomphe, il faut chercher à laquelle des catégories peut être due la victoire, ou à quelle combinaison des éléments de chaque catégorie on peut l'attribuer. C'est à l'aide de la logique qu'on peut démêler les causes de ces événements , et elle finit par faire reconnaître que ce que l'on appelle le hasard n'entre pour rien dans les résultats. Pour les Alexandre , les César et les Turenne , il y a un rayon de la divinité; pour les autres, il y a une seule force de civilisation. C'est cette dernière qui a , quelquefois, fait triompher Daun de Frédéric, et Wellington de Napoléon: l'une a produit Montenotte, Arcole, Rivoli, Marengo, Austerlitz, et une gloire solide; l'autre a produit Talavera, Vittoria et Waterloo, ou la victoire du nombre.

Un militaire patriote s'indignait de la honte des traités de Riswick , d'Utrecht , de Hubertsbourg, et de Paris en 1814 et 1815. Il nous disait , dans sa douleur : « Je ne « comprends pas que, quoique nous ayons toujours « compté dix victoires contre une défaite , nous finis- « sions cependant par être vaincus et par signer de mau- « vaises paix. » Eh bien ! son étonnement ne tient qu'à ce qu'il n'avait pas fait cette distinction entre les deux sortes de causes. Les étrangers ont gardé pour eux les primitives , que nous avons appelées la *nature des choses:* nous nous sommes attachés au contraire davantage à celles accessoires, qui sont comme l'attribut d'une civilisation plus parfaite. Ces deux catégories ont lutté sur le champ de bataille pendant longtemps; mais l'une devait d'autant plus sûrement l'emporter sur l'autre, que, peu à peu, nos ennemis sont arrivés à nous égaler aussi par les circon-

stances accessoires, et qu'ils nous ont le plus ordinairement primés par les causes primordiales. N'en déplaise à
notre orgueil, ils ont eu plus de bon sens, et nous peut-
être plus d'esprit : choisissez !

Ces avantages qu'ils ont obtenus, ils les doivent à la
doctrine darçonienne, qui a empoisonné pour nous les
sources de nos victoires. Non-seulement elle nous a fait
répudier les principes primitifs, mais encore elle nous a
même fait accepter parmi les principes secondaires, ceux
qui sont les moins stables et les plus douteux ; au lieu de
marcher, d'agir, de multiplier la masse par la vitesse,
elle nous a dit qu'il fallait *s'enfermer*, se mettre dans un
échiquier, *s'établir dans une zone militarisée*, *dans un
casier*, et avoir recours au *maçon plutôt qu'au cordonnier*,
quelque triviale que paraisse la comparaison.

Découvrir dans l'histoire la chaîne qui lie les faits, les
rapprocher pour savoir comment ils se coordonnent et
de quelles lois ils découlent, c'est, selon les doctrinaires,
écrire contre le corps du génie (1), *c'est se déclarer en hostilité constante* envers la fortification, et cela pour se venger sur elle de ce qu'on n'est plus appelé à en faire (2) ;
c'est pour la punir de quelques prétendues déceptions.
Calomnies ajoutées à tant d'autres calomnies ! Mais que
nous importe, la vérité finit toujours par triompher ;
elle aussi est un principe primordial !

Il est une vérité immuable : c'est que toutes les actions
humaines ne peuvent s'exécuter que par le mouvement.

(1) Spectateur militaire, 15 octobre, page 57, 1843. Id. id., 15 novembre,
page 209.

(2) Ceux qui affirment que nous n'allons à rien moins qu'à annihiler ce
corps exagèrent évidemment : il faudra toujours de la fortification, la difficulté
est de décider en quels points. Dans tous les cas l'étude de l'art est indispensable, afin de l'appliquer convenablement, une fois que les emplacements
ont été déterminés. Il faut seulement se défier des préoccupations de l'artiste
qui, dans son intérêt pousse, à prodiguer une chose bonne en soi, mais qui
devient funeste quand on en abuse.

Le mouvement, c'est l'âme du monde, c'est la vie ; l'inertie, c'est la mort ; redoutez donc cette fermeture, cette
herméticité de clôture si vantée par la doctrine; rendez-
vous aussi mobiles que possible, et efforcez-vous de res-
sembler à des navires, en n'oubliant pas qu'ils sont sans
valeur du jour où leurs voiles sont carguées. Aussi,
qu'on examine les faits de cette longue suite d'années que
nous venons de rapporter, et l'on trouvera toujours le
triomphe définitif *à qui manœuvre*, et la défaite *à qui
s'enferme*.

M. Arago eut une certaine envie de combattre le principe napoléonien : *la force d'une armée s'évalue par le
produit de sa masse multipliant sa vitesse.* Ce principe
ne saurait pourtant être nié. Quand il s'agit, par exemple,
de deux escadrons égaux qui se chargent, il est évident
que celui qui aura acquis la plus grande quantité de
mouvement bouleversera l'autre et lui passera sur le
corps. Eh bien ! une armée, quoique plus faible que celle
qui lui est opposée, si elle manœuvre lestement, peut
marcher de telle sorte, qu'elle porte sur un point de la
ligne ennemie une force, une masse, des bataillons ou
escadrons en nombre supérieur à la partie de l'armée
contraire, qui, à ce moment, se trouve en ce point, et
ramener le combat à cette situation de deux corps se
choquant, dont l'un a une plus grande quantité de mouvement. Le génie du général est de deviner ce point *relativement faible*; c'est ce que l'on a coutume d'appeler en
stratégique *la clef de la ligne ennemie*; et plus l'armée
qu'il commande sera leste, exercée, bonne marcheuse et
manœuvrière, plus il aura d'espoir d'atteindre cette clef;
ce qui faisait dire à Loyd *que la victoire est dans les jambes.* Il supposait, ce qui va sans dire, que la tête conduisait les jambes. Ainsi nous sommes persuadé que l'aphorisme de Napoléon est un principe incontestable. Et peut-

être le grand homme serait-il surpris de le voir attaquer
par un astronome qui endosse la cuirasse.

Nous avions, dans nos *Nouvelles Considérations militaires*, essayé, sous la forme de note, et sans y attacher
une trop grande importance, de traduire algébriquement
ce principe (1). Là-dessus, M. Arago a cru qu'il y avait
usurpation de son domaine mathématique, dans lequel il
brille avec un éclat incontesté et que nous ne saurions ni
augmenter, ni affaiblir. M. Arago, disons-nous, dans ses
lettres au *National*, sur les nouvelles fortifications de
Paris (2), nous a, sans ménagements, vivement tancé *de
par* l'ARITHMÉTIQUE. Notre équation, selon lui, n'était
pas homogène ni numérique ; ses termes étaient de natures
diverses, comme seraient par exemple des grammes divisés par des mètres ; de plus elle conduisait à des (3)
résultats étonnants, puisque obligé, toujours *de par l'arithmétique*, de faire un certain facteur V, représentant la
vitesse de l'assiégé, *égal à zéro*, il s'en suivait qu'un produit devenu lui-même *zéro* devait pourtant faire équilibre
à une force considérable. Là-dessus, grande joie au quartier général de la doctrine : quand un savant comme
M Arago vous trouve absurde, adieu la confiance, et tout
est dit. Mais toute cette victoire des doctrinaires n'était
que fumée (4). Il est évident que les assiégés n'ont pas les
talons cloués à leurs remparts et qu'ils peuvent se mouvoir dans leurs ouvrages, et même faire des sorties en
parcourant leurs glacis. Il est évident que les boulets de
leurs canons portent aussi loin que ceux des assiégeants ;
mais enfin le champ des défenseurs est borné ; on a donc

(1) *Essais sur de Nouvelles Considérations militaires*, 101. 253.

(2) N° du *National* du 12 décembre 1843 et suivants. contenant les 3 lettres
de M. Arago.

(3) N° du *National* du 12 décembre 1843.

(4) N° du journal *la France*, du 3 mars 1844.

pu prendre leur vitesse V pour *unité* des vitesses comparatives entre eux et les assiégeants. Ce n'est donc pas à zéro qu'il fallait égaler ce fameux facteur, mais à l'unité, et faire V = 1 pour les assiégés, et cela *de par la logique* : que l'on relise ce passage dans nos *Nouvelles Considérations militaires*, et l'on verra le V = 1 sinon écrit, au moins complétement annoncé (1) par les mots et la contexture des phrases.

Oui, il est exact de répéter, avec Napoléon, *que la force d'une armée s'évalue par sa masse multipliant sa vitesse;* et cela n'est pas seulement une vérité métaphysique, c'est encore une vérité matérielle! c'est un principe vital. Là est une de ces grandes causes dépendantes de la *nature des choses;* et à elle seule, on peut le dire hardiment, elle fait le procès des théories doctrinaires, dont le fait dominant est l'immobilisation des armées et l'anéantissement de toute quantité de mouvement, cette âme de l'univers!

Ce seul principe, bien gardé, serait un des plus puissants promoteurs de succès. Il porte à élargir les bases d'opérations, à assurer les lignes de manœuvres, à choisir et à changer rapidement celles de retraite. A la guerre, commander au temps est une grande et fructueuse chose : tout ce qui traîne, fait long feu et manque son but. Eh bien! notre principe *commande au temps*: que le stratége et le tacticien en fassent donc leur loi, et ils verront la fortune cesser enfin ce que l'on appelle ses caprices. Nous pourrions ici nous étendre davantage ; mais nous laissons à la sagacité du lecteur le soin de développer les conséquences de ce profond aphorisme.

(1) *Nouvelles Considérations militaires*, page 253. Si nous avions pu présumer que des mathématiciens ne fissent pas eux-mêmes ce fameux *égal à un*, nous l'aurions porté explicitement, et écrit V = 1, que le discours indiquait positivement.

Il faut y ajouter l'honneur des armes, proportionner la fin aux moyens, bien déterminer quelle est cette fin en marchant vers elle à travers tous les obstacles, bien apprécier les passions des masses et des individus, connaître la portée des forces humaines et leurs besoins : voilà ce qu'un chef expérimenté ne doit jamais perdre de vue, voilà ce qui peut le conduire au triomphe ; si, au contraire, l'on ne bouge pas, ou si l'on ne fait que *marcher sous soi et marquer le pas*, l'on ne réussit jamais à rien : tel est pourtant le conseil de la doctrine !

Chose vraiment singulière ! aujourd'hui l'on bâtit de tous côtés une quantité de forteresses, et c'est cependant quand l'empire romain en était hérissé, que les Alains, les Goths, les Vandales et cette nuée de barbares ignorants dans l'art des siéges, en firent une prompte et facile conquête. Les Gaulois ont amoncelé *oppidum* sur *oppidum* ; les Anglais, les Italiens, les Espagnols ont entassé forteresses sur forteresses, et tous aussi tombent aux mains des premiers venus et subissent le joug. Une poignée d'Anglais pénètre dans le Céleste-Empire ; des villes immenses sont enlevées, leurs fortifications emportées ; tout succède à ceux qui marchent, et tout faillit dans les mains des *doctrinaires chinois*. Au Caboul, où ne se trouvent que quelques châteaux, ces mêmes Anglais, retranchés, sont accablés à leur tour, et sur une armée de 18,000 hommes, un seul s'échappe et va porter à Calcutta cette terrible nouvelle ; et l'on ne verra rien dans ce double parallèle ! l'on n'en tirera aucune leçon ! à quoi donc servent l'expérience et la comparaison des faits ? et cependant la doctrine qui sait tout, hors la guerre, triomphe partout, et nous, athlète dévoué, il nous faudrait être Briareé aux cent bras pour la combattre seul et partout.

Dans nos *Essais* de 1843, nous avons tiré de l'examen des guerres de la révolution française beaucoup de principes sur la conduite des armées. Nous croyons même que tous ou à peu près en ressortent, car *tout est dans un*. Voyons à présent si les campagnes antérieures nous fourniront également les mêmes lois d'après la vérité réciproque, *un est dans tout*.

Est-ce que, par exemple, les places fortes ont arrêté Gustave-Adolphe, lui qui en 18 mois, avec une faible armée, avait conquis l'Allemagne, de Stralsund aux portes de Vienne, et de la Vistule au Rhin, et qui avait sillonné un vaste empire écrasé sous 500 forteresses? est-ce qu'elles ont arrêté Turenne parcourant l'Allemagne, du Rhin à l'Elbe et du Rhin à l'Inn, à une époque où l'Autriche n'avait pas encore *fait main basse* sur cette foule de places qui, prétendait-on, défendaient le Danube, le Lech, l'Inn, la Hollande et tant d'autres contrées? est-ce que, sous Henri III et Henri IV, les places fortes gênèrent ces nombreux corps de réîtres, de lansquenets, d'Italiens, d'Espagnols ou de Suisses qui se vendaient aux divers partis? arrêtèrent-elles Marlborough et les Espagnols ou les Portugais qui, traversant l'Espagne dans tous les sens, ébranlèrent deux fois le trône de Philippe V. Elles arrêtèrent Eugène, disent nos antagonistes. Nous le nions, ou du moins nous prétendons que ce furent plutôt les lignes que les places qui produisirent cet effet, et que même ce furent plutôt les armées très-nombreuses de Vendôme et de Villars qui, sans cesse sur les flancs des alliés, les empêchèrent de faire des progrès, résultat que les Français eussent obtenu sans cette profusion de forteresses qui n'aboutissaient qu'à atténuer leur puissance. Les places ont-elles arrêté Frédéric en Saxe, en Silésie, en Poméranie, en Bohème, en Westphalie? Si Olmutz fut pour quelque chose dans un de ses désastres, ce fut précisément dans une contrée où les forteresses se trouvaient *en très-petit nombre*, et par conséquent dans des conditions où, selon les nombreuses relations de l'histoire, elles ont une réelle puissance. Les places darçonnées ont-elles entravé les Anglais ou les ducs de Bourgogne dans leurs invasions en France? ont-elles arrêté les Normands débarquant en Angleterre? ont-elles arrêté les Anglais envahissant les États-Unis d'Amérique, les Français se lançant sur le Milanais ou sur le royaume de Naples? Disons la vérité : une fois que les envahisseurs sont demeurés les maîtres des places, leurs armées ont comme *reçu un contre-coup* de leur possession doctrinaire ; elles se sont, pour ainsi dire, *prostrées elles-mêmes*, et bientôt elles n'ont plus éprouvé que des catastrophes et *de fatals retours*.

Pour la défense directe, à quoi servirent les places du Milanais, du royaume de Naples, de l'Italie entière ? à quoi servirent les places de ces célèbres communes de la Flandre vaincues par d'ignorants et lourds chevaliers, lorsque pourtant elles avaient des armées nombreuses, débouchant de forteresses riches, patriotiques, industrieuses, enflammées par un vif amour de la liberté poussé à l'excès? Tout tombe, tout s'écroule *sous le principe délétère de la doctrine.* Oui, nous le répétons, les places ne furent utiles à ces nations que quand elles les *eurent perdues ;* que quand les conquérants, aveuglés à leur tour, y eurent disséminé leurs armées au lieu d'en raser les fortifications. C'est notre histoire d'Espagne, c'est notre histoire d'Italie et d'Allemagne de 1800 à 1815. Les mêmes causes y produisirent des résultats uniformes, et même à Denaim le prince Eugène, sur 150,000 hommes, n'en avait pas su amener entre Marchiennes et les lignes du blocus de Landrecie plus de 80,000 ; le reste était annulé dans les 10 places conquises et dans celles de la frontière hollandaise. Les forteresses réagirent aussi contre lui, comme elles l'avaient fait contre Louis XIV. Si les places arrêtent les armées, elles ne produisent *cet effet que contre celles qui en possèdent un trop grand nombre*, ou contre des généraux qui, de leur propre volonté déterminée d'après de fausses théories, consentent bénévolement à se laisser fasciner par des décorations presque toujours théâtrales. En un mot, les places n'arrêtent que ceux qui veulent bien se laisser arrêter et *se laisser faire !*

Cependant durant les guerres civiles, et c'est là leur élément, les places reprennent une certaine influence. C'est un principe tout nouveau pour nous et que les événements de la révolution française ne pouvaient pas nous donner, car les guerres de révoltés nationaux contre des étrangers ne peuvent être mises au même rang. Les forteresses sont encore moins défavorables dans les montagnes. Gustave a bien plus de peine dans les chaînes de la Bavière et de la Bohème, ou du Weser que partout ailleurs : il perd du temps ; les forteresses y montrent plus de ténacité. Turenne subit aussi plus de lenteur et plus de difficultés à Fribourg, à Nordlingue, que dans les plaines de Flandre ; et Frédéric ne court de dangers que devant les forteresses clair-semées de la Moravie et de la Bohème. C'est sur le grand fleuve de la Loire, c'est devant Orléans que vinrent jadis se briser les armées anglaises. C'est Prague qui sauve Bellisle, et Turenne s'arrête sur l'Inn devant Braunau. Il est vrai que, ni les montagnes, ni les grands fleuves défendus par les places n'ont jamais pu *définitivement* empêcher les invasions ; mais au moins on remarque des temps d'arrêt dans les marches, à travers ces contrées où les forteresses opposent aux conquérants des obstacles non méprisables ; tandis que, dans les contrées dépourvues de ces grands accidents de la nature, ils les ont toujours négligées et tournées. Si quelques unes ont paralysé certains généraux, c'est que ceux-ci *l'ont bien voulu*, et toujours ils s'en sont repentis.

Est-ce que les forteresses ont permis à Ferdinand II, à François 1er, à Louis XIV, etc., de diminuer leurs armées? n'ont-elles pas, au contraire, obligé ces princes d'avoir des troupes très nombreuses pour fournir et aux garnisons et aux campagnes actives, à tel point qu'ils eussent été évidemment victorieux, s'ils avaient su amener leurs myriades de bataillons sur les champs de batailles? *Oui, les forteresses ont amoindri les armées et les ont annulées.*

Est-ce que Artevele, Talbot, François 1er, Lautrec, Tilly, Valstein, le prince d'Orange, Mercy, Créqui, Boufflers, Villars, la Feuillade, Eugène, Daun, Brown, Cumberland, Cornwallis, Washington, et trente autres, dont notre mémoire laisse échapper les noms, ont eu à se louer d'avoir livré bataille en établissant leurs armées sous des remparts, vrai narcotique pour les combats? Si Gustave a triomphé sous Werden, Frédéric sous Bunzelwitz; si quelques autres victoires ont eu lieu sous des places fortes ou sous l'appui des retranchements, c'est *une* contre *dix*. C'est là ce qui appert de l'histoire de cinq siècles, et ce sont précisément les mêmes faits qui se sont reproduits pendant la révolution française.

Toutes ces places, cet amas de forteresses, capitulent toujours après les victoires, et s'empressent à l'envi de venir déposer leurs clés aux pieds des vainqueurs. Lisez donc ces longues listes de redditions, depuis Guillaume le Conquérant jusqu'à Gustave, Turenne, Maurice de Saxe, et jusqu'à notre révolution, *toujours elles ont été le prix de la victoire!*

S'il en est qui résistent, le manque de munitions, la faim, les maladies, viennent les ravager pour la plupart, et elles laissent tomber leurs drapeaux faute de mains assez fortes pour les soutenir. Avons-nous dit autre chose dans nos *Nouvelles Considérations militaires?* On parle des anxiétés cruelles, de la folie des pauvres prisonniers cellulaires ; eh bien! ces perturbations terribles s'étendent sur les garnisons bloquées et séparées de l'univers : *elles ne sont plus que des prisonniers cellulaires collectifs*, et éprouvent les mêmes affections morales, plus fortes peut-être, car les effets des passions ne croissent pas en raison du nombre d'hommes réunis, mais en raison du *cube* de ce nombre ; bientôt une étincelle développe un vaste incendie.

Les impressions funestes se propagent avec la rapidité du fluide électrique. Qui n'a pas vu aux armées une troupe de chevaux mis au vert? un simple oiseau s'élance-t-il d'un buisson, la peur s'empare du coursier le plus proche, il s'enfuit ; les autres se dressent alors et se mettent à fuir aussi à vau-de-route, dans les écarts d'une terreur panique devenue générale. On ne se fait pas d'idée de la préoccupation d'une masse d'individus frappés d'un commun exil, avec la perspective que peut avoir une garnison. Pour l'homme séquestré, la conséquence est la folie, souvent le suicide ; pour l'assiégé, c'est la capitulation, qui est un suicide aussi. Il est tel guerrier qui, en plaine, serait un héros, et qui, derrière des murailles, devient pusillanime : tant la liberté, *la clé des champs,* a d'influence morale.

Voyez comment Gustave, Frédéric et tant d'autres dépassaient les forteresses et faisaient capituler celles restées en arrière. Eugène, Marlborough laissent derrière eux Tournay, Béthune, Aire ou Condé, sans plus s'inquiéter de ces garnisons qui devaient, prétendait-on, *tomber sur leurs convois ;* ils se contentaient de les faire observer ou masquer par leurs moindres troupes.

Turenne, en Flandre, n'a que de petites armées ; eh bien ! la chance des forteresses s'exprime par 2,50. Fait-il des invasions, cette chance s'abaisse à 4,32. Voyez donc combien l'espèce de guerre a d'influence sur le nombre des capitulations. Il n'y a là aucun résultat de notre imagination, il ne s'y trouve aucun arrangement volontaire des chiffres et des faits. Ainsi en est-il arrivé à Gustave, à Marlborough et à Eugène ? Notre résumé dit tout cela, non en peu de paroles, mais *en peu de chiffres.* Il dit encore qu'en plaine les forteresses perdent, par cette seule position, 50 pour 0/0 de leur importance. Il dit que la guerre civile les engendre, et qu'à leur tour elles engendrent la guerre civile.

Ici nous observons que, comme pour les guerres de la révolution, les grandes forteresses deviennent toujours fatales aux armées qui en sont maîtresses : Milan, Naples, Gênes, Paris, Venise, Rome, Constantinople et tant d'autres. Si l'histoire nous offre quelques cas différents, ils sont rares et exceptionnels.

Suivons toutes les manœuvres fausses que les forteresses ont inspirées à Frédéric. La nécessité de reprendre, couvrir ou défendre ses places, venait à chaque instant se jeter à la traverse de ses meilleures combinaisons. L'obligation de sauver Colberg, Breslau, Dresde ou Neisse, lui causa les déroutes de Kay, Kunersdorf, Hohenfried. Il n'a pas perdu une seule bataille, que de sa part le but du mouvement ne fût le secours à donner à une place. Ainsi en arriva-t-il à Gustave. pour sauver Stralsund, Stettin, Magdebourg, il faisait une quantité de marches délicates et ruineuses, qui troublaient sans cesse le cours de ses opérations encore plus que les forteresses de Ferdinand même.

De ce que presque toutes les paniques qui ont frappé les armées ont eu lieu aux portes des forteresses, il est logiquement évident *qu'il y a une secrète liaison entre ces deux choses.* Un tel rapprochement ne pouvait manquer de choquer nos contradicteurs, qui affirment précisément le contraire. Et cependant c'est l'aile autrichienne, battue à Lissa, qui, la première, s'est débandée en courant se réfugier à Breslau ; c'est l'aile la plus voisine de Leipzig qui s'est d'abord rompue et qui s'est jetée dans cette place que possédait Tilly ; l'armée d'Artevele fuit sur Commines ; la déroute de Turin s'augmente à mesure que l'on approche de Pignerol ; à Hochstedt, c'est Ulm qui attire les fuyards ; à Malplaquet, c'est le Quesnoy. Guillaume le Bâtard connaissait bien les armées quand il faisait brûler ses vaisseaux, et combien le grand Henri et Cumberland avaient raison, en s'écriant : *Pas de refuges !* il faut vaincre ou mourir (1).

Qu'on lise les relations des batailles de Bruges, de Dunkerque, de Richmont, de Rosbecq, de Damm, de Tongres, d'Authon, de Culloden et de tant d'autres pendant 500 ans ; l'on jugera entre nous et la doctrine, et l'on reconnaîtra ce que démontrent 500 événements arrivés en cinq siècles près de ces prétendus refuges ! l'on y verra ces lignes débandées, rompues au premier choc, fuir vers ces asiles, où, quelques jours plus tard, elles acceptaient de honteuses chaînes. La doctrine, méconnaissant ces vérités, détruit la vertu militaire de la ténacité, elle la confond avec l'entêtement : au reste, son système ne tend qu'à affaiblir et à dénaturer les qualités guerrières de notre jeunesse si brave et si capable de grandes actions, quand on sait diriger ses nobles élans et connaître son cœur !

Les places de guerre n'ont jamais permis à aucun prince de diminuer ses armées. Au contraire, plus il a eu de forteresses, et plus il a été forcé d'augmenter ses troupes pour fournir aux deux nécessités : armées et

---

(1) Quand César voyait que le succès du combat était douteux, il renvoyait les chevaux et le sien tout le premier, voulant ainsi forcer ses troupes à remporter la victoire, en leur montrant que tout espoir de retraite leur était interdit (Vie de César par Suétone, paragraphe 60

garnisons, malgré la prétention opposée qu'avance Darçon. De tout temps, une grande quantité de forteresses a
entravé la réunion des diverses divisions destinées à former
les armées, et de tout temps on a vu les troupes, agglomé-
rées ainsi dans ces places, manquer de tout et périr par
les maladies. Depuis cinq siècles, nous voyons que presque toutes les garnisons se sont rendues, faute de munitions; et il est rare que les soldats et les murailles aient
failli : voilà ce qu'il appert de tous nos chapitres.

Bien des gens disent : Un tel est un excellent militaire,
parce qu'il déploie beaucoup d'orgueil ou de vanité,
traîne avec retentissement sur le pavé un grand sabre,
qu'il a la figure rude et les manières cavalières. Mais,
à nos yeux, une telle qualification n'est due qu'à l'homme
qui comprend et raisonne ce qu'il fait dans le sens des
bons principes militaires. Ce n'est qu'une idée insolite que
celle de ces prétendus organisateurs qui s'imaginent que
des tas de pierres, plus ou moins artistement taillées et
superposées, puissent venir s'interposer entre l'inertie et
le mouvement, et rétablir l'équilibre entre les armées.
Les pierres et les moellons ne sont bons que quand on les
lance à la tête des ennemis, sauf quelques cas exceptionnels. Les cinq siècles que nous venons de parcourir apportent une immense preuve de cette vérité déjà démontrée
ailleurs (1). Le seul équilibre possible entre deux forces
inégales est celui qui résulte de la vitesse que l'on impri-
me aux bataillons et aux armées les moins nombreuses.

Est-ce qu'un jeune soldat ne se forme pas bien plus
vite et bien mieux en pleine campagne que derrière des
murailles où bientôt il est *hébété*? Il n'y a que ceux qui
n'ont jamais servi qui puissent nier cette vérité. En-
voyez un jeune homme en Afrique et un autre à Stras-

____

(1) *Nouvelles considérations militaires*, page 157.

bourg , et vous verrez au bout d'un an quelle immense différence existera entre eux.

Est-ce que nos chapitres ne démontrent pas surabondamment que les forteresses sont ordinairement le prix de la victoire , les ôtages des armistices , ou la matière de cessions à la paix ; comme Landau, Sarrelouis, Philippeville, Marienbourg, etc.? Il serait piquant d'avoir dépensé son argent *pour des rois étrangers,* fut-ce même pour le roi de Prusse, si nous n'espérions pas que ces places un jour les embarrasseront plus qu'elles ne nous nuiront, si nous savons les apprécier.

Deux ou trois fois sur cent, les garnisons des places ont fait d'heureuses courses. Cela, il est vrai, s'est vu au moyen âge plus souvent que de nos jours. Mais étudiez les instincts des partisans les plus renommés , et vous jugerez qu'ils tiennent essentiellement à garder *la clé des champs,* et évitent le plus possible d'adopter une forteresse pour *repaire.* Tous ne raisonnent pas leurs impulsions secrètes ; mais un sens droit leur montre que le débouché des portes est lent et difficile. Aussi , cherchent-ils toujours retraite dans les montagnes ou au milieu des bois : Schill a péri pour avoir eu recours à Dömitz et à Stralsund. Si des refuges leur manquent, ils confient leur salut à de fréquents déplacements ou à de longues marches , qui momentanément les dérobent à leurs ennemis. C'est une leçon que des hommes , souvent ignorants dans le raisonnement, mais judicieux dans leurs résolutions , donnent à tous nos doctrinaires amateurs des tannières. Frédéric faisait comme les partisans; dans les cas périlleux il levait son camp. Cependant il serait irraisonnable de nier l'utilité d'un certain nombre de places fortes comme magasins : Breslau , Golgau , Neisse , Schweidnitz , etc., concoururent à nourrir les armées de Frédéric ; mais autant en fit Berlin , ville ouverte, et bien d'autres dans le même cas. Pesez la discrétion du roi de Prusse en fait de forteresses. Outre ces 4 places, il a de plus Cosel, Glatz, Custrin, Stettin, Colberg et quelques autres encore, sur un espace de 300 lieues de montagnes et de lignes d'eau, en tout 12 ou 15. Eh bien! nous, sur un développement égal, nous en avons près de 200 : là est l'usage, et ici l'abus. Il n'a qu'une seule ligne, et nous, nous en avons jusqu'à 4 ; puis nous nous posons fièrement en petits Frédérics. Ce prince était né moqueur, et sa comparaison de notre frontière avec les dents d'une gueule de lion pourrait bien être une raillerie. Sommes-nous revenus à ces glorieux temps de la Régence ou de la Pompadour ?

Est-ce que jamais des révoltés qui se cantonnent ont pu raisonnablement se promettre le succès? Allez donc le demander au péristyle de Saint-Roch, aux marches sanglantes de Saint-Méry, à la caserne de Babylone ou à la colonnade du Louvre; allez le demander aux murailles de Trani ou d'Aquila. Si le général de Charles X a été vaincu, c'est qu'il a fait cantonner sa défense, c'est qu'il était doctrinaire, c'est que, tout habile qu'il était, il avait étudié dans les livres du système. Autrement il pouvait vaincre sans combat ; et pour cela il n'avait qu'à se rappeler notre aphorisme sur la masse et sur la vitesse : il aurait pu même se rappeler encore autre chose!

Et vous qui avez le bonheur de rester victorieux, si votre ennemi est loin, bien loin de toute retraite, soyez prudents, n'exaspérez pas trop ses esprits, soyez certain qu'il y a du danger à vous abandonner à votre ardeur ; mais s'il a une place forte voisine et derrière lui, ne craignez pas trop de le pousser; faites-lui même un *pont d'or* pour l'engager à se diriger vers ce refuge; soyez presque sûrs qu'avant d'arriver sur ses glacis, son armée sera en pleine désorganisation, chacun se pressant d'arriver. Voyez ce qui s'est passé depuis 1380 ! espérez même que ces prétendus refuges vous procureront une double victoire, comme à Bruges, à Bourbourg, à Dunkerque et à Commines, et vous prendrez *l'oiseau et la cage* dans le second cas; dans le premier, vous pourriez bien être pris.

Dira-t-on que le système doctrinaire est économique, et que Paris, *bien cerclé* de remparts, amènera une bonne *diminution* dans les impôts? qu'une armée moins nombreuse laissera des travailleurs dans nos campagnes ? qu'enfin nous allons voir la France devenir un Eldorado, et que tout cela ne nous coûtera que les 300 millions des remparts de Paris? Louis XIV avait dépensé un milliard en places fortes, comme nous l'avons dit dans nos *Considérations* de 1843. A sa mort il était devenu en réalité le plus obéré des souverains. La France était ruinée, et son roi si fier faisait la cour à Samuel Bernard. Si tous ces millions avaient été utilisés en travaux de dessèchements, de rectification de rivières, de routes, de canaux et en défrichements de landes, la France serait aujourd'hui trois fois plus puissante qu'elle ne l'est et plus redoutable à ses ennemis; et il ne fallait pour cela qu'un palais et que cent forteresses de moins : Vauban le comprenait bien en signant son mémoire du 2 février 1706 et en composant la dîme royale !

Sans doute il faut des places fortes et il faut des ingénieurs, une fois qu'une construction bien pensée a été résolue; mais il faut craindre aussi cet esprit qui porte les corps, dans leur intérêt, à trop multiplier les objets qui les concernent, et ne pas s'aller jeter dans une profusion cent fois pire que la pénurie.

Mais allons-nous refaire ici nos *Nouvelles Considérations militaires* ? vraiment ce serait abuser de la patience du lecteur et un peu trop douter de son intelligence. Est-ce que, chapitre par chapitre, nous n'avons pas

fait ressortir les principales vérités et les meilleurs
principes de la guerre? est-ce que toutes les conclusions
de notre page 388 de nos *Essais* de 1843, chaque fois
qu'elles se sont présentées, n'ont pas été ici reproduites et
mises chacune à sa place? Est-ce que les guerres entre
1380 et 1790 n'ont pas donné les mêmes résultats que
celles de 1790 à 1815? Que faut-il donc pour éclairer la
raison des nations? sont-elles si aveugles, qu'elles ne
soient point frappées de la force de nos démonstrations,
si positives, si palpables et si concluantes? Puissent nos
efforts être utiles à la patrie, *quand même !*

FIN.

ERRATA.

Page   4, ligne   8, *effacez* seulement.
—   19, ligne   6, *au lieu de* Richmon, *lisez* Richemond
—   56, ligne 20, *au lieu de* intéressantes, *lisez* intéressante
—   Id., ligne 26, *au lieu de* conditiori, *lisez* condottieri.
—   81, ligne   6, *au lieu de* Longeville, *lisez* Longueville.
—   86, ligne 18, *au lieu de* Wurtenberg, *lisez* Wurtemberg
— 102, ligne 31, *au lieu de* Ragotki, *lisez* Ragotzki.
— 106, ligne 39, *au lieu de* abatis, *lisez* abattis.
— 119, ligne 25, *au lieu de* fut la, *lisez* fut sa.
— 120, ligne 30, *au lieu de* laguerre ne, *lisez* la guerre et ne.
— 127, ligne 21, *au lieu de* d'Harcout, *lisez* d'Harcourt.
— 131, ligne 14, *au lieu de* Vincennes, *lisez* Vincennes où il.
— 132, ligne   2, *au lieu de* Proslain, *lisez* Praslin.
— 133, ligne 27, *au lieu de* Montpensier, *lisez* Montpensier et
— 184, ligne 33, *au lieu de* Spire, *lisez* Spire, il.
— 191, ligne   4, *au lieu de* Nahaine, *lisez* Haine.
— 194, ligne 34, *au lieu de* elles, *lisez* les rivaux.
— 195, ligne 21, *au lieu de* à la Deule, *lisez* la Deule.
— 199, ligne 10, *au lieu de* travaux, *lisez* travaux et.
— 201, ligne 34, *au lieu de* composé 4, *lisez* composé de 4.
— 214, ligne 16, *au lieu de* Hainos, *lisez* Haine.
— 221, ligne 33, *au lieu de* nictorieuse, *lisez* victorieuse.
— 246, ligne 35, *au lieu de* place et, *lisez* place.
— 248, ligne 25, *au lieu de* se trouvait, *lisez* se trouvant.
— 250, ligne 20, *au lieu de* Schaudau, *lisez* Schandau.
— 260, ligne 13, *au lieu de* Swinenmund-Schaulz, *l.* Swinnemund-Schantz
— 264, ligne 27, *au lieu de* sans faire, *lisez* sans.
— 266, ligne 19, *au lieu de* Butturline, *lisez* Butturlin.
— 274, ligne 12, *au lieu de* qui et, *lisez* qui.
— 279, ligne 28, *au lieu de* 3. 211, *lisez* 3: 21.
— 292, ligne 14, *au lieu de* Paderborn; et, *lisez* Paderborn.
—   Id, ligne 30 et 39, *au lieu de* tous étaient harmoniques, *lisez* tout
était harmonique.
— 294, ligne 21, *au lieu de* Rochambau, *lisez* Rochambeau.
—   Id, ligne 28, *au lieu de* ils, *lisez* et ils.
— 303, ligne 24, *au lieu de* Landown, *lisez* Lansdown.
— 304, ligne 18, *au lieu de* Newcaslte, *lisez* Newcastle.
— 305, ligne 22, *au lieu de* Aberden, *lisez* Aberdeen.
— 318, ligne 11, *au lieu de* Iverness, *lisez* Inwerness
— 345, ligne   2, *au lieu de* et de, *lisez* et à.
— 349, ligne 27, *au lieu de* Engin, *lisez* Engins.
— 352, ligne   3, *au lieu de* 2,50 : 1, et *lisez* 3,50 : 1.
— 358, ligne 17, *au lieu de* difficile, *lisez* difficile à saisir
— 367, ligne 28, *au lieu de* Denaim, *lisez* Denain.
— 368, ligne 33, *au lieu de* s'en son, *lisez* s'en sont.

TABLE DES CHAPITRES.

CHAPITRE VI.

CHAPITRE VII.

CHAPITRE VIII.

CHAPITRE IX.

CHAPITRE X.

CHAPITRE XI.

CHAPITRE XII.

CHAPITRE XIII.

Fin de la Table.